Wilhelm Hemecker, Cornelius Mitterer, David Österle (Hrsg.)
Tradition in der Literatur der Wiener Moderne

Untersuchungen
zur deutschen
Literaturgeschichte

—

Band 149

Tradition in der Literatur der Wiener Moderne

—

Herausgegeben von
Wilhelm Hemecker, Cornelius Mitterer und
David Österle
unter Mitarbeit von Cornelia Nalepka und
Gregor Schima

DE GRUYTER

Dieses Buch ist im Rahmen eines Forschungsprogramms des Ludwig Boltzmann Instituts für Geschichte und Theorie der Biographie im Auftrag der Ludwig Boltzmann Gesellschaft entstanden.

Ludwig Boltzmann Institut
Geschichte und Theorie der Biographie

ISBN 978-3-11-065267-3
e-ISBN (PDF) 978-3-11-054953-9
e-ISBN (EPUB) 978-3-11-054834-1
ISSN 0083-4564

Library of Congress Cataloging-in-Publication Data
A CIP catalog record for this book has been applied for at the Library of Congress.

Bibliografische Information der Deutschen Nationalbibliothek
Die Deutsche Nationalbibliothek verzeichnet diese Publikation in der Deutschen Nationalbibliografie; detaillierte bibliografische Daten sind im Internet über http://dnb.dnb.de abrufbar.

© 2019 Walter de Gruyter GmbH, Berlin/Boston
Dieser Band ist text- und seitenidentisch mit der 2017 erschienenen gebundenen Ausgabe.
Satz: Michael Peschke, Berlin
Druck und Bindung: CPI books, Leck

♾ Gedruckt auf säurefreiem Papier
Printed in Germany

www.degruyter.com

Inhalt

Einführung —— 1

I Moderne-Kritik

Konrad Heumann
Was ist modern?
Hofmannsthals Publikationstaktik in Eduard Michael Kafkas Zeitschrift
„Moderne Dichtung" —— 7

Elsbeth Dangel-Pelloquin
Der überwundene Überwinder
Hermann Bahrs Revokationen der Moderne —— 38

Andreas Wicke
„Glücklich, wer von uns seufzend noch ‚Damals!' sagen kann"
Richard Schaukals Wege aus der Moderne —— 53

Alice Le Trionnaire-Bolterauer
Formen und Variationen literarischer Selbsterkundung
Essay, Kritik und Feuilleton im Jungen Wien —— 68

Katharina Prager
Dichter gegen die Zeit?
Karl Kraus und die Traditionen der „kritischen Moderne" – gelesen mit Berthold Viertel —— 84

II Urbanisierung, Modernisierung und Formen der Reaktion

Siegfried Mattl (†)
In-Between
Zeit und Erinnerung in Felix Saltens Novellensammlung
Die Wege des Herrn —— 105

David Österle
Von den „Kleinigkeiten der Culturgeschichte"
Musealität bei Hugo von Hofmannsthal —— 113

Claudia Girardi
Richard von Schaukal als Grenzgänger zwischen Moderne und Tradition —— 132

III Intertextualität und Intermedialität

Wilhelm W. Hemecker
Das gerettete Ich? Hofmannsthals Picasso —— 157

Julia Ilgner
Renaissancerezeption und Renaissancismus bei Arthur Schnitzler —— 183

Cornelius Mitterer
Kunst, Kommunikation, System
Richard Schaukals Rückgriff auf die Renaissance in
Giorgione und *Literatur* —— **220**

Norbert Bachleitner
Der Naturalismus ist ein „Zwischenakt"
Hermann Bahr und die Tradition —— **238**

Brigitte Stocker
„Grundtypen des geistigen Elends"
Die Autoren Jung-Wiens in Karl Kraus' Zeitschrift *Die Fackel* —— **248**

IV Das Andere der Moderne

Marie Kolkenbrock
Grenztilgung und Wundersinn
Okkultismus und Moderne in Arthur Schnitzlers Erzählungen —— **261**

Robert Rößler
Vom Dandytum zum Judentum
Biographische und werkästhetische Entwicklungen bei
Richard Beer-Hofmann —— **289**

Einführung

Der vorliegende Band versammelt Beiträge zum Thema ‚Tradition in der Literatur der Wiener Moderne', das im Rahmen eines mehr als zehnjährigen Forschungsschwerpunkts des *Ludwig Boltzmann Instituts für Geschichte und Theorie der Biographie steht; er schließt so an eine Reihe von Publikationen und Projekten zur Thematik an.*[1] Die spezifische Struktur des Instituts, das aus einem Konsortium von institutionellen Partnern besteht, führte zur Einbindung von Beiträgerinnen und Beiträgern aus Institutionen, die in enger Kooperation gemeinsame Publikationen hervorgebracht haben und erarbeiten; weitere Fachgelehrte kamen hinzu. So zeugt der Band von korporativen Interessen und Perspektiven des Instituts, doch ebenso von individuellen Forschungsleistungen und -interessen aller Beteiligten. Vier Themenkreise lassen sich ausmachen.

1 Moderne-Kritik

Wie sehr der Begriff der Moderne zur Zeit seines Aufkommens in Wien gegen Ende des 19. Jahrhundert noch instabil, vielsinnig und (im engeren Wortsinn) vielstimmig war, zeigen etliche der Beiträge ebenso wie die Dialektik zwischen rückwärts- und vorwärtsgewandten Tendenzen, die sich, wie häufig in der Forschung hervorgehoben wurde, produktiv, aber eben auch lähmend auswirken konnte und in Wien die Entfaltung der literarischen Moderne in letzter Konsequenz verhindert hat. Mehrere der vorliegenden Aufsätze fokussieren Momente dieser antithetischen Dynamik.

Mit Blick auf die Zeitschrift *Moderne Dichtung* und Hugo von Hofmannsthals frühe Publikationen zeigt Konrad Heumann die Beliebigkeit des Begriffs der Moderne um 1890 und diesbezüglich die frühesten Positionierungsversuche des Dichters auf. Spielarten literarischer Erneuerung bei Hermann Bahr untersucht Elsbeth Dangel-Pelloquin mit Hilfe der Begriffe „Weg" (im Roman *Neben*

---

[1] Günter Riederer: *Der letzte Österreicher. Leopold von Andrian und sein Nachlass im Dt. Literaturarchiv Marbach*. Marbach am Neckar: Deutsche Schillergesellschaft 2011; Deborah Holmes: *Langeweile ist Gift. Das Leben der Eugenie Schwarzwald*. St. Pölten, Salzburg, Wien: Residenz 2012; Arthur Schnitzler: *Später Ruhm*. Herausgegeben und mit einem Nachwort von Wilhelm Hemecker und David Österle. Wien: Zsolnay 2014; *Hofmannsthal. Orte. 20 biographische Erkundungen*. Hg. von Wilhelm Hemecker und Konrad Heumann unter Mitarbeit von Claudia Bamberg. Wien: Zsolnay 2014; Katharina Prager: *Karl Kraus Online*. Wienbibliothek im Rathaus / Ludwig Boltzmann Institut für Geschichte und Theorie der Biographie 2015: http://www.kraus.wienbibliothek.at/ [10.11.2016]. In Kooperation mit der University of Cambridge entsteht eine Biographie zu Arthur Schnitzler, verfasst von Marie Kolkenbrock.

der Liebe) und „Wandlung" (in *Russische Reise*), welche Formen des Spannungsverhältnisses zwischen Tradition und Moderne und Möglichkeiten der Auflösung reflektieren.

Richard Schaukal setzt sich in seinen Essays bereits kritisch mit zeitgenössischen Erscheinungsformen der Moderne auseinander, bleibt in seiner literarischen Produktion jedoch der Tradition verhaftet, wie Andreas Wicke in seinem Beitrag darlegt. Alice Le Trionnaire-Bolterauer beschäftigt sich in ihrem Aufsatz über Essay, Kritik und Feuilleton in Wien um die Jahrhundertwende mit Selbstreflexivität als ein wesentliches Signum der Moderne. Mit einer Dichotomie Berthold Viertels – ‚erhaltende Väter'/‚zerstörende Söhne' – untersucht Katharina Prager „Karl Kraus und die Traditionen der ‚kritischen Moderne'": eine Re-Interpretation des sich gängigen Zuordnungen entziehenden Zeitkritikers.

2 Urbanisierung, Modernisierung und Formen der Reaktion

Die zunehmende Modernisierung und Urbanisierung der Metropole Wien und die damit einhergehenden Beschleunigungsprozesse, wie sie sich in Novellen Felix Saltens narrativ gespiegelt finden, untersucht Siegfried Mattl in seinem Beitrag: „In-Between. Zeit und Erinnerung in Felix Saltens Novellensammlung *Die Wege des Herrn*". Als eine Form der Reaktion auf die zivilisatorische und urbane Moderne lassen sich Prozesse der Musealisierung in ihrer ambivalent konservierenden Funktion verstehen; David Österle reflektiert diese mit Bezug auf Werke Hugo von Hofmannsthals aus dem zeitlichen Umfeld der Internationalen Ausstellung für Musik- und Theaterwesen im Jahr 1892.

Die Amalgamierung von modernen und historistischen Tendenzen in Leben und Werk, näherhin in Räumen und Raumdarstellungen Richard Schaukals ist Gegenstand des Beitrags von Claudia Girardi. Die von Schaukal bewohnten und seine literarisch geschilderten Fin-de-siècle-Intérieurs werden als Ausdruck seiner divergenten Haltung zwischen Kritik am Historismus und rückwärtsgewandter Utopie interpretiert.

3 Intertextualität und Intermedialität

Wilhelm Hemeckers Beitrag „Das gerettete Ich? Hugo von Hofmannsthals Picasso" widmet sich dem wenige Jahre vor dem Ausbruch des Ersten Weltkriegs bereits anachronistischen Interesse des Dichters am frühen, noch an der Kunst des ausgehenden 19. Jahrhunderts in Paris orientierten Malers – gleichsam an Picasso avant Picasso. Der zeitgleich aufkommende Renaissance-Hype in Wien wird in zwei Aufsätzen behandelt: Julia Ilgner zeigt mit Hilfe von fünf Analysekategorien – Renaissancelektüren, Bildungsreisen, Kunststudium, Sprachhabitus und dichterische Aneignung –, dass Schnitzlers Affinität für diese Epoche nicht lediglich ein schöpferisches Intermezzo, sondern einen lebenslangen Rezeptionsprozess darstellte. Die politisch-funktionale Intention von Richard Schaukals Renaissancismus legt Cornelius Mitterer mit besonderem Fokus auf die Dialogbücher *Giorgione* und *Literatur* dar.

Die Vielfalt intertextueller Bezüge Hermann Bahrs zur französischen Literatur, besonders zu Paul Bourget und Emile Zola, kommt im Beitrag von Norbert Bachleitner zur Sprache. Bachleitner zeigt, dass Zola seinen Platz in Bahrs Parnass auch nach der Überwindung des Naturalismus behält, dafür aber gründlich gegen den Strich gelesen wird. Hermann Bahr war bekanntlich eine bevorzugte Zielscheibe von Karl Kraus' Invektiven; Brigitte Stocker widmet sich in ihren Ausführungen unter dem Titel „'Grundtypen des geistigen Elends'. Die Autoren Jung-Wiens in Karl Kraus' Zeitschrift *Die Fackel*" seinen charakteristischen satirischen Verfahren, die sich bis auf Juvenal zurückverfolgen lassen.

4 Das Andere der Moderne

Schnitzlers Auseinandersetzung mit subkutanem Okkultismus gegen Ende der Donaumonarchie wird im Beitrag von Marie Kolkenbrock behandelt. Dabei geht es ihr weniger um eine metaphysisch-weltanschauliche Bewertung der okkulten Elemente in Schnitzlers Texten als vielmehr um die Frage, welche soziokulturellen und ästhetisch-poetologischen Funktionen diese Elemente erfüllen.

Robert Rößler reflektiert in Biographie und Werk Richard Beer-Hofmanns, dem *Tod Georgs* im Besonderen, die Überwindung des Dandyismus im Zuge eines erwachenden Engagements für das antisemitisch bedrängte Judentum, bei kritischer Distanz zum Zionismus.

So kaleidoskopisch solche Momente auch erscheinen mögen, so sehr fügen sie sich in eine größere Forschungsperspektive auf Spezifika und Grenzen der Wiener Moderne. Der Forschungsimpuls, den der Band setzen möchte, zielt auf einen konzeptuellen Begriff der Moderne, wie er vor allem aus der Perspektive der Krisis zunehmend fassbar und historiographisch operationalisierbar wird.

Die Herausgeber

Moderne-Kritik

Konrad Heumann
Was ist modern?

Hofmannsthals Publikationstaktik in Eduard Michael Kafkas Zeitschrift „Moderne Dichtung"

Man kann nicht sagen, dass die Frage nach Hofmannsthals Verhältnis zu ‚Tradition' und ‚Moderne' in der Vergangenheit wenig Beachtung erfahren hätte. Die Flut der Publikationen, die Hofmannsthal zu dem Begriffspaar in Bezug setzen, ist nicht mehr zu überblicken. Erwähnt sei nur die große Tagung *Modernité de Hofmannsthal*, die Jacques Le Rider 1993 in Paris veranstaltete und die beide Begriffe in den Blick nahm.[1] Bei einem Autor, der derart offensiv die Bestände der Überlieferung zum Ausgangspunkt und Zentrum seines poetischen und essayistischen Werks macht, nimmt dieses Interesse nicht wunder. Bei näherem Hinsehen fällt allerdings auf, dass die Untersuchungsergebnisse sehr von der gewählten Perspektive abhängen. Je nachdem, ob sich die Interpreten auf Hofmannsthals Stoff- und Motivwahl, seine Prätexte, sein Menschen- und Gesellschaftsbild oder seine textuellen Verfahrensweisen beziehen, kommen sie zu ganz unterschiedlichen Ergebnissen. Auch das Textkorpus spielt eine Rolle, über *Elektra* wird anders gesprochen als über den *Jedermann*, und die Untersuchungen, die sich mit Hofmannsthals poetologischen Selbstaussagen, namentlich den großen Reden der Zwanzigerjahre beschäftigen, bilden eine eigene, oft ideologiekritisch befeuerte Gattung.

2014 sind zwei umfangreiche Dissertationen erschienen, die auf breiter Basis und methodisch äußerst ambitioniert beide Begriffe auf Hofmannsthals Werk anwenden. Katharina Meiser analysiert systemtheoretisch *Hofmannsthals Auseinandersetzung mit der Moderne*, indem sie die Ich- und Gesellschaftskonzeptionen ausgewählter Werke im Kontext der Modernisierungsprozesse um die Jahrhundertwende betrachtet. Sie kommt zu dem Schluss, dass Hofmannsthal zwar generell am Totalitätsanspruch der Kunst festhält, sich angesichts des Verlustes verbindlicher Orientierungsinstanzen jedoch nicht eindeutig auf bestimmte Konzepte festlegt. Für Meiser sind Hofmannsthals Texte individuelle, widersprüchliche, immer wieder neu ansetzende Suchprozesse nach einem Ganzheitsideal, das prinzipiell uneinlösbar bleibt.[2] Carina Heer, die das „Traditionsverhalten" in

---
[1] J. Le Rider (Hg.), Modernité de Hofmannsthal. Austriaca. Cahiers universitaires d'information sur l'Autriche 37 (Dezember 1993).
[2] K. Meiser, Fliehendes Begreifen. Hugo von Hofmannsthals Auseinandersetzung mit der Moderne. Heidelberg 2014.

DOI 10.1515/9783110549539-002

Hofmannsthals (und Schnitzlers) Dramen untersucht, richtet ihr Augenmerk auf die Formen, mit denen Hofmannsthal an die Geschichte und Eigenart der überlieferten Dramengattungen anschließt. Auch Heer kommt je nach betrachtetem Text zu divergierenden Schlüssen.³ Bei pauschalen Aussagen zu ‚Tradition' und ‚Moderne' bei Hofmannsthal ist also Vorsicht geboten.

Aus diesem Grund geht der vorliegende Beitrag versuchsweise einen anderen Weg. Er versteht die Begriffe ‚Tradition' und ‚Moderne' nicht analytisch, sondern historisch, als Bedeutungszusammenhänge, die sich zu einer bestimmten Zeit in einem konkreten Umfeld entfalten. Methodisch wird es dadurch nicht einfacher. Gerade der Begriff des ‚Modernen' machte seit seiner emphatischen Einführung in Folge der „Querelle des anciens et des modernes" (1687) in seiner adjektivischen und später auch in seiner substantivischen Ausformung extreme Wandlungen durch. Die Historische Semantik hat die verschlungene Geschichte der Begriffsfelds ‚modern'/‚Moderne' nachgezeichnet: seine Konjunktur in der Aufklärung als Kontrastbegriff zur Kultur der Antike; die Wandlung zur Beschreibungskategorie einer problematischen historischen Entwicklung bei Herder; die unentschiedene, eher typologisierend-abqualifizierende Bedeutung bei Goethe; die geschichtsphilosophische Aufwertung bei Schiller; die zwiespältige Positionierung bei Friedrich Schlegel als rein Gegenwärtiges, Beengendes, jedoch auch als Versprechen einer künftigen Synthese mit der Antike; die Umformung im Jungen Deutschland zum Kampfbegriff gegen belastende Traditionsbindungen, zugleich seine Verkoppelung mit dem Emanzipativen, Progressiven, Politischen; die scharfe Polemik Richard Wagners gegen die „‚moderne' Welt" als Resultat einer geschichtslosen, jüdischen Verschwörung gegen deutsche Kultur; schließlich den Verlust des Programmatischen im bürgerlichen Realismus, das den Begriff schlicht als Konformität mit der Gegenwart versteht. Ende der 1880er Jahre kommt es dann im Rückgriff auf die Jungdeutschen (und im Anschluss an neuere Entwicklungen in England und Frankreich) zu einer Wiederbelebung des ‚Modernen'. Die Begriffe „modern" und (ab 1887) „Moderne" werden zu ubiquitären Oppositionsbegriffen, die jedoch keiner einheitlichen Doktrin folgen, sondern eine breite, in sich widersprüchliche Skala künstlerischer, philosophischer und politischer Theorien des 19. Jahrhunderts perpetuieren. Sie bezeichnen eine Aufbruchsbewegung ohne einheitliche Richtung.⁴

---

3 C. Heer, Gattungsdesign in der Wiener Moderne. Traditionsverhalten in Dramen Arthur Schnitzlers und Hugo von Hofmannsthals. Mit Vergleichsanalysen zu Hermann Bahr, Felix Salten und Richard Beer-Hofmann. München 2014.
4 Fritz Martini, Modern, Die Moderne. In: Reallexikon der deutschen Literaturgeschichte. 2. Aufl. Hg. von Werner Kohlschmidt und Wolfgang Mohr. Bd. 2. Berlin 1965, S. 391–415, hier S. 409 et passim. – Hans-Ulrich Gumbrecht, Modern, Modernität, Moderne. In: Geschichtliche Grundbegriffe.

Im Folgenden geht es um die Frage, wie sich Hofmannsthal in der Frühphase seiner Laufbahn als Schriftsteller in diesem heterogenen diskursiven Feld positionierte. Dabei kommt der Umstand zur Hilfe, dass am Beginn seiner Karriere die Auseinandersetzung mit einer Zeitschrift steht, die sich selbst offensiv als ‚modern' etikettierte. Die Rede ist von der Zeitschrift *Moderne Dichtung*, die im Jahr 1890 die Alleinvertretung des Begriffs im österreichischen Raum für sich beanspruchte. Dort erschien am 1. November 1890 Hofmannsthals Gedicht „Sturmnacht", zwei weitere Texte – die Bourget-Kritik „Zur Physiologie der modernen Liebe" sowie das Gedicht „Gedankenspuk" – schrieb er gezielt im Hinblick auf eine Veröffentlichung in diesem Periodikum. So ist zunächst der programmatische Horizont der *Modernen Dichtung* abzustecken.

Die *Moderne Dichtung* (Untertitel: *Monatsschrift für Literatur und Kritik*) erschien erstmals am 1. Januar 1890 im Brünner Traditionsverlag Rudolf M. Rohrer. Ihr Haupttitel hatte zu jener Zeit enorme Signalwirkung, schließlich war sie die erste literarische Rundschau im deutschsprachigen Raum, die den Begriff der ‚Moderne' in dieser Weise exponierte. Die entsprechenden Berliner und Münchner Gründungen erfolgten bald darauf, aber eben doch später.[5] Herausgeber der Zeitschrift, die ausschließlich Originalbeiträge druckte,[6] war der 20-jährige,[7] sozialistisch gesinnte Eduard Michael Kafka (1869–1893).[8]

Hg. von Reinhart Koselleck, Werner Conze und Otto Brunner. Bd. 4. Stuttgart 1978, S. 93–131, hier S. 121 et passim. – Cornelia Klinger, modern / Moderne / Modernismus. In: Historisches Wörterbuch ästhetischer Grundbegriffe. Hg. von Karlheinz Barck, Martin Fontius, Dieter Schlenstedt u. a. Bd. 4. Stuttgart 2002, S. 121–167, hier S. 138f. et passim. Vgl. auch Sabina Becker / Helmuth Kiesel (Hg.), Literarische Moderne. Begriff und Phänomen. Berlin, New York 2007.

5 Einen Monat nach der *Modernen Dichtung*, am 29. Januar 1890, kam in Berlin das erste Heft der *Freien Bühne für modernes Leben* auf den Markt, die zunächst von Otto Brahm redigiert wurde. Die von Leo Berg ebenfalls in Berlin herausgegebene Zeitschrift *Die Moderne*, von der noch die Rede sein wird, erschien im Januar/Februar 1891. Von März bis Dezember 1891 publizierte die Münchner *Gesellschaft für modernes Leben* um Michael Georg Conrad die Wochenschrift *Moderne Blätter*.

6 Moderne Dichtung 1.4 (1. April 1890), S. 276.

7 Kafkas Geburtstag und -ort werden stets falsch angegeben. Das Österreichische Biographische Lexikon (Bd. 3, 1962, S. 170) und die *Neue Deutsche Biographie* (Bd. 11, 1977, S. 1) nennen Brünn, 11. März 1864, Ludwig Eisenberg hingegen Wien, 11. März 1868 (Künstler- und Schriftsteller-Lexikon. „Das geistige Wien". Supplement 1892. Wien 1892, S. 29). Tatsächlich kam Kafka am 11. März 1869 als unehelicher Sohn der Maria Constantin in der Stuckgasse 4 in Wien zur Welt. Getauft wurde er am 18. März 1869 in röm.-kath. Pfarre St. Ulrich. Durch die spätere Eheschließung der Mutter mit dem leiblichen Vater Eduard Kafka in der Israelitischen Kultusgemeinde Wien wurde E. M. Kafka legitimiert (freundlicher Hinweis von Georg Gaugusch, Wien).

8 Zur Einordnung und Rezeptionsgeschichte der *Modernen Dichtung / Modernen Rundschau* vgl. nach wie vor den Überblick von Alfred Zohner und Eduard Castle in: Deutsch-Österreichische

Im ersten Heft der *Modernen Dichtung* vom 1. Januar 1890 findet sich kein Editorial des Herausgebers, dem die Programmatik des Unternehmens zu entnehmen wäre. Allerdings verschickte Kafka 1889 werbende Briefe an potentielle Beiträger, in denen er seine Ziele erläuterte. So schrieb er an die sozialistische, damals in Wien lebende Schriftstellerin Minna Kautsky, es gehe ihm darum, „dem *Kunstprincip der Moderne, dem Naturalismus, dem realist. Kunstschaffen* endlich auch hüben bei uns in Oesterreich siegreiche Geltung [...] zu erkämpfen".[9] Nun konnte Hofmannsthal die Korrespondenzen aus der Gründungsgeschichte der *Modernen Dichtung* nicht kennen, wohl aber einen gedruckten Werbetext, der offenbar die erste Lieferung begleitete. Moriz Stekel zitiert ihn in einer Rezension vom April 1890 wie folgt: „In siegreichster Bemühung sehen wir in unseren Tagen die besten Schriftsteller Oesterreichs und Deutschlands *mit neuen, gewaltigen Aufgaben ringen:* die Ideenwelt der Gegenwart, die großen brennenden Fragen und Probleme unserer Zeit, das *moderne* Denken, Wollen und Empfinden im nationalen Schriftthum zu künstlerischer Gestaltung zu bringen. Diesen Bestrebungen der modernen Geister unserer zeitgenössischen deutschen Literatur ein *maßgebendes Organ* zu schaffen und zugleich ein würdiges, vornehmes Heim für ihre besten *Schöpfungen:* dieses war der leitende Gedanke bei Begründung der vorliegenden Monatsschrift."[10] Propagiert wird die Engführung von dichterischem Handeln und Zeitdiagnose: Moderne Dichtung sollte keine Sphäre eigenen Rechts sein, sondern unmittelbar an virulente Problemlagen einer außerliterarischen Gegenwart anschließen.

Literaturgeschichte. Bd. 4. Hg. von Johann Willibald Nagl, Jakob Zeidler und Eduard Castle. Wien 1937, S. 1703–1706. Die von Eduard Castle betreute Dissertation von Gertraud Huber, „Moderne Dichtung". Monatsschrift für Literatur und Kritik. 1890. Wien 1946 kommt über Inhaltsparaphrasen nicht hinaus. Vgl. hingegen die Einleitung zu: Das Junge Wien. Österreichische Literatur- und Kunstkritik 1887–1902. Ausgewählt, eingeleitet und hg. von Gotthart Wunberg. Bd. 1. Tübingen 1976, S. XLIII–LX. Vgl. ferner Maria Teresa dal Monte, Alle origini di „Das Junge Wien". „Moderne Dichtung – Moderne Rundschau". In: Annali della Facoltà di Lingue e Letterature straniere di Ca' Foscari 19.1 (1980), S. 21–38, 19.2 (1980), S. 31–49. (Online: http://arcaold.unive.it/handle/10278/24). Zentral ist: Jens Rieckmann, Aufbruch in die Moderne. Die Anfänge des Jungen Wien. 2. Aufl. Frankfurt a. M. 1986, S. 43ff. Einen guten Überblick bietet: Dagmar Lorenz, Wiener Moderne. Stuttgart 1995, S. 45–50. Zur Einordnung in das publizistische Umfeld vgl.: Max Kaiser / Werner Michler / Karl Wagner, Zeitschriftengründungen und Literatur in Österreich um 1880. In: Wortverbunden – Zeitbedingt. Perspektiven der Zeitschriftenforschung. Hg. von Wolfgang Hackl und Kurt Krolop. Innsbruck u. a. 2001, S. 65–86, hier S. 79–81.
9 Brief vom 11. August 1889, zit. n. Michler, Zwischen Minna Kautsky und Hermann Bahr. Literarische Intelligenz und österreichische Arbeiterbewegung vor Hainfeld (1889). In: Literarisches Leben in Österreich 1848–1890. Hg. von Klaus Amann u. a. Wien u. a. 2000, S. 94–137, hier S. 137.
10 Zit. n. M. Stekel, Moderne Dichtung. In: Bukowinaer Rundschau 812 (13. April 1890), S. 6.

Die *Moderne Dichtung* erschien im repräsentativen Lexikonformat (27 x 17 cm). Die Gestaltung des Umschlags der 12 Hefte lässt deutlich erkennen, dass das Zeitalter des sezessionistischen Stils 1890 noch nicht begonnen hatte. (Abb. 1)

Abb. 1: Das erste Heft der *Modernen Dichtung* vom 1. Januar 1890 mit einer Fotografie von Michael Georg Conrad (Wienbibliothek im Rathaus / Druckschriftensammlung, Wien).

Zu sehen ist eine typische Arabeske und damit eine Bildgattung, deren Hochphase mit dem Abklingen der Romantik um die Jahrhundertmitte bereits vorüber war. Im Zentrum steht jeweils ein Porträt, genauer gesagt die Reproduktion einer Porträtfotografie. Das erste Heft zeigt Michael Georg Conrad, der seit 1885 (ab 1888 mit Karl Bleibtreu) in München die Monatsschrift *Die Gesellschaft* herausgab. Indem die *Moderne Dichtung* mit Conrad beginnt und ihn damit als Kronzeugen des Vorhabens aufruft, macht sie deutlich, dass sie sich als österreichischer Seitenableger einer Münchner Strömung versteht, die zu jener Zeit als Sammelbecken für den Frühnaturalismus in Deutschland fungierte. Dieser Eindruck wird durch die Titelblätter der folgenden Monate etwas modifiziert. Zu sehen sind: Ludwig Anzengruber (Februar), Ferdinand von Saar (März), Georg Brandes (April), Hermann Conradi (Mai), Jeronim Jassinskij[11] (Juni), Gerhart Hauptmann (Juli), Detlev von Liliencron (August), Adolf Pichler (September), Hermann Friedrichs (Oktober), Leopold von Sacher-Masoch (November) und Karl Henckell (Dezember). Dass die vier österreichischen Schriftsteller gegenüber den sechs Deutschen in der Minderheit sind, mag nicht weiter überraschen. Auffällig ist jedoch das Alter der Protagonisten: Die Deutschen Henckell (26), Hauptmann (27), Conradi (27), Liliencron (46), Friedrichs (36) und Conrad (43) sind im Schnitt fast ein Vierteljahrhundert jünger als die Österreicher Anzengruber (50), Sacher-Masoch (54), Saar (56) und Pichler (71). Im Jahr 1890 scheint die Moderne in Österreich noch keine Bewegung der Jungen gewesen zu sein. Anders gesagt: Kafka entschied sich bei der Konzeption seiner Zeitschrift dafür, im Falle Deutschlands die bereits formierte (wenn auch in sich durchaus nicht konsistente) Gruppe junger Realisten/Naturalisten vorzustellen, während er sich im Falle Österreichs einstweilen auf die Herleitung der ‚Moderne' aus der Eltern- und Großelterngeneration beschränkte.

Das Porträt wird von Gegenständen umrahmt, deren Zusammenhang sich gattungstypisch von unten nach oben entfaltet. Im unteren Bereich liegen Folianten drapiert, die ebenso einer vergangenen Epoche entstammen wie das Tintenfass mit Gänsefeder, die orphische Leier und die neobarocken Voluten, die das Ganze einfassen. Sie scheinen Insignien einer überkommenen Bildsprache und eines nicht mehr zeitgemäßen Weltverhältnisses zu sein, „Urväter Hausrat" sozusagen. Darüber winden sich Fruchtzweige, aus denen, zur Rechten und zur Linken, zwei finster dreinblickende Schwäne ihre Hälse recken. Ob sie sich gegenseitig anzischen oder ob sie dem Mann in der Mitte seinen prominenten Platz neiden, ist nicht zu entscheiden. Sicher ist nur, dass sie mit ihren heraldischen Krönchen, die sie auf dem Kopf tragen, reichlich lächerlich aussehen – und dass der Schwan seit alters ein Sinnbild des Dichters ist. Auch diese Bildtradition, der Dichter als Schwan, scheint also überholt zu sein, jedenfalls sind die beiden

---

[11] Der weitgehend vergessene Petersburger Schriftsteller und Herausgeber Jeronim Jeronimowitsch Jassinskij (Pseud. Maxim Belinskij, 1850–1931). Der Literaturhistoriker Alexander von Keinholdt widmete ihm ein 12-seitiges Porträt (S. 350–362).

zornigen Tiere kaum Vertreter der titelgebenden „modernen Dichtung". Für diese steht der Autor in der Mitte – und der Knabe am oberen Bildrand, der sich auf dem Rücken eines Adlers hoch in die Lüfte schwingt.

Die ikonographische Quelle ist eindeutig: Es ist der Knabe Ganymed, der hier aber nicht so erscheint, wie die Mythologie ihn überliefert. Hier ist er nicht das Opfer des Jupiter, der sich in einen Adler verwandelt hat, um den schönen Knaben in den Olymp zu entführen. Im Gegenteil: Dieser Ganymed genießt es, mit genialisch-wüster Frisur hoch über der Welt zu fliegen, und er protokolliert seine Gedanken in einem dicken Buch. Sein Blick ist nicht nach unten, sondern nach oben gerichtet. Es geht ihm also nicht um die Vogelperspektive in einem konventionellen Sinne, sondern um Erhöhung, um Elevation. Vom Parteiengezänk unten scheint er nichts mitzubekommen.

Die Bilderfindung am oberen Rand des Titelblatts ist ohne Goethes Gedicht *Ganymed* von 1774 nicht zu denken. Auch bei Goethe ist Ganymed nicht passives Opfer eines Raubs, sondern er berauscht sich, befreit von irdischer Schwere, am Aufstieg in unendliche Höhen: „Ich komm', ich komme! / Wohin? Ach, wohin? // Hinauf! Hinauf strebt's. / Es schweben die Wolken / Abwärts [...]".[12] Etwas von diesem Rausch ist dem schreibenden Knaben mitgegeben. Zu bedenken ist, dass das Motiv um 1900 (etwa in Hans von Marées' letztem Bild *Ganymed* von 1887) starke Konjunktur hatte. Lea Ritter-Santini hat in ihrer Monographie *Ganymed. Ein Mythos des Aufstiegs in die deutsche Moderne* (2002) diese Bildgeschichte als Kernmotiv des Mythos von der deutschen Auserwähltheit rekonstruiert. Vor diesem Hintergrund ist das junge Genie auf dem Titelblatt der *Modernen Dichtung* auch eine nationale Verheißung. Daran ändert nichts, dass ihn Otto Julius Bierbaum in seiner Rezension des ersten Hefts in seiner mokanten Art als „adlerreitenden Badeengel" bezeichnet.[13]

Zusammenfassend lässt sich feststellen, dass sich die *Moderne Dichtung* auf ihrem Titelblatt reichlich widersprüchlich darstellt. Einerseits desavouiert sie die Bildkonventionen vergangener Epochen, vertraut dann aber doch, um des programmatischen Nachdrucks willen, auf überkommene Darstellungstechniken, indem sie an Stelle des alten ein neues Dichter-Symbol einführt, das mit dem Bildungswissen des Betrachters spielt. Das Neue, Unbekannte, speist sich also aus dem Alten, Bekannten, konkret: aus dem Sturm und Drang und aus der deutschen Romantik. Von einem radikalen Bruch mit den Beständen der Bildungstradition kann nicht die Rede sein. So vermerkt Bierbaum: „Auch die Arabeskenum-

---

12 Johann Wolfgang von Goethe, Goethes Werke. Hg. im Auftrage der Großherzogin Sophie von Sachsen. („Weimarer Ausgabe".) Abt. I. Bd. 2. Weimar 1888, S. 79.
13 O. J. Bierbaum, Moderne Dichtung. In: Die Gesellschaft 2 (1890), S. 305–310, hier S. 306. Vgl. das Digitalisat des Drucks unter www.uni-due.de/lyriktheorie.

rahmung des Bildes in Braundruck[14] konnte wohl geschmackvoller und in ihrem allegorischen Beiwerk ein wenig neuartiger sein."[15]

Der Inhalt des ersten Heftes der *Modernen Dichtung* bestätigt den Eindruck des Disparaten auf seine Weise. Die meisten Texte wirken heute erstaunlich konventionell, sowohl was die Form als auch was Stoff und Motivik betrifft. Besonders irritierend in dieser Hinsicht ist das Porträt, das Arthur Gundaccar von Suttner (der Ehemann von Bertha von Suttner) seinem Freund Michael Georg Conrad widmet und das ausschließlich Privatheiten im Stil der Leipziger *Gartenlaube* bietet, die als Familienblatt doch eigentlich dem gegnerischen Lager zugehörte.[16] Von ‚Moderne' – in welchem Sinne auch immer – keine Spur. Eine Ausnahme bildet Hofmannsthals väterlicher Freund Gustav Schwarzkopf mit einer an Maupassant geschulten Novelle mit dem Titel „Liebe?".[17] Vor allem aber enthält das Heft zwei Essays, die an programmatischem Schwung nichts zu wünschen übrig lassen, einen von Hermann Bahr und einen von Wilhelm Bölsche.

Bahrs Aufsatz „Die Moderne" wird als ebenso pathetisches wie vages Gründungsmanifest der neuen Bewegung immer wieder zitiert. Er findet sich, gezeichnet mit „Hermann Bahr (Madrid)", als zweiter Beitrag im Heft und kann als Stellvertreter des fehlenden Editorials gelesen werden – ein Abgesang auf die sterbende Kultur der Vergangenheit, gepaart mit einer Erlösungssehnsucht im Zeichen der „Moderne". So heißt es etwa: „Dass aus dem Leide das Heil kommen wird und die Gnade aus der Verzweiflung, dass es tagen wird nach dieser entsetzlichen Finsternis und dass die Kunst einkehren wird bei den Menschen – an diese Auferstehung, glorreich und selig, das ist der Glaube der Moderne."[18]

Ganz im Sinne des bereits zitierten Werbetextes ist bei Bahr nicht etwa die Literatur „modern", sondern das aktuelle Zeitalter, in Bahrs Redeweise: das Leben, das sich im 19. Jahrhundert von Grund auf gewandelt habe. Diese Modernisierung der Außenwelt sei jedoch in der Innenwelt der Menschen und auch in der Literatur noch nicht angekommen. Die Menschen seien in ihrer Wahrnehmung blockiert von der Übermacht toter Traditionen, die die Assimilation an die veränderten Verhältnisse, an den „Dampf" und an das „Elektrische", verhindern würden. So müsse man zunächst „den Trümmerschutt der Überlieferung aus der Seele schaffen und rastlos den Geist aufwühlen, mit grimmen Streichen, bis alle

---

14 Das Titelblatt des ersten Heftes wurde (im Gegensatz zu den folgenden Heften) zweifarbig gedruckt: das Foto schwarzweiß, der Rest braun.
15 Bierbaum, Moderne Dichtung. 1890, S. 306.
16 Moderne Dichtung 1.1 (1. Januar 1890), S. 16–20. Wieder in: Wunberg 1976, S. 36–42.
17 Moderne Dichtung 1.1 (1. Januar 1890), S. 34–40.
18 H. Bahr, Die Moderne. In: Moderne Dichtung 1.1 (1. Januar 1890), S. 13–15, hier S. 13. Vgl. das Digitalisat des Drucks unter www.uni-due.de/lyriktheorie sowie die eingehende Würdigung samt Wiederabdruck in: Wunberg 1976, S. LI–LX u. 30–33.

Spur der Vergangenheit vertilgt ist. Leer müssen wir werden [...]. Dann können wir uns füllen."[19] Es geht um nichts weniger als um die „Geburt einer neuen Menschheit", das heißt um die Wiedergewinnung von authentischer Zeitgenossenschaft durch bedingungslosen Traditionsbruch.

Bahrs Pathos des Neuanfangs wird von zeittypischen Signalwörtern getragen. Am wichtigsten ist das Begriffspaar „Wahrheit" und „Lüge": „Wir wollen nur, dass das Lügen aufhöre, das tägliche Lügen, in den Schulen, von den Kanzeln, auf den Thronen, welches hässlich und schlecht ist. Wir haben kein anders Gesetz als die Wahrheit, wie jeder sie empfindet."[20] In seiner Beschreibung des Kampfes gegen die Lüge bedient er sich einer brachialen Metaphorik: „Es muss ausgeholzt werden, dass der Morgenwind der Freiheit durchstreichen kann, der die Saat her weht. Die Axt muss mörderisch übers Gestrüpp."[21]

Einige Seiten später schreibt der bereits erwähnte Wilhelm Bölsche über „Ziele und Wege der modernen Ästhetik".[22] Bölsche baute zu jener Zeit nahe Berlin gerade den wirkmächtigen Friedrichshagener Dichterkreis auf, aus dem sich der Berliner Naturalismus weitgehend rekrutieren sollte. Entsprechend ist Bölsche im Gegensatz zu Bahr durchaus der Meinung, dass es bereits Autoren gibt, die Anspruch auf Zeitgenossenschaft erheben können, Autoren, die „nicht die Naturwissenschaft, nicht die neue Ethik, nicht die sociale Umwälzung"[23] verleugnen und insofern Ausdruck des *„Wahrheitstriebes* der Menschheit"[24] sind. Als Beispiele nennt er Ibsen, Tolstoi und Zola, ferner die Deutschen Hauptmann, Liliencron und Heinrich Hart.

Für die programmatische Ausrichtung der *Modernen Dichtung* ist noch ein dritter Aufsatz wichtig, der sich im zweiten Heft findet. Er stammt von Otto Julius Bierbaum und trägt den Titel „'Die neue Literatur'". Ähnlich wie Bahr und Bölsche sieht auch Bierbaum in der Gegenwart einen Kampf moderner Kräfte gegen die „bestandlose Hohlheit" der Tradition am Werke. Gemeint ist der verhasste Geist

---

19 Bahr, Die Moderne. 1890, S. 14.
20 Bahr, Die Moderne. 1890, S. 15. Vgl. hierzu Wunberg 1976, S. LV.
21 Bahr, Die Moderne. 1890, S. 14.
22 W. Bölsche, Ziele und Wege der modernen Ästhetik. Eine kritische Betrachtung. In: Moderne Dichtung 1.1 (1. Januar 1890), S. 29–34. Teilweise wieder in: Wunberg 1976, S. LVIII–LX.
23 Bölsche 1890, S. 33.
24 Bölsche 1890, S. 30. Zu beklagen sei allerdings das „zweifellose Zurückbleiben unserer ästhetischen Theorie hinter der Praxis" und zugleich der mangelnde „Anschluss an die *großen treibenden Ideen* unserer Gegenwart", wie sie sich namentlich in den Naturwissenschaften zeigten (S. 31). Vgl. auch: „Wir bedürften einer auf das gesamte ethnographische Material gestützten Ästhetik der verschiedenen Menschenrassen, vor allem der Naturvölker. Wir bedürften einer grundlegenden Arbeit über die Entwickelung des Sinnes für Rhythmus bei den Thieren, und desgleichen einer großen Studie über die darwinistische Herleitung des Nachahmungstriebes." (S. 33)

des Liberalismus: „Diese verschwommene Schrankenlosigkeit, welche in der Politik saftlosen, schönrednerisch-unfruchtbaren Kosmopolitismus, in der Wissenschaft verkehrt-unkritisches Universalitätsstreben, in der Literatur aber jenen ‚verblasenen Idealismus' zeugte, der schließlich die Dichtung jedem Gesunden vergällte, hat seinen Gegensatz kurz und gut in dem gefunden, was man heute mit dem Schlagwort ‚Realismus' zusammenfasst."[25] In der Politik habe die realistische Bewegung bereits ihren „geniale[n] Meister in dem gewaltigen Staatsmann der Blut- und Eisenpolitik" gefunden, also in Otto von Bismarck. In der Literatur sei der Realismus international gegenwärtig, vor allem in Russland, Frankreich, Italien und den skandinavischen Ländern; „Kampfmittelpunkt aber ist er vor allem in Deutschland". Und weiter: „Denn wie auf politischem Gebiete der realistische Gedanke zugleich die Idee streng zusammengefasster Nationalität bedeutet, so auch im Reiche der Kunst. *Modern* und *national* – das sind in diesem Bezuge zwei Hauptforderungen des Realismus."[26] Im Folgenden nennt Bierbaum über 30 Autoren, an denen sich die „Revolution der Literatur"[27] ablesen lasse, allen voran Max Kretzer sowie Michael Georg Conrad und Karl Bleibtreu, die beiden Herausgeber der *Gesellschaft*. Auch hier sind es allesamt Deutsche, von Hermann Bahr abgesehen.

Bahr, Bölsche, Bierbaum: Alle drei Autoren sehen sich als Zeugen einer Zeit grundlegender Umwälzungen, in der sich die Literatur an außerliterarische Bewegungen anzuschließen und das Alte, Traditionelle, nicht Zeitgemäße zu bekämpfen hat. Mit dieser Diagnose geht eine programmatische Verschärfung der Tonlage einher. Nicht zufällig beklagt Bierbaum in einer Seitenbemerkung das Überwiegen des „specifisch-semitischen Geistes in unserer Presse" als einen „Schaden für die vaterländische Literatur".[28] Und ebenso wenig zufällig findet sich direkt unter dem Aufsatz der Aphorismus von Otto Erich Hartleben: „Es gibt kein gemeineres Wort als ‚Toleranz'. ‚Gesinnungslosigkeit' ist mir lieber, denn es ist ehrlicher."[29]

Das Juli-Heft der *Modernen Dichtung* setzt zwei weitere wichtige Signale. Zum einen enthält es einen Aufsatz des Herausgebers Eduard Michael Kafka mit dem Titel „Vom modernen Individualismus". Kafka konstatiert, die Deutschen

---

25 Bierbaum, Die neue Literatur. In: Moderne Dichtung 1.2 (1. Februar 1890), S. 78–86, hier S. 78.
26 Bierbaum, Die neue Literatur. 1890, S. 78.
27 Bierbaum, Die neue Literatur. 1890, S. 82.
28 Bierbaum, Die neue Literatur. 1890, S. 79. In einer Fußnote macht Bierbaum deutlich, dass er seine Bemerkung nicht antisemitisch, sondern medienkritisch verstanden wissen will. Dies nahm der Salzburger *Kyffhäuser* (3 (1. März 1890), S. 88) in einer Replik zum Anlass, ihn selbst zum jüdischen Protagonisten der *Modernen Dichtung* zu erklären, „in welcher es von Juden nur so wimmelt".
29 Moderne Dichtung 1.2 (1. Februar 1890), S. 86.

strebten augenscheinlich einem „*neuindividualistischen Zukunftszeitalter*" zu: „Vor wenigen Augenblicken noch verkündeten wir mit breiter Genugthuung das radicale Kunstprogramm unseres ‚*consequenten Realismus*' und schon sollen wir, armselige Büßer des Geistes, von neuem die Wege zur *Romantik* wandeln? Und den *altruistischen* Gerechtigkeitssinn, den wir uns kürzlich anzüchteten, als wir eines schönen Morgens plötzlich den Socialdemokraten in uns erwachen fühlten, – haben wir die zarte Blüte so sorgsam gehegt, um sie nun kaltherzig und sonder Zagen von neuem dem grausamen Erbfeinde hinzuopfern, dem *brutalen Egoismus*, der hinter den prunkenden Modernitäten des ‚*aristokratischen Radicalismus*' und des Rembrandt'schen ‚*Socialaristokratismus*' im lauernden Hinterhalte liegt?"[30] Die Antwort auf diese heikle Frage ist ein verhaltenes Ja. Schließlich ruft Kafka mit den beiden Zitaten im letzten Satz Personen und Debatten auf, denen die *Moderne Dichtung* durchaus wohlwollend gegenüberstand. Einerseits spielt er auf Georg Brandes an, der auf dem Titelblatt des April-Heftes zu sehen war und der im selben Monat in der *Deutschen Rundschau* seinen Nietzsche-Essay „Aristokratischer Radikalismus" publiziert hatte. Brandes forderte mit Nietzsche die geistesaristokratische Selbstermächtigung des modernen Individuums als Reaktion auf die allgemeine Lähmung durch eine antiquarisch-monumental verstandene Geschichte. Andererseits bezieht sich Kafka auf Julius Langbehns Schrift *Rembrandt als Erzieher*, die im Januar 1890 anonym erschienen war und auch von Hofmannsthal umgehend gelesen wurde.[31] Das Buch beschwor die Wiedergeburt eines neuen, deutschen, männlich-kraftvollen Künstler- und Führertypus, einen „heimlichen Kaiser", der unerkannt ein neues Zeitalter des Geistes anbahnen wird. Es wurde im September-Heft der *Modernen Dichtung* von Robert Fischer anerkennend besprochen.[32] So gehörten 1890 auch Nietzsche und Langbehn zum Komplex des ‚Modernen'.

Das zweite Signal ist Kafkas Ankündigung, dass „die österreichische Dichterjugend von heute [...] im vorliegenden Heft zum *erstenmal* in geschlossener Reihe aufmarschiert".[33] Und tatsächlich findet sich neben Texten von älteren Österreichern wie Robert Hamerling und Sacher-Masoch auch der Erstdruck von

---

30 E. M. Kafka, Vom modernen Individualismus. I. Misstrauische Zweifel. In: Moderne Dichtung 2.1 (1. Juli 1890), S. 449f., hier S. 449. Die Fortsetzung erschien im September-Heft (S. 570–573). Beides wieder in: Wunberg 1976, S. 85–87 u. 107–110.
31 Rembrandt als Erzieher. Von einem Deutschen. 16. Aufl. Leipzig 1890, S. 271ff. Hofmannsthal las das Buch Ende März / Anfang April, vgl. H. v. Hofmannsthal, Aufzeichnungen. Text. Kritische Ausgabe XXXVIII. Hg. von Rudolf Hirsch und Ellen Ritter in Zusammenarbeit mit Konrad Heumann und Peter Michael Braunwarth. Frankfurt a. M. 2013, S. 56f. – Kafka hielt Hermann Helferich (d. i. Emil Heilbut) für den Autor, vgl. Kafka, Vom modernen Individualismus. 1890, S. 449.
32 Moderne Dichtung 2.3 (1. September 1890), S. 580–582. Wieder in: Wunberg 1976, S. 102–106.
33 Moderne Dichtung 2.1 (1. Juli 1890), S. 414.

Schnitzlers dramatischer Dichtung „Anatols Hochzeitsmorgen", vor allem aber fünf Seiten Gedichte mit dem Untertitel „Jung-Österreich".[34] Damit hatte die nachfolgende Generation zum ersten Mal einen Namen und einen explizit ausgewiesenen Publikationsort.

Die Mehrzahl der dort versammelten Gedichte stammt von Schriftstellern, die heute vergessen sind: Friedrich Adler (1857–1938), Karl Maria Heidt (1866–1901), Franz Herold (1854–1943), Victor P. Hubl (1865–1891), St. Ille (?), Josef Kitir (1867–1923), Sophie von Khuenberg (1863–1937), R.P. Löhn (d. i. Robert Plöhn, 1861–1935), Hermann Menkes (1865–1931), Anton August Naaff (1850–1918), Theodor von Sosnosky (1866–1943) und Siegfried Volkmann (?). Hinzu kommen Robert Fischer (1860–1939), Felix Salten (1869–1945) und Felix Dörmann (1870–1928), die wenig später dem Kreis des Jungen Wien zugehören sollten. Der Altersschnitt der Beiträger liegt deutlich unter 30, und die Themen umspannen ein bemerkenswertes Spektrum ‚modernen' Geistes. Sie reichen von Hubls deutschnationalem „Gebet" („Männer lass uns Führer sein, / Hohen Sinnes, kühner That") bis zu existenziellen Klagen, etwa in „Nihilismus" von Plöhn („Des Nichtseins allewigstem Heile entrissen / Gezwungen zu diesem erbärmlichen Sein"), in „Trost" von Menkes („Geweiht der heiligen Menschheit – / die Gekreuzigten des Lebens") oder in „Mahnung" von Heidt („Nur der hat ganz die Welt bezwungen / Der ihrem Mitleid stolz entsagt"). Als zeittypische Protagonistin tritt die ‚femme fatale' auf, so in Saltens Hetärengedicht „Laïs" („Es trägt die Wund' sein Leben / Der unglücksel'ge Mann") und in Kitirs schwülen Zeilen „Ein Rauschen nur" („Ein Rauschen nur ... wir liebten uns schon lang, / Da sankst du in der Sehnsucht Überschwang / Mir an die Brust"). Am auffälligsten jedoch ist das Gedicht „Was ich liebe!" des 20-jährigen Felix Dörmann, das ein Jahr später in dessen Gedichtband *Neurotica* Furore machte und fortan zum Locus communis dekadenten Lebensgefühls schlechthin wurde: „Ich liebe die hektischen, schlanken / Narzissen mit blutrothem Mund; / Ich liebe die Qualengedanken, / Die Herzen zerstochen und wund".[35]

Als der 16-jährige Hofmannsthal im Oktober 1890 Kontakt zu Eduard Michael Kafka aufnahm, um der *Modernen Dichtung* mehrere Texte anzubieten, hatte er bereits Übung im Umgang mit Redaktionen. Ein Jahr zuvor, Ende September 1889, hatte er ein Feuilleton über seine Burgtheaterbesuche verfasst und an ein (nicht bekanntes) Publikationsorgan gesandt. Im Tagebuch heißt es dazu:

---

34 Moderne Dichtung 2.1 (1. Juli 1890), S. 461–465. Zu Schnitzlers Mitarbeit an der *Modernen Dichtung/Modernen Rundschau* vgl. Konstanze Fliedl, Arthur Schnitzler. Poetik der Erinnerung. Wien u. a. 1997, S. 53–78.
35 Vgl. Rieckmann 1986, S. 111–117.

> Stolz über den Sieg meines Willens vergesse ich ganz, dass mit der Vollendung dieses Halb-Plagiats noch gar nichts gethan ist und während des Abschreibens, am 29 (Sonntag) morgens dämmern mir erst allmählich die unangenehmen Bilder überhäufter Redacteure und grundloser Papierkörbe auf. Trotzdem schicke ich das Manuscript mit einem stramm nationalen, pseudonymen begleitschreiben [!] und einem Stossgebet ab.[36]

Darunter notierte er nachträglich: „habe natürl. gar keine Antwort der Red[aktion] erhalten".

Mehr Erfolg hatte Hofmannsthal bei der Zeitschrift *An der Schönen Blauen Donau*, die halbmonatlich der auflagestarken Tageszeitung *Die Presse* beilag. Am 31. Mai 1890 besuchte Hofmannsthal, auf wessen Vermittlung auch immer, die Redaktion. Das Gespräch verlief erfreulich, auch weil Hofmannsthals Gesprächspartner (der Chefredakteur Fedor Mamroth oder dessen Mitredakteur Paul Goldmann) ‚moderne' Autoren wie Ibsen schätzte. Es war Hofmannsthal durchaus nicht egal, in welchem Umfeld er publizieren würde, wie sein Resümee des Treffens im Tagebuch zeigt:

> Besuch bei dem Redacteur *der schönen blauen Donau* schmeichel*haft empfangen, er ist entschiedener Anhänger der* franz. norweg. Richtung, *spricht sehr frei über die Autoritäten,* nicht unsymp[athisch] aber doch kein volles Vertrauen erweckend, ich glaub ein echter Berliner – bin neugierig *was daraus werden wird.*[37]

Die Folgen dieses Besuchs sind bekannt: Zwischen dem 15. Juni 1890 und dem 15. Januar 1891 erschienen in der Zeitschrift Hofmannsthals Gedichte „Frage", „Was ist die Welt?", „Für mich ...", „Gülnare" und „Denkmal-Legende". (Abb. 2) Mit dem Ausscheiden von Mamroth und Goldmann aus der Zeitschrift um die Jahreswende 1890/91 endete auch Hofmannsthals Mitarbeit.[38]

---

36 Das (nicht überlieferte) Feuilleton trug den Titel *3 Hugenottendramen und ihr Publikum.* Hofmannsthal, Aufzeichnungen (Anm. 32). 2013, S. 32.
37 Hofmannsthal, Aufzeichnungen. 2013, S. 55f. Die *in Petit* gesetzten Passagen sind in der Handschrift stenographiert. Mamroth und sein Neffe Goldmann stammten übrigens nicht aus Berlin, sondern aus Breslau.
38 Vgl. die entsprechende Mitteilung von Mamroth und Goldmann an Hofmannsthal vom Januar 1891 (Freies Deutsches Hochstift/Frankfurter Goethe-Museum).

Abb. 2: Hofmannsthals letzte Publikation in der Familienzeitschrift *An der Schönen Blauen Donau* vom 15. Januar 1891: das Grillparzer-Gedicht „Denkmal-Legende" (Zeitungs- und Zeitschriftenarchiv ANNO / Österreichische Nationalbibliothek, Wien).

An der Schönen Blauen Donau war als *Unterhaltungsblatt für die Familie* (so der Untertitel) ein am Massengeschmack ausgerichtetes Periodikum, das sich immerhin auf die Fahnen geschrieben hatte, auch „den jungen, unbekannten Talenten den Weg in die Öffentlichkeit zu bahnen".[39] So wurde es, wenn auch unscheinbar, zu einem Forum der jungen österreichischen Literatur. Das war Hofmannsthal jedoch nicht genug. Es wollte den Anschluss an die explizit „moderne" Gruppierung um Kafka finden, also in einem Labor neuer Ideen publizieren. Dabei störte es ihn offenbar nicht, dass die *Moderne Dichtung* in der österreichischen Öffentlichkeit kaum wahrgenommen wurde. Zwar gab es in den Kronländern freundliche Würdigungen der ersten Hefte,[40] die großen Wiener Tageszeitungen jedoch schwiegen das neue Unternehmen tot. Einzig Robert Hirschfeld veröffentlichte am 17. September 1890 in der *Presse*, dem Mutterblatt der *Blauen Donau*, eine umfangreiche Invektive gegen die *Moderne Dichtung*. In ihr heißt es unter anderem: „Es berührt recht schmerzlich, daß in unser Österreich, welches allezeit seinen guten Geschmack zu bewahren wußte, [...] die ‚Moderne Dichtung' Eingang gefunden hat. Im deutschen Reiche zählt man eine ganze Reihe gediegener Monatsschriften; neben ihnen mögen die ‚Gesellschaft' und ‚Freie Bühne' der Jüngstdeutschen wohl bestehen. In Österreich aber ist die Zahl der Monatsschriften eine gar geringe; und es ist darum recht traurig, daß sich zu diesen wenigen eine neue dazugefunden hat, welche die Ergüsse eines krankhaft gesteigerten Selbstbewußtseins nun auch in unseren Landen propagirt."[41] Kafkas ‚moderner Individualismus' hatte durchaus Gegner.

Am 7. Oktober 1890, drei Wochen nach Hirschfelds prominent platziertem Artikel und drei Monate nach der Einführung von „Jung-Österreich" in der *Modernen Dichtung*, schrieb Hofmannsthal an den Herausgeber Kafka:

> Herr Redacteur! Ihr Blatt ist der Vereinigungspunkt für eine stattliche Zahl bedeutender Vertreter des „jüngsten" Deutschland, Männer des Kampfes, ringend nach neuen, lebensvollen Formen, dem lebenquellenden Ausdruck, der ungeschminkten subjectiven Wahrheit, der Befreiung von conventioneller Lüge in ihren tausend tödtlichen Formen. Vielleicht verrathen die beiliegenden poetischen Kleinigkeiten, dass auch ein Namenloser wie ich ein gut Theil dieser künstlerischen Kämpfe still für sich durchkämpfen, durchgekämpft haben kann und vielleicht erwirbt Ihnen dieser Umstand, wenn auch sonst keiner, eine Aufnahme

---

39 An unsere Leser! In: An der Schönen Blauen Donau 4.1 (1889), S. 1.
40 Vgl. etwa Mährisches Tagblatt, 30. April 1890; Bukowinaer Rundschau, 13. April 1890; Bukowinaer Rundschau, 20. Juli 1890, S. 9.
41 R. Hirschfeld, Aus dem Österreichischen Realistenwinkel. In: Die Presse 256 (17. September 1890), S. 1–3, hier S. 2. Vgl. auch Hirschfelds Verriss der Novelle „Die Function des Dritten" von Hermann Bahr, „einem der stammelnden ‚Jüngsten'", die im September-Heft der *Modernen Dichtung* (S. 534–539) erschienen war (Die Presse 266 (27. September 1890), S. 10).

in die Spalten Ihres Kampfblattes. In freudiger Erwartung zeichnet Hugo v. Hofmannsthal. Pseudonym: Loris.[42]

‚Kampf', ‚Leben', ‚Männer', ‚Wahrheit' und ‚Lüge': Hofmannsthal reproduziert in seinem Brief genau das Gruppenidiom der *Modernen Dichtung*. Auffällig ist, dass er allgemein vom „‚jüngsten' Deutschland" spricht, faktisch aber die österreichische Position einnimmt. Es geht ihm eben nicht (wie Bölsche) um eine Orientierung an den Erkenntnissen einer ‚objektiven' Wissenschaft und um Anschluss an die realen politischen Umwälzungen, sondern um das Erringen einer „subjectiven Wahrheit", also um *innere* Kämpfe, die man „still für sich durchkämpfen" kann, ohne öffentlich in Erscheinung zu treten. Vom jüngsten Deutschland übernimmt Hofmannsthal nur die Stilisierung viriler Kraft und Entschlossenheit, um sich zugleich auf die Seite von Hermann Bahr zu schlagen – auch dieser spricht ja von der „Wahrheit, wie jeder sie empfindet". Damit steht Hofmannsthal auf der Seite des „modernen Individualismus", dem Kafka das Wort redete. Die Botschaft ist: Man kann modern sein, ohne auf die Straße zu gehen.

Und die „beiliegenden poetischen Kleinigkeiten"? Schlossen sie ebenfalls an die Programmschriften der *Modernen Dichtung* an? Hofmannsthal scheint diesen Gedanken durchaus erwogen zu haben. Dies geht aus einem undatierten Entwurf hervor, der zur selben Zeit (auf Geschäftspapier des Vaters) entstanden sein dürfte. Geplant war ein Lehrgedicht von beträchtlichen Ausmaßen. Die ersten Verse entwarf Hofmannsthal in freien Trochäen, deren Metrum er über der Zeile notierte. Unzufrieden mit der Form, verwarf er diesen Ansatz, um in einer „Dispos[ition]" den Grundriss des gesamten Unternehmens festzulegen und in Hexametern neu zu beginnen. Am Ende steht ein gnomischer Vers. Der gesamte Entwurf lautet wie folgt:

> Neue Wege wandeln wir abgerungen in hartem Kampf
> Dem Gewohnten, das zur Formel erstarrt, erstarrt ist zur Lüge
> Mühsam lehrten die Augen wir sehn und die Seele empfinden
> *(1)* Und es entstand die Kunst die neu
> *(2)* Frei von anerzogenem Zwang.
> bohrend
> Dispos[ition]
> 1.) Einleitung 2.) einer Schule einer Wahrheit 3.) Worte. Psychologie[43]
> 4.) Elend, Krankheit 5.) Vorurtheile. 6) allerlei. Kämpen

---

[42] Zit. n. Hofmannsthal, Gedichte 1. Kritische Ausgabe I. Hg. von Andreas Thomasberger und Eugene Weber. Frankfurt a. M. 1984, S. 119.
[43] Anspielung auf: Bahr, Die neue Psychologie. In: Moderne Dichtung 2.2 (1. August 1890), S. 507–509 und 2.3 (1. September 1890), S. 573–576. Hofmannsthal bezieht sich auf diesen Text in seinem Bourget-Essay, vgl. Hofmannsthal, Reden und Aufsätze 1. Kritische Ausgabe XXII.

> Neues erfüllte die Aug[en] und ungeahntes die Seele
> Manches das wir verehren gelernt erschien uns verächtlich
> Und von niedrigem Drang dünkt uns das *(1)* Leben *(2)* meiste | beherrscht
> Lüge dein Amt liegt in der Form: Schule Gewohnheit, Tradition.[44]

Auf einem dazugehörigen, zweiten Blatt finden sich die Verse:

> Kämpfer sind wir, heiliger Ernst erfüllt uns
> Unser Ziel ist unserm Auge verhüllt zwar
> Doch dem Geist der uns mit Kraft ist verliehen
> Trauen wir weiter
> Was uns peinvoll band die erstarrte Formel
> Lügenzwang althergebracht, heischend drum Ehrfurcht
> Lösten wir lautkreischendem Pöbel[45] zum Trotz
> Seelen befreiend[46]

Ein Lehrgedicht zur Geschichte und zu den Aufgaben moderner Dichtung, geschrieben von einem 16-Jährigen aus der Perspektive eines alten Kombattanten im antikisierenden Versmaß des 18. Jahrhunderts – ohne ein beträchtliches Maß an spielerischem Übermut, ironischer Distanz und Provokationswillen lässt sich dieses kuriose Experiment kaum denken.

Hofmannsthal verfolgte den Plan nicht weiter. So ging er auch mit seiner Einsendung an Kafka einen anderen Weg, indem er an den Ton der Gedichte anschloss, die im Juli-Heft unter dem Titel „Jung-Österreich" erschienen waren. Die Strategie ging auf: Am 1. November 1890 druckte Kafka in der *Modernen Dichtung* das Gedicht „Sturmnacht" – am selben Tag erschien in der *Blauen Donau* das Ghasel „Für mich ...".[47]

Der Titel „Sturmnacht" ist durchaus nicht originell. Bereits im Mai-Heft findet sich ein Gedicht mit derselben Überschrift, geschrieben von John Henry Mackay. Der gebürtige Schotte Mackay, der dem Friedrichshagener Dichterkreis und damit programmatisch Bölsche und dem Naturalismus nahestand, evoziert in der Tradition des Sturm und Drang die Selbstermächtigung des einsamen

---

Hg. von Hans-Georg Dewitz, Olivia Varwig, Mathias Mayer, Ursula Renner und Johannes Barth. Frankfurt a. M. 2015, S. 7.
44 Vgl. Hofmannsthal, Aufzeichnungen. 2013, S. 71 sowie Hofmannsthal, Gedichte 2. Kritische Ausgabe II. Hg. von Andreas Thomasberger und Eugene Weber. Frankfurt a. M. 1988, S. 242 und S. 40.
45 Bemerkenswert sind die Entstehungsvarianten zu diesem Wort: „*(1)* Alter *(2)* Massen *(3)* Blöd". Hofmannsthal, Gedichte 2. 1988, S. 243.
46 Hofmannsthal, Gedichte 2. 1988, S. 40.
47 Moderne Dichtung 2.5 (1. November 1890), S. 718. – An der Schönen Blauen Donau 21 (1. November 1890), S. 501.

Geistesaristokraten, dessen Kraft und Kampfeslust nur in den Naturelementen den ihm gemäßen Widerpart findet, während „die machtlose Masse der Menschen" sich längst verkrochen hat: „Sturmnacht. / Krachende Winde, ächzende Wipfel, brandende Wogen: / Sturmnacht, herrlich und groß umrauscht mich Dein Lied!" Der Sprecher der Verse siegt schließlich in seinem sexuell konnotierten Ringen mit dem Sturm: „Noch ein Kuß! – / Und in letztem, zermalmendem Ringen / Hebst du und wirfst mich dem lächelnden Tage hin."[48]

Hofmannsthal übernimmt den fremden Titel, überbietet aber die Vorlage, indem er ihr die narrative Struktur nimmt und die Entfesselung der äußeren und inneren Natur auf Dauer stellt. Die beiden Gestalten, die, vom Sturm zerzaust und nur zuweilen vom Wetterleuchten erhellt, ihr körperliches Begehren erkennen, haben keine Herkunft und keine Zukunft, sie sind ornamental auf ewig miteinander verschlungen. Es ist diese gesteigerte Tonlage bei strenger formaler Verzahnung, mit der Hofmannsthal die Moderne annonciert:

> Sturmnacht
>
> Die Sturmnacht hat uns vermält
> In Brausen und Toben und Bangen:
> Was unsre Seelen sich lange verhehlt,
> Da ists uns aufgegangen.
>
> Ich las so tief in deinem Blick
> Beim Strahl von Wetterleuchten:
> Ich las darin mein flammend Glück,
> In seinem Glanz, dem feuchten.
>
> Es warf der Wind dein duft'ges Haar
> Mir spielend um Stirn und Wangen,
> Es flüsterte lockend die Wellenschar
> Von heißem tiefem Verlangen.
>
> Die Lippen waren sich so nah,
> Ich hielt dich fest umschlungen;
> Mein Werben und dein stammelnd Ja,
> Die hat der Wind verschlungen ...[49]

Dies ist nicht das Protokoll der sexuellen Phantasien eines Gymnasiasten. Auch geht es nicht um die gnadenlose Ich- und Welterforschung, wie sie Bahr in seinem programmatischen Aufsatz gefordert hatte. Das Gedicht ist ein Formexperiment, wie so oft bei Hofmannsthal im Dialog mit einem bereits vorliegen-

---

[48] Moderne Dichtung 1.6 (1. Mai 1890), S. 334.
[49] Moderne Dichtung 2.5 (1. November 1890), S. 718. Vgl. Hofmannsthal, Gedichte 1. 2013, S. 9.

den Text. Dennoch (oder gerade deshalb) erfüllte es für Kafka das Kriterium der Modernität.

Hofmannsthals Initiativbewerbung war also erfolgreich, sie ermöglichte ihm den Eintritt in das einzige Publikationsorgan der österreichischen Moderne. Er kannte zu diesem Zeitpunkt nur einen der Autoren des Blattes persönlich, nämlich Gustav Schwarzkopf (1853–1939), der auch mit seinen Eltern befreundet war und mit dem er spätestens seit dem Sommer 1890 im Briefwechsel stand.[50] Schwarzkopf war es auch, der sich im Spätherbst bei Kafka nachdrücklich für Hofmannsthal einsetzte, für dessen jüngst entstandene Dichtung warb und ihn zudem als Essayisten empfahl. Dies geht aus einem Brief hervor, den Kafka am 23. Dezember 1890 an Hofmannsthal schrieb:

> Ihre letzten Gedichte in der „bl. Donau" [„Für mich ...", „Gülnare", K.H.] haben mich so sehr entzückt, dass ich den lebhaftesten Wunsch empfinde, Sie mögen der „Modernen Dichtung" einmal ein paar solcher reizender Sachen zur Verfügung stellen. Herr Schwarzkopf erzählte mir von einem Nietzsche-Gedicht, das Sie kürzlich vollendet hätten, – bitte, wollen Sie nicht die Freundlichkeit haben, mir dasselbe zuzusenden, – u. noch einige andere Sachen, zur Auswahl; ich möchte gerne im 1. Hefte des neuen Jahrgangs etwas *besonders* Schönes von Ihnen bringen.
>
> Und dann wegen der Bourgetkritik! Ich habe die Besprechung der „Physiologie de l'amour moderne" noch niemand anderem übertragen, – da mir Herr Schwarzkopf eine Kritik über das Buch von Ihnen zusicherte. Bitte, wollen Sie mir dieselbe so schnell als möglich zukommen lassen, – ich sehe ihr mit größtem Interesse entgegen.
>
> Ich hoffe, wenn ich wieder nach Wien zurück komme, recht bald das Vergnügen zu haben, Sie bei mir zu sehen u. würde mich freuen, wenn Sie zu mir sowie zur „Modernen Dichtung" im neuen Jahre in recht innige Beziehungen treten würden.[51]

Fünf Tage später, am 28. Dezember 1890, antwortete Hofmannsthal mit einem Brief, der hier erstmals vollständig wiedergegeben wird:

> Gestatten Sie mir, verehrter Herr, Ihnen vor allem für Ihre theilnehmend aufmunternden Zeilen zu danken und[52] für die durch Ihren Auftrag, über die „Physiologie" zu schreiben, mir zutheil gewordene Anregung, die für mich zumindest den großen Vortheil hatte, dass ich mir selbst ein paar kritische Gedankenreihen, die zur Klärung des Wesens der „Moderne" nöthig sind, aus subjectiver Dämmerung erlöste, indem ich sie für die Leser Ihres, unseres Blattes zu entwickeln suchte.
>
> Jene Gedichte, welche durch die Nietzschelectüre in mir, wenn nicht angeregt, so doch gezeigt wurden und die wohl Anlass zu dem wohlwollend übertreibenden Gerücht

---

50 Hofmannsthal, Briefe 1890–1901. [Hg. von Heinrich Zimmer.] Berlin 1935, S. 9ff.
51 Hofmannsthal, Reden und Aufsätze 1. 2015, S. 298.
52 Danach irrtümlich „mich".

gegeben haben dürften, dass ich über Nietzsche schreibe, habe ich dazugelegt. Indem ich die Gelegenheit mit Ihnen, verehrter Herr, persönlich zusammenzutreffen, freudig entgegensehe, bleibe ich mit der Versicherung freundschaftlicher Ergebenheit

Ihr Hugo v Hofmannsthal. Wien III. Salesianergasse 12.[53]

Auffällig ist der veränderte Tonfall. Keine Spur mehr von der strammen Haltung des bedingungslosen Parteigängers, stattdessen empfiehlt sich Hofmannsthal selbstbewusst als Vordenker „des Wesens der ‚Moderne'". Der beigelegte Essay „Zur Physiologie der modernen Liebe" über Paul Bourgets Roman *Physiologie de l'amour moderne* bezieht denn auch im Streit um die richtige Interpretation der Moderne deutlich Position.

Gleich im ersten Absatz betont Hofmannsthal die Differenz zwischen Wirklichkeit und Literatur. Im „wirklichen Leben" gibt es keine Kohärenz, keine „Schwingungen", die alles miteinander verbinden. Die Ordnung der Dinge entsteht erst in der sinnsetzenden Perspektive des Autors, der die Figuren des Textes als Emanationen seiner selbst miteinander konstelliert, so dass für den Leser ein bezügereiches Ganzes entsteht. Im Zentrum von Hofmannsthals Argumentation steht als Schlüsselbegriff die „Individualität", die alles zusammenhält:

> Die kaum merkliche gleichartige Atmosphäre, in welcher sich alle Figuren eines Romanes bewegen, die ätherfeinen geistigen Schwingungen, welche sich aus dem Auge des Schauenden, des Autors, in das Geschaute, die dargestellten Seelenzustände, hinüberziehen, und die auch das vollkommenste, naturalistisch vollendetste Kunstwerk vom wirklichen Leben unterscheiden müssen, an dem wir diese Schwingungen, eben weil sie aus unserem eigenen Auge kommen, nicht wahrnehmen: das nennen wir die Seele des Buches, und diese Individualität, die des Autors, können wir auch allein daraus erkennen, die der dargestellten Personen nur insofern, als der Dichter ein mehr oder minder unwahrscheinlich losgerissenes Werk seiner Individualität in sie gelegt hat.[54]

Dieser von der Individualität des Autors ausgehenden ästhetischen Geschlossenheit des Textes entspricht die Sehnsucht des modernen Menschen nach einer in sich konsistenten Individualität, in der die „Zweiseelenkrankheit", die Spaltung von Geist und Leib, überwunden ist. Die Vision einer Heilung verbindet Hofmannsthal mit einem Namen, wenn er von der „Selbsterziehung zum ganzen Menschen, zum Individuum Nietzsche's" spricht.[55] Auf Nietzsche bezieht sich Hofmannsthal an mehreren Stellen seines Textes, so auch in der Seitenbemerkung, dass in Bourgets „Aphorismen viel Nietzsche steckt – wohl unbewusst,

---

53 Stefan George Archiv in der Württembergischen Landesbibliothek.
54 Hofmannsthal, Zur Physiologie der modernen Liebe. In: Reden und Aufsätze 1. 2015, S. 7.
55 Hofmannsthal, Reden und Aufsätze 1. 2015, S. 9.

weil's eben in der Luft liegt".⁵⁶ Hofmannsthals Auftritt als Nietzsche-Experte ist 1890 ein guter Modernitätsausweis – zumal in der *Modernen Dichtung* mehrere einschlägige Aufsätze erschienen waren.⁵⁷

Was aber kannte Hofmannsthal damals von Nietzsche? In den Leselisten dieser Zeit findet sich kein Hinweis.⁵⁸ Die intensive Beschäftigung scheint erst 1891 einzusetzen, mit der Lektüre der *Morgenröthe* im März/April sowie dem Plan vom 21. Mai, gemeinsam mit seinem Französischlehrer Marie-Gabriel Dubray *Jenseits von Gut und Böse* zu übersetzen.⁵⁹ Ein ähnliches Bild bietet Hofmannsthals Korrespondenz. Erwähnt wird Nietzsche nur in einem Schreiben an Schwarzkopf vom 10. August 1890, in dem es en passant heißt: „Wagner und Nietzsche Böcklin und Brillat-Savarin, Paul Bourget und Schopenhauer [...] *das* ist fin de siècle" – mit anderen Worten: modern.⁶⁰ Der nächste Beleg ist bereits der oben zitierte Brief an Kafka vom 28. Dezember 1890. Hofmannsthals bekannte Äußerungen wie die in seinem Briefentwurf an Schnitzler vom 13. Juli 1891 („En attendant les' ich Nietzsche. Diese kalte Klarheit [...] bringt gerade die Temperaturbeschaffenheit in mich, bei der meine eigenen Gedanken schön crystallisieren"⁶¹) entstanden deutlich später.⁶²

Es bleiben als Rezeptionsbelege nur die besagten Gedichte, die Hofmannsthal am 28. Dezember 1890 an Kafka sandte und die „durch die Nietzschelectüre" in ihm „wenn nicht angeregt, so doch gezeitigt" worden sein sollen, was wohl im Goetheschen Sinne heißen soll: zur Reife gebracht.

Überliefert ist nur das Gedicht „Gedankenspuk", das sich in Kafkas Nachlass fand und das dem Brief zweifellos beilag.⁶³ (Abb. 3) Der Nietzsche-Bezug des

---

56 Hofmannsthal, Reden und Aufsätze 1. 2015, S. 9.
57 Marie Herzfeld, Essays von Georg Brandes. Fremde Persönlichkeiten. In: Moderne Dichtung 1.5 (1. Mai 1890), S. 318–322 (über Nietzsches „aristokratischen Radicalismus" S. 320–322). – Joseph Diner, Friedrich Nietzsche. In: Moderne Dichtung 2.1 u. 2.4 (1. Juli u. 1. Oktober 1890), S. 429–431 u. 634–638. – M. G. Conrad, Eine Begegnung mit Friedrich Nietzsche. In: Moderne Dichtung 2.4 (1. Oktober 1890), S. 611f.
58 Hofmannsthal, Aufzeichnungen. 2013, S. 45–72.
59 Hofmannsthal, Aufzeichnungen. 2013, S. 98f. und S. 108.
60 Hofmannsthal, Gedichte 2. 1988, S. 216.
61 Hofmannsthal – Arthur Schnitzler, Briefwechsel. Hg. von Therese Nickl und Heinrich Schnitzler. Frankfurt a. M. 1964, S. 323.
62 Vgl. auch die Nietzsche-Reminiszenzen in den Notizen zum *Tod des Tizian* (1892): Hofmannsthal, Dramen 1. Kritische Ausgabe III. Hg. von Götz Eberhard Hübner u. a. Frankfurt a. M. 1982, S. 343–346 sowie S. 397–401.
63 Das Gedicht sowie die beiden Briefe Hofmannsthals wurden 1930 vom Wiener Antiquariat V. A. Heck an Herbert Steiner (1892–1966) verkauft, vgl. V. A. Heck, Katalog 43 [1928], Autographen von Dichtern und Schriftstellern, Nrn. 106 und 107. Steiner veräußerte die Autographen 1960 an

Textes erschließt sich auf den ersten Blick, schließlich steht über den Versen als Motto: „‚Könnten wir die Historie los werden' / Friedrich Nietzsche."

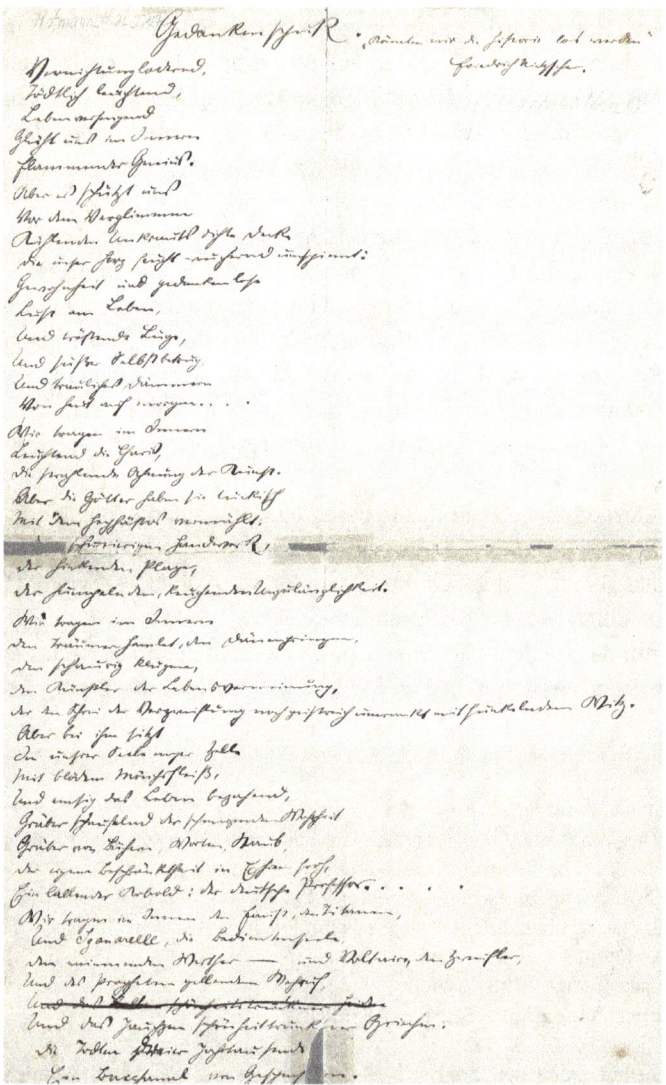

Abb. 3: Das Gedicht „Gedankenspuk" lag Hofmannsthals Brief an E.M. Kafka vom 28. Dezember 1890 bei. Rechts oben ist als Nachtrag das fingierte Nietzsche-Motto zu sehen (Stefan George Archiv, Stuttgart).

Robert Boehringer (1884–1974); nach dessen Tod gelangten sie ins Stefan George Archiv in der Württembergischen Landesbibliothek.

Hofmannsthal setzt den bekenntnishaften Seufzer sogar in Anführungszeichen, er sollte also mehr oder weniger wörtlich bei Nietzsche zu finden sein. Und doch stammt er nicht von ihm, weder wörtlich noch sinngemäß. Nietzsches Schrift „Vom Nutzen und Nachtheil der Historie für das Leben", die 1874 als zweites Stück der *Unzeitgemäßen Betrachtungen* erschienen war und auf die das Motto auf verquere Weise anspielt, verfolgt durchaus nicht das Ziel, die „Historie" pauschal zu verdammen. Sie tut vielmehr das, was der Titel bereits anzeigt: Sie wägt ab. Beide Prinzipien haben ihr Recht und ihre Funktion:

> erst dadurch, dass der Mensch denkend, überdenkend, vergleichend, trennend, zusammenschliessend jenes unhistorische Element einschränkt, [...] also erst durch die Kraft, das Vergangene zum Leben zu gebrauchen und aus dem Geschehenen wieder Geschichte zu machen, wird der Mensch zum Menschen; aber in einem Uebermasse von Historie hört der Mensch wieder auf, und ohne jene Hülle des Unhistorischen würde er nie angefangen haben und anzufangen wagen.[64]

Loswerden kann man die Historie nicht, das wäre auch nicht wünschenswert. Doch muss sich die „Seele des modernen Menschen" vor einer Überfütterung durch Vergangenes schützen. Im vierten Kapitel fasst Nietzsche dieses Problem in das Bild eines überforderten Hausherrn, der sich seiner Gäste nicht erwehren kann:

> Das historische Wissen strömt aus unversieglichen Quellen immer von neuem hinzu und hinein, das Fremde und zusammenhanglose drängt sich, das Gedächtnis öffnet alle seine Thore und ist doch nicht weit genug geöffnet, die Natur bemüht sich auf's höchste, diese fremden Gäste zu empfangen, zu ordnen und zu ehren, diese selbst aber sind im Kampfe mit einander, und es scheint nöthig, sie alle zu bezwingen und zu bewältigen, um nicht selbst an ihrem Kampfe zugrunde zu gehen.[65]

Hofmannsthal braucht nur diesen einen Satz, mehr nicht. Er löst ihn aus seinem argumentativen Kontext und macht ihn zur Strukturformel seines Gedichts, indem er den Vergleich beim Wort nimmt und in Bilder umsetzt. Die „fremden Gäste" interpretiert er nicht abstrakt als heterogenen Bildungsbestand, sondern konkret als Figuren der Weltliteratur, des Mythos und der Geschichte, die ungerufen den Innenraum des Subjekts bevölkern:

---

[64] F. Nietzsche, Vom Nutzen und Nachtheil der Historie für das Leben. In: Nietzsche, Sämtliche Werke. Kritische Studienausgabe. Hg. von Giorgio Colli und Mazzino Montinari. Bd. 1. 2. Aufl. München 1980, S. 252f.
[65] Nietzsche, Vom Nutzen und Nachtheil der Historie für das Leben. 1980, S. 272.

> Wir tragen im Innern
> Leuchtend die Charis,
> Die strahlende Ahnung der Kunst.
> Aber die Götter haben sie tückisch
> Mit dem Hephästos vermählt:
> Dem schmierigen Handwerk,
> Der hinkenden Plage,
> Der humpelnden, keuchenden Unzulänglichkeit.
> Wir tragen im Innern
> Den Träumer Hamlet, den Dänenprinzen,
> Den schaurig klugen,
> Den Künstler der Lebensverneinung,
> Der den Schrei der Verzweiflung noch geistreich umrankt mit funkelndem Witz.
> Aber bei ihm sitzt
> In unsrer Seele enger Zelle
> Mit blödem Mönchsfleiß,
> Und emsig das Leben bejahend,
> Gräber schaufelnd der schmerzenden Wahrheit,
> Gräber von Büchern, Worten, Staub,
> Der eignen Beschränktheit in Ehren froh,
> Ein lallender Kobold: der deutsche Professor .....
> Wir tragen im Innern den Faust, den Titanen,
> Und Sganarelle, die Bedientenseele,
> Den wimmernden Werther – und Voltaire, den Zweifler,
> Und des Propheten gellenden Wehruf,
> Und das Jauchzen schönheittrunk'ner Griechen [...][66]

Hofmannsthal arrangiert seine Figuren zu kontrastierenden Paaren: Charis und Hephaistos, Hamlet und den deutschen Professor, Faust und Sganarelle, Werther und Voltaire, die Propheten des Alten Testaments und die griechischen Götter. Sie bilden nicht einfach einen bunten Reigen, sondern stehen tatsächlich „im Kampfe mit einander", wie es bei Nietzsche heißt. Das Ergebnis ist ein wüstes Gelage ohne Anfang und Ende, das dem beherbergenden Subjekt vollständig die Autonomie raubt:

> Die Todten dreier Jahrtausende
> Ein Bacchanal von Gespenstern.
> Von andern ersonnen, von andern gezeugt,
> Fremde Parasiten,
> Anempfunden,
> Krank, vergiftet. –
> Sie wimmern, sie fluchen, sie jauchzen, sie streiten:

---

[66] Vgl. Hofmannsthal, Gedichte 2. 1988, S. 33f.

Was wir reden, ist heisrer Wiederhall
Ihres gellenden Chors.
Sie zanken wie taumelnde Zecher
Uns zur Qual!
Aber es eint sie die Orgie
Uns zur Qual!
Sie trinken aus unsrem Schädel
Jauchzend den Saft unsres Lebens –[67]

Man könnte meinen, „Gedankenspuk" sei eine nietzscheanische Klage über die Fremdbestimmtheit des Subjekts im Zeitalter des Historismus, die im Motto des Textes („Könnten wir die Historie los werden") seine Entsprechung und bündige Zusammenfassung findet. Der Schein trügt jedoch. So wie das Motto als Klage des überforderten Hausherrn ganz unnietzscheanisch aus dem oben zitierten Satz Nietzsches herausgesponnen ist, so führt es den Leser bewusst auf die falsche Fährte. Bei Nietzsche geht es um die richtige Dosis an Historie, die dem Subjekt zuträglich ist, also um ein gesundes Gleichgewicht von Vergangenheit und Gegenwart, von Erinnern und Vergessen, das den „Mensch zum Menschen" macht. Hofmannsthals Text hingegen zielt nicht auf Ausgleich, sondern auf Maximierung. Die rauschhaften Zustände des Subjekts sind ohne seine schrankenlose Hingabe an die Bestände der Tradition nicht zu haben. Das Fremde, so grotesk und quälend es auch sein mag, ist das Eigene, auch wenn es von außen kommt.[68] Das ist die Pointe des Gedichts: Der „Genius" des Subjekts, der es zum unverwechselbaren Individuum macht, besteht im mächtigen Stimmengewirr der Tradition, in der Welt der Lektüren, fremden Bilder und Gedanken. Die Alternative zum „Bacchanal von Gespenstern" ist nicht das autonome Ich, sondern Gewohnheit, Selbstbetrug, Anästhesie:

Vernichtungslodernd,
Tödtlich leuchtend,
Lebenversengend
Glüht uns im Innern
Flammender Genius.
Aber es schützt uns
Vor dem Verglimmen
Kühlenden Unkrauts dichte Decke,

---

[67] Vgl. Hofmannsthal, Gedichte 2. 1988, S. 34.
[68] Hier sich zeigt die Nähe zur Ichkonzeption im *Gespräch über Gedichte* (1903), auch wenn es dort um die Aufnahmebereitschaft für Atmosphärisches geht: „Wir besitzen unser Selbst nicht: von außen weht es uns an, es flieht uns für lange und kehrt uns in einem Hauch zurück." Vgl. K. Heumann, „Stunde, Luft und Ort machen alles", Hofmannsthals Phänomenologie der natürlichen Gegebenheiten. In: Hofmannsthal-Jahrbuch 7 (1999), S. 233–287, hier S. 235–238.

> Die unser Herz feucht wuchernd umspinnt:
> Gewohnheit und gedankenlose
> Lust am Leben,
> Und tröstende Lüge,
> Und süßer Selbstbetrug,
> Und trauliches Dämmern
> Von heut auf morgen ....[69]

So hat das Subjekt nur die Wahl zwischen Empfindungslosigkeit und einem erhöhten Dasein, das letztlich das Leben kostet. „Lebenswelle" und „Todeswelle" sind identisch, mit dieser Botschaft endet das Gedicht:

> Ihr [der Figuren, K.H.] wirbelnder Reigen wühlt die Welle auf.
> Die Lebenswelle, die Todeswelle,
> Bis sie die Dämme brandend zersprenget
> Und die Gespenster verschlinget
> Und uns mit ihnen ...
> Und sich über unsre Qualen breitet
> Ein schweigender, kühlender Mantel:
> Nacht .. – – – –![70]

Mit „Gedankenspuk" schließt Hofmannsthal wiederum an Elemente des Gesprächs über die Moderne an, in diesem Fall an Nietzsches Historismuskritik, um sie unter der Hand in etwas anderes zu verwandeln. Eine angemessene Übersetzung von Nietzsches Gedanken in Literatur ist sein Gedicht jedenfalls nicht. Das ist auch nicht intendiert, zumal Hofmannsthal „Vom Nutzen und Nachtheil der Historie für das Leben" nach eigener Aussage erst 1892 las.[71] Ende 1890 reichte ihm für sein Nietzsche-Experiment ein einziger Satz. Für das Motto entschied er sich erst, als er mit dem Text fertig war, es ist deutlich als Nachtrag zu erkennen. Die Idee, dem Gedicht durch ein pointiertes (wenn auch erfundenes) Nietzsche-Zitat zusätzliche Aufmerksamkeit zu verschaffen, hatte in der *Modernen Dichtung* bereits Detlev von Liliencron mit seinem Gedicht „Der Haidegänger" erprobt, das im September-Heft mit einem Aphorismus aus Nietzsches *Fröhlicher Wissenschaft*

---

69 Vgl. Hofmannsthal, Gedichte 2. 1988, S. 33.
70 Vgl. Hofmannsthal, Gedichte 2. 1988, S. 34.
71 In die Taschenausgabe des Naumann-Verlags von 1906 notierte Hofmannsthal im Inhaltsverzeichnis neben „Vom Nutzen und Nachteil der Historie für das Leben": „Zuerst 1892." sowie Lesedaten der Jahre 1913 und 1915. Hofmannsthal, Bibliothek. Kritische Ausgabe XL. Hg. von Ellen Ritter in Zusammenarbeit mit Dalia Bukauskaitė und Konrad Heumann. Frankfurt a. M. 2011, S. 513, Nr. 1987.

(„Die Feder kritzelt: Hölle das!") erschienen war.[72] Auch einen schaurigen Reigen der Toten hatte es in der *Modernen Dichtung* bereits gegeben: Im Mai-Heft war das Gedicht „Todtentanz" von Karl Maria Heidt erschienen.[73] Es ist diese Mischung aus Mimesis und Subversion, die den jungen Hofmannsthal auszeichnet.

Weder der Essay „Zur Physiologie der modernen Liebe" noch das Gedicht „Gedankenspuk" erschienen in der *Modernen Dichtung*. Wie aus Kafkas oben zitiertem Brief hervorgeht, ging er noch Ende 1890 davon aus, die Zeitschrift im folgenden Jahr weiterzuführen. In seinem Briefkopf wird Holzwarth & Ortony (Wien) als neuer Verlag genannt.[74] Zur selben Zeit ließ er Anzeigen drucken, in denen er die Fortsetzung der *Modernen Dichtung* im besagten Verlag ankündigte, der auch eine *Moderne Bibliothek* auf den Markt bringen sollte.[75] Die Zusammenarbeit kam allerdings nicht zu Stande. So orientierte sich Kafka zwischenzeitlich nach Berlin, wo er gemeinsam mit Leo Berg das Doppelheft 2/3 der neugegründeten Zeitschrift *Die Moderne* (Untertitel: *Halb-Monatsschrift für Kunst, Litteratur, Wissenschaft und sociales Leben*) herausgab, das am 8. Februar 1891 in den Handel kam.[76] Dieses Heft enthielt neben einem Akt aus Hermann Bahrs Drama „Die Mutter" auch Hofmannsthals Bourget-Kritik.[77] Anschließend scheint die Zeitschrift eingestellt worden zu sein.

Ab dem 1. April 1891 erschien bei Leopold Weiß in Wien in betont schlichter Aufmachung die *Moderne Rundschau* (Untertitel: *Halbmonatsschrift*), für die Kafka und der Rechtsanwalt Jacques Joachim (1866–1925) als Herausgeber zeichneten und die sich explizit als erweiterte Nachfolgerin der *Modernen Dichtung* verstand. Im Editorial hieß es:

> Die Revolution des *Modernismus* erstreckt sich auf alle Gebiete unseres geistigen und materiellen Lebens; aber nur aus der Darlegung der socialen Zusammenhänge können wir ein Bild der gewaltigen Erneuerungen gewinnen, welche diese Revolution auf jedem einzelnen Gebiete hervorgerufen hat. Das ist der Grund, warum wir den Rahmen unserer Zeitschrift

---

[72] D. v. Liliencron, Der Haidegänger. In: Moderne Dichtung 2.3 (1. September 1890), S. 539–548, hier S. 539.
[73] Das Gedicht schildert das grausige Treiben der erwachten Toten auf einem nächtlichen Friedhof: „Pah! wie sie lachen, / Lustig sich machen, [...] / Aus ihren Köpfen / Als wie aus Töpfen / Moderduft trinken!" K. M. Heidt, Todtentanz. In: Moderne Dichtung 1.5 (1. Mai 1890), S. 294f.
[74] Freies Deutsches Hochstift/Frankfurter Goethe-Museum, Sign. Hs-30720.
[75] Vgl. Die Lyra 14.8 (15. Januar 1891), S. 78; Kritische Revue aus Österreich 3 (1891), S. 34; Münchner Kunst 2 (1890), S. 514.
[76] Vgl. zu diesem Zeitschriftenprojekt Peter Sprengel (Hg.), Im Netzwerk der Moderne: Leo Berg. Briefwechsel 1884–1891. Kritiken und Essays zum Naturalismus. Bielefeld 2010, S. 46f.
[77] Es scheint nur ein Exemplar dieses Heftes überliefert zu sein, nämlich Hofmannsthals (mit eigener Hand korrigiertes) Belegexemplar. Vgl. Hofmannsthal, Bibliothek. 2011, S. 475, Nr. 1902.

> so ansehnlich erweitert haben. Die ‚*Moderne Dichtung*' hat ausschließlich das *literarische* Leben [...] in den Kreis ihrer Betrachtung gezogen, die ‚*Moderne Rundschau*' tritt mit Absicht auf den Plan, ein Spiegel des *gesamten* modernen Lebens zu sein.[78]

In den bis Ende 1891 erschienenen 18 Heften ist Hofmannsthal mit insgesamt neun Beiträgen stark vertreten, so gleich im ersten Heft vom 1. April mit seinem Nachruf auf Théodore de Banville und (als Nachdruck aus der *Blauen Donau*) dem Gedicht „Frage", am 15. April mit der Rezension „Die Mutter" (die zwei Wochen später zur folgenreichen Bekanntschaft mit Hermann Bahr führte), am 15. Juni 1891 mit dem Amiel-Essay „Tagebuch eines Willenskranken" und zwei fingierten Bildbeschreibungen unter dem Titel „Bilder", am 1. Juli mit „Sünde des Lebens", am 1. Oktober mit einem Aufsatz über „Maurice Barrès", im Oktober/November mit *Gestern* und schließlich im Dezember mit der Oliphant-Rezension „Englisches Leben". „Gedankenspuk" wurde nicht gedruckt, vielleicht war der Text doch zu unernst für das neue Programm der Zeitschrift – oder wurde von den Beteiligten schlicht vergessen.

Auch der *Modernen Rundschau* war kein langes Leben beschieden, laut Karl Kraus scheiterte sie „an der Teilnahmlosigkeit des Publikums",[79] und Hermann Bahr sprach sarkastisch von den „sechs Abonnenten" der Zeitschrift.[80] Vorgeblich fusionierte sie mit der Berliner *Freien Bühne für modernes Leben*, „dem führenden Organ der modernen Geistesbewegung in Deutschland", wie es in einer redaktionellen Notiz vom 15. Dezember 1891 heißt.[81] Die Realität sah allerdings anders aus: Der neue Herausgeber Wilhelm Bölsche, der die Zeitschrift ab März 1892 unter dem neuen Titel *Freie Bühne für den Entwickelungskampf der Zeit* verantwortete, ging eigene Wege und berücksichtigte – abgesehen von wenigen Ausnahmen wie Bahrs Aufsatz „Loris"– kaum österreichische Autoren.[82]

Als Hofmannsthal Anfang 1892 seine Dilettantismus-Studie ‚Kind' (später: *Age of Innocence*) und damit ein Herzstück seiner frühen Produktion an Bölsche sandte, erhielt er sie mit den Worten zurück:

---

[78] J. Joachim / Kafka, Gesellschaftliche Zusammenhänge. In: Moderne Rundschau 2.1 (1. April 1891), S. 1–3, hier S. 1.
[79] Zit. n. Eugene Weber, Eine frühe Rezension von Karl Kraus: Hofmannsthals *Gestern*. In: Hofmannsthal-Blätter 5 (1970), S. 349355, hier S. 346.
[80] Bahr, Briefwechsel mit seinem Vater. Ausgewählt von Adalbert Schmidt. Wien 1971, S. 314.
[81] Zit. n. Wunberg 1976, S. XLIII.
[82] Vgl. Nagl / Zeidler / Castle 1937, S. 1704. Ferner Rieckmann 1986, S. 70f.

Hochverehrter Herr!
Ich danke herzlichst für Ihre freundliche Teilnahme. Fassen Sie es nicht als Unfreundlichkeit an von meiner Seite, wenn ich gerade die eingesandte Studie für etwas bedenklich in einer Zeitschrift halte. Ich fürchte, daß sie nicht mit der nötigen Schärfe sich herausheben wird, das Motiv ist so eigentümlich versteckt, so daß man fast ein unvollendetes Bruchstück einer größeren, zweifellos als solche machtvollen Arbeit vor sich zu haben glaubt. Um so lebhafter füge ich den Wunsch bei, daß Sie in diesem ersten Falle nicht ein böses Omen erblicken, mir vielmehr recht bald etwas Anderes zusenden möchten.
Mit vorzüglicher Hochachtung   Ihr Wilhelm Bölsche
Könnte ich vielleicht einmal eine *kritische* Arbeit von Ihnen erhalten?[83]

Zu einer Zusammenarbeit mit Bölsche kam es nicht.

Literatur

Primärliteratur

Bahr, Hermann: Die Moderne. In: Moderne Dichtung 1.1 (1. Januar 1890), S. 13–15.
Bahr, Hermann: Die neue Psychologie. In: Moderne Dichtung 2.2 (1. August 1890), S. 507–509 und 2.3 (1. September 1890), S. 573–576.
Bahr, Hermann: Briefwechsel mit seinem Vater. Ausgewählt von Adalbert Schmidt. Wien 1971.
Bierbaum, Otto Julius: Die neue Literatur. In: Moderne Dichtung 1.2 (1. Februar 1890), S. 78–86.
Bierbaum, Otto Julius: Moderne Dichtung. In: Die Gesellschaft 2 (1890), S. 305–310.
Bölsche, Wilhelm: Ziele und Wege der modernen Ästhetik. Eine kritische Betrachtung. In: Moderne Dichtung 1.1 (1. Januar 1890), S. 29–34.
Conrad, Michael Georg: Eine Begegnung mit Friedrich Nietzsche. In: Moderne Dichtung 2.4 (1. Oktober 1890), S. 611f.
Diner, Joseph: Friedrich Nietzsche. In: Moderne Dichtung 2.1 u. 2.4 (1. Juli u. 1. Oktober 1890), S. 429–431 u. 634–638.
Goethe, Johann Wolfgang von: Goethes Werke. Hg. im Auftrage der Großherzogin Sophie von Sachsen. („Weimarer Ausgabe".) Abt. I. Bd. 2. Weimar 1888.
Heidt, Karl Maria: Todtentanz. In: Moderne Dichtung 1.5 (1. Mai 1890), S. 294f.
Herzfeld, Marie: Essays von Georg Brandes. Fremde Persönlichkeiten. In: Moderne Dichtung 1.5 (1. Mai 1890), S. 318–322.
Hirschfeld, Robert: Aus dem Österreichischen Realistenwinkel. In: Die Presse 256, 17. September 1890, S. 1–3.
Hofmannsthal, Hugo von: Briefe 1890–1901. [Hg. von Heinrich Zimmer.] Berlin 1935.
Hofmannsthal, Hugo von: Briefwechsel mit Arthur Schnitzler. Hg. von Therese Nickl und Heinrich Schnitzler. Frankfurt a. M. 1964.

---

[83] Hofmannsthal, Briefwechsel mit S. Fischer und seinen Mitarbeitern 1891–1929. Hg. von Knut Beck und J. Hellmut Freund. In: S. Fischer Verlag. Almanach. Das siebenundachtzigste Jahr. Frankfurt a. M. 1973, S. 53f.

Hofmannsthal, Hugo von: Briefwechsel mit S. Fischer und seinen Mitarbeitern 1891–1929. Hg. von Knut Beck und J. Hellmut Freund. In: S. Fischer Verlag. Almanach. Das siebenundachzigste Jahr. Frankfurt a. M. 1973.

Hofmannsthal, Hugo von: Sämtliche Werke. Kritische Ausgabe. Bd. III: Dramen 1. Hg. von Götz Eberhard Hübner u. a. Frankfurt a. M. 1982.

Hofmannsthal, Hugo von: Sämtliche Werke. Kritische Ausgabe. Bd. II: Gedichte 2. Hg. von Andreas Thomasberger und Eugene Weber. Frankfurt a. M. 1988.

Hofmannsthal, Hugo von: Sämtliche Werke. Kritische Ausgabe. Bd. XL: Bibliothek. Hg. von Ellen Ritter in Zusammenarbeit mit Dalia Bukauskaitė und Konrad Heumann. Frankfurt a. M. 2011.

Hofmannsthal, Hugo von: Sämtliche Werke. Kritische Ausgabe. Bd. I: Gedichte 1. Hg. von Eugene Weber. Frankfurt a. M. 1984.

Hofmannsthal, Hugo von: Sämtliche Werke. Kritische Ausgabe. Bd. XXXVIII/XXXIX: Aufzeichnungen. Text. Hg. von Rudolf Hirsch und Ellen Ritter in Zusammenarbeit mit Konrad Heumann und Peter Michael Braunwarth. Frankfurt a. M. 2013.

Hofmannsthal, Hugo von: Sämtliche Werke. Kritische Ausgabe. Bd. XXII: Reden und Aufsätze 1. Hg. von Hans-Georg Dewitz, Olivia Varwig, Mathias Mayer, Ursula Renner und Johannes Barth. Frankfurt a. M. 2015.

Joachim, Jacques / Eduard Michael Kafka, Gesellschaftliche Zusammenhänge. In: Moderne Rundschau 2.1 (1. April 1891), S. 1–3.

Kafka, Eduard Michael: Vom modernen Individualismus. I. Misstrauische Zweifel. In: Moderne Dichtung 2.1 (1. Juli 1890), S. 449f.

Langbehn, Julius: Rembrandt als Erzieher. Von einem Deutschen. 16. Aufl. Leipzig 1890.

Liliencron, Detlev von: Der Haidegänger. In: Moderne Dichtung 2.3 (1. September 1890), S. 539–548.

Nietzsche, Friedrich: Vom Nutzen und Nachtheil der Historie für das Leben. In: Nietzsche: Sämtliche Werke. Kritische Studienausgabe. Hg. von Giorgio Colli und Mazzino Montinari. Bd. 1: Die Geburt der Tragödie, Unzeitgemäße Betrachtungen I–IV, Nachgelassene Schriften 1870–1873. 2. Aufl. München 1980.

Stekel, Moriz: Moderne Dichtung. In: Bukowinaer Rundschau 812 (13. April 1890), S. 6.

Sekundärliteratur

Becker, Sabina / Kiesel, Helmuth (Hg.): Literarische Moderne. Begriff und Phänomen. Berlin, New York 2007.

Gumbrecht, Hans-Ulrich: Modern, Modernität, Moderne. In: Geschichtliche Grundbegriffe. Hg. von Reinhart Koselleck, Werner Conze und Otto Brunner. Bd. 4. Stuttgart 1978, S. 93–131.

Heer, Carina: Gattungsdesign in der Wiener Moderne. Traditionsverhalten in Dramen Arthur Schnitzlers und Hugo von Hofmannsthals. Mit Vergleichsanalysen zu Hermann Bahr, Felix Salten und Richard Beer-Hofmann. München 2014.

Heumann, Konrad: „Stunde, Luft und Ort machen alles". Hofmannsthals Phänomenologie der natürlichen Gegebenheiten. In: Hofmannsthal-Jahrbuch 7 (1999), S. 233–287.

Huber, Gertraud: „Moderne Dichtung". Monatsschrift für Literatur und Kritik. 1890. Wien 1946.

Kaiser, Max / Michler, Werner / Wagner, Karl: Zeitschriftengründungen und Literatur in Österreich um 1880. In: Wortverbunden – Zeitbedingt. Perspektiven der Zeitschriftenforschung. Hg. von Wolfgang Hackl und Kurt Krolop. Innsbruck u. a. 2001, S. 65–86.

Klinger, Cornelia: modern / Moderne / Modernismus. In: Historisches Wörterbuch ästhetischer Grundbegriffe. Hg. von Karlheinz Barck, Martin Fontius, Dieter Schlenstedt u. a. Bd. 4. Stuttgart 2002, S. 121–167.

Le Rider, Jacques (Hg.): Modernité de Hofmannsthal. Austriaca. Cahiers universitaires d'information sur l'Autriche 37 (Dezember 1993).

Lorenz, Dagmar: Wiener Moderne. Stuttgart 1995.

Martini, Fritz: Modern, Die Moderne. In: Reallexikon der deutschen Literaturgeschichte. 2. Aufl. Hg. von Werner Kohlschmidt und Wolfgang Mohr. Bd. 2. Berlin 1965, S. 391–415.

Meiser, Katharina: Fliehendes Begreifen. Hugo von Hofmannsthals Auseinandersetzung mit der Moderne. Heidelberg 2014.

Michler, Werner: Zwischen Minna Kautsky und Hermann Bahr. Literarische Intelligenz und österreichische Arbeiterbewegung vor Hainfeld (1889). In: Literarisches Leben in Österreich 1848–1890. Hg. von Klaus Amann u. a. Wien u. a. 2000, S. 94–137.

Monte, Maria Teresa dal: Alle origini di „Das Junge Wien". „Moderne Dichtung – Moderne Rundschau". In: Annali della Facoltà di Lingue e Letterature straniere di Ca' Foscari 19.1 (1980), S. 21–38, 19.2 (1980), S. 31–49.

Nagl, Johann Willibald / Zeidler, Jakob / Castle, Eduard (Hg.): Deutsch-Österreichische Literaturgeschichte. Bd. 4. Wien 1937.

Rieckmann, Jens: Aufbruch in die Moderne. Die Anfänge des Jungen Wien. 2. Aufl. Frankfurt a. M. 1986.

Sprengel, Peter (Hg.): Im Netzwerk der Moderne: Leo Berg. Briefwechsel 1884–1891. Kritiken und Essays zum Naturalismus. Bielefeld 2010.

Weber, Eugene: Eine frühe Rezension von Karl Kraus: Hofmannsthals *Gestern*. In: Hofmannsthal-Blätter 5 (1970), S. 349–355.

Wunberg, Gotthart (Hg.): Das Junge Wien. Österreichische Literatur- und Kunstkritik 1887–1902. Ausgewählt, eingeleitet und hg. von Gotthart Wunberg. Bd. 1. Tübingen 1976.

Elsbeth Dangel-Pelloquin
Der überwundene Überwinder

Hermann Bahrs Revokationen der Moderne

Hermann Bahr – so in einer Abwandlung von Hofmannsthals erstem Satz aus seiner Rezension der *Mutter* – ist der radikalste unter uns allen,[1] das heißt der radikalste unter den Jung-Wiener Literaten. Keiner hat so vehement und ausdrücklich die Tradition verworfen, keiner so pointiert die Parolen der Moderne ausgegeben, keiner ist so gipfelstürmerisch von einer Moderne-Etappe zur nächsten geeilt. Der Herausgeber der *Zeit*, diesem Forum der europäischen Moderne, der streitbare Begleiter der Secession, der eifrige Talente-Entdecker ist die Inkarnation der Moderne schlechthin, mit den zu Recht getragenen Ehrentiteln „Prophet der Moderne" und „Mann von Übermorgen". Bahrs Texte zeugen zwar immer von der enormen kulturellen und traditionellen Bildung ihres Verfassers, aber sie zielen in die andere Richtung, in die Moderne. Von seinen frühen Essaybänden tragen gleich vier die Signatur der Moderne schon im Titel und zwar bezeichnenderweise in deren vorrangiger Eigenschaft als „Kritik". Diese doppeldeutige Formulierung „Kritik der Moderne",[2] die sowohl als *genitivus subiectivus* wie *obiectivus* zu verstehen ist, lässt die Moderne selbst im Subjektstatus als Kritikerin des Vorhandenen auftreten, dabei unterzieht sie aber zugleich ihre eigenen Positionen im Objektstatus ständig der Selbstkritik. Sie ist einer geistigen Haltung der Progression verpflichtet, die Neues auf Neues türmt und das Alte zu überwinden sucht, womit das zweite Schlagwort von Bahrs Moderne-Konzept genannt ist.[3]

---

[1] Seine Rezension zu Bahrs Drama *Die Mutter* beginnt Loris alias Hofmannsthal mit dem Satz: „Hermann Bahr ist der lebendigste unter uns allen." Hugo von Hofmannsthal, Die Mutter. In: Hofmannsthal, Gesammelte Werke in zehn Einzelbänden. Bd. 8: Reden und Aufsätze I. Hg. von Bernd Schoeller in Beratung mit Rudolf Hirsch. Frankfurt a. M. 1979, S. 100–105, hier S. 100.
[2] Bahr hat mit der Titelformulierung „Zur Kritik der Moderne" so häufig jongliert, dass es selbst für Bahr-Kenner schwer ist, die vier so bezeichneten Bände auseinander zu halten. Es sind dies: Zur Kritik der Moderne. Gesammelte Aufsätze. Erste Reihe. Zürich 1890; Die Überwindung des Naturalismus. Als zweite Reihe von „Zur Kritik der Moderne". Dresden, Leipzig 1891; Studien zur Kritik der Moderne. Frankfurt a. M. 1894; Renaissance. Neue Studien zur Kritik der Moderne. Berlin 1897. Alle Bände neu hg. als Kritische Schriften in Einzelausgaben von Claus Pias und Gottfried Schnödl. (im Folgenden als „Neusatz", bei der zweiten Auflage mit einem ²versehen).
[3] „Überwindung" ist neben „Kritik" ein Lieblingsbegriff Bahrs, der dann mit dem Artikel von Karl Kraus in der *Gesellschaft* von 1893 *Zur Überwindung des Hermann Bahr* gegen ihn selbst gewendet werden konnte. Beide Begriffe charakterisieren die Haltung der Moderne generell. Im Aufsatz über Maurice Maeterlinck schreibt Bahr über das „Mißtrauen der Modernen gegen jeden Enthusiasmus überhaupt. Wir sind spröde gegen die Begeisterung, wir wollen an das Große

DOI 10.1515/9783110549539-003

‚Hermann Bahr und die Tradition' scheint folglich – jedenfalls für den frühen Bahr – auf den ersten Blick ein widersinniges Unterfangen.[4] Aber erstaunlicherweise eröffnet ein Blick auf Bahr von der Tradition her gesehen neue Perspektiven und ermöglicht eine Revision mancher Bahr-Klischees. Vor allem zeigt er, wie traditionsverhaftet die Schriften des „Propheten der Moderne" denn doch sind, und dies nicht erst in der Deutung, die *Selbstbildnis* dreißig Jahre später entwirft.

Höhepunkt von Bahrs doppeldeutiger Moderne-Kritik ist der Essayband *Die Überwindung des Naturalismus* von 1891, mit dem er in der Literaturgeschichte Epoche gemacht hat. Der Band, der ausgerechnet Bahrs liberalem und zugleich treu katholischem Vater gewidmet ist, dem die dort verworfenen Inhalte wohl lieb und teuer waren, führt eindringlich das Procedere vor Augen, durch das die Kritik sich selbst kritisiert und eine Moderne-Position durch eine andere ablöst. Aber zugleich mutet die Abfolge der Essays wie eine allmähliche Revokation der Moderne an: Mit jeder der in mehreren Etappen verlaufenden Kritik am Naturalismus gewinnen die zuvor verworfenen Traditionen Schritt für Schritt ein Stück Terrain zurück. So lässt sich eine Stärkung traditioneller Werte beobachten, die dann erst in der österreichischen Tradition zur Ruhe kommt.

Den Auftakt bildet wie mit einem Paukenschlag der *Moderne*-Aufsatz. Die Kritik fordert in intakter naturalistischer Doktrin eine *tabula rasa*: Sie will den „Trümmerschutt der Überlieferung aus der Seele schaffen und rastlos den Geist aufwühlen", „bis alle Spur der Vergangenheit vertilgt ist", denn: „Draußen, in dem Gewordenen von heute ist die Erlösung. Drin, in dem Überlieferten von gestern, ist der Fluch". Aufhören sollen die Lügen „von den Schulen, auf den Kanzeln, auf den Thronen".[5] Bereits der nächste Artikel, *Die Alten und die Jungen*, korrigiert diese radikale Absage an die Tradition: Nicht den alten „Alten", den hoch geschätzten Klassikern, gilt die Pietätlosigkeit der Jungen,[6] sondern den langweiligen idealistischen Epigonen, den neuen „Alten" oder den „Alten zweiter Güte",[7] wie Geibel, Halm, Heyse, die nur verstorbene Empfindungen aufs Papier bringen. Statt von den nun angesagten Kellnerinnen und Zuhältern zu handeln, lassen sie nur ‚interessante reiche Witwen' sowie ‚bleiche, philosophische Haus-

---

nicht mehr glauben". In: H. Bahr, Die Überwindung des Naturalismus. 1891, S. 191 (Neusatz[2], S. 162). Vgl. auch: „Überwindung der Metaphysik durch die Dialektik – das ist die Signatur unseres Jahrhunderts auf allen Gebieten der Wissenschaft." In: Bahr, Zur Kritik der Moderne. 1890, S. 118 (Neusatz[2], S. 126).
4 Ganz im Unterschied etwa zu Hofmannsthal, bei dem das Traditionsthema prominent im Vordergrund steht.
5 Bahr, Überwindung. 1891, S. 4–6 (Neusatz[2], S. 5f.).
6 Namentlich genannt werden die Autoren Goethe, Hugo, Shakespeare, Rabelais, Cervantes und Molière. Bahr, Überwindung. 1891, S. 9 (Neusatz[2], S. 11).
7 Bahr, Überwindung. 1891, S. 10 (Neusatz[2], S. 11).

lehrer' auftreten, und alles, was sie zu sagen haben, ist „gotisch lange her".[8] In den nächsten drei Essays tritt dann der Naturalismus selbst in den Objektstatus und fällt der Kritik anheim, bis schließlich nichts mehr von ihm übrig bleibt: Der Essay *Naturalismus und Naturalismus* scheidet den guten, nämlich den französischen, vom schlechten, nämlich dem deutschen Naturalismus. Der französische Naturalismus lässt zu, dass der Künstler sich „in der lebendigen Wirklichkeit erst recht zu bestätigen und zu bewähren" sucht, die deutsche naturalistische Bewegung hat die Tendenz, „sich des Künstlers zu entäußern und ihn in der wirklichen Fülle zu ersticken".[9] Diese Einschätzung behält Bahr noch bis in *Selbstbildnis* von 1923, wo er ausführt, dass die französischen Naturalisten (wozu Bahr auch Flaubert rechnet) sich von der „réalité des choses" befreit hätten, während die deutschen sie wörtlich genommen und materialistisch ausgelegt hätten.[10] Der Essay *Der Naturalismus im Frack* konstatiert dann die Rückkehr der Bewegung aus dem vierten Stand in die Salons, in die höheren Gesellschaftskreise.[11] Aber dort hebe er sich selbst auf, weil sich seine Doktrin nicht mit dem Frack vertrage. In *Die Krisis des Naturalismus* wird – wiederum am Beispiel der französischen Literatur, hauptsächlich Maupassants – die „Neigung der Schreibenden [...] von draußen wieder nach innen" zu kehren, angekündigt, die eine „neue Formel der neuen Psychologie" fordere.[12] Der berühmteste Aufsatz des Bandes *Die Überwindung des Naturalismus* legt schließlich die gesamte naturalistische Bewegung ad acta und setzt die Tradition auch terminologisch wieder in ihre Rechte ein: Ein „neuer Idealismus" wird verkündet, aber einer der Nerven: Sein Mittel sei das

---

[8] Wörtlich heißt es in diesem witzig-respektlosen Text (Bahr, Überwindung. 1891, S. 11f. u. 13f. (Neusatz², S. 12 u. 14)): „Und wir könnten so schön und verträglich miteinander leben! Wir lassen ihnen ja alles, alles, was sie brauchen: die interessanten reichen Witwen und die bleichen, philosophischen Hauslehrer mit den rollenden Augen und den verwickelten Perioden und sogar die amerikanischen Erbonkel, welche man bei den alten Griechen deos ex machina nennt. Und nichts, gar nichts verlangen wir dafür als ein paar gebrauchte Kellnerinnen, einen bescheidenen Trunkenbold und allenfalls noch, als Trompete unseres Socialismus, einen scharfsinnigen Zuhälter, mit denen sie ja so wie so nichts anzufangen wüßten." Und: „Wenn ich in dem Heyse lese, da verstehe ich noch eher den heiligen Augustin. Ich merke es schon, weil er ein großer Künstler ist, daß er Schönes schön ausdrückt; aber es thut mir riesig leid, daß es so gotisch lange her ist, seit alle diese Empfindungen verstorben sind."
[9] Bahr, Überwindung. 1891, S. 54 (Neusatz², S. 50).
[10] „Les brutes qui croient à la réalité des choses!, sagt Flaubert einmal, auch ein Großmeister des Naturalismus." Bahr, Selbstbildnis. Berlin 1923, S. 224 (Neusatz, S. 186).
[11] Bahr nennt namentlich Paul Hervieus *Flirt*, Robert de Bonnières' *Le Petit Margemont*, Guy de Maupassants *Notre coeur*. Bahr, Überwindung. 1891, S. 61. (Neusatz², S. 56).
[12] Bahr, Überwindung. 1891, S. 65 u. 72 (Neusatz², S. 59 u. 64). Der Essay befasst sich vornehmlich mit Bourget und führt Bahrs bekannte Gegensatzformel an: von den „états de choses", den Sachenständen, zu den „états d'âme", den „Seelenständen", S. 66 (Neusatz², S. 60).

Wirkliche, sein Zweck der Befehl der Nerven.¹³ Damit aber kehre „die verlorene Freude in die Kunst zurück".¹⁴ So restituiert die Kritik der Tradition ein Stück nach dem andern: die künstlerische Freiheit, die traditionell literaturtauglichen Gesellschaftsschichten, die Innerlichkeit und den alten Idealismus, neu nun aber im Nervengewand.

Bahrs Umgang mit Tradition und Moderne in der Kunst wird schon hier klar: Der Maßstab ist nie das bloße Neue oder Alte, sondern einzig und allein der künstlerische Wert und der Wahrheitsanspruch, für die er ein untrügliches, bis heute gültiges Gespür hat.¹⁵

Der Sammelband *Die Überwindung des Naturalismus* ist im Frühjahr 1891 erschienen. Kurz darauf lernte Bahr in Wien die Gruppe junger Literaten kennen, über die er ein gutes Jahr später prahlerisch seinem Vater schrieb, er sei von der ganzen jungen Generation „unbestritten der erste [...] der am meisten bekannte und der Führer".¹⁶ In *Selbstbildnis* heißt es gar großmäulig, er habe die Gruppe „aus den Händen Ibsens" übernommen.¹⁷ Zumindest war er es, der als erster über die Gruppe schrieb, nämlich in den Essays zum *Jungen Oesterreich*, die 1893 in der *Deutschen Zeitung* und 1894 in den *Studien zur Kritik der Moderne* erschienen und explizit das Verhältnis von Tradition und Moderne behandeln.¹⁸ Dort erhalten die Jung-Österreicher den Moderne-Ausweis durch ihren Anschluss an Frankreich, den Traditions-Ausweis durch den Anschluss an Österreich. Auch deutsche Autoren werden als Referenzen genannt, jedoch nur solche der deutschen Tradition, wodurch sich die österreichische Moderne in einen spannungsreichen Gegensatz zur deutschen, naturalistisch geprägten und traditionskritischen Moderne setzt, der ja schon in der *Überwindung des Naturalismus* schlechte Noten ausgestellt worden waren. Wie ein Platzanweiser stellt Bahr jedem Jung-Wiener programmatisch seinen Franzosen als Moderne-Referenz an

---

13 Bahr, Überwindung. 1891, S. 157 (Neusatz², S. 133).
14 Bahr, Überwindung. 1891, S. 158 (Neusatz², S. 133). Vgl.: „Der neue Idealismus drückt die neuen Menschen aus. Sie sind Nerven; das andere ist abgestorben, welk und dürr." S. 157 (Neusatz², S. 133).
15 Das gilt für die Gestaltung der *Zeit*, in der Bahr Texte von heute noch maßgebenden Autoren versammeln konnte, das gilt für sein engagiertes Urteil zur Wiener Secession (Bahr, Secession. Wien 1900, S. 8 (Neusatz², S. 6)): „Es wird nicht zwischen der alten und einer neuen Kunst, nicht um irgend eine Veränderung in der Kunst gestritten. Es wird um die Kunst selbst gestritten. Die ‚Vereinigung' wirft der ‚Genossenschaft' nicht vor: Du bist für das ‚Alte', und sie ruft ihr nicht zu: Werde ‚modern'. Nein, sie sagt ihr bloß: Ihr seid Fabrikanten, wir wollen Maler sein! Das ist der ganze Streit. Geschäft oder Kunst, das ist die Frage unserer Secession."
16 Bahr, Briefwechsel mit seinem Vater. Hg. von Adalbert Schmidt. Wien 1971, S. 326.
17 Bahr, Selbstbildnis. 1923, S. 278 (Neusatz, S. 231).
18 Bahr, Das junge Oesterreich I, II, III. In: Deutsche Zeitung 23 (1893), S. 1–3 und in: Bahr, Studien zur Kritik der Moderne. 1894, S. 73–96 (Neusatz², S. 58–77).

die Seite: Karl von Torresani, den Bahr erstaunlicherweise dazuzählt, übertreffe in seiner Psychologie fast Paul Bourget, Schnitzler gelängen die Forderungen der Goncourt, und er könne sich neben Aurélien Scholl und Henri Lavedan sehen lassen.[19] Hofmannsthal bekommt gleich eine ganze Phalanx von Dichternamen: Er könne sich mit den französischen Symbolisten und englischen Präraffaeliten messen. Und er habe wie Paul Bourget und Maurice Barrès verstanden, dass die Literatur auch von moralischen Fragen handeln müsse, weswegen ihm mit dem Attribut des „Wilhelm-Meisterlichen" sogar eine Goethe-Referenz zugestanden wird.[20] Felix Dörmann erinnere an Baudelaire,[21] Bahr selbst findet schließlich in Maurice Barrès seinen lieben Meister.[22] Für die andere Referenz, die Hinwendung zur österreichischen Tradition, bürgen die Namen Marie von Ebner-Eschenbach und Ferdinand von Saar. Denn prinzipiell ist die österreichische Moderne – wie Bahr ebenfalls in klarer Abgrenzung von der deutschen Moderne konstatiert – traditionsgesättigt. Aber diese Tradition muss – so das Postulat der österreichischen Moderne – um die Empfindungen von 1890 ergänzt werden, um der Moderne gerecht zu werden. Die jungen Österreicher „wollen Beides. Sie wollen die österreichische Farbe und den Geruch des Tages."[23]

In *Selbstbildnis* stilisiert Bahr im Nachhinein – und man muss auch sagen, nach der Weltkriegserfahrung – diese Rückwendung zur Tradition um 1893 als Heimkehr im emphatischen Sinn: Von der „Vision Österreichs" und vom „vergessenen Vaterlande" ist dort dann die Rede.[24]

Von nun an ist die österreichische Tradition – neben der Moderne – ein wichtiges Thema in Bahrs Essaybänden. Namen wie Anzengruber, Bauernfeld, Stelzhamer, Speidel tauchen häufig darin auf. Die veränderte Haltung ist bereits an den Titeln abzulesen: Diese lauten nun etwa *Renaissance*, *Bildung* und *Inventur*. Bis 1900 ist die Moderne bei Bahr klassisch geworden, sie ist auf solide Säulen der Tradition gestellt, die der Antike und die der Heimat.[25] Die Rezension einer

---

19 Bahr, Studien zur Kritik der Moderne. 1894, S. 81 u. 83 (Neusatz², S. 64 u. 66).
20 Bahr, Studien zur Kritik der Moderne. 1894, S. 86f. (Neusatz², S. 69f.).
21 Bahr, Studien. 1894, S. 90 (Neusatz², S. 72).
22 Bahr, Studien. 1894, S. 96 (Neusatz², S. 77).
23 Bahr, Studien. 1894, S. 78 (Neusatz², S. 62).
24 Bahr, Selbstbildnis. 1923, S. 280 (Neusatz, S. 233). Das bezieht sich explizit auf Hofmannsthal: „Er war mir ein Revenant aus unserer Vergangenheit, von dem aus ich, etwas voreilig, auf unsere Zukunft schloß."
25 Vgl. Bahrs Essays zur Antike um 1900: der *Dialog vom Tragischen*, der *Dialog vom Marsyas*. Um die Jahrhundertwende ist bei Bahr generell eine verstärkte Hinwendung zur Antike zu beobachten. Das gilt für seine Begeisterung für Isadora Duncan, für seine Zustimmung zu Hofmannsthals Antikenprojekten; für sein Lob D'Annunzios und der Duse um diese Zeit, von denen er glaubt, sie könnten nun die uralte Tragödie erneuern. Bahr, Rezensionen. Wiener Theater 1901–1903. Berlin 1903, S. 236.

österreichischen Literaturgeschichte schließt Bahr 1897 mit dem Satz: „Von den Werken der Väter vernehmen, um ihren Geist zu spüren – was möchte der Enkel Edleres lieber?"[26]

Ich möchte für die Spannung von Tradition und Moderne in Bahrs Schriften zwei Formen unterscheiden, eine weiche und eine harte Variante, ich nenne sie ‚Weg' und ‚Wandlung'.

Die kontinuierlichere Bewegung, der ‚Weg', nimmt die Tradition als Podest, von dem aus es zu Neuem geht: Das Neue ist eine Zutat zum Alten, das Alte im Neuen aufgehoben. Rhetorisch wird sie in die griffigen Formeln gepackt, die Bahrs Prosa auszeichnen, in antithetische Gegenüberstellungen, bevorzugt als Parallelismus und Chiasmus, etwa: „Sie [die jungen Österreicher] können sich an der neuen Kunst von heute nicht genügen, weil sie nicht österreichisch ist; und sie können sich an der österreichischen Kunst nicht genügen, weil sie nicht von heute ist."[27] In Bahrs Essays ist dies die gemächlichere Variante der Bewegung zwischen Altem und Neuem, sie soll überzeugen und wird manchmal in fast beschwichtigendem Ton vorgetragen, der auf dem Einfachen, Notwendigen und unmittelbar Einsichtigen des Wegs insistiert: Im Neuen wird das Alte nicht verraten. Ungeachtet der beruhigenden Beteuerungen kennzeichnet die Weg-Variante oft ein sportiver Geist, sie wird als gipfelstürmerische Pfadfinderunternehmung mit Tendenz zum Heroentum geschildert. Eine Kostprobe aus dem Rückblick auf *Zehn Jahre „Jung-Österreich"* mag dies illustrieren:

> Sie haben einen harten Weg gehen müssen, ein paar Tapfere voran, immer rufend, um niemanden zu verlieren, immer nach allen Seiten ausspähend, immer vorwärts, bis hier ein Schwarm zu ihnen gestossen, dort ein Einsamer aufgelesen, Mancher fast mit Gewalt mitgezogen worden ist, immer vorwärts.[28]

Von weit heftigerer Dramatik ist die andere Strategie, die ‚Wandlung'. Sie bezeichnet abruptere Veränderungen. Hier wechselt die Denkbewegung radikal zwischen den vielen Totsagungen (Liberalismus, Naturalismus, Décadence) und stürmischen Erweckungen (Paris, Maurice Barrès, die Duse). Diese teilen mit der christlichen Bekehrung, dass Ort und Stunde des Ereignisses genau erinnert werden: so die Nacht in der kalten Dachwohnung des Boulevard St. Michel, in der Bahr Maurice Barrès entdeckt, „aufschreiend vor geistiger Lust", so die Theatervorstellung in St. Petersburg, in der er die Duse erstmalig erlebt und dabei ein lautes Aufheulen mühsam unterdrückt.[29] Diese großen Erschütterungen, die

---
26 Bahr, Bildung. Essays. Berlin, Leipzig 1900, S. 115 (Neusatz, S. 87).
27 Bahr, Studien zur Kritik der Moderne. 1894, S. 78 (Neusatz², S. 62).
28 Bahr, Bildung. 1900, S. 176 (Neusatz, S. 135).
29 Bahr, Selbstbildnis. 1923, S. 239 u. 274 (Neusatz, S. 199 u. 228).

jeweils eine neue Selbstfindung eröffnen, haben die Aura des Heiligen, sie sind – zumindest im metaphorischen Sinn – umwerfend. Ich möchte sie als Saulus-Paulus-Konstellation lesen und mich damit der hellsichtigen Bemerkung von Bahrs Lateinlehrer anschließen, der Bahrs ersten Studienwechsel – wie in *Selbstbildnis* berichtet – mit dem Vers kommentierte:

„Gott warf den Saulum/ Mitsamt dem Gaul um/ Und machte einen Paulum".

Bahr selbst fügt hinzu, Gott habe „auch diesen neuen Paulum wieder noch einige Male mitsamt dem Gaul" umgeworfen.[30]

Beide Formen, Weg und Wandlung, so sehr sie auch der Moderne gewidmet sein mögen, bewegen sich in Bahrs geistiger Biographie letztlich auf die traditionellen heimatlichen Gefilde zu, die in den frühen Prägungen von Bahrs eigener Herkunft relevant sind. Ein vorläufiger Meilenstein dieser „Heimkehr" ist um 1900 mit der *Entdeckung der Provinz* erreicht, der endgültige Höhe- und Wendepunkt 1912 mit der Rückkehr in den Schoß der katholischen Kirche bezeichnet, die von Bahr in *Inventur* ebenfalls mit einem Saulus-Paulus-Erlebnis nacherzählt wird.[31] Der Ruf dieser heimatlichen Traditions-Bildungen erklingt aber schon in der frühen Zeit, mitten im Aufbruch in die Moderne.

Zwei unmittelbar vor und zu Beginn von Bahrs Rückkehr nach Wien geschriebene Werke, die damit programmatisch am Beginn der Wiener Moderne stehen, sollen dieses paradoxe Ineinander von Traditionsgegenwart und Moderne-Intention zeigen: der Reisebericht *Russische Reise* von 1891 als Beispiel für die ‚Wandlung' und der Roman *Neben der Liebe*, geschrieben 1891/1892, als Beispiel für den ‚Weg'.

Die kurz nach der Abkehr vom Naturalismus geschriebene *Russische Reise* von 1891 lässt sich als ein frühes Saulus-Paulus-Drama lesen. Bahr hat die Reise mit der Schauspieltruppe von Emanuel Reicher nach St. Petersburg seinem Vater gegenüber sogar selbst als ein „Damaskus-Erlebnis" bezeichnet[32] und spielt damit explizit auf das biblische Bekehrungsnarrativ an. Der Ich-Erzähler des

---

30 Bahr, Selbstbildnis. 1923, S. 128f. (Neusatz, S. 107).
31 In *Selbstinventur* beschreibt Bahr, wie er auf einer Vortragsreise in Königsberg plötzlich aufgeschreckt sei (Bahr, Inventur. Berlin 1912, S. 162 (Neusatz, S. 134)): „Auf einmal fand ich mich emporgeschreckt mitten im Zimmer stehen und hörte mich, während ich verwundert um mich sah, ohne recht zu wissen, wo ich eigentlich sei, mit klarer Stimme laut vor mich hin sagen, wie man das Ergebnis einer langen Überlegung ausspricht: Entweder ich bin ein Narr oder Gott ist, denn was ich bin, wäre sinnlos ohne Gott, also muß Gott sein!"
32 Brief Bahrs an seinen Vater vom 18. Mai 1891. Der Brief ist im Briefwechsel nicht veröffentlicht. Er ist zit. n. Alexej Žerebin, Hermann Bahrs *Russische Reise* als „Petersburger Text". In: Hermann Bahr – Mittler der europäischen Moderne. Hg. von Johann Lachinger. Linz 1998, S. 161–176, hier S. 175 (dort wiederum zit. n. Reinhold Farkas, Hermann Bahr: Dynamik und Dilemma der Moderne. Wien, Köln, Weimar 1989, S. 46).

Reise-Tagebuchs berichtet zwischen dem 17. März und dem 26. April fast täglich seine Reiseerlebnisse und schildert die russische Gesellschaft mit einem erfrischend witzigen, satirischen Blick, wie man ihn sonst bei Bahr selten findet.[33] Er lässt sich zu Beginn als Barrès-Epigone vernehmen und stellt die Merkwörter seines neuen Heiligen als „Vorsatz" der Reise zusammen: Neues Nervenfutter gelte es zu beschaffen und das Magazin des Ich mit neuen Sensationen zu füllen.[34] Die Theaterreise gibt dazu vielerlei Anlass und lässt ihn Schauspiel und Scheinwelt erleben, wozu St. Petersburg die passende Kulisse bietet. Über dieses äußere Schauspiel und die Scheinwelt der Stadt hinaus glaubt sich der Ich-Erzähler einem im Grunde kernlosen, multiplen Ich verpflichtet, das er jeden Tag selbst zurichten und dabei nach Belieben eine andere Identität annehmen könne.[35] Der „Stimmungsjongleur" führt sein Vorhaben mit einem aufwendigen gymnastischen Vokabular vor: Angesagt seien „sensitive Akrobatenkünste" und „Nervengymnastik".[36]

Aber dem dekadenten Stimmungsakrobaten stehen bald zwei Erlebnisse entgegen: zunächst die Betrachtung der Bilder Van Dycks in der Eremitage: An ihm sei „Alles echt und wahr", er habe immer mit der ganzen Seele gemalt. Schon diese Konfrontation bewirkt eine Ahnung der neuen Erfahrung:

> Ich habe manchmal das Gefühl, als ob hinter der vergnügten Nervengymnastik und allen lebemännischen Schlauheiten noch irgend etwas in der Seele wäre, irgend etwas ganz Anderes, das sich spröde zurückhält und in stummer Hoheit wartet, bis seine Zeit gekommen sein wird.[37]

Vor allem aber ist es die überwältigende Begegnung mit dem „kleinen Fräulein", die die eigentliche Wandlung initiiert.[38] Beide Erlebnisse korrespondieren mit-

---

33 Vgl. etwa: Bahr, Russische Reise. Dresden, Leipzig 1891, S. 68ff. (Neusatz, S. 43ff.), mit den zwar alle Geschlechterstereotypen wiederholenden, aber witzigen Ausführungen zu den zwei Typen der Russinnen.
34 Bahr, Russische Reise. 1891, S. 22 (Neusatz, S. 14). Mit der Absicht, Futter für die Nerven zu suchen, beginnt bereits der „Vorsatz", ohne Seite (Neusatz, S. 1).
35 Diese Scheinwelt, die durch Petersburg noch besonders unterstützt wird, ist der Gegenstand der Untersuchung von Žerebin (1998), Hermann Bahrs *Russische Reise*.
36 Bahr, Russische Reise. 1891. Zitate nacheinander S. 181, 99, 54 (Neusatz, S. 116, 63, 34). Hofmannsthal spricht in seinem Kommentar zur *Russischen Reise* gar von einer „Akrobatenfamilie von Momentsensationsichs". In: Hugo und Gerty von Hofmannsthal – Hermann Bahr, Briefwechsel. Hg. und kommentiert von Elsbeth Dangel-Pelloquin. Göttingen 2013, S. 15.
37 Bahr, Russische Reise. 1891, S. 52 u. 54 (Neusatz, S. 33f.)
38 Die *Russische Reise* ist „Dem kleinen Fräulein" gewidmet. Lotte Witt, das Urbild des kleinen Fräuleins, wird ebenfalls erwähnt, ihre Identität mit dem „kleinen Fräulein" aber nicht preisgegeben. Vgl. Bahr, Russische Reise. 1891, S. 43f. u. 171 (Neusatz, S. 27f. u. 109). Lotte Witt wird auch

einander, sowohl durch die örtliche Koinzidenz – das kleine Fräulein begleitet Bahr in die Eremitage vor die Bilder Van Dycks – als auch durch die lexikalische: „Ruhe", „Seele", „schlicht" ist das für beide bereitgestellte Vokabular. Das „kleine Fräulein" (mag es noch so sehr in der realen Lotte Witt sein Urbild gehabt haben) erhält in dieser Engführung Symbolcharakter, das hat der siebzehnjährige Hofmannsthal in seiner brieflichen Reaktion auf die *Russische Reise* hellsichtig bemerkt: „Dieser Stimmung und Läuterung Symbol, nicht ihre Ursache, scheint mir das Verhältnis zu dem kleinen Fräulein [d. i. Lotte Witt] zu sein, welches seinerseits wiederum durch das Verhältnis zu Van Dyck sehr hübsch symbolisiert wird."[39] Diese Begegnungen führen zu einer Wandlung, die indessen von den vielen früheren Wandlungen abweicht. Denn während der Barrès-Epigone das Konzept der unablässigen Wandlung als solcher für die einzige Kontinuität seiner Nervengymnastik hält, wird nun die gefällige, launenabhängige Verwandlungskunst prinzipiell unterbrochen:

> Der ganze mühsam angesammelte Stolz meiner Decadence und alle die vielen künstlich erworbenen Seelen, die überspannte Empfindsamkeit der Nerven, die erfinderische Begehrlichkeit der Sinne, die geschmeidige Verwandlungsfreude der Gefühle, alle perverse Feinheit des mondainen Stimmungsakrobaten – Alles, Alles ist weg.[40]

Und sie wird als Heimkehr zu sich selbst geschildert:

> Aber es ist nicht wie sonst, wenn ich mich verwandelte: ich habe nicht das Gefühl, etwas erworben zu haben, sondern als wäre es längst dagewesen, blos vor einer feindlichen Nachbarschaft versteckt, und hätte geduldig gewartet – und jetzt auf einmal ist es herrlich auferstanden. Ich empfinde es nicht als ein Geschenk von Außen, sondern ich selbst, der lange an die Welt weggegeben war, bin mir geschenkt.[41]

Nicht anders kommentiert Bahr Jahrzehnte später seine Bekehrung zum Katholizismus: „Was man meine Konversion nennt, war einfach ein Bekenntnis zu mir selbst."[42]

Auffallend ist in der Tat, dass die *Russische Reise* diese Rückbesinnung auf sich selbst durchgängig im Vokabular einer christlich-religiösen Erweckung präsentiert. Im Zentrum steht der Begriff der Gnade, der die Wandlung als eine dem Ich geschenkte und nicht künstlich produzierte ausweist: „unsägliche Gnade",

---

dem Vater gegenüber und mehrfach in Briefen an Hofmannsthal erwähnt. Bahr, Briefwechsel mit seinem Vater. 1971, S. 310, Hofmannsthal – Bahr, Briefwechsel. 2013, S. 14, 15, 17.
39 Hofmannsthal – Bahr, Briefwechsel. 2013, S. 15.
40 Bahr, Russische Reise. 1891, S. 172 (Neusatz, S. 109).
41 Bahr, Russische Reise. 1891, S. 158f. (Neusatz, S. 100).
42 Bahr, Selbstbildnis. 1923, S. 297 (Neusatz, S. 247).

„gnadenreiche Kraft", „selige Botschaft", so lauten die Heilserfahrungen.[43] „Aus sich selber muß Jeder die Gnade erleben",[44] erkennt der Gnadenbegabte Ich-Erzähler und beschließt, wie jeder Bekehrte, ein neues Leben zu führen: „Verzichten will ich. Gering und demütig will ich werden und nur meiner stillen Güte gehorchen."[45]

Hofmannsthal, der die *Russische Reise* verlegen und zurückhaltend aufnahm, hat vor dem latenten Konservativismus des Buches gewarnt: „Wenn Sie nicht glücklicherweise Hermann Bahr hießen, dies Buch könnte furchtbar missverstanden werden. Es könnte ernst genommen werden, moralisch ernst, mein' ich, und Menschen, von denen wir nicht wünschen gekannt zu werden, könnten es sich einfallen lassen, an Ihrer ‚Umkehr' Gefallen zu finden".[46]

Tatsächlich lässt sich die *Russische Reise* ungeachtet ihres in die Ferne schweifenden Titels als Beginn einer Wandlung hin zum überlieferten Glauben lesen, von dem Bahr später sagt: „Ich bin Katholik von Geburt." und: „In meiner Lebenskraft und in meiner Lebensform blieb ich immer Katholik".[47]

Am Schluss der *Russischen Reise* entzieht sich zwar die Gnadengabe wieder. In der christlich-paulinischen Sprache könnte man sagen, dass sich der ‚alte Adam' wieder regt. Die Rückreise in sein „liebes, süßes Wien" leitet der Erzähler

---

43 Bahr, Russische Reise. 1891, S. 98f. (Neusatz, S. 62f.). Das Gnadenvokabular der *Russischen Reise* ist reich, hinzu kommen Begriffe wie Glaube, Botschaft und Erlösung. Vgl. auch Bahr, Selbstbildnis. 1923, S. 293 (Neusatz, S. 244): „Insgeheim war ich mir dieser sicheren inneren Führung stets bewußt, aber auch damit trieb mein trotziges Gemüt nur wieder neuen Mißbrauch: Gnade wurde mir nicht bloß geschenkt, ich muß schon sagen, daß sie mir aufgedrängt worden ist, und ich sündigte darauf, spöttisch neugierig immer wieder erprobend, ob sie sich denn auch das noch von mir bieten lassen würde."
44 Bahr, Russische Reise. 1891, S. 175 (Neusatz, S. 112).
45 Bahr, Russische Reise. 1891, S. 161 (Neusatz, S. 102). Die *Russische Reise* benennt keine gnadenspendende Instanz, diese kommt sehr vage daher, initiiert durch die Begegnungen mit dem „kleinen Fräulein", das dadurch aber zu einer Symbolfigur anwächst. Vielleicht ist es dieser blasphemische Gebrauch der christlich-religiösen Sprache, der Bahr zu dem späteren Urteil veranlasst hat, die *Russische Reise* sei ein „törichtes Büchl". Vielleicht bezieht sich der Ausdruck ‚töricht' aber auch auf die angepriesenen Akrobatenkünste, Bahr nennt es ein „in bareskem Spiel mit Sensationen schwelgendes" Buch. Bahr, Selbstbildnis. 1923, S. 276 (Neusatz, S. 230).
46 Hofmannsthal – Bahr, Briefwechsel. 2013, S. 15. Hofmannsthal kommentiert den „Umschwung" aber auch positiv: „Was den Kern des Umschwungs, das moralische Centrum der Reise, betrifft, die Entdeckung eines Ich über der Akrobatenfamilie von Momentsensationsichs, so finde ich ihn verständlich, ja höchst wertvoll. In diesem Pseudophilister, der ein sehr freier Mensch ist, begrüße ich Ihren Retter vor der bohême, die Sie stark zum Stilisieren und Romantisieren lockt." (Briefwechsel, S. 15).
47 Bahr, Selbstbildnis. 1923, S. 294f. (Neusatz, S. 245).

mit der schon wieder launigen Frage ein: „Wer weiß, ob es mir den neuen Menschen nicht gleich am ersten Tage auf fächelnden Walzern wieder verweht?"[48]

Damit ist das Thema von Bahrs nächstem Roman *Neben der Liebe* angesprochen, der im ‚lieben, süßen Wien' handelt und tatsächlich jede Umkehr verweht. Seine Protagonisten sind wieder nervöse Stimmungsakrobaten und rastlose Sensationsjäger. In der Spannung von Tradition und Moderne inszeniert er die weiche Variante des Übergangs von Altem und Neuem, den Weg, der beide als ein Ineinander und nicht als Gegeneinander verbindet. Der Roman heißt im Untertitel „Wiener Sitten" und versammelt eine dekadent sittenverderbte, aber hochanspruchsvoll gebildete Wiener Oberschicht, die ihre Zeit vornehmlich auf Soireen, in Salons oder – sofern männlich – im Kaffeehaus verbringt. Damit bewegt sich der Roman in genau jenen Kreisen, die Bahr in seinem frühen Essay mit dem ironischen Etikett *Der Naturalismus im Frack* versah und denen er eine „neue Psychologie" verschrieb. Für die naturalistischen Details brauchte der Provinzler Bahr denn auch Hilfe beim großstädtisch kultivierten Hofmannsthal: Dieser beriet bei den Requisiten und den Intérieurs, er durfte sogar buchstäblich in den Roman hineinschneidern und Bahr die Beschreibungen der Damengarderoben liefern.[49] Die Psychologie, die ausgebreitete geistige Welt, die verhandelten intellektuellen Moden dagegen lieferte Bahr selbst, es sind genau dieselben, wie sie in den Diskussionen der Jung-Wiener in Kaffeehäusern und auf Gesellschaften zur Sprache kamen. Die realen Urbilder waren für die Jung-Wiener unschwer zu erkennen, einige von ihnen, vor allem aber die in den Diskussionen erwähnten Vorbilder, werden sogar namentlich erwähnt.[50] Der Roman ist mithin die früheste Erzählung und fast ein Schlüsselroman über die Wiener Moderne, mit viel Lokalkolorit und einer präzisen städtischen Topographie, wie man sie später von Schnitzler kennt. Der Erzähler beherrscht auch die 'Erlebte Rede' mit der gleichen Agilität wie später Schnitzler, wenn auch durch die extreme Adjektivhäufung immer in zu grellen Farben und oft in paratakischen Sätzen, die der ausgebreiteten Seelenwelt etwas Kurzatmiges geben.[51] Auch der narrative Plot gehört ganz ins Fin-de-Siècle, Bahr hat den Konflikt schon in seinem auf Bourget und Mau-

---

48 Bahr, Russische Reise. 1891, S. 181 (Neusatz, S. 117).
49 Hofmannsthal – Bahr, Briefwechsel. 2013, S. 20.
50 Bahr, Neben der Liebe. Wiener Sitten. Berlin 1893. Namentlich erwähnt werden die Vorbilder Wagner, Nietzsche, Ibsen und aus der Jung-Wiener Szene Beraton, Goldschmidt, Sara Kainz, ferner Hugo Wolf. Das Urbild von Seliger ist Friedrich Eckstein (Hofmannsthal – Bahr, Briefwechsel. 2013, S. 16f., 18 u. 500).
51 Vgl. dazu Rudolf Steiners Kritik: „Ich habe eben dessen neuesten Roman ‚Neben der Liebe' gelesen. Darinnen finde ich ein Stück Wiener Lebens geschildert. Ich kenne sogar manches ganz genau, was in diesem Buche steht. Aber ich bin bei der Lektüre lebhaft an die Bismarck-Bilder von Allers erinnert worden. Da und dort rein äußerliches Hinzeichnen, ohne in die Mittelpunkte

passant bezogenen früheren Essay *Das Rätsel der Liebe* in theoretischer Form vorgetragen: „wir konstatieren den Dualismus der Liebe, daß der Leib seine besonderen erotischen Postulate hat und die Seele wieder ihre ganz anderen".[52] Das ist genau der tödliche Zwiespalt der Protagonistin Margit von Rhon, die während der krankheitsbedingten Abwesenheit ihres Gatten zunehmend die Liebe der männlichen Hauptfigur Rudi Lederer erwidert. Sie hat zwar noch die Kraft, ihn zurückzustoßen, fällt dann aber wehrlos in die Arme eines ungeliebten routinierten Verführers und begeht daraufhin Selbstmord. Der Schluss klagt die Doppelmoral zwischen den Geschlechtern an, wie sie dann Schnitzlers privilegiertes Thema wird, doch schüttelt der Held jede Erkenntnis von sich ab, um sich weiter dem leeren Lebenstrott eines Wiener Dandys hinzugeben.[53]

Aber neben und durch diese moderne Signatur hindurch hat der Roman etwas Altväterisches: Die Erzähltraditionen „der Ebner und des Saar"[54] wirken in ihm, sowohl thematisch durch das Milieu und durch die immerhin schon im neunzehnten Jahrhundert beliebte Ehebruchsthematik, als auch stilistisch durch einen etwas plakativen, durchaus gemütlichen Ton, der im inflationären Gebrauch von „lieb", etwa im „weichen lieben Kindergesichtel", seinen Höhepunkt findet.[55] Das Figurenarsenal weist Ähnlichkeiten mit den von Bahr verspotteten Erzählmustern des 19. Jahrhunderts auf: Zwar treten keine „interessanten reichen Witwen" und keine „bleichen philosophischen Hauslehrer" auf,[56] aber immerhin eine interessante reiche Strohwitwe und ein philosophischer Junggeselle.

Vor allem aber ist der Roman eine Laudatio auf Wien. Er ist ein Heimkehr-Roman, wie denn auch der Protagonist Rudi Lederer aus Heimweh in seine

---

der Personen zu dringen. Bahr zeichnet das Wiener Gemüt, wie Allers das Bismarcksche Genie." Steiner, Bildung und Überbildung. In: Literarischer Merkur 13.14 (1893).
52 Bahr, Die Überwindung des Naturalismus. 1891, S. 76 (Neusatz², S. 67). Vgl. dazu Bahr, Neben der Liebe. 1893, S. 116f.: Dort werden Diskussion geführt über Witwen mit geistiger Treue und körperlichen Regungen.
53 Kleine Ansätze von Ichfestigung zeigen sich auch bei Rudi Lederer: so in der Szene in der Badewanne, die er „seine Stunde der Psychotherapie" nennt und in der er über die „geistigen Exercitien des Loyola" nachdenkt. Bahr, Neben der Liebe. 1893, S. 44f. Diese Exerzitien hatte Bahr schon bei Maurice Barrès' *Un homme libre* finden können. Vgl. dazu: Stephanie Arend, Hermann Bahrs Auseinandersetzung mit Maurice Barrès im Kontext seiner ‚Konversion'. In: Moderne und Antimoderne. Der ‚Renouveau catholique' und die deutsche Literatur. Hg. von Wilhelm Kühlmann. Freiburg i. Br. 2008, S. 187–204, hier S. 189.
54 Bahr, Studien zur Kritik der Moderne. 1894, S. 78 (Neusatz², S. 62).
55 Bahr, Neben der Liebe. 1893, S. 8, weitere: S. 123, 157, 183, 216.
56 Bahr, Die Überwindung des Naturalismus. 1891, S. 11f. (Neusatz², S. 12).

Hauptstadt zurückkehrt.[57] Alles Wienerische erscheint trotz kritischer Untertöne letztlich in positivem Licht, der Roman ist imprägniert von einer „lascive[n] Sentimentalität, der kein Wiener widersteht".[58] Sogar die Ringstraße, dieses Symbol des verworfenen väterlichen Liberalismus,[59] wird als „unvergleichliche Riesenthat", als „innige[s] und feierliche[s] Märchen" gefeiert und dem Kaiser wird als dem Schöpfer der „schönste[n] Stadt der Erde" gehuldigt.[60] Mag dieser affirmative Ton auch nur Figurenrede sein, so erklingt er doch als *basso continuo*, und es passt ganz ins Bild, dass der ruchlose Verführer ein Berliner ist. Damit gestaltet der Roman bereits im fiktionalen Medium eine Position, wie sie Bahr dann in seinen *Jung-Österreich*-Essays ein Jahr später theoretisch ausführt: Er intoniert die „liebe wienerische Weise von einst, aber mit den Strophen von heute".[61] Für den Roman als Ganzes gilt mithin die Charakterisierung, die der Protagonist Rudi Lederer einmal in einem böswilligen Anfall auf seine angebetete Margit anwendet: Sie sei „[d]er alte Schlag der Wienerin mit einer Messerspitze von 1890iger Nervenverderbnis."[62]

Beide Werke, Musterbeispiele der Moderne, bergen mithin das alte Österreich in sich: das der katholischen Kirche und das der Heimat. Sie deuten damit bereits in den frühen neunziger Jahren die künftige Heimkehr Bahrs an. In dieser Perspektive ist es nur konsequent, wenn Bahr dreißig Jahre später in *Selbstbildnis* die Wiener Moderne insgesamt in die Obhut der Tradition stellt. Sie erscheint in seiner Würdigung – in den Worten Walter Benjamins für den Bildungsroman –

---

57 Bahr, Neben der Liebe. 1893, S. 45. Vgl. Bahr, Selbstbildnis. 1923, S. 239 (Neusatz, S. 199): Barrès habe ihm geholfen, „mich auf Österreich zu besinnen, auf mein Vaterland, à l'arbre dont je suis une des feuilles."
58 Bahr, Neben der Liebe. 1893, S. 104.
59 Vgl. Bahr, Selbstbildnis. 1923, S. 104–107 (Neusatz, S. 87–89). Dort wird die Ringstraße – anlässlich eines Besuchs des jungen Hermann mit dem Vater in Wien – äußerst kritisch beurteilt: „Und dann meinte mir mein guter Vater vor allem Wien zu zeigen. Er hat mir aber in den vier Tagen eigentlich von Wien nur gezeigt, was damals der Stolz der Liberalen war: die Ringstraße. Jahre hat es mich gekostet, den Eindruck dieses falschen Wien, das ich zunächst zu sehen bekam, überwinden und das wirkliche Wien, das verborgene, finden zu lernen." Und: „Kaum irgendwo sonst ist die Bourgeoisie gleich so triumphierend eingezogen, mit einem Banner aus Stein". Zuvor ist von der „bramarbasierenden Ringstraßenrenaissance" die Rede (S. 28, Neusatz, S. 23). Solche Ausführungen Bahrs haben die Studien von Carl E. Schorske zur Spannung zwischen der liberalen Vätergeneration und der künstlerischen Söhnegeneration inspiriert: Schorske, Wien. Geist und Gesellschaft im Fin de Siècle. Frankfurt a. M. 1982. Später auch Wolf Wucherpfennig, Das junge Wien und seine Väter. Bahr und der junge Hofmannsthal im gesellschaftlichen Zusammenhang. In: Hofmannsthal-Forschungen 7 (1983), S. 145–180.
60 Bahr, Neben der Liebe. 1893, S. 104, 39, 112.
61 Bahr, Studien zur Kritik der Moderne. 1894, S. 79 (Neusatz², S. 63).
62 Bahr, Neben der Liebe. 1893, S. 193.

als die „äußerste, schwindelnde, letzte vorgeschobenste Stufe" der alten österreichischen Literatur.[63] Er schlägt gar vor, das damalige Jung-Österreich besser Alt-Österreich zu nennen:

> Wenn nach meinem Tod jemand den Einfall hat, einmal meine ‚sämtlichen Werke' herauszugeben, soll er sie nur auch getrost Alt Österreich nennen; es kommt im Grund nichts anderes darin vor. Aber das Lustige daran ist, daß, als ich sie begann, als ich in Wien zu wirken, auf Wien einzuwirken begann, daß ich da meinem Unternehmen den Namen Jung Österreich gab. Was verloren war und nur in der Erinnerung unseres Bluts noch schlug, spiegelte sich uns als Zukunft vor.
>
> In Hofmannsthals ersten Versen, Leopold Andrians ‚Garten der Erkenntnis', Klimts Landschaften, Hugo Wolfs und Gustav Mahlers Liedern nahm Österreich Abschied. Ganz rein war der Kreis damit geschlossen. In der richtigen Entfernung wird man einst gewahren, daß von wenigen Kulturen ein so leuchtendes Bild stehen blieb.[64]

Literatur

Primärliteratur

Bahr, Hermann: Zur Kritik der Moderne. Gesammelte Aufsätze. Erste Reihe. Zürich 1890.
Bahr, Hermann: Russische Reise. Dresden, Leipzig 1891.
Bahr, Hermann: Die Überwindung des Naturalismus. Als zweite Reihe von *Zur Kritik der Moderne*. Dresden, Leipzig 1891.
Bahr, Hermann: Neben der Liebe. Wiener Sitten. Berlin 1893.
Bahr, Hermann: Studien zur Kritik der Moderne. Frankfurt a. M. 1894.
Bahr, Hermann: Renaissance. Neue Studien zur Kritik der Moderne. Berlin 1897.
Bahr, Hermann: Secession. Wien 1900.
Bahr, Hermann: Bildung. Essays. Berlin, Leipzig 1900.
Bahr, Hermann: Inventur. Berlin 1912.
Selbstbildnis. Berlin 1923.
Bahr, Hermann: Briefwechsel mit seinem Vater. Hg. von Adalbert Schmidt. Wien 1971.
(Alle Bände mit Ausnahme von *Neben der Liebe* neu hg. als Kritische Schriften in Einzelausgaben von Claus Pias und Gottfried Schnödl).

---

63 W. Benjamin, Krisis des Romans. In: Benjamin, Gesammelte Schriften, unter Mitwirkung von Theodor W. Adorno und Gershom Scholem hg. von Rolf Tiedemann und Hermann Schweppenhäuser. Bd. III. 2. Aufl. Frankfurt a. M. 1978, S. 236. Die Formulierung gilt bei Benjamin Döblins *Berlin Alexanderplatz* als Bildungsroman.
64 Bahr, Selbstbildnis. 1923, S. 281f. (Neusatz, S. 234f.).

Hofmannsthal, Hugo von: Die Mutter. In: Hofmannsthal: Gesammelte Werke in zehn Einzelbänden. Bd. 8: Reden und Aufsätze I. Hg. von Bernd Schoeller in Beratung mit Rudolf Hirsch. Frankfurt a. M. 1979, S. 100ff.

Hofmannsthal, Hugo von: Hofmannsthal, Hugo und Gerty von – Hermann Bahr: Briefwechsel. Hg. von Elsbeth Dangel-Pelloquin. Göttingen 2013.

Sekundärliteratur

Arend, Stephanie: Hermann Bahrs Auseinandersetzung mit Maurice Barrès im Kontext seiner ‚Konversion'. In: Moderne und Antimoderne. Der ‚Renouveau catholique' und die deutsche Literatur. Hg. von Wilhelm Kühlmann. Freiburg i. Br. 2008, S. 187–204.

Benjamin, Walter: Krisis des Romans. In: Benjamin: Gesammelte Schriften. Unter Mitwirkung von Theodor W. Adorno und Gershom Scholem hg. von Rolf Tiedemann und Hermann Schweppenhäuser. Bd. III. 2. Aufl. Frankfurt a. M. 1978.

Farkas, Reinhold: Hermann Bahr: Dynamik und Dilemma der Moderne. Wien, Köln, Weimar 1989.

Schorske, Carl E.: Wien. Geist und Gesellschaft im Fin de Siècle. Frankfurt a. M. 1982.

Steiner, Rudolf: Bildung und Überbildung. In: Literarischer Merkur 13.14 (1893).

Wucherpfennig, Wolf: Das junge Wien und seine Väter. Bahr und der junge Hofmannsthal im gesellschaftlichen Zusammenhang. In: Hofmannsthal-Forschungen 7 (1983), S. 145–180.

Žerebin, Alexej: Hermann Bahrs *Russische Reise* als „Petersburger Text". In: Hermann Bahr – Mittler der europäischen Moderne. Hg. von Johann Lachinger. Linz 1998, S. 161–176.

Andreas Wicke
„Glücklich, wer von uns seufzend noch ‚Damals!' sagen kann"

Richard Schaukals Wege aus der Moderne

Eine Verortung Richard Schaukals im Kontext der Moderne fällt nicht leicht. Einerseits, weil es *die* Moderne um 1900 nicht gibt, so dass etwa Helmut Scheuer von „Modernen"[1] im Plural spricht und damit die Vielfalt von Naturalismus, Symbolismus, Jugendstil, Impressionismus, Ästhetizismus, Heimatkunst, Neoromantik etc. meint; vor allem aber, weil sich Schaukal selbst von solchen Epochenzuschreibungen distanziert, so heißt es etwa in den *Beiträgen zu einer Selbstdarstellung*: „Man hat mich oft gedankenlos zur sogenannten Wiener Literatur gezählt. Nichts kann falscher sein." Er selbst sieht sich in der Tradition des Österreichischen Realismus und bezieht sich explizit auf Marie von Ebner-Eschenbach und Ferdinand von Saar, an denen er die „Einfachheit, Wahrheit, Seelenwärme und Lebensklugheit" bewundert. Über seine eigene Novelle *Mimi Lynx* urteilt er, sie sei „gleich fern von peinlich-engem Naturalismus wie von dem damals schon wütenden verschwommenen, leeren und unwahrhaftigen Literatenstil eines gewaltsamen Symbolismus", dennoch bezeichnet er seinen Lyrikband *Meine Gärten* stolz als „Hauptwerk des deutschen Symbolismus".[2] In den *Intérieurs aus dem Leben der Zwanzigjährigen* heißt es geradezu versöhnlich: „Vor allem muss man sich gegenseitig verstehen. Der ‚Symbolist' muss den ‚Naturalisten' verstehen – ich hasse diese Schlagworte, weil sie ganz zertreten und deformirt sind, aber sie sind wenigstens Prägnanzsurrogate".[3]

Die paradoxen Selbstcharakterisierungen erschweren zwar eine literaturhistorische Einordnung, machen Schaukal als Autor allerdings auch exemplarisch für eine Zeit, die alles andere als einheitlich ist. Reinhard Urbach hat ihn im Titel einer journalistischen Würdigung nicht zu Unrecht als „leibhaftiges Dilemma der

---

[1] H. Scheuer, Die „Moderne um 1900". In: Der Deutschunterricht 52.2 (2000), S. 3–4, hier S. 3.
[2] R. Schaukal, Beiträge zu einer Selbstdarstellung. Eine Auswahl von Versuchen. Wien 1934, S. 46, 47, 62 u. 127.
[3] Schaukal, Intérieurs aus dem Leben der Zwanzigjährigen. Leipzig 1901, S. 225. Vgl. auch A. Wicke, Richard Schaukals Novelle *Mimi Lynx*. Zwischen ›peinlich-engem Naturalismus‹ und ›gewaltsamem Symbolismus‹. In: Eros Thanatos. Jahrbuch der Richard-von-Schaukal-Gesellschaft 2 (1998), S. 93–117, hier S. 110f.

Jahrhundertwende"[4] bezeichnet, einer Jahrhundertwende, die in Wien gänzlich anders verläuft als etwa in Berlin. Ein signifikanter Unterschied zwischen Berliner Naturalismus und Wiener Moderne ist, dass in Wien die Abkehr von der Vätergeneration weniger radikal stattfindet, dass die „‚Front' der Moderne", so Jacques Le Rider, „hier zunächst weniger aggressiv" verläuft, weil „die Wiener Modernen [...] die Autorität der Alten durchaus" anerkennen. „Hofmannsthal und seine Freunde sehen sich selbst – ebensosehr wie als Neuerer – auch als Fortsetzer der großen klassischen Tradition."[5] Obwohl man Schaukal nicht als Freund Hugo von Hofmannsthals bezeichnen kann, trifft Le Riders Aussage durchaus auf ihn zu. Ein zweiter wesentlicher Unterschied der Epochensignaturen in Berlin und Wien ist die Verve, mit der das Bekenntnis zur Moderne formuliert wird. „Modern sei der Poet, / Modern vom Scheitel bis zur Sohle!", schreibt der Berliner Arno Holz,[6] während der Wiener Hofmannsthal die Moderne immer auch aus dem Erbe und der Tradition herleitet, und dieses Erbe der Väter, so schreibt er in dem Essay „Gabriele d'Annunzio", seien „hübsche Möbel und überfeine Nerven. Die Poesie dieser Möbel erscheint uns als das Vergangene, das Spiel dieser Nerven als das Gegenwärtige."[7] Die Wiener Moderne ist also eine Moderne, die konservative oder traditionelle Tendenzen inkludiert, die gleichzeitig nach vorn und hinten schaut und für die Modernität nicht an den radikalen Bruch mit der Vergangenheit gebunden ist.

Trotz dieser widersprüchlichen Aussagen zu Autor und Epoche muss man Schaukal als tendenziell rückwärtsgewandten Autor im Kontext der Moderne um 1900 verorten. „Jedes der rund achtzig Werke Schaukals ist in der Grundtendenz konservativ", schreibt Claudia Girardi in einem Aufsatz mit dem Titel „Der Dichter Richard von Schaukal als ‚Konservator' der guten alten Zeit".[8] Dieser Konservativismus soll im Folgenden genauer betrachtet werden, wobei zu zeigen sein wird, dass Schaukal verschiedene Aus- oder sogar Fluchtwege aus der Moderne findet: erstens in eine verklärte Vergangenheit bzw. ein idealisiertes 19. Jahrhun-

---

[4] R. Urbach, Leibhaftiges Dilemma der Jahrhundertwende. Bemerkungen zu Richard Schaukal. In: Neue Zürcher Zeitung, 26./27. April 1975, S. 57.
[5] J. Le Rider, Das Ende der Illusion. Die Wiener Moderne und die Krisen der Identität. Wien 1990, S. 30f.
[6] A. Holz, Motto. In: Kyffhäuser-Zeitung. Wochenschrift für alle Hochschulen-Angehörige deutschen Stammes und deutscher Zunge 4.36 (1885), S. 295.
[7] H. v. Hofmannsthal, Gabriele d'Annunzio. In: Hofmannsthal, Gesammelte Werke in zehn Einzelbänden. Bd. 8: Reden und Aufsätze I. Hg. von Bernd Schoeller in Beratung mit Rudolf Hirsch. Frankfurt a. M. 1979, S. 174–184, hier S. 174.
[8] C. Girardi, Der Dichter Richard von Schaukal als „Konservator" der guten alten Zeit. In: Konservative Profile. Ideen & Praxis in der Politik zwischen FM Radetzky, Karl Kraus und Alois Mock. Hg. von Ulrich E. Zellenberg. Graz 2003, S. 285–302, hier S. 292.

dert, zweitens in eine zeitlose Genie-Ästhetik, die unabhängig von Modernitätsbestrebungen existiert, und drittens in eine Pseudomoderne, wie man sie etwa in *Leben und Meinungen des Herrn Andreas von Balthesser* nachweisen kann.

Als Untersuchungsgegenstand sollen vier Werke betrachtet werden, die Schaukal einerseits als Zäsur in seinem Œuvre sieht und die er andererseits als zusammengehörige Gruppe versteht. In den *Beiträgen zu einer Selbstdarstellung* bekennt er sich zu einem zunächst artistisch-dekadenten, mit äußerlichen Formen experimentierenden Frühwerk, dann aber

> trat die Umkehr ein, die jeder echte Mensch, der zu sich erwächst, einmal erfährt. [...] Das ‚Literarische' fiel wie eine Schlangenhaut von mir ab: ich war ich geblieben, aber ein neuer Mensch geworden. Mein Buch ‚Großmutter' [...] kennzeichnet diese Wendung.[9]

Im Vorwort des Bandes *Vom Geschmack* spricht er von einem Triptychon, dessen Mittelstück *Grossmutter* (1906) sei, als Flügel dieses Altars fungieren einerseits sein Dandy-Roman *Leben und Meinungen des Herrn Andreas von Balthesser* (1907), auf der anderen Seite die Dialoge *Giorgione* (1907) und *Literatur* (1907).[10]

Grossmutter: Flucht in eine idealisierte Vergangenheit

Grossmutter dürfte der deutlichste Ausdruck jenes Konservativismus sein, den man auch als Traditionalismus oder Antimodernismus bezeichnen kann. Das *Buch von Tod und Leben – Gespräche mit einer Verstorbenen*, so die Untertitel, vereint Texte, die ein früh verstorbener Freund des fiktiven Herausgebers als wehmütige Erinnerung an seine Großmutter und ihre Zeit verfasst hat. Die Flucht aus der Moderne lässt sich hier am eindeutigsten belegen, da der Text sich explizit gegen die Jetztzeit wendet. „Grossmutter, das war eine schöne, schöne Zeit damals, als Du jung warst!", heißt es gleich zu Beginn. Im steten Vergleich von damals und heute alteriert sich der kulturpessimistische Erzähler über die Folgen der Moderne. „Heute ragt allenthalben qualmend Schlot an Schlot", so brandmarkt er die Folgen der Industrialisierung, mit der eine Anonymisierung einhergehe: „Die Menschen, hastig, zerfahren, atemlos, haben keine Augen mehr, sondern dumpfe angelaufene erblindete Löcher im Kopf." Aber auch gegen die

---

9 Schaukal, Selbstdarstellung. 1934, S. 38.
10 Vgl. Schaukal, Vom Geschmack. Zeitgemässe Laienpredigten über das Thema Kultur. München 1910, S. IX.

Zeitungen „mit ihrem Mosaik nichtigster Tagespolitik, aufreizenden Personalnachrichten, überhasteten Mitteilungen" richtet sich die Kritik. Stereotyp wird der Gegenwart ein verklärtes Damals entgegengestellt: „Wie anders, Grossmutter, zu Deiner Zeit" oder „Grossmutter, wie schön war es, da Du jung warst". Die Botschaft, die sich durch den gesamten Band zieht, lässt sich pointiert in zwei Zitaten zusammenfassen: „[D]er moderne Mensch ist einfach ein Scheusal" und „Eine ekelhafte Zeit das heute".[11]

Die redundante Beschwörung einer idealisierten Vergangenheit macht die Larmoyanz des Textes aus. Analog zu dieser sentimentalisierten Neoromantik wird das Märchen als ‚einfache Form' (André Jolles) – bzw. in der Sprache des Erzählers als Ausdruck von „Innerlichkeit" und „Seelenwärme"[12] – der Literatur der ästhetischen Moderne entgegengestellt. Ein Blick in den Bücherschrank der Großmutter zeigt darüber hinaus, dass – neben populären Schriftstellern wie Heinrich Zschokke – Autoren des Biedermeier, Mörike und Stifter[13] beispielsweise, bevorzugt werden. Außerdem ist *Grossmutter* Schaukals mütterlicher Freundin Marie von Ebner-Eschenbach gewidmet. Der Heimatkunstbewegung kann man Schaukal insgesamt sicher nicht zurechnen, dennoch hat das in *Grossmutter* entworfene Weltbild in seiner Schwarzweiß-Zeichnung durchaus Anleihen in dieser Bewegung der Antimoderne.

Die Präferenz von Autoren des 19. Jahrhunderts, die der Erzähler in *Grossmutter* vertritt, lässt sich auch auf Schaukal als Kritiker übertragen, wenn er etwa in der Rezension „Ein Meister der Novelle" Ferdinand von Saars *Novellen aus Österreich* bespricht. Während es eingangs durchaus noch um eine – bei aller Verehrung – kritische Würdigung des rund vierzig Jahre älteren Dichterkollegen geht, gleitet der Text mehr und mehr in jene melancholisch-wehmütige Prosa ab, die auch den vorhersehbaren Dorfidyllen-Ton von *Grossmutter* prägt. Hier wird an die „Geißblattlauben" erinnert und an „die klaren Auen, wo die Flüsse gehen und die Herden weiden." Der Gipfel der Trivialisierung ist erreicht, wenn es abschließend heißt:

> ... glücklich, wer von uns seufzend noch ‚Damals!' sagen kann. Bei der Großmutter war es, und die Reseden standen auf dem weißlackierten Fensterbrett, und die Sonne war anders, die Spiegel waren freundlich, die Vögel konnten noch singen, und wir konnten noch staunen ...[14]

---

11 Schaukal, Grossmutter. Ein Buch von Tod und Leben. Gespräche mit einer Verstorbenen. Stuttgart, Leipzig 1906, S. 19, 20, 22, 23 u. 158.
12 Schaukal, Grossmutter. 1906, S. 60.
13 Vgl. Schaukal, Grossmutter. 1906, S. 169.
14 Schaukal, Ein Meister der Novelle. In: Das literarische Echo 2.16 (1899/1900), S. 1111–1115, hier S. 1115.

Zwar liest Schaukal, wie er bekennt, Saars Novellen „mit einem fast wehmütigen Behagen" und ist „gerührt", weil sie „gar so ehrlich und treu" sind, doch kritisiert er an Saars Sprache beispielsweise die „leere[n] Sinnhülsen", „traditionelle[n] Wortfolgen" und „fast ungebräuchliche[n] Verallgemeinerungen". „Die Schwäne ziehen ‚ihre stillen Kreise'",[15] diese Formulierung dient Schaukal als Beispiel für gewisse stilistische Defizite. In der Tat endet gleich der erste Absatz der Novelle *Schloß Kostenitz* mit der ganz ähnlichen Formulierung „wo auf dem verschlammenden, von Wasserrosen überdeckten Teiche ein einsamer Schwan die stillen Kreise zog".[16] Dennoch unterläuft Schaukal hier ein nicht unbedeutender Fehler, denn die exakte Formulierung, die Schwäne „ihre stillen Kreise" ziehen lässt, ist gar nicht von Saar, sondern von Schaukal selbst. In seinem Gedicht „Abend" aus dem Band *Meine Gärten* heißt es bereits 1897:

> Weiße Schwäne senken ihre schmalen,
> Schlanken Hälse in den schilfdurchragten,
> Stillen, grünen Weiher, plätschern leise,
> Ziehen weiter ihre stillen Kreise…[17]

Dieses Versehen ist symptomatisch: Einerseits ist Schaukal als Theoretiker, Rezensent und Literaturhistoriker durchaus scharfsinnig und pointiert in seinen Beobachtungen, andererseits gelingt es ihm nicht, seine Kritik produktiv umzusetzen und literarische Werke zu schaffen, die dem eigenen Maßstab standhalten. Nach seiner selbst diagnostizierten „Umkehr", die zu Werken wie *Grossmutter* führt, hat Schaukal sich bewusst von der Moderne distanziert und den Ruf als „‚Konservator' der guten alten Zeit" bekräftigt.

Literatur und *Giorgione*: Flucht in die Zeitlosigkeit

Ganz anders verhält es sich in den etwa zeitgleich entstandenen Dialogen *Literatur* und *Giorgione*, hier geht es nicht um eine Idealisierung des Damals, sondern um einen Genie-Begriff, der wahre Literatur jenseits aller Moden und Epochen sucht.[18] In allen Dialogen trifft eine „Der Künstler" genannte Figur auf jeweils

---

15 Schaukal, Meister der Novelle. 1899/1900, S. 1111ff.
16 F. v. Saar, Schloß Kostenitz. In: Saar, Requiem der Liebe und andere Novellen. Leipzig 1958, S. 393–470, hier S. 393.
17 Schaukal, Meine Gärten. Einsame Verse. Berlin 1897, S. 39.
18 Vgl. Wicke, Richard Schaukal und die Lyriktheorie der Jahrhundertwende. In: Modern Austrian Literature 34.3/4 (2001), S. 79–93.

neue Gesprächspartner wie den „jungen Literaten" oder den „Gebildeten". Den Künstler darf man sicher nicht mit Schaukal gleichsetzen, dennoch fungiert er als Sprachrohr des Autors, außerdem ist er der unbedingte Wortführer. Dominik Pietzcker spricht von einem „Ton der Herablassung" sowie einer „polemischen Rhetorik", die die Dialoge präge. Schaukal habe sich damit „seinen *Tonio Kröger* [geschaffen], die Apotheose des Künstlers vor dem Hintergrund der bürgerlichen Gesellschaft."[19]

Die Kritik Schaukals bezieht sich in den Dialogen auf die Bereiche der Kunst, Kultur und Literatur, seine verabsolutierende Ästhetik gipfelt in der Formulierung: „Es gibt nur eine Kunst, die Kunst."[20] Während etwa Stefan George sein Verständnis einer *l'art pour l'art* in den *Blättern für die Kunst* entfaltet und präzisiert oder Arno Holz seine naturalistische Ästhetik auf die Formel „Kunst = Natur − x"[21] bringt, haben Schaukals Postulate einen Absolutheitsanspruch, den man nur schwer diskutieren kann. Kunst muss, heißt es in *Giorgione*, „notwendig", muss „selbstverständlich sein wie die Natur."[22] Definitionen oder Beispiele lehnt der Künstler in den Dialogen zumeist ab, die Regeln werden nicht erläutert: „Kunst ist Können. Das ist das Gesetz."[23]

Eine Tendenz Schaukals findet sich allerdings auch hier wieder, er präferiert die Autoren des 19. Jahrhunderts gegenüber den Zeitgenossen. So empfiehlt der Künstler dem jungen Literaten, „jeden Abend ein Kapitel Stifter ‚Bunte Steine'"[24] zu lesen. Andererseits wendet er sich gegen Autoren seiner Zeit, deren Texte er im pejorativen Sinn als „Literatur" brandmarkt, als unerlebt und dekadent:

> Junge Bücherleser ohne die Reife der Einsicht, im Bann internationaler Phraseure, belügen sich und ihre Kreise in ‚modernen' Wendungen. Ueberall hören wir diese überlauten, ohne Stil affektierten und im Grund ihres gefälschten Wesens geschmacklosen – Gymnasialabiturienten...[25]

Dieses Verdikt dürfte gegen Hugo von Hofmannsthal gerichtet sein, der bereits als Schüler unter Pseudonym Verse veröffentlicht hat, sodass Karl Kraus 1897 in „Die demolierte Literatur" witzelt: „Die Tatsache, daß Einer noch ins Gymnasium

---

19 D. Pietzcker, Richard von Schaukal. Ein österreichischer Dichter der Jahrhundertwende. Würzburg 1997, S. 119 u. 121.
20 Schaukal, Giorgione oder Gespräche über die Kunst. München, Leipzig 1907, S. 122.
21 Holz, Die Kunst. Ihr Wesen und ihre Gesetze. In: Holz, Werke. Bd. V. Hg. von Wilhelm Emrich und Anita Holz. Neuwied, Berlin 1962, S. 3–46, hier S. 14.
22 Schaukal, Giorgione. 1907, S. 75. u. 142.
23 Schaukal, Literatur. Drei Gespräche. München, Leipzig 1907, S. 75.
24 Schaukal, Literatur. 1907, S. 13.
25 Schaukal, Giorgione. 1907, S. 110.

ging, begeisterte den Entdecker zu dem Ausrufe: ‚Goethe auf der Schulbank!'"[26] Neben dem, was Schaukal als dekadente Literatur diffamiert, finden sich immer wieder auch Seitenhiebe gegen den Naturalismus, namentlich gegen die kunsttheoretischen Ansätze von Arno Holz. „Eines ist sicher", sagt der Künstler in *Literatur*, „es gibt keine alleinseligmachende Formel, auf die sich Verskunst bringen ließe." Hier richtet sich Schaukal bzw. der Künstler wohl gegen die von Arno Holz aufgestellte Kunst-Formel. Wenn Schaukal in seinen Texten Gesetze formuliert, dann löst er sie – wie gezeigt – ins Absolute oder aber ins Subjektive auf, sein Beurteilungsmaßstab ist die „Wahrheit"[27], in einer späteren Schrift heißt es dann gleichsam paradox: „Das Gesetz der Kunst ist Wahrheit".[28] Und nicht zufällig heißt diese Schrift „Vom Wesen der Kunst". Während Arno Holz seine ästhetischen Überlegungen *Die Kunst. Ihr Wesen und ihre Gesetze* nennt, lässt Schaukal gerade die Gesetze im Titel weg. Auf seine Wertmaßstäbe hin befragt, sagt der Künstler, er beurteile ein Werk „[n]ach seiner Wahrheit", „[n]ach seinem Gehalt an eigner Seele".[29]

Modernität ist für den Künstler in *Giorgione* kein Qualitätskriterium, er werde, so beteuert er, „[s]chlechte moderne Maler [...] ebensowenig kaufen wie schlechte unmoderne Maler" und unterscheidet konsequent „zwischen der schlechten neuen und der guten neuen Kunst". Was der Künstler ablehnt, ist eine „esoterische Dekadenz, ein rein durch die Reflexion erworbener, kokett spielerischer Eklektizismus, aufgebaut auf der Basis einer an sich heilsam einzuschätzenden Einsicht in die eigne schöpferische Impotenz."[30] Mit Blick auf die Schriftsteller unterscheidet der Künstler zwischen „Literat" und „Dichter", zwischen „Künstliche[m]" und „Künstler". Diese apodiktische Trennung wird zusätzlich religiös überhöht, denn der wahre Künstler ist „ein begnadeter Mensch",[31] einer, zu dem der „heilige Geist"[32] kommt.

Die Unterscheidung zwischen erlebter, wahrer, notwendiger Dichtung und der dekadenten, überzüchteten, inhaltsleeren Literatur zieht sich auch durch Schaukals oft mit Ranküne geführte Feldzüge gegen seine Kollegen. Franz Zeder hat in einem Aufsatz die Kontroverse zwischen Schaukal und den Mann-Brüdern

---

26 K. Kraus, Die demolierte Literatur. In: Die Wiener Moderne. Literatur, Kunst und Musik zwischen 1890 und 1910. Hg. von Gotthart Wunberg und Johannes J. Braakenburg. Stuttgart 1981, S. 644–650, hier S. 649.
27 Schaukal, Literatur. 1907, S. 74 u. 75.
28 Schaukal, Vom Wesen der Kunst. In: Schaukal, Erlebte Gedanken. Neuer Zettelkasten. München 1918, S. 177–214, hier S. 188.
29 Schaukal, Literatur. 1907, S. 66.
30 Schaukal, Giorgione. 1907, S. 71, 105f. u. 113.
31 Schaukal, Literatur. 1907, S. 65f. u. 71.
32 Schaukal, Giorgione. 1907, S. 51.

unter der Frage nach „Erlebtheit" vs. „Mache" nachgezeichnet und kommt zu dem Schluss, Schaukals „obstinates Auseinanderdividieren der ‚Dichter' und ‚Literaten'" sei

> mindestens einer der Gründe für seine schriftstellerische Deszendenz gewesen, vielleicht sogar der entscheidende. Denn was als Kritik an ästhetizistischer Schmockerei seinen guten historischen Sinn gehabt hatte, verstellte fortan, als substanzielle Kategorie strikter Normativität, den Blick aufs Zeitgemäße.[33]

Für Schaukals Künstler ist Moderne nicht per se künstlerisch, stattdessen vertritt er ein klassisches Kunstideal, das jedoch bisweilen in der Gefahr steht, bloße Rhetorik zu sein. Seine Überhöhung des künstlerischen Genius erinnert an die Genie-Ästhetik des 18. Jahrhunderts bzw. an das Künstlerbild der Romantik. In Schaukals Studie über *Richard Dehmels Lyrik* heißt es:

> Das Kunstwerk ist einerseits (im Diesseits) organisches Produkt des einheitlichen schöpferischen Ingeniums, endlicher Ausdruck des Unendlichen, anderseits, metaphysisch geschaut (jenseits), genau im ‚focus imaginarius' der Strahlenbrechung des Unendlichen durch das künstlerische Ingenium, vollkommener, adäquater Ausdruck der Welt, das ist unendlicher Eindruck des Endlichen.[34]

Hier klingt die Genie-Konzeption Arthur Schopenhauers an, Schaukal selbst hat wiederholt auf seine Beeinflussung durch dessen Philosophie hingewiesen.[35] Jochen Schmidt erläutert in seiner *Geschichte des Genie-Gedankens*: „Die reale Welt und die Verstrickung in sie (der ‚Wille'), so sagt Schopenhauer, muß durch die Erhebung des Geistes in die Welt der Idealität (der ‚Vorstellung') überwunden werden. Dem Genie gelingt diese Überwindung."[36] Das Dichter-Genie übersetzt also die abstrakten Ideen in konkrete dichterische Erscheinungen. Weitere Bezüge nennt Dominik Pietzcker, wenn er betont, dass die „Verquickung von Ästhetik, Metaphysik und Religiösität [...] bei Schaukal nachweislich eine Lesefrucht der deutschen Romantiker" sei, exemplarisch nennt er „Novalis, aus dessen Werk [Schaukal] das Motto für den Band *Literatur* entlehnte."[37]

---

33 F. Zeder, „Erlebtheit" versus „Mache". Die Richard Schaukal-Thomas Mann-Kontroverse im Spannungsfeld zwischen „Dichter" und „Literat". In: Eros Thanatos. Jahrbuch der Richard-von-Schaukal-Gesellschaft 3/4 (1999/2000), S. 51–70, hier S. 62f.
34 Schaukal, Richard Dehmels Lyrik. Versuch einer Darstellung der Grundzüge. Leipzig 1908, S. 14f.
35 Vgl. Schaukal, Selbstdarstellung. 1934, S. 38 u. 129.
36 J. Schmidt, Die Geschichte des Genie-Gedankens in der deutschen Literatur, Philosophie und Politik 1750–1945. Bd. I. 2. Aufl. Darmstadt 1988, S. 468.
37 Pietzcker 1997, S. 122.

Während die Naturalisten sich ausdrücklich gegen das Genie wenden,[38] hat diese Ästhetik für Schaukal einen erkennbaren Reiz, in einem Aphorismus definiert er: „Genies sind nie Ausdruck ihrer Zeit; das sind die Talente."[39] Das Talent sei somit eine ephemere Modeerscheinung, beständige oder gar ewige Kunst gelinge nur dem Genie, mithin dem zeitlosen Künstler. Zwar sind Schaukals Dialoge von reaktionärem Kulturpessimismus geprägt, dennoch kann man die hier formulierte Genie-Ästhetik nicht mit Konservativismus gleichsetzen, aber der Weg in die Überzeitlichkeit oder Zeitlosigkeit ist eben auch eine Flucht aus den Zwängen der Moderne. Wenn Hermann Bahr in *Zur Kritik der Moderne* fordert, „nicht blos einmal modern zu sein, sondern immer modern zu bleiben",[40] so stellt sich Schaukal diesem Diktat des permanent Neuen dezidiert entgegen. „Alles Neue veraltet", so fasst er seine Einstellung zu Moden in *Vom Geschmack* pointiert zusammen. „Ein grosser Künstler ist allen grossen Künstlern aller Zeiten blutsverwandt."[41]

Leben und Meinungen des Herrn Andreas von Balthesser: Flucht in die Pseudomoderne

Geht es darum, Schaukals moderne Tendenzen innerhalb Jung Wiens hervorzuheben, so wird als Beispiel meist sein Dandy-Roman *Leben und Meinungen des Herrn Andreas von Balthesser* genannt. Auf der inhaltlichen Ebene hat man es mit einem durchaus modischen bzw. modebewussten Typus – dem Dandy – zu tun, auch das Genre des Dandy-Romans ist um 1900 *en vogue*, dennoch ist der Dandy ein ebenso paradoxes Phänomen wie das literarische Genre, in dem er auftaucht.[42] Es lassen sich sowohl auf der textinternen Ebene als auch auf der Ebene der Gattung schnell Aspekte finden, die die Modernität in Frage stellen, weswegen hier von einer Pseudomoderne die Rede sein soll.

Leben und Meinungen des Herrn Andreas von Balthesser gattungstypologisch zu rubrizieren, fällt nicht leicht: Sicher ist es kein Roman im Sinne des 19. Jahrhunderts. Schaukal bricht die episch-lineare Erzählstruktur auf, verlässt die zentrale

---

38 Vgl. Schmidt 1988. Bd. II, S. 172ff.
39 Schaukal, Leben und Meinungen des Herrn Andreas von Balthesser, eines Dandy und Dilettanten. 6. Aufl. München 1911, S. 181.
40 H. Bahr, Zur Kritik der Moderne. Hg. von Claus Pias. Weimar 2004, S. 25.
41 Schaukal, Vom Geschmack. 1910, S. 4f.
42 Vgl. Wicke, Der paradoxe Dandy. Richard Schaukals *Leben und Meinungen des Herrn Andreas von Balthesser*. In: Literatur und Leben. Anthropologische Aspekte in der Kultur der Moderne. Hg. von Günter Helmes u. a. Tübingen 2002, S. 147–160.

bzw. auktoriale Perspektive und collagiert Dialoge, epische Passagen, kulturpessimistische Essays sowie Aphorismen zu einem, wie er selbst sagt, „Capriccio".[43] Gotthart Wunberg nennt Schaukals *Intérieurs* – in der Fußnote auch *Grossmutter* und *Balthesser* – ausdrücklich als „Beispiel für die Heterogenität von Texten in der Zwischenmoderne."[44]

In der Darstellungsform also kann man Schaukal modernistische Tendenzen unterstellen, außerdem hat er sich intensiv mit der Dandy-Literatur seiner Zeit auseinandergesetzt und beispielsweise Barbey d'Aurevillys Essay *Vom Dandytum und von G. Brummell* 1909 ins Deutsche übersetzt. Sein *Andreas von Balthesser* entsteht jedoch zu einer Zeit, in der die Mode der Dandy-Literatur bereits überholt ist; dementsprechend bietet er zwar eine Novität im Bereich der deutschsprachigen Literatur, wirkt jedoch bezogen auf die hauptsächlich französischen und englischen Dandy-Romane eher abschließend als innovativ. Wilfried Ihrig hat den Roman deswegen als „epigonal"[45] bezeichnet, Hans Hinterhäuser bemängelt, dass sich Schaukals Dandy in „vorhersehbarer Weise zu den Aspekten und Problemen des Dandytums"[46] äußere.

Das kann beispielhaft an der Auseinandersetzung mit Geschlechterbildern gezeigt werden. Oscar Wilde in *Das Bildnis des Dorian Gray* oder Arthur Schnitzler in *Anatol* haben die Genderkonstruktionen der Dandys und Damen bereits in den 1890er Jahren radikalisiert; in den nachgelassenen Notizen Charles Baudelaires liest man gar: „Das Weib ist das Gegenteil des Dandy. Daher muß es Abscheu erregen. Das Weib hat Hunger, und es will essen; Durst, und es will trinken. Es ist brünstig und will gefickt werden. Das ist was Rechtes!"[47] Dagegen klingen Andreas von Balthessers deutlich später veröffentlichte Bemerkungen „über das Thema ‚Die Dame'" eher brav: „Eine Dame ist eine virtuelle Vollkommenheit, die Mängel nicht ausschließt."[48] Während die genannten Autoren im Schutz der literarischen Rolle gegen überkommene Geschlechterkonstruktionen opponieren und mit neuen und unerwarteten Konzepten experimentieren, merkt man Schaukal an, dass er selbst einer Romanfigur keine Worte in den Mund legt, die nicht auch am Burgtheater gesprochen werden dürften. Ganz ähnlich urteilt Dominik

---

43 Schaukal, Selbstdarstellung. 1934, S. 121.
44 G. Wunberg, Jahrhundertwende. Studien zur Literatur der Moderne. Hg. von Stephan Dietrich. Tübingen 2001, S. 105.
45 W. Ihrig, Literarische Avantgarde und Dandysmus. Eine Studie zur Prosa von Carl Einstein bis Oswald Wiener. Frankfurt a. M. 1988, S. 21.
46 H. Hinterhäuser, Der Aufstand der Dandies. In: Hinterhäuser, Fin de Siècle. Gestalten und Mythen. München 1977, S. 77–106, hier S. 103.
47 Ch. Baudelaire, Mein entblößtes Herz. Tagebücher. Übers. von Friedhelm Kemp. 4. Aufl. Frankfurt a. M. 1995, S. 44.
48 Schaukal, Andreas von Balthesser. 1911, S. 105ff.

Pietzcker mit Blick auf das Frauenbild in Schaukals Lyrik: „Niemals überschreitet er die ästhetischen Grenzmarken seiner Zeit. Er gehört nicht zur Avantgarde, wohl aber zu denen, die ein Sensorium für ihre Innovationen besitzen."[49]

Betrachtet man darüber hinaus die Figur des Dandys Andreas von Balthesser, so stellt sich dieser scheinbar modische Typus schnell als gänzlich rückwärtsgewandt heraus. Das Dandytum ist insgesamt an eine konservative Weltsicht gekoppelt. Über das Benehmen sagt Balthesser: „Der Dandy hat die besten Manieren. (Worunter nicht die jeweils modernsten zu verstehen sind [...].)" Ganz ähnlich klingt es im Bereich der Kleidung: „Einem Menschen, der sich mit Verständnis und Geschmack zu kleiden weiß, hat die Mode nichts zu befehlen." So wie sich der Künstler – in *Literatur* und *Giorgione* – außerhalb der Zeit und ihrer Moden stellt, tut es also auch der Dandy, er gehorcht keinem Zeitgeschmack, sondern wiederum dem Gesetz der Wahrheit. Balthesser, der das „Doppelwappen"[50] auf seiner Zigarettendose trägt und im Duell einen gänzlich unmodernen, eben dem 19. Jahrhundert verhafteten Tod stirbt, lässt sich wie sein Autor als Traditionalist, als Monarchist, als Schwarzgelber verstehen.

In ihrer 2013 erschienenen Studie über den *Dandy als Grenzgänger der Moderne* definiert Anne Kristin Tietenberg: „Als moderner Kulturtypus und Gestalt des Übergangs befindet er sich in der Opposition zur Tradition und Konvention, der er sich paradoxerweise zugleich verpflichtet fühlt."[51] Während der Dandy vordergründig eine Modeerscheinung darstellt, steht er dennoch außerhalb der Gesellschaft und damit auch außerhalb der Mode. Er führt ein elitäres, aber auch einsames Dasein in der Isolation. „Der Wahnsinn des Fortschritts zertrampelt die nährenden Wurzeln der Vergangenheiten",[52] so gibt er seine konservative Ideologie wieder, die gerade nicht zwischen Vergangenheit und Zukunft, zwischen Tradition und Moderne vermittelt, sondern im Fortschritt eine vernichtende Tendenz sieht.

Resümee: Konservativ oder modern?

Die Autoren um 1900 sind zur Moderne verdammt. Zwar führt der permanente Fortschritt durchaus zu Verunsicherungen und Ängsten auf gesellschaftlicher, politischer, aber auch psychologischer sowie existenzieller Ebene, andererer-

---
49 Pietzcker 1997, S. 87.
50 Schaukal, Andreas von Balthesser. 1911, S. 26f., 86f. u. 10.
51 A. K. Tietenberg, Der Dandy als Grenzgänger der Moderne. Selbststilisierungen in Literatur und Popkultur. Berlin 2013, S. 86.
52 Schaukal, Andreas von Balthesser. 1911, S. 141.

seits empfinden die Künstler den ästhetischen Imperativ, modern zu sein. Das Bewusstsein, in einer Zeit des Verfalls tradierter Werte, in einer Übergangssituation zu leben, eint die Vertreter dieser Epoche. „Ich glaube, daß der Begriff des Ganzen in der Kunst überhaupt verlorengegangen ist",[53] bekennt Hofmannsthal in „Poesie und Leben" und in Arthur Schnitzlers *Das weite Land* sagt Erna: „So sausen wir kühn ins Dunkel hinein."[54] Diese Diagnose ließe sich mit Theoremen Friedrich Nietzsches, Ernst Machs oder Sigmund Freuds fundieren.

Jacques Le Rider nennt seine Monographie über Hugo von Hofmannsthal im Untertitel *Historismus und Moderne in der Literatur der Jahrhundertwende* und übersetzt dieses Paradox in immer neue Formulierungen: Hofmannsthals „literarisches Schaffen" vollziehe „sich im Dialog mit den Werken der Vergangenheit", „das Neue" vermische sich bei ihm „mit der Erinnerung", er sei der „Moderne zugehörig, aber nicht ‚modernistisch'", es handele sich also um eine „‚konservative Moderne'". Und Le Rider kommt zu dem Schluss: „Das Paradox der Modernität Hofmannsthals ist im Grunde das Paradox der ‚Wiener Moderne' in ihrer Gesamtheit".[55]

Eine neue Kunst, eine neue Literatur ist nicht *ad hoc* da, eine vorausgegangene Epoche kann nicht sprunghaft überwunden werden, wie es die programmatischen Texte Hermann Bahrs bisweilen insinuieren. Entscheidend ist also, ob die Künstler einen Ausweg aus der poetologischen Krise finden. Schnitzlers Weg etwa ist die radikale Psychologisierung seiner Texte wie seiner Sprache, die sich von frühen Erzählungen wie *Sterben* bis in die *Traumnovelle* und *Fräulein Else* verfolgen lässt. Auch Hofmannsthal findet einen Ausweg, bereits 1895 schreibt er an Richard Beer-Hofmann: „Ich glaub immer noch, dass ich im Stand sein werde, mir meine Welt in die Welt hineinzubauen. Wir sind zu kritisch um in einer Traumwelt zu leben, wie die Romantiker [...]."[56] Diesen, wie Hartmut Scheible es nennt, „planmäßig inszenierten Selbstbetrug"[57] thematisiert Hofmannsthal beispielsweise in der Prosaminiatur *Die Rose und der Schreibtisch*, er vollzieht ihn paradigmatisch in seinem radikalen Umgang mit der Mythologie.

Schaukals Wege aus der Krise haben nie den Aplomb des Neuen oder Radikalen, er steht unentschieden zwischen den Epochen und Jahrhunderten. Zwar nimmt er geradezu seismographisch alle Neuerungen auf und kann seine Kritik

---

53 Hofmannsthal, Poesie und Leben. In: Hofmannsthal, Reden und Aufsätze I. 1979, S. 13–19, hier S. 15.
54 A. Schnitzler, Das weite Land. Dramen 1909–1912. 5.–6. Tsd. Frankfurt a. M. 1993, S. 61.
55 Le Rider, Hugo von Hofmannsthal. Historismus und Moderne in der Literatur der Jahrhundertwende. Wien u. a. 1997, S. 19, 20, 26 u. 29.
56 Hofmannsthal, Brief-Chronik. Regest-Ausgabe. Hg. von Martin E. Schmid. Bd. I. Heidelberg 2003, S. 253.
57 H. Scheible, Literarischer Jugendstil in Wien. München, Zürich 1984, S. 30.

und Polemik gezielt formulieren, als Dichter der Jahrhundertwende hingegen bleibt er unentschlossen. Er orientiert sich am französischen Symbolismus und verehrt die Generation der österreichischen Realisten, im radikalen Sinne modern hingegen ist er nicht. Er bedient das Projekt einer ästhetischen Moderne, aber er prägt es nicht. Er nimmt am Diskurs der Moderne teil, treibt ihn aber nicht produktiv oder originär voran. Über sein lyrisches Werk sagt Dominik Pietzcker zu Recht, es setze „sich in weiten Teilen aus den Stereotypien und ästhetischen Versatzstücken der Literatur um 1900 zusammen."[58]

Dennoch nimmt Schaukal im Konzert der Moderne eine interessante Rolle ein, weil er zu jener Moderne gehören möchte, aus der er gleichwohl flieht – ein typisches Übergangsphänomen. Die Frage nach der Modernität eines Dichters ist meist gekoppelt an jene nach der literarischen Bedeutung und Qualität. Dass Richard Schaukal aus Sicht der Literaturwissenschaft nicht zur Phalanx seiner Epoche gehört und nur als Marginalie betrachtet wird, lässt sich nicht leugnen. Wenngleich sich der Vorwurf der Epigonalität und des Eklektizismus wie ein roter Faden durch die Schaukal-Forschung zieht, fragt Ariane Martin in einer Analyse des Gedichts „Rococo", ob „Originalität denn überhaupt in jedem Fall als der Wertmaßstab schlechthin angelegt werden" könne, und kommt zu dem Schluss, „dass in der forcierten Epigonalität" Schaukals „seine Brillanz, seine kulturelle Bedeutsamkeit"[59] liege. Sieht man von dieser Ehrenrettung ab, ist Tradition im Kontext der Moderne aber schon deswegen bedeutsam, weil auch die hier gezeigten Fluchtwege *aus* der Moderne ein wichtiger Diskussionsbeitrag *zur* Moderne sind.

Literatur

Primärliteratur

Bahr, Hermann: Zur Kritik der Moderne. Hg. von Claus Pias. Weimar 2004.
Baudelaire, Charles: Mein entblößtes Herz. Tagebücher. Übers. von Friedhelm Kemp. 4. Aufl. Frankfurt a. M. 1995.
Hofmannsthal, Hugo von: Gabriele d'Annunzio. In: Hofmannsthal: Gesammelte Werke in zehn Einzelbänden. Bd. 8: Reden und Aufsätze I. Hg. von Bernd Schoeller in Beratung mit Rudolf Hirsch. Frankfurt a. M. 1979, S. 174–184.

---

58 Pietzcker 1997, S. 47.
59 A. Martin, Wiener Barock. Rückwärts gewandte Sehnsucht und die Technik des Pastiche als Individualstil in Richard Schaukals Gedicht *Rococo*. In: Eros Thanatos. Jahrbuch der Richard-von-Schaukal-Gesellschaft 5/6 (2001/2002), S. 5–18, hier S. 7 u. 17.

Hofmannsthal, Hugo von: Poesie und Leben. In: Hofmannsthal: Reden und Aufsätze I. 1979, S. 13–19.
Hofmannsthal, Hugo von: Brief-Chronik. Regest-Ausgabe. Hg. von Martin E. Schmid. Heidelberg 2003.
Holz, Arno: Motto. In: Kyffhäuser-Zeitung. Wochenschrift für alle Hochschulen-Angehörige deutschen Stammes und deutscher Zunge 4.36 (1885), S. 295.
Holz, Arno: Die Kunst. Ihr Wesen und ihre Gesetze. In: Holz: Werke. Hg. von Wilhelm Emrich und Anita Holz. Bd. V. Neuwied, Berlin 1962, S. 3–46.
Kraus, Karl: Die demolierte Literatur. In: Die Wiener Moderne. Literatur, Kunst und Musik zwischen 1890 und 1910. Hg. von Gotthart Wunberg und Johannes J. Braakenburg. Stuttgart 1981, S. 644–650.
Saar, Ferdinand von: Schloß Kostenitz. In: Saar: Requiem der Liebe und andere Novellen. Leipzig 1958, S. 393–470.
Schaukal, Richard von: Meine Gärten. Einsame Verse. Berlin 1897.
Schaukal, Richard von: Ein Meister der Novelle. In: Das litterarische Echo 2.16 (1899/1900), S. 1111–1115.
Schaukal, Richard von: Intérieurs aus dem Leben der Zwanzigjährigen. Leipzig 1901.
Schaukal, Richard von: Grossmutter. Ein Buch von Tod und Leben. Gespräche mit einer Verstorbenen. Stuttgart, Leipzig 1906.
Schaukal, Richard von: Giorgione oder Gespräche über die Kunst. München, Leipzig 1907.
Schaukal, Richard von: Literatur. Drei Gespräche. München, Leipzig 1907.
Schaukal, Richard von: Richard Dehmels Lyrik. Versuch einer Darstellung der Grundzüge. Leipzig 1908.
Schaukal, Richard von: Vom Geschmack. Zeitgemässe Laienpredigten über das Thema Kultur. München 1910.
Schaukal, Richard von: Leben und Meinungen des Herrn Andreas von Balthesser, eines Dandy und Dilettanten. 6. Aufl. München 1911.
Schaukal, Richard von: Vom Wesen der Kunst. In: Schaukal: Erlebte Gedanken. Neuer Zettelkasten. München 1918, S. 177–214.
Schaukal, Richard von: Beiträge zu einer Selbstdarstellung. Eine Auswahl von Versuchen. Wien 1934.
Schnitzler, Arthur: Das weite Land. Dramen 1909–1912. 5.–6. Tsd. Frankfurt a. M. 1993.

Sekundärliteratur

Girardi, Claudia: Der Dichter Richard von Schaukal als „Konservator" der guten alten Zeit. In: Konservative Profile. Ideen & Praxis in der Politik zwischen FM Radetzky, Karl Kraus und Alois Mock. Hg. von Ulrich E. Zellenberg. Graz 2003, S. 285–302.
Hinterhäuser, Hans: Der Aufstand der Dandies. In: Hinterhäuser: Fin de Siècle. Gestalten und Mythen. München 1977, S. 77–106.
Ihrig, Wilfried: Literarische Avantgarde und Dandysmus. Eine Studie zur Prosa von Carl Einstein bis Oswald Wiener. Frankfurt a. M. 1988.
Le Rider, Jacques: Das Ende der Illusion. Die Wiener Moderne und die Krisen der Identität. Wien 1990.

Le Rider, Jacques: Hugo von Hofmannsthal. Historismus und Moderne in der Literatur der Jahrhundertwende. Wien u. a. 1997.

Martin, Ariane: Wiener Barock. Rückwärts gewandte Sehnsucht und die Technik des Pastiche als Individualstil in Richard Schaukals Gedicht *Rococo*. In: Eros Thanatos. Jahrbuch der Richard-von-Schaukal-Gesellschaft 5/6 (2001/2002), S. 5–18.

Pietzcker, Dominik: Richard von Schaukal. Ein österreichischer Dichter der Jahrhundertwende. Würzburg 1997.

Scheible, Hartmut: Literarischer Jugendstil in Wien. München, Zürich 1984.

Scheuer, Helmut: Die „Moderne um 1900". In: Der Deutschunterricht 52.2 (2000), S. 3–4.

Schmidt, Jochen: Die Geschichte des Genie-Gedankens in der deutschen Literatur, Philosophie und Politik 1750–1945. Darmstadt 1988.

Tietenberg, Anne Kristin: Der Dandy als Grenzgänger der Moderne. Selbststilisierungen in Literatur und Popkultur. Berlin 2013.

Urbach, Reinhard: Leibhaftiges Dilemma der Jahrhundertwende. Bemerkungen zu Richard Schaukal. In: Neue Zürcher Zeitung, 26./27. April 1975, S. 57.

Wicke, Andreas: Richard Schaukals Novelle *Mimi Lynx*. Zwischen ›peinlich-engem Naturalismus‹ und ›gewaltsamem Symbolismus‹. In: Eros Thanatos. Jahrbuch der Richard-von-Schaukal-Gesellschaft 2 (1998), S. 93–117.

Wicke, Andreas: Richard Schaukal und die Lyriktheorie der Jahrhundertwende. In: Modern Austrian Literature 34.3/4 (2001), S. 79–93.

Wicke, Andreas: Der paradoxe Dandy. Richard Schaukals *Leben und Meinungen des Herrn Andreas von Balthesser*. In: Literatur und Leben. Anthropologische Aspekte in der Kultur der Moderne. Hg. von Günter Helmes u. a. Tübingen 2002, S. 147–160.

Wunberg, Gotthart: Jahrhundertwende. Studien zur Literatur der Moderne. Hg. von Stephan Dietrich. Tübingen 2001.

Zeder, Franz: „Erlebtheit" versus „Mache". Die Richard Schaukal-Thomas Mann-Kontroverse im Spannungsfeld zwischen „Dichter" und „Literat". In: Eros Thanatos. Jahrbuch der Richard-von-Schaukal-Gesellschaft 3/4 (1999/2000), S. 51–70.

Alice Le Trionnaire-Bolterauer
Formen und Variationen literarischer Selbsterkundung

Essay, Kritik und Feuilleton im Jungen Wien

Einleitung

Was ist sie nicht alles, die Literatur der Wiener Moderne: modern und konservativ, nervös und gelangweilt, dekadent und innovativ, nostalgisch und fordernd, skandalös und begütigend, süßlich und sauer-aufstoßend; vor allem aber eines: sich selbst permanent befragend, prüfend, erprobend. Die Literatur der Wiener Moderne ist eine im höchsten Maße selbstreflexive, eine, die sich selbst, d. h. ihre Basis, ihre Funktion, ihre Leistung stets in Frage stellt. Helmuth Kiesel verwendet in diesem Zusammenhang den Begriff einer „reflektierte[n] Moderne"[1] und Jens Rieckmann schreibt über die „hervorragendsten Vertreter der Gruppe", d. h. über Hofmannsthal, Schnitzler, Andrian, Beer-Hofmann und Bahr, dass ihr Schreiben stets „verbunden war mit der Reflexion über die Voraussetzungen, Bedingungen und Zielsetzungen dieses Schaffens".[2] Den Autoren der Wiener Moderne scheint die Grundlage ihres Tuns ins Wanken geraten zu sein und weder galt es, sich resignativ auf den festen Boden des Vergangenen zurückzuziehen, noch, sich allzu schnell neuen Behelfsgerüsten anzuvertrauen. Das Sich-Aussetzen all den drängenden Fragen und Ängsten gegenüber gehört zum Inventar des Autors seit der „Moderne", in der Autonomisierung und Ausdifferenzierung Hand in Hand gehen mit dem Verlust althergebrachter Sicherheiten und Verlässlichkeiten.[3] Was Immanuel Kant in die schöne Formel von der „Zweckmäßigkeit ohne Zweck"[4] und Karl Philipp Moritz in jene andere vom „in sich selbst Vollendeten"[5] gebracht hat, vermag nur mühsam die beklommene Unsicherheit des Schreibenden zu bemänteln, der zwar weiß, dass das, was er fabriziert, Literatur ist

---

[1] H. Kiesel, Geschichte der literarischen Moderne. Sprache, Ästhetik, Dichtung im zwanzigsten Jahrhundert. München 2004 (Kap. 6).
[2] J. Rieckmann, Aufbruch in die Moderne. Die Anfänge des Jungen Wien. Österreichische Literatur und Kritik im Fin de Siècle. Königstein i. T. 1985, S. 182.
[3] Zum Thema der literarischen Reflexion in der Wiener Moderne siehe auch: A. Bolterauer, Selbstvorstellung. Die literarische Selbstreflexion der Wiener Moderne. Freiburg i. Br. 2003.
[4] I. Kant, Kritik der Urteilskraft. Hg. von Gerhard Lehmann. Stuttgart 1995, S. 120 (§17).
[5] K. P. Moritz, Der Begriff des in sich selbst Vollendeten. In: Moritz, Werke. Bd. 2. Hg. von Horst Günther. Frankfurt a. M. 1999, S. 543–548.

oder zumindest sein soll, aber nicht, warum und wozu und mit welchem Recht er dies eigentlich tut. „Wozu braucht man noch den Apollon von Belvedere, wenn man die neuen Formen eines Turbodynamo oder das Gliederspiel einer Dampfmaschinensteuerung vor Augen hat",[6] wird noch Musils Held Ulrich im „Mann ohne Eigenschaften" fragen und darauf keine wirklich befriedigende Antwort wissen. Die Autoren von Jung Wien liefern sich dem Spiel um ihr Sein oder Nicht-Sein mit aller Radikalität und Offenheit aus. Sie vermeiden die Rettungsringe, die ihnen von Herkunft und Milieu zugeworfen werden, und begeben sich auf das Abenteuer der Selbsterkundung. Insofern sind sie völlig modern, will man Adornos Diktum von der Notwendigkeit des „Reflektieren-Müssens"[7] beim Wort nehmen und den modernen Autor als einen sich immer suchenden und in Frage stellenden begreifen. Kritik, Essay und Feuilleton sind nicht die einzigen Orte oder Foren dieser Selbstbefragung. Die Tatsache allerdings, dass sich die Wiener Moderne durch eine Fülle von kritischen und essayistischen Texten auszeichnet,[8] mag ein bezeichnendes Licht werfen auf die existentielle Dimension dieser literarisch-ästhetischen Selbstbefragung.

Am Punkt null. Es gibt Texte, aber keine Literatur

Am Beginn der Selbstreflexion der Wiener Modernen steht die radikale Erschütterung aller Gewissheiten darüber, was man von Literatur zu wissen glaubte. Nichts ist geblieben von den Überzeugungen der vergangenen Epochen, denen das „Schöne, Wahre und Gute" Maßstäbe in die Hand gab, an denen das „Literarische" sich messen ließ. Freilich, es gibt nach wie vor Texte, die der Literatur

---

6 Robert Musil, Der Mann ohne Eigenschaften. In: Musil, Gesammelte Werke in 9 Bänden. Hg. von Adolf Frisé. Bd. 1. 2. Aufl. Reinbek 1981, S. 37.
7 Dass die Künstler der Moderne „zur permanenten Reflexion genötigt" sind, schreibt Theodor W. Adorno, Ästhetische Theorie. Hg. von Gretel Adorno und Rolf Tiedemann. Frankfurt a. M. 1998, S. 507. Und bei Boris Kehrmann heißt es: „Moderne Dichtung zeichnet sich durch die Bewußtheit ihrer Machart aus. Der moderne Dichter tritt in signifikantem Maße als Kritiker und Theoretiker in Erscheinung."
Kehrmann, Hofmannsthal als Literaturkritiker. Ansätze, Methoden, Resultate. In: Ethik und Ästhetik. Werke und Werte in der Literatur vom 18. bis zum 20. Jahrhundert. Festschrift für Wolfgang Wittkowski zum 70. Geburtstag. Hg. von Richard Fisher. Frankfurt a. M. u. a. 1995, S. 497–508, hier S. 497.
8 Die große Bedeutung der kritischen Schriften im Kontext der literarischen Produktion der Wiener Autoren ist auch der Ausgangspunkt für Wunbergs Sammlung: Das Junge Wien. Österreichische Literatur- und Kunstkritik 1887–1902. 2 Bände. Ausgewählt, eingeleitet und hg. von Gotthart Wunberg. Tübingen 1976.

zugerechnet werden, aber es ist doch sehr die Frage, ob sich daraus so etwas wie eine Quintessenz literarischen Schreibens ableiten lasse. Legion sind die Beteuerungen der Wiener Autoren – und gerade ihrer besten –, nicht zu wissen, was Literatur auszeichne und „wer wirklich ein Dichter"[9] sei (Robert Musil). Und wenn Rainer Maria Rilke die Zuhörer seines Vortrags über „Moderne Lyrik" vor falschen Erwartungen warnt: „Was Sie eigentlich bis zum Augenblick für Lyrik halten, davon werde ich wenig sagen",[10] dann trifft sich das mit Hofmannsthals klarem Eingeständnis: „Es fehlen mir völlig die Mittel und ebensosehr die Absicht, in irgendwelcher Weise Philosophie der Kunst zu treiben", denn:

> Ich werde es nicht unternehmen, den Schatz Ihrer Begriffe um einen, auch nur einen neuen Begriff zu bereichern. Und ebensowenig werde ich an einem der festen Begriffe, auf denen Ihre Anschauung dieser ästhetischen Dinge ruhen mag [...], Kritik zu üben versuchen. Diese Mauern irgend zu versetzen, ist nicht mein Ehrgeiz; mein Ehrgeiz ist nur, aus ihnen an so verschiedenartigen Punkten als möglich, und an möglichst unerwarteten, wieder hervorzutreten und Sie dadurch in einer nicht unangenehmen Weise zu befremden.[11]

Die Literatur ist nicht dort, wo man sie zu finden gewohnt war. Die alten Raster und Kategorien taugen nicht mehr, neue sind noch nicht wirklich etabliert. Worum es den Autoren der Wiener Moderne in ihren Reden, Kritiken, Essays geht, ist, jene neue, noch unbekannte Domäne auszuloten, wo moderne Literatur entsteht, ohne sie vorschnell in neue Schematisierungen zu pressen. Wichtiger als neue Namen und neue Einteilungen zu finden, wäre es, offen zu bleiben für das, was von den zeitgenössischen Autoren an „Befremdendem" und Unerwartetem produziert wird, ohne sich sofort um die Frage zu kümmern, ob das nun „Literatur" sei oder nicht.

Das Lob der Moderne

Diese Null-Bilanz ist auch der Ausgangspunkt des jungen Hugo von Hofmannsthal, wenn er in seinem Aufsatz über Gabriele d'Annunzio schreibt: „Bei uns aber

---

9 Musil, Der Dichter in dieser Zeit. In: Musil, Gesammelte Werke. Bd. 8. 1978, S. 1243–1256, hier S. 1244.
10 R. M. Rilke, Moderne Lyrik. In: Rilke, Gesammelte Werke in 5 Bänden. Bd. 5: Schriften. Hg. von Manfred Engel, Ulrich Fülleborn, Horst Nalewski und August Stahl. Frankfurt a. M. 2003, S. 9–41, hier S. 9.
11 Hugo von Hofmannsthal, Der Dichter und diese Zeit. In: Hofmannsthal, Gesammelte Werke in zehn Einzelbänden. Bd. 8: Reden und Aufsätze I. Hg. von Bernd Schoeller in Beratung mit Rudolf Hirsch. Frankfurt a. M. 1979, S. 54–81, hier S. 54.

ist nichts zurückgeblieben als frierendes Leben, schale, öde Wirklichkeit, flügellahme Entsagung. Wir haben nichts als ein sentimentales Gedächtnis."[12] Es ist jener Text, in dem die berühmten Schlagworte von den „hübschen[n] Möbel[n]" und den „überfeinen[n] Nerven"[13] fallen und in dem Hofmannsthal eine präzise Analyse modernen Lebensgefühls gibt, das durch Nervosität,[14] Distanz zum Leben, Psychologismus und Vergangenheitskult gekennzeichnet ist:

> Modern sind alte Möbel und junge Nervositäten. Modern ist das psychologische Graswachsenhören und das Plätschern in der reinphantastischen Wunderwelt. Modern ist Paul Bourget und Buddha; das Zerschneiden von Atomen und das Ballspielen mit dem All; modern ist die Zergliederung einer Laune, eines Seufzers, eines Skrupels; und modern ist die instinktmäßige, fast somnambule Hingabe an jede Offenbarung des Schönen, an einen Farbenakkord, eine funkelnde Metapher, eine wundervolle Allegorie.[15]

Es ist jene „Überwindung des Naturalismus", von der Hermann Bahr in seinen Aufsätzen emphatisch schwärmt und die er als den wahren Beginn der Moderne mit biblisch angehauchten, pathetischen Worten beschwört: „Wir wollen die faule Vergangenheit von uns abschütteln, die, lange verblüht, unsere Seele in fahlem Laube erstickt. Gegenwart wollen wir sein."[16] Dazu braucht es – immer noch nach Bahr – den Wechsel von den „états de choses", den „Sachenständen", zu den „états d'âme", den „Seelenständen".[17] Eine „neue Psychologie thut uns not".[18] Bahr schreibt: „Die Wendung wieder zur Psychologie überhaupt – das pfeifen schon die Spatzen. Das immer nur: états de choses, die ewigen Sachenstände, hat man satt, und gründlich; nach états d'âme, nach Seelenständen, wird wieder verlangt."[19] Freilich bedarf diese „neue" Psychologie neuer Themen, neuer Figurenkonstellationen und neuer Methoden. Es wird Aufgabe der Kritik sein, diese neuen Formen einer „modernen" Psychologie aufzuspüren und nachzuzeichnen. Hofmannsthal, Bahr und auch Rilke werden dies in ihren subtilen Auseinander-

---

12 Hofmannsthal, Gabriele d'Annunzio. In: Hofmannsthal, Reden und Aufsätze I. 1979, S. 174–184, hier S. 174.
13 Hofmannsthal, d'Annunzio. 1979, S. 174.
14 Vgl. dazu Michael Worbs, Nervenkunst. Literatur und Psychoanalyse im Wien der Jahrhundertwende. Frankfurt a. M. 1983.
15 Hofmannsthal, d'Annunzio. 1979, S. 176.
16 H. Bahr, Die Moderne. In: Bahr, Zur Überwindung des Naturalismus. Theoretische Schriften 1887–1904. Hg. von Gotthart Wunberg. Stuttgart u. a. 1968, S. 35–38, hier S. 36.
17 Bahr, Die Krisis des Naturalismus. In: Bahr, Zur Überwindung des Naturalismus. 1968, S. 48–53, hier S. 49.
18 Bahr, Die neue Psychologie. In: Bahr, Zur Überwindung des Naturalismus. 1968, S. 53–64, hier S. 54.
19 Bahr, Die neue Psychologie. 1968, S. 55.

setzungen mit dem Werk Paul Bourgets oder Maeterlincks oder D'Annunzios vorbildhaft leisten. Dabei wird es nicht nur darum gehen, neue Themen, Motive und Modi vorzustellen, sondern auch eine neue Form von Kritik zu erproben. Denn die neue Zeit braucht auch eine neue Kritik.

Die Notwendigkeit einer „neuen" Kritik

Die Forderung nach einer „neuen" Kritik stellt Hermann Bahr, der im Hinblick auf Wirkmächtigkeit und Quantität seiner kritischen Schriften alle anderen Autoren der Wiener Moderne weit übertrifft, bereits im Aufsatz „Zur Kritik der Kritik" aus dem Jahr 1890. Die „alte" Kritik sei eine Kritik mit festen Wertmaßstäben und fixen Vorstellungen gewesen,[20] die „neue" Kritik müsse eine „moderne" Kritik sein, die sich den gewandelten Verhältnissen anpasse. Und da diese „moderne" Zeit eine Zeit des permanenten Wandels, der sich ständig ändernden Moden und des Übergangs sei, müsse sich auch die Kritik als flexibel und veränderungsfähig erweisen. „Die litterarische Kritik, wofern sie modern werden will, muß sich an die Bewegung der Schönheit gewöhnen",[21] heißt es und in dem späteren Aufsatz „Kunst und Kritik" verlangt Bahr vom modernen Kritiker, ein „Verwandlungsmensch [zu] sein, ein Kautschukmann und Schlangenmensch".[22] Der Kritiker brauche das „Vermögen, sich selbst von sich abzustreifen und sich dafür mit anderen Gehirnen zu bekleiden."[23] Warum das so ist, warum vom Kritiker Einfühlungsvermögen und Anpassung, Sensibilität und Verrenkungskapazität verlangt wird, hängt mit der – nach Bahr – radikalen Umwertung der Aufgabe des Kritikers zusammen, der nicht mehr wie früher das besprochene Kunstwerk an den fix gegebenen Beurteilungsmaßstäben zu messen, sondern diese Beurteilungsmaßstäbe erst anhand des Kunstwerks zu erarbeiten habe. „Das ist der Unterschied

---

20 „Es gab nur *eine* Façon, selig zu werden, überall, im großen wie im kleinen, unbarmherzig. Es gab nur *eine* Gerechtigkeit, nur *einen* Glauben, nur *eine* Sitte, von Ewigkeit zu Ewigkeit, und außer ihnen war nur Greuel und Entsetzen. Natürlich, daß es auch nur *eine* Schönheit gab, mit einem ganz bestimmten Gesicht, und gar keine Möglichkeit, eine andere Kunst auch nur einmal im Träume zu denken, als wie sie einmal hergebracht und von den guten alten Meistern vorgezeichnet war, und die über diesem Heiligtum wachte, die bärtige Vestalin, die hieß man die Kritik."
Bahr, Zur Kritik der Kritik. In: Bahr, Zur Überwindung des Naturalismus. 1968, S. 24–31, hier S. 25.
21 Bahr, Zur Kritik der Kritik. 1968, S. 26.
22 Bahr, Kunst und Kritik. In: Bahr, Zur Überwindung des Naturalismus. 1968, S. 64–70, hier S. 67.
23 Bahr, Kunst und Kritik. 1968, S. 67.

zwischen der alten Kritik und der neuen, daß jene den Künstler belehren wollte und diese will vom Künstler lernen."[24] Der „moderne" Kritiker müsse „aus den Künstlern [...] konstatieren, was derzeit schön ist",[25] er müsse „aus den jeweiligen Kunstwerken jeder Zeit [...] erst die jeweilige Ästhetik, wie sie sich in ihnen darstellt, ihnen von der Stirne ablesen."[26]

Der Kritiker, der Hermann Bahr dabei als Vorbild dient, ist der französische Kritiker Jules Lemaître, über den Bahr sagt, dass er „keine Grundsätze" habe und einfach bloß wissen wolle, „was gegenwärtig ist, auf dem Theater und in der Litteratur [sic!], und wie das wirkt."[27] Einziges Kriterium seines Urteils sei die Frage, ob das Kunstwerk ihn, den Kritiker, „ergreift und bewegt."[28] Es ist dies jene Form von Kritik, die man in der Folge auch eine „impressionistische" Kritik[29] genannt hat und die von Alfred Kerr zur Perfektion getrieben wurde. Aber Hermann Bahr gibt selbst in seinem Essay „Kunst und Kritik" ein famoses Beispiel für diese neue, moderne Form einer Einfühlungskritik. Denn das, was ihm in diesem Text als Ausgangs- und Anschauungsmaterial dient, ist ein Band mit Kritiken von Joris-Karl Huysmans, dem – das sei vorweggenommen – eben diese Anverwandlungskunst des modernen Kritikers fehlt, die aber ihm, Hermann Bahr, sehr wohl eigen ist. „Ich liebe J. K. Huysmans sehr."[30] So beginnt der Aufsatz und alles, was wir im Folgenden erfahren, sagt mehr über Hermann Bahr aus als über die Texte von Huysmans selbst, denn es sind „meine eigenen Qualen, meine eigenen Empörungen, nur alles deutlicher, intensiver".[31] Der Kritiker Bahr, der sich in den Autor Huysmans „einfühlt" und an seinen Texten erlebt, was Moderne und Dekadenz ausmachen, wird so zum Gegenbild des Kritikers Huysmans, der diese Gabe der „dienenden" Hingabe an ein anderes Werk nicht hat. Der „wahre" Künstler der Moderne muss also nicht immer auch ihr kritischer Apologet sein, er braucht aber den sensiblen Kritiker, um die Virulenz seiner modernen Ästhetik „unter die Leute zu bringen". Denn ohne Werbung und Plakat geht auf dem modernen Literaturmarkt nichts mehr.

---

24 Bahr, Zur Kritik der Kritik. 1968, S. 24.
25 Bahr, Zur Kritik der Kritik. 1968, S. 26.
26 Bahr, Zur Kritik der Kritik. 1968, S. 30.
27 Bahr, Zur Kritik der Kritik. 1968, S. 28.
28 Bahr, Zur Kritik der Kritik. 1968, S. 28.
29 Oliver Pfohlmann, Impressionistische Literaturkritik (1890–1910). URL: http://cgi-host.uni-marburg.de/~omanz/forschung/modul_druckfassung.php?f_mod=Eh03 [20.12.2014].
30 Bahr, Kunst und Kritik. 1968, S. 64.
31 Bahr, Kunst und Kritik. 1968, S. 65.

Der literarische Markt und seine Herausforderungen

In einem späten Vortrag aus dem Jahr 1934 macht sich Robert Musil mit spitzer Ironie über den weitverzweigten Literaturmarkt lustig, der allein von der Annahme lebe, dass es „irgendwo, den Dichter gebe":

> Verlagswesen und Buchhandel; Druckereien, Bindereien und Papierfabriken; Korrektoren; das Feuilleton der Zeitungen; Theater und Film; Büros, die Manuskripte verschicken; Büros, die Mattern verschicken, Büros, die Bilder verschicken; die staatlichen Aufsichts- und Leitungsbehörden; die Anstellung von Gymnasial- und Universitätslehrern; Kartelle, Genossenschaften, Bibliotheken mit ihrem Personal, nicht zuletzt die Existenz einer einträglichen Unterhaltungsschriftstellerei[32]

– das alles sei nur denkbar, wenn die Existenz von Literatur, von der man im Prinzip nichts Genaues wisse, als gesichert angenommen werde. Und dass es, um sich in diesem komplexen System von Verbindlichkeiten, Druckkosten und Verkaufszahlen durchzusetzen, gleichermaßen der Flexibilität wie der Werbung bedarf, das hat schon viel früher Hermann Bahr erkannt. Zum ersten Mal skizziert er in dem Aufsatz „Akrobaten" aus dem Jahr 1890 die Abhängigkeit des modernen Künstlers vom Markt.[33] Etwas später entwirft er in seinem Tagebuch ein ausgefeiltes Bild der ökonomischen Zusammenhänge, in denen Schriftsteller produzieren, indem er den Begriff „Talent" aufsplittet in Kunstfertigkeit und Fertigkeit für den „Markt". Große Kunstfertigkeit müsse nämlich nicht zugleich „Markttauglichkeit" bedeuten:

> Es gibt große Künstler, deren Werke ‚unbrauchbar' sind, weil auf dem Markt nach Werken dieser Art jetzt keine Nachfrage ist. Und es gibt Künstler, die sehr brauchbare Werke, nach welchen überall heftig nachgefragt wird, nicht anzubieten wissen. Ein ‚Talent' braucht, um Erfolg zu haben, beide Begabungen: die, den nachfragenden Leuten Werke nach ihrem Geschmack zu liefern, und die, solche Werke so anzubieten, daß der Käufer sie zu finden weiß.[34]

---

32 Musil, Der Dichter in dieser Zeit. 1978, S. 1243.
33 Dort heißt es: „Heute sind die Künstler Akrobaten. Es geht ihnen nicht darum, daß das Werk schön und gut sei und Heil unter die Menschen bringen könne, sondern es geht ihnen bloß um verpassende ‚Schlager': etwas, das ihnen noch keiner vorgemacht und das ihnen nicht so bald einer nachmachen könne." Bahr, Akrobaten. In: Bahr, Die Überwindung des Naturalismus. Dresden, Leipzig 1891, S. 17–22, hier S. 21.
34 Bahr, Tagebuch. Berlin 1909, S. 164.

Kunstwerke müssen dem „Zeitgeist" entsprechen oder ihm zumindest entgegen kommen und in entsprechender Weise als „Waren" präsentiert werden: „Und diese Waren müssen zu finden, der Künstler muß ein Händler sein."[35] Bahr beleuchtet dann in weiterer Folge sehr genau und richtig die verschiedenen Kombinationsmöglichkeiten – von wenig talentierten Künstlern, die aber gute „Vermarkter" sind, und von talentierten Künstlern, die sich nicht zu vermarkten wissen:

> Es kommt vor, daß einer ganz unbrauchbare Werke, solche nämlich, die kein Bedürfnis der Menge befriedigen, ihren Geschmack vielmehr verletzen, Werke von völliger Einsamkeit, der Empörung, der Zukunft, ihr dennoch, als durchdringender Ausrufer, durch seine Begabung der Annonce aufzuzwingen weiß. Und es kommt vor, daß andere sich sehr brav bemühen, ganz nach der Mode Waren herzustellen, wie die Zeit sie will, und dennoch nichts absetzen, weil es ihnen an der Begabung zum Plakat fehlt.[36]

„Plakat" – das ist für Bahr der Überbegriff für all das, was wir heute Werbung oder Marketing nennen. Das „Plakat" müsse schreien, sagt Bahr, und es schreie umso besser, wenn es so tue, als würde es gar nicht schreien wollen. „Dies verwickelt sich noch mehr, indem jetzt kein Plakat besser schreit als: für einen ganz unbeugsamen, abgeschlossenen, alle verachtenden Künstler zu gelten. Wer sich als solchen annonciert, aber mit dieser Marke Waren bringt, die das gemeine Bedürfnis erfüllen, schlägt alle."[37]

„Markt", „Ware", der „Autor" als Händler, „Plakat" und „Publikumsgeschmack", das sind zentrale Begriffe von Bahrs soziologischer Studie avant la lettre, deren Bedeutung nach Viktor Žmegač „nicht hoch genug eingeschätzt"[38] werden kann. Bahr selbst wusste diese seine Erkenntnisse geschickt für seine eigenen Zwecke (und die der Wiener Moderne) zu nutzen. Neben der Einsicht in die Gesetze des Marktes hebt Bahr auch noch die Relevanz der „Singularität" hervor, die das durchaus „ähnliche" Kunstwerk erst zu etwas Besonderem macht. Im Essay „Inventur der Zeit" fasst Bahr zusammen:

> Der Maler, dessen Bild gesehen, der Musiker, der gehört, der Dramatiker, der gespielt sein will, weil sich ja sein Werk doch eben in der Kommunion mit der Menschheit erst erfüllt, muß es auf den Kunstmarkt bringen: in Ausstellungen, Konzerte, Theater, und wird gewahr, daß es dort nicht bloß nach seinem Gebrauchswert, seiner inneren Bedeutung gilt, sondern, um zu wirken, noch irgend einen äußeren Zusatz braucht, der es auf den ersten Blick von

---

35 Bahr, Tagebuch. 1909, S. 164.
36 Bahr, Tagebuch. 1909, S. 164f.
37 Bahr, Tagebuch. 1909, S. 164f.
38 V. Žmegač, Kunsttheorie und Gesellschaftskritik in der Wiener Moderne. In: Die österreichische Literatur. Ihr Profil von der Jahrhundertwende bis zur Gegenwart 1880–1980. Hg. von Herbert Zeman. Graz 1989, S. 475–496, hier S. 485.

den anderen unterscheidet, mit dem Anschein besonderer Neuheit versieht und dadurch begehrenswert macht; dieser äußere Zusatz verschafft es dem Kunstwerk erst, überhaupt angesehen oder angehört zu werden.[39]

Bahr als der große Propagator der Wiener Moderne ist sich dieser Notwendigkeiten bewusst und tut alles, um die Jung Wiener als die Neuen und Interessanten zu präsentieren. Und die Wiener Autoren selbst, die sich als Kritiker hervortun, sondieren quasi auf „fremdem" Terrain und suchen das ihnen Ähnliche ebenso wie das Unterscheidende, das die Einzigartigkeit ihrer Texte unterstreicht.

Das Sich-Reiben und Sich-Messen an den anderen

Es ist das berühmte „frotter et limer sa cervelle contre celle d'autrui"[40] des Michel de Montaigne, das einem Großteil der Kritiken und Rezensionen der Wiener Modernen zugrunde liegt. So etwa, wenn Arthur Schnitzler in seinen Rezensionen der Stücke Henrik Ibsens und Gerhart Hauptmanns[41] die Figurengestaltung kritisiert, deren psychologische Glaubwürdigkeit seiner Meinung nach zu wünschen übrig lässt, eine Glaubwürdigkeit, um die sich Schnitzler in seinen eigenen Werken mit großer Feinfühligkeit bei gleichzeitiger Objektivität immer bemüht hat. Oder wenn Karl Kraus in seinem Rundumschlag gegen Jung Wien seine Dichter-Kollegen einer Oberflächlichkeit[42] des Fühlens und Sagens bezichtigt, die ihm für sein eigenes Schreiben immer unverzeihlich schien.

Alle Autoren der Wiener Moderne setzen sich mit Neuerscheinungen auseinander, solchen ihrer Kollegen, solchen des Auslands, mit Werken, die Aufsehen erregen, und mit solchen, die nur einer Handvoll „Eingeweihter" bekannt sind. Schnitzler kritisiert Ibsen, Hauptmann, Salten, Barbusse u. a.; Bahr rezen-

---

39 Bahr, Inventur der Zeit. In: Bahr, Inventur. Berlin 1912, S. 9–21, hier S. 16.
40 Michel de Montaigne, De l'institution des enfants. In: Montaigne, Essais. Bd. 1. Hg. und mit Anmerkungen von Pierre Michel. Mit einem Vorwort von André Gide. Paris 1973, S. 219–258, hier S. 228.
41 A. Schnitzler, Ibsen. In: Schnitzler, Aphorismen und Betrachtungen. Bd. 3: Über Kunst und Kritik. Hg. von Robert O. Weiss. Frankfurt a. M. 1993, S. 118; Schnitzler, Gerhart Hauptmann: Zu den „Einsamen Menschen". In: Schnitzler, Aphorismen und Betrachtungen. Bd. 3. 1993, S. 119–121.
42 Ein Beispiel: „Wien heisst der geistige Nährboden dieser Poeten, denen ein gütiges Geschick das süsse Vorstadtmädel schon in die Wiege gelegt hat, und die so genügsam sind, dass sie mit ein paar Wiener Stimmungen ihr ganzes Leben auszukommen hofften."
K. Kraus, Die demolirte Literatur. In: Kraus, Frühe Schriften. 1892–1900. Bd. 2. Hg. von Johannes J. Braakenburg. München 1979, S. 277–297, hier S. 285.

siert Mallarmé, Villiers de l'Isle-Adam, Huysmans und Zola; Rilke schreibt über Dehmel, Liliencron, Hesse, Maeterlinck und Hofmannsthal über alles, was ihm in die Hände kommt.

Ein Beispiel: In seinem Essay über Algernon Charles Swinburne verbindet Hofmannsthal gleich drei Anliegen: eine Kritik des Werks des englischen Dichters, die Skizzierung einer modernen Ästhetik und die Verortung des eigenen Werks im zeitgenössischen Kontext. Denn das, wofür Swinburnes Werk steht, ist eine Literatur des Symbolismus und Ästhetizismus, die durch ihre Artifizialität, Weltabgewandtheit und pompöse Üppigkeit gekennzeichnet ist:

> Sie [die englischen Künstler aus dem Umkreis der Präraffaeliten, Verf.] gehen nicht von der Natur zur Kunst, sondern umgekehrt. Sie haben öfter Wachskerzen gesehen, die sich in einem venezianischen Glas spiegeln, als Sterne in einem stillen See. Eine purpurne Blüte auf braunem Moorboden wird sie an ein farbenleuchtendes Bild erinnern, einen Giorgione, der an einer braunen Eichentäfelung hängt. Ihnen wird das Leben erst lebendig, wenn es durch irgendeine Kunst hindurchgegangen ist.[43]

Vor dem Hintergrund dieses ästhetizistischen Programms beschreibt Hofmannsthal in weiterer Folge Werke Swinburnes selbst, die allerdings aufgrund ihrer Neuheit auch eine neue kritische Methode verlangen. So charakterisiert Hofmannsthal Swinburnes lyrisches Drama „Atalanta in Kalydos" folgendermaßen: „Es war eine tadellose antike Amphore, gefüllt mit der flüssigen Glut eines höchst lebendigen, fast bacchantischen Naturempfindens."[44] Die „neue" Kritik verzichtet auf den Bezug auf die ästhetischen Kategorien des 18. Jahrhunderts und vertraut mehr ihrem Einfühlungs- und Anverwandlungsvermögen. Letzteres bietet sich auch insofern umso mehr an, als das, was Hofmannsthal zum Teil lobend, zum Teil bloß deskriptiv hervorhebt, auch Merkmale seines eigenen Schreibens sind. So etwa, wenn er über Swinburnes Technik Folgendes schreibt und dabei von sich selbst zu sprechen scheint: „Oder das ganze Gedicht ist die Beschreibung einer Kamee, die vielleicht gar nicht existiert; oder der psychologische Vorgang ist in eine Allegorie übersetzt, in eine so plastische, so malbare, so stilisierte Allegorie, daß sie aussieht wie ein wirkliches Gemälde des fünfzehnten Jahrhunderts."[45] Was ist das anderes als eine Selbstvorstellung auf Umwegen? Ein Hinweis auf die eigenen lyrischen, symbolistisch-ästhetizistischen Renaissance-Dramen Hofmannsthals und damit auch der Versuch einer Verortung des eigenen

---

43 Hofmannsthal, Algernon Charles Swinburne. In: Hofmannsthal, Reden und Aufsätze I. 1979, S. 143–148, hier S. 143.
44 Hofmannsthal, Swinburne. 1979, S. 146.
45 Hofmannsthal, Swinburne. 1979, S. 147.

Werks im größeren, internationalen Kontext, an dem man in gleichberechtigter Weise Anteil hat und wo man sich mit den Zeitgenossen zu vergleichen bereit ist.

So wird die Kritik der zeitgenössischen Moderne zum Kompass, zum Vehikel der Selbstverortung, aber auch zum Motor für Innovation. Das Neue und vor allem das Allerneueste wird begierig aufgesogen, anverwandelt und zum Vergleichsmaßstab, an dem man sich zu messen hat und auch gerne misst.[46]

Der Platz des Dichters in der Gesellschaft

Was dabei noch immer relativ unklar bleibt, ist die Stellung des Dichters in der Gesellschaft. Selbst Swinburne ist „nicht eigentlich populär",[47] formuliert Hofmannsthal auf eine leicht euphemistische Weise. So wenig Klarheit darüber herrscht, wer oder was eigentlich ein Dichter sei, so gering ist der Konsens über den Status des Dichters in der Gesellschaft. Freilich findet sich noch gelegentlich die Auffassung vom göttlich inspirierten Dichter, vom Dichter als einem „Vollmenschen", aus dem „die Kunst warm hervorschäume",[48] wie sich Robert Musil einmal mokiert. Auch die Autoren des Jungen Wien greifen gelegentlich zu dieser Form von Selbstbeweihräucherung, etwa wenn Schnitzler den Dichter als „Gestalter und Bewahrer aus innerer Notwendigkeit"[49] apostrophiert oder wenn Richard Beer-Hofmann über den Dichter schreibt: „Man sagt ‚Schöpfer' und müßte ‚Zauberer', ‚Magier' sagen. Denn des Dichters dunkles, unheimliches Tun ist immer, magischer ‚Besprecher' des Chaos zu sein."[50]

Auf eine differenziertere Weise haben sich Hofmannsthal und Rilke mit der Frage nach Funktion und Standort des Dichters in der modernen Gesellschaft auseinandergesetzt. Beide halten sie den Status des Dichters für den eines Außenseiters, eines Feinfühligen, der sich am Rande der Gesellschaft befindet und dort ignoriert und missachtet wird, der auf einen ersten Blick keine Rolle spielt und

---

46 „Diese Schriftsteller [des Jungen Wien, Verf.] bürgern die westeuropäische Moderne ein und geben der Literaturentwicklung viele Impulse zur Innovation", schreibt Hartmut Steinecke, Impressionismus oder Junges Wien? Zur Literaturkritik in Österreich vor der Jahrhundertwende. In: Die österreichische Literatur. 1989, S. 497–511, hier S. 511.
47 Hofmannsthal, Swinburne. 1979, S. 145.
48 Musil, Literat und Literatur. Randbemerkungen dazu. In: Musil, Gesammelte Werke. Bd. 8. 1978, S. 1203–1225, hier S. 1210.
49 Schnitzler, Der Geist im Wort und der Geist in der Tat. In: Schnitzler, Aphorismen und Betrachtungen. Bd. 2: Der Geist im Wort und der Geist in der Tat. 1993, S. 15–29, hier S. 28.
50 R. Beer-Hofmann, Form-Chaos. In: Beer-Hofmann, Werke. Bd. 1: Schlaflied für Mirjam. Lyrik, Prosa, Pantomime und andere verstreute Texte. Hg., mit einem Nachwort und einem editorischen Anhang versehen von Michael Matthias Schardt. Oldenburg 1998, S. 187–189, hier S. 188.

der doch – und darin besteht bei beiden Autoren der Umschlag ins Gegenteil – aus dieser Abseits-Position heraus eine ungemein wichtige Funktion gewinnt: die nämlich des Zusehers, dem sich das an sich Unverbundene zu neuen Zusammenhängen verbindet. So heißt es bei Rilke:

> Kunst erscheint mir als das Bestreben eines Einzelnen, über das Enge und Dunkle hin, eine Verständigung zu finden mit allen Dingen, mit den kleinsten, wie mit den größten, und in solchen beständigen Zwiegesprächen näher zu kommen zu den letzten leisen Quellen alles Lebens. Die Geheimnisse der Dinge verschmelzen in seinem Innern mit seinen eigenen tiefsten Empfindungen und werden ihm, so als ob es eigene Sehnsüchte wären, laut.[51]

Und in ähnlicher Weise sieht auch Hofmannsthal den Dichter als den stillen Seismographen, der alles wahrnimmt und der „nichts auslassen" kann: „Er ist da, und es ist niemandes Sache, sich um seine Anwesenheit zu bekümmern. Er ist da und wechselt lautlos seine Stelle und ist nichts als Auge und Ohr und nimmt seine Farbe von den Dingen, auf denen er ruht. Er ist der Zuseher, nein, der versteckte Genosse, der lautlose Bruder aller Dinge."[52]

Auffallend ist, wie oft und wie intensiv die Autoren der Wiener Moderne die Frage nach „Literat und Literatur" (so der Titel eines Essays von Musil), nach den Funktionen und Legitimationen von Dichtung in ihren Essays und Kritiken aufwerfen und thematisieren, ohne jemals wirklich zu eindeutigen und definitiven Lösungen zu gelangen. Die Tatsache der Ausdifferenzierung von Kunst und Literatur scheint unhintergehbar, doch die Frage nach dem „Wesen" der Literatur, nach ihren Aufgaben oder nach ihrem „Code" bleibt als ständiger Stachel der Kritik erhalten.

Die Grenzen des Ästhetischen

An ihre Grenzen gerät die Autonomie der Kunst dort, wo sie sich an moralischen Überlegungen stößt. Mit der Reflexion über den Status des Dichters eng verknüpft, stellt die Frage nach der ethisch-moralischen Verpflichtung von Literatur so etwas wie einen Grenzfall dar, an dem sich die Freiheit der Kritik entweder erprobt oder bricht. In dieser Weise wird sie besonders von Musil, Hermann Broch und Karl Kraus thematisiert. Broch, der im Kitsch das „Böse im Wertsystem der Kunst"[53] sieht, verknüpft ethische und ästhetische Überlegungen ebenso wie

---

51 Rilke, Moderne Lyrik. 2003, S. 13f.
52 Hofmannsthal, Der Dichter und diese Zeit. 1979, S. 67.
53 Vgl. H. Broch, Das Böse im Wertsystem der Kunst. In: Broch, Kommentierte Werkausgabe. Hg. von Paul Michael Lützeler. Bd. 9.2: Schriften zur Literatur 2. Frankfurt a. M. 1981, S. 119–157.

Karl Kraus, der die moralische Verkommenheit der Presse in der „Journaille"[54] verkörpert sieht. Und Robert Musil weist in seinem Essay „Das Kranke und Unanständige in der Kunst"[55] noch einmal auf die oft vergessene Maxime hin, dass das in der Kunst dargestellte Unanständige und Kranke eine andere Funktion habe als im wirklichen Leben, dass es nur „künstlich" oder „künstlerisch" krank und unanständig und eine „reale" Wirkung von ihm nicht zu erwarten sei. Die Frage der „Moral" mag im Gros der Kritiken und Essays nur eine geringe Rolle spielen, für die reale Existenz der Autoren – man denke nur an die Skandale der Schnitzler-Dramen – war sie von essentieller Bedeutung und wirft zudem ein bezeichnendes Licht auf den prekären Status des Schriftstellers um 1900.

Zur Kritik der Kritik

Ein letzter Punkt sei noch den Bemerkungen gewidmet, die von den Autoren selbst als Kritiker über ihre Kritiker gemacht wurden. Robert Musil schreibt über Franz Blei und Alfred Kerr, Hofmannsthal über Rudolf Kassner, John Ruskin und Maurice Barrès und Richard Beer-Hofmann verfasst einen längeren Aufsatz über Maximilian Harden. Man kann in diesen Texten das Indiz für eine Aufwertung des Kritikers und der Kritik sehen, man kann sie als Ausdruck einer Dankbarkeit und freundschaftlichen Verbundenheit sehen, sie sind aber vor allem Beleg für die hohe Wertschätzung des Intellektuellen, seiner Vermittler- und Fördertätigkeit und seines Engagements für eine Literatur „in der Krise". Richard Beer-Hofmann lobt in seiner Eloge für Maximilian Harden dessen Unbestechlichkeit und Rücksichtslosigkeit, erwähnt dessen „heilige[n] Zorn gegen Dummheit und Gemeinheit" und nennt dessen Artikel „geistvolle Improvisationen über ein manchmal sogar recht unbedeutendes Thema", die durch ihren „frischen, unmittelbaren, mühelosen Charakter" überzeugen.[56] Und für Robert Musil wird Franz Blei zum Inbegriff des „Essayisten", der Geist und Gefühl zu verbinden wisse und dessen Denken nie wahr oder falsch, dafür immer „lebendig" sei.[57]

---

54 Vgl. Kraus, Sittlichkeit und Kriminalität. In: Kraus, Werke. Bd 11. Hg. von Heinrich Fischer. München, Wien 1963, S. 9–28.
55 Vgl. Musil, Das Unanständige und Kranke in der Kunst. In: Musil, Gesammelte Werke. Bd. 8. 1978, S. 977–983.
56 Beer-Hofmann, Maximilian Harden. In: Beer-Hofmann, Werke. Bd. 1. 1998, S. 297–305, hier S. 301f.
57 „Die Artikulation des Gefühls durch den Verstand, die Wegwendung des Verstands von den belanglosen Wissensaufgaben zu den Aufgaben des Gefühls, das ist das Ziel des Essayisten [...]." Musil, Franz Blei. In: Musil, Gesammelte Werke. Bd. 8. 1978, S. 1022–1025, hier S. 1024.

Die Autoren von Jung Wien sind nicht nur Dichter *und* Kritiker, sondern auch Kritiker ihrer Kritiker. Die Frage nach der Kunst, nach der Berechtigung von Literatur und nach der Gültigkeit ästhetischer Codes wird damit potenziert. Literatur *ist* nicht mehr einfach nur da, sie ist eingebettet in ein hochkomplexes Spiel aus Entwürfen, Vorschlägen, Aktionen und Reaktionen sowie deren Spiegelung im Medium der Kritik. Die Essays der Autoren nehmen Ideen der Kritiker auf, die diese erst aus den Werken der Autoren gezogen haben. Niemand weiß mehr genau, was Literatur „eigentlich" ist, aber im Medium der Kritik wird ihre Relevanz mit Vehemenz und Virulenz simuliert.

Schluss

Die Tatsache, dass sich die Autoren der Wiener Moderne immer wieder als Kritiker und Essayisten betätigten, dass sie dem Genre der Kritik und dem Beruf des Kritikers so viel Aufmerksamkeit schenkten, ist nicht nur ein Hinweis auf die zunehmend wichtige Rolle von Kritik, Essay und Feuilleton im Zeitalter eines verschärften literarischen Markts, auf dem es sich zu behaupten gilt, sondern auch Ausdruck einer tiefen Verunsicherung der Autoren über ihre Stellung in der Gesellschaft sowie über Aufgabe, Funktion und Legitimation ihres Werks.[58] Die Kritiken und Essays dienen vornehmlich dazu, diese Fragen aufzuwerfen und Ansätze zu möglichen Lösungen auszuprobieren. Dass sie nebenbei auch zu einer intellektuellen Schärfung des Genres der Kritik beitrugen, soll als positive Zutat ebenso wenig verschwiegen werden wie die Tatsache, dass sich für die Autoren der Wiener Moderne die Grenze zwischen „eigentlicher" Dichtung und Essay und Kritik verschiebt. Das eine ist ohne das andere nicht mehr denkbar. Profitiert von dieser gegenseitigen Durchdringung haben letztlich beide.

---

[58] Dass die kritisch-essayistischen Texte, die dabei entstehen, keineswegs als „Nebenprodukt" der „eigentlich" literarischen Texte betrachtet werden dürfen, habe ich an anderer Stelle betont: Bolterauer, Die zurückgenommene Moderne. In: Kulturtransfer und kulturelle Identität. Budapest und Wien zwischen Historismus und Avantgarde. Hg. von Károly Csúri, Zoltán Fónagy und Volker Munz. Wien 2008, S. 141–151, bes. S. 144.

Literatur

Primärliteratur

Adorno, Theodor W.: Ästhetische Theorie. Hg. von Gretel Adorno und Rolf Tiedemann. Frankfurt a. M. 1998.
Bahr, Hermann: Akrobaten. In: Bahr: Die Überwindung des Naturalismus. Dresden, Leipzig 1891, S. 17–22.
Bahr, Hermann: Tagebuch. Berlin 1909.
Bahr, Hermann: Inventur der Zeit. In: Bahr: Inventur. Berlin 1912, S. 9–21.
Bahr, Hermann: Die Moderne. In: Bahr: Zur Überwindung des Naturalismus. Theoretische Schriften 1887–1904. Hg. von Gotthart Wunberg. Stuttgart u. a. 1968, S. 35–38.
Bahr, Hermann: Die Krisis des Naturalismus. In: Bahr: Zur Überwindung des Naturalismus. 1968, S. 48–53.
Bahr, Hermann: Die neue Psychologie. In: Bahr: Zur Überwindung des Naturalismus. 1968, S. 53–64.
Bahr, Hermann: Zur Kritik der Kritik. In: Bahr: Zur Überwindung des Naturalismus. 1968, S. 24–31.
Bahr, Hermann: Kunst und Kritik. In: Bahr: Zur Überwindung des Naturalismus. 1968, S. 64–70.
Beer-Hofmann, Richard: Form-Chaos. In: Beer-Hofmann: Werke. Bd. 1: Schlaflied für Mirjam. Lyrik, Prosa, Pantomime und andere verstreute Texte. Hg., mit einem Nachwort und einem editorischen Anhang versehen von Michael Matthias Schardt. Oldenburg 1998, S. 187–189.
Beer-Hofmann, Maximilian Harden. In: Beer-Hofmann: Werke. Bd. 1. 1998, S. 297–305.
Broch, Hermann: Das Böse im Wertsystem der Kunst. In: Broch: Kommentierte Werkausgabe. Hg. von Paul Michael Lützeler. Bd. 9.2: Schriften zur Literatur 2. Frankfurt a. M. 1981, S. 119–157.
Hofmannsthal, Hugo von: Der Dichter und diese Zeit. In: Hofmannsthal: Gesammelte Werke in zehn Einzelbänden. Bd. 8: Reden und Aufsätze I. Hg. von Bernd Schoeller in Beratung mit Rudolf Hirsch. Frankfurt a. M. 1979, S. 54–81.
Hofmannsthal, Hugo von: Gabriele d'Annunzio. In: Hofmannsthal: Reden und Aufsätze I. 1979, S. 174–184.
Hofmannsthal, Hugo von: Algernon Charles Swinburne. In: Hofmannsthal: Reden und Aufsätze I. 1979, S. 143–148.
Kant, Immanuel: Kritik der Urteilskraft. Hg. von Gerhard Lehmann. Stuttgart 1995.
Kraus, Karl: Sittlichkeit und Kriminalität. In: Kraus: Werke. Bd. 11. Hg. von Heinrich Fischer. München, Wien 1963, S. 9–28.
Kraus, Karl: Die demolirte Literatur. In: Kraus: Frühe Schriften. 1892–1900. Bd. 2. Hg. von Johannes J. Braakenburg. München 1979, S. 277–297.
Montaigne, Michel de: De l'institution des enfants. In: Montaigne: Essais. Bd. 1. Hg. und mit Anmerkungen von Pierre Michel. Mit einem Vorwort von André Gide. Paris 1973, S. 219–258.
Moritz, Karl Philipp: Der Begriff des in sich selbst Vollendeten. In: Moritz: Werke. Bd. 2. Hg. von Horst Günther. Frankfurt a. M. 1999, S. 543–548.
Musil, Robert: Das Unanständige und Kranke in der Kunst. In: Musil: Gesammelte Werke in 9 Bänden. Bd. 8. Hg. von Adolf Frisé. Reinbek 1978, S. 977–983.

Musil, Robert: Franz Blei. In: Musil: Gesammelte Werke. Bd. 8. 1978, S. 1022–1025.
Musil, Robert: Literat und Literatur. Randbemerkungen dazu. In: Musil: Gesammelte Werke. Bd. 8. 1978, S. 1203–1225.
Musil, Robert: Der Dichter in dieser Zeit. In: Musil: Gesammelte Werke. Bd. 8. 1978, S. 1243–1256.
Musil, Robert: Der Mann ohne Eigenschaften. In: Musil: Gesammelte Werke. Bd. 1. 2. Aufl. Hg. von Adolf Frisé. Reinbek 1981.
Rilke, Rainer Maria: Moderne Lyrik. In: Rilke: Gesammelte Werke in 5 Bänden. Bd. 5: Schriften. Hg. von Manfred Engel, Ulrich Fülleborn, Horst Nalewski und August Stahl. Frankfurt a. M. 2003, S. 9–41.
Schnitzler, Arthur: Ibsen. In: Schnitzler: Aphorismen und Betrachtungen. Bd. 3: Über Kunst und Kritik. Hg. von Robert O. Weiss. Frankfurt a. M. 1993, S. 118.
Schnitzler, Arthur: Gerhart Hauptmann: Zu den „Einsamen Menschen". In: Schnitzler: Aphorismen und Betrachtungen. Bd. 3. 1993, S. 119–121.
Schnitzler, Arthur: Der Geist im Wort und der Geist in der Tat. In: Schnitzler: Aphorismen und Betrachtungen. Bd. 2: Der Geist im Wort und der Geist in der Tat. 1993, S. 15–29.

Sekundärliteratur

Bolterauer, Alice: Selbstvorstellung. Die literarische Selbstreflexion der Wiener Moderne. Freiburg i. Br. 2003.
Bolterauer, Alice: Die zurückgenommene Moderne. In: Kulturtransfer und kulturelle Identität. Budapest und Wien zwischen Historismus und Avantgarde. Hg. von Károly Csúri, Zoltán Fónagy und Volker Munz. Wien 2008, S. 141–151.
Kehrmann, Boris: Hofmannsthal als Literaturkritiker. Ansätze, Methoden, Resultate. In: Ethik und Ästhetik. Werke und Werte in der Literatur vom 18. bis zum 20. Jahrhundert. Festschrift für Wolfgang Wittkowski zum 70. Geburtstag. Hg. von Richard Fisher. Frankfurt a. M. u. a. 1995, S. 497–508.
Kiesel, Helmuth: Geschichte der literarischen Moderne. Sprache, Ästhetik, Dichtung im zwanzigsten Jahrhundert. München 2004 (Kap. 6).
Pfohlmann, Oliver: Impressionistische Literaturkritik (1890–1910). URL: http://cgi-host. uni-marburg.de/~omanz/forschung/modul_druckfassung.php?f_mod=Eh03 [20.12.2014].
Rieckmann, Jens: Aufbruch in die Moderne. Die Anfänge des Jungen Wien. Österreichische Literatur und Kritik im Fin de Siècle. Königstein i. T. 1985.
Steinecke, Hartmut: Impressionismus oder Junges Wien? Zur Literaturkritik in Österreich vor der Jahrhundertwende. In: Die österreichische Literatur. Ihr Profil von der Jahrhundertwende bis zur Gegenwart 1880–1980. Hg. von Herbert Zeman. Graz 1989, S. 497–511.
Worbs, Michael: Nervenkunst. Literatur und Psychoanalyse im Wien der Jahrhundertwende. Frankfurt a. M. 1983.
Wunberg, Gotthart (Hg.): Das Junge Wien. Österreichische Literatur- und Kunstkritik 1887–1902. 2 Bände. Ausgewählt, eingeleitet und hg. von Gotthart Wunberg. Tübingen 1976.
Žmegač, Viktor: Kunsttheorie und Gesellschaftskritik in der Wiener Moderne. In: Die österreichische Literatur. 1989, S. 475–496.

Katharina Prager
Dichter gegen die Zeit?

Karl Kraus und die Traditionen der „kritischen Moderne" – gelesen mit Berthold Viertel

> If the twentieth century teaches us anything in the twenty-first,
> it will be about the ambiguities inherent in humanity.
> (John Deak)

Zwischen 1960 und 1980 entwickelte der US-amerikanische Kulturhistoriker Carl E. Schorske ein eingängiges, geradezu klassisches Erklärungsmodell für „Fin-de-siècle Vienna" als einen der zentralen Orte moderner Kultur. Seine Thesen kulminierten in einem mit dem Pulitzer-Preis ausgezeichneten Standardwerk, das die Forschung zur Wiener Moderne bis heute prägt.[1] Schorskes „Blockbuster-Paradigma", wie es der Historiker Steven Beller nannte, erklärte die moderne Kulturblüte im Wien der Jahrhundertwende mit dem Versagen der „modernen" Politik beziehungsweise des österreichischen Liberalismus und dem daraus resultierenden Rückzug einer a-politischen modernen Intellektualität in die kulturelle Sphäre der Caféhäuser und Salons („Theorie des Surrogats"). Diese Parabel bot in der Zeit des Kalten Krieges Identifikationspotential für amerikanische Eliten an und machte international (nicht nur im akademischen Kontext) Furore.[2] „Fin-de-siècle Vienna" wurde weltbekannt, aber es gab eine Gruppe, die dieser immense neue Ruhm vorerst etwas verblüffte und das waren „ironically enough" die ÖsterreicherInnen.[3] Weil das Schorskesche Paradigma jedoch unangenehme politische Kontinuitäten und Fragen nach den ethnischen und nationalen Konflikten Wiens um 1900 (etwa das „jüdische Wien") weitgehend ausklammerte, fiel es nicht schwer, „Fin-de-siècle Vienna" ab den 1980ern rasch zum Teil einer österreichischen Identität neben „Haydn, Mozart, Beethoven, Schubert, Burgtheater, Staatsoper, Philharmoniker, Wiener Sängerknaben und Salzburger Festspielen"[4] zu machen.

Obwohl Schorskes Modell das Scheinwerferlicht auf ein Netzwerk von Kulturschaffenden richtete, das oft mit dem Schlagwort „Jung-Wien" erfasst wurde

---

1 C. E. Schorske, Fin-de-siècle Vienna: Politics and Culture. New York 1980.
2 Vgl. S. Beller, Fin de Fin-de-Siècle Vienna? A Letter of Remembrance. In: Global Austria. Austria's Place in Europe and the World. Hg. von Günter Bischof und Fritz Plasser. New Orleans 2011, S. 46–76.
3 Beller 2011, S. 52.
4 Oliver Rathkolb, Die paradoxe Republik. Österreich 1945 bis 2005. Wien 2005, S. 328.

und wird, geht die Grundlage seiner These vom politisch beschränkten „Wirkungskreis des Wiener Liberalismus" und der Verlagerung seiner Kräfte „auf ein Premierenparkett"[5] auf einen der wichtigsten Opponenten dieser Gruppe zurück – auf Karl Kraus, der aber in Schorskes Buch in Folge nur höchst übersichtliche sechs Mal erwähnt wurde.

Dies ist deshalb so interessant und in gewisser Weise auch paradox, weil sich jene WissenschaftlerInnen, die neue Forschungsparadigmen um „Wien 1900" fordern und jedenfalls entscheidende Erweiterungen von Schorskes „Theorie des Surrogats" anregen, explizit auf Karl Kraus als tonangebende Figur in einem „powerful stream of opposition" nicht nur zum Wiener Ästhetizismus, sondern auch zur Schorskeschen Forschungstradition berufen: Die Historiker Allan Janik und Steven Beller versuchten diesen „Oppositionsstrom" um Kraus, der kein bewusster Zusammenschluss und keine organisierte Bewegung war, diese Kulturkritik ohne Manifest oder Programm, dieses Milieu progressiver Intellektueller mit dem Begriff „critical modernism" oder „kritische Moderne" zu fassen.[6] Schon vor 1945 bezeichnete der Schriftsteller Hermann Broch in seinen autobiographischen Rückblicken aus dem Exil die von Beller und Janik sogenannten „kritischen Modernen" Wiens als „ethische Künstler" beziehungsweise als „Ethiker"[7] – im Gegensatz zu den Jung-Wiener „Ästheten" oder (wie wiederum Janik ausführte) zu einer ästhetischen oder auch „konservativen Moderne".[8] Öfters wurde in diesem Zusammenhang auch von einer „Allianz der Problembewussten",[9] von „Reformbewegung" oder „kritischer Avantgarde" gesprochen. Ähnlich wie andere Gruppen, die die dramatischen Veränderungen in der europäischen Kulturgeschichte zwischen 1860 und 1933 begleiteten und dabei in Opposition zur etablierten Gesellschaft standen (zum Beispiel die „Bloomsbury Group" in Großbritannien), sind die Wiener „kritischen Modernen" schwer zu fassen und zu kategorisieren.[10] Es verwundert daher nicht, dass in der Analyse Wiens um 1900 oft mit Dichotomien gearbeitet wurde: Aufbauend auf Hermann Brochs „Ästhetik und/versus Ethik" sprachen ForscherInnen wie Nike Wagner von „Inte-

---

5 K. Kraus, Die Fackel 1 (1899), S. 15 bzw. Schorske, Wien. Geist und Gesellschaft im Fin de Siècle. München 1994, S. 8.
6 Definitionen der „kritischen Moderne" nach Beller und Janik in: Rethinking Vienna 1900. Hg. von Steven Beller. New York, Oxford 2001, S. 16, S. 31, S. 41–43 und in: A. Janik, Wittgenstein's Vienna Revisited. New Brunswick, London 2001, S. 16–22 und S. 226.
7 Vgl. H. Broch, Hofmannsthal und seine Zeit. Eine Studie. Hg. und mit einem Nachwort versehen von Paul Michael Lützeler. Frankfurt a. M. 2001.
8 Vgl. Janik, Wittgenstein's Vienna. 2001, S. 20–21.
9 Vgl. Nike Wagner, Geist und Geschlecht. Karl Kraus und die Erotik der Wiener Moderne. Frankfurt a. M. 1982, S. 14.
10 Vgl. Hermione Lee, Virginia Woolf. New York 1997, S. 262–270.

gration und/versus Opposition",[11] Allan Janik und Johann Dvořák von „konservativer Moderne und/versus kritischer/radikaler Moderne",[12] Scott Spector von „Zentrum und/versus Peripherie",[13] James Shedel von „österreichischem Sonderweg und/versus internationaler Vergleichbarkeit"[14] und Steven Beller schließlich von „Fin-de-siècle Vienna und/versus Vienna/Central Europe 1900".[15]

Der Schriftsteller und Regisseur Berthold Viertel (1885–1953), ein enger Freund von Kraus und Zeitgenosse der „kritischen Moderne", operierte in seinem „autobiographischen Projekt"[16] ebenfalls mit solchen Gegensatzpaaren: „Erhalt und Zerstörung" beziehungsweise „Aufstieg und Zerfall" stehen, verkörpert in zwei „Generationen" – den „Vätern" und den „Söhnen" –, einander gegenüber. Wieso ist gerade der Blick des relativ unbekannten Viertel in der Auseinandersetzung um die Definitionen und Traditionen einer „kritischen", mit Kraus assoziierten Moderne wichtig?

Berthold Viertel, der elf Jahre jünger als Karl Kraus war, kann guten Gewissens als „geistiger Sohn" von Kraus bezeichnet werden. Er war ein *Fackel*-Leser der ersten Stunde. Eine besondere, aber nicht unkomplizierte Freundschaft verband die beiden Männer ab etwa 1905. Sie dauerte bis zu Kraus' Tod 1936 an. Im Gegensatz zu Karl Kraus wurde Berthold Viertel spätestens 1938 zum Exilanten und begann im Exil die Wiener Moderne autobiographisch in den Blick zu nehmen. Viertels „autobiographisches Projekt" entstand etwa zur gleichen Zeit, in der auch seine Freunde Stefan Zweig und Hermann Broch ihre viel bekannteren, jedenfalls semi-autobiographischen Texte zu Wien um 1900 schrieben. Die drei Autoren standen auch miteinander im Austausch. In Viertels Fall handelte es sich allerdings nicht nur um ein Werk des Exils, sondern auch – und das ist deshalb bemerkenswert, weil Broch und Zweig eben nicht zurückkehrten – der Remigration: Viertel kam 1948 nach Wien zurück und versuchte in seinem autobiographischen Schreiben Karl Kraus und die „kritische Moderne" ins kollektive Gedächtnis Österreichs nach 1945 zurückzubringen. Sein „autobiographisches Projekt" blieb jedoch Fragment – immer wieder liegen gelassen und von neuem

---

11 Vgl. Wagner, Geist und Geschlecht. 1982, S. 14.
12 Vgl. Janik, Wittgenstein's Vienna. 2001 und J. Dvořák, Theodor W. Adorno und die Wiener Moderne. Ästhetische Theorie, Politik und Gesellschaft. Frankfurt a. M. 2005.
13 Vgl. S. Spector, Marginalizations. Politics and Culture beyond *Fin-de-Siècle Vienna*. In: Rethinking Vienna 1900. 2001, S. 132–153.
14 Vgl. J. Shedel, *Fin de Siècle* or Jahrhundertwende. The Question of an Austrian *Sonderweg*. In: Rethinking Vienna 1900. 2001, S. 80–104.
15 Vgl. Beller 2011.
16 Definition nach Herbert Staud, Zu Berthold Viertels autobiographischen Fragmenten: Zwischenbericht (1990), B 210303, WBR und K. Prager, Berthold Viertel (1885–1953) – Eine Biographie in Erinnerungsorten der österreichischen Moderne. Dissertation. Universität Wien 2015.

aufgegriffen. Viertels Texte wurden erst nach seinem Tod im Kontext der Exilforschung um 1990 ausschnittsweise herausgegeben,[17] doch die zeitgleich florierende Forschung zum Fin de Siècle Wien nahm seinen Text überhaupt nicht wahr und das war kein Zufall, sondern Teil der Geschichte der Moderne-Forschung, die auf kritische Gegenstimmen oft nicht reagierte: „There were many Viennese émigrés around after the Second World War who knew better, [...], but they either kept quiet or were ignored by the larger public."[18]

Ähnlich wie bei Broch wurde Kraus in Viertels autobiographischem Schreiben zum Mittelpunkt einer wichtigen, kulturkritischen Gegenbewegung, und Viertel sah sich selbst als Chronist dieser Strömung und ihrer Traditionen. Viertels Autobiographie kann in diesem Sinne auch als Biographie der „kritischen Moderne" um Karl Kraus gelesen werden. Wesentlich war ihm allerdings auch, im Wien um 1900 den Wurzeln der nachfolgenden Konflikte und Katastrophen nachzuspüren und dabei die Teilhabe aller – auch der „kritischen Modernen" – mitzudenken. Er war getrieben von der Frage „Wie kam's? Wie konnte das geschehen?".[19] Um also Wien um 1900 in seiner ganzen Komplexität und Ambivalenz zu erfassen, stellte Viertel als dialektischer Denker zwei Kategorien – Erhalt und Zerstörung – einander gegenüber, die sich in zwei „Generationen" abbildeten. Viertel nahm dabei die für ihn wesentlichen Akteure des kulturellen und politischen Feldes um 1900 als „Familie" an, die man sich bekanntlich – im Gegensatz zu Freunden – nicht aussuchen kann. In seinen Konzepten stellt er folgende „zerstörende Söhne" den „erhaltenden Vätern" gegenüber:[20]

---

17 B. Viertel, Kindheit eines Cherub. Autobiographische Fragmente. In: Viertel, Studienausgabe in vier Bänden. Bd. 2. Hg. von Siglinde Bolbecher und Konstantin Kaiser. Wien 1990.
18 Beller 2011, S. 57.
19 Simon Ganahl, Karl Kraus und Peter Altenberg. Eine Typologie moderner Haltungen. Konstanz 2015, S. 27.
20 Vgl. Konzepte in Viertel, Kindheit eines Cherub. 1990, S. 292–297. Grau markierte Namen sind nicht in den Listen enthalten, werden aber in verschiedenen anderen autobiographischen Fragmenten erwähnt; rot markierte Namen wechseln die Zuordnung.

Väter	Söhne
Franz Josef I	Kronprinz Rudolf
Victor Adler	Erzherzog Ferdinand
Ludwig von Ficker	Fritz Adler
Karl Kraus	Karl Adler
Franz Werfel	Otto Weininger
Otto Soyka	Oskar Kokoschka
Gustav Grüner	Gustav Mahler
Karl Marx	Adolf Hitler
Sigmund Freud	Wilhelm II.
Arthur Schnitzler	Franz Kafka
Hugo von Hofmannsthal	Karl Kraus
Richard Beer-Hoffmann	Franz Werfel
Felix Salten	Franz Grüner
Stefan Zweig	Peter Altenberg
Gustav Klimt	Otto Soyka
Die Secession	Adolf Loos
Wiener Werkstätten	Georg Trakl

Generationenzugehörigkeit wurde hier nicht diachron verstanden oder hatte mit dem tatsächlichen Lebensalter zu tun, sondern bezog sich auf die Spannung zwischen jenen, die Änderungen durchführen wollten, und jenen, die sich für den Erhalt des Status quo einsetzten, also zwischen progressiven und reaktionären Akteuren.[21] So konnte der junge Schriftsteller Franz Werfel zu den erhaltenden Vätern gehören und der wesentlich ältere Dichter Peter Altenberg zu den Söhnen, die „die Auflösung der Strukturen passieren" ließen.[22] Trotz des „revolutionären" Impetus der Sozialdemokratie war Victor Adler für Viertel eindeutig ein systemerhaltender Vater. Adolf Hitler hingegen wurde den zerstörenden Söhnen der Moderne zugerechnet. Nicht ganz nachvollziehbar ist die Positionierung von Karl Marx – sie kann aber möglicherweise mit der Marginalisierung der kommunistischen Partei im Österreich um 1950 und deren restaurativem Patriotismus erklärt

---

[21] Vgl. Karl Mannheim, Das Problem der Generationen. Köln 1928; Lutz Niethammer, Die letzte Gemeinschaft. Über die Konstruierbarkeit von Generationen und ihre Grenzen. Vortrag bei der Eröffnungsveranstaltung des Göttinger Graduiertenkollegs „Generationengeschichte – Generationelle Dynamik und historischer Wandel im 19. und 20. Jahrhundert", 11. November 2005; David Scott, The Temporality of Generations: Dialogue, Tradition, Criticism. In: New Literary History 45.2 (2014), S. 157–181.

[22] Vgl. Ganahl 2015, S. 115.

werden.²³ In Berthold Viertels Darstellung des Wien um 1900 gab es auch doppelte und wechselnde Zugehörigkeiten zu den Gruppen der „Väter" und „Söhne" – und einige Positionen hätten sich in der Ausarbeitung des Projekts wohl noch verändert oder wären eben in ihrer Ambivalenz gezeigt worden. Es ging hier keineswegs um eine Aufstellung der „Guten" gegen die „Bösen". Gerade im Laboratorium der Moderne, das hielt Allan Janik zuletzt 2001 fest, mache es wenig Sinn „to line up the ‚good guys' unequivocally on one side of the line with the ‚bad guys' on the other".²⁴ Auch Berthold Viertel war eben der Meinung, dass alle Beteiligten auf die Ereignisse eingewirkt hätten und dies reflektiert werden müsse.

Trotzdem fokussierten die ausgearbeiteten Teile seiner Geschichte letztlich auf die relativ kleine Gruppe gesellschaftlich einflussreicher, männlicher Akteure, die ihn umgab – eben auf die „kritischen Modernen" der Wiener Kulturszene. Viertel erinnerte sich schreibend selbst immer wieder daran, dass er im Wien um 1900 eine privilegierte Position innehatte und Teil einer hegemonialen Kultur war – ein „Arbeiterkind im Bezirk Favoriten zur selben Zeit" nahm die Welt „anders" wahr.²⁵ Eine wirkliche Alternative zur „bürgerlichen Kultur", in der er eben sozialisiert worden war, die er kritisierte, der er sich aber „auch als Dissident" zugehörig fühlte, gab es für Viertel noch nicht. Und insofern war ihm auch nicht klar, wie von dieser hegemonialen Kultur ausgeschlossene Sphären wie Popularkultur, fremdsprachige Kulturen und Frauen in die Geschichte seiner Lebenswelt von Vätern und Söhnen inkludiert werden könnten.²⁶ Dass aber, wie der Historiker Scott Spector es formulierte, Kultur in ihrer seltsam „zentral-marginalen Position" im Habsburgerreich eine „combative site of identity construction and defense, and [...] an instrument to power over those outside of the privileged national/cultural circle" war, das wusste Viertel und daher konnte für ihn auch kein Angehöriger der kulturellen Szene tatsächlich apolitisch oder „unschuldig" an den historischen Entwicklungen sein. Kulturkritik konnte und sollte Einfluss haben. Und genau in diesem Zusammenhang wurden die „zerstörenden" Ele-

---

23 Ernst Fischer, Die Entstehung des österreichischen Volkscharakters. Wien 1945 und Rathkolb 2005, S. 36.
24 Vgl. Janik, Wittgenstein's Vienna. 2001, S. 84.
25 Viertel, Konvolut Autobiographie. Österreichische Illusionen (3 Hefte), o. D., o. S., K19, A: Viertel, Deutsches Literaturarchiv Marbach (in Folge DLA).
26 Viertel, Karl Kraus und die Demokratie, o. D., o. S., K13, A: Viertel, DLA. In den Konzepten bzw. Listen werden keine Frauennamen erwähnt. Dieser Ausschluss von Frauen bildete zum einen eine soziale, kulturelle und juristische Realität ab, mit der Viertel aufwuchs und die er als „blinden Fleck" in seine Darstellung mitnahm. Zum anderen nahm er durchaus wahr, dass Frauen, „Frauenemanzipation" wie auch männliche und weibliche Geschlechterkonstruktionen in Wien um 1900 entscheidenden Einfluss nahmen – entsprechend werden sie in den Ausarbeitungen seines „autobiographischen Projektes" sichtbar – vgl. dazu Prager 2015.

mente der Wiener Kulturszene ihm in Folge zu „Heroen der Moderne", auch wenn ihr „Kampf" gegen die bestehenden Strukturen sie als „Söhne" in eine Reihe mit Adolf Hitler, Wilhelm II. und Erzherzog Ferdinand stellte. Sie waren, so Viertel, in Wien nicht sonderlich beliebt, doch „populär, auch wenn man sie verhöhnte, verhätschelte, auch wenn man sie ermordete".[27] In einem seiner späten ausgearbeiteten Fragmente definierte er die „kritischen Modernen" folgendermaßen:

> Es war die Zeit der Jahrhundertwende. In Wien wirkte damals **Siegmund** [sic] **Freud** und war bereits anerkannt, wenn auch nicht in all seinen Folgen erkannt. **Gustav Mahler** regierte, streng und gewaltlos, gefeiert und gefürchtet und schließlich vertrieben, die Oper, die er zu einem Institut großer Kunst gemacht hatte. Das Wiener Publikum verstummte, die Furcht Gottes im Herzen, wenn er den Taktstock hob und blitzartig dem Auditorium sein scharfes Profil zudrehte, bevor er begann. Wir Knaben folgten ihm auf der Straße, wenn er skandierenden Schrittes daherkam, als erlaubte ihm das innere Feuer nicht, gemächlich zu gehen. Er erneuerte Mozart und vermenschlichte, ihn deutend, Wagner. Aber trotz der leidenschaftlichen Verehrung, ja Ehrfurcht, die er sich durch solche, nie wieder erlebte Leistungen errungen hatte, wurden seine ersten Symphonien im Großen Musikvereinssaal nicht viel weniger verlacht als, was man von **Schönberg** hörte und nicht anhören wollte. **Oskar Kokoschka** veröffentlichte die „Träumenden Knaben", und bald erregten auch seine ersten Porträts, welche die Gesichter bloßlegten, statt ihnen wienerisch zu schmeicheln, und erregte damit sensationellen Unwillen. **Adolf Loos** ging dem landesüblichen Geschmack auf die Nieren, indem er das Ornament brandmarkte, und einer gereinigten Form, einem wohl verstandenen Material die Ehre wiederzugeben versuchte; auch er ein Täter, ein Reformer, ein Sittenverbesserer bis in die Tafelsitten hinein. Einflüsse aus der großen Welt da draußen, Ruskin, Ellen Kay, hatten hereingewirkt und der gewohnten Lebensweise Abbruch tun wollen. [...] Und alle diese Erscheinungen zusammenfassend, die ‚Fackel' des Haupt-Attentäters **Karl Kraus** [...].[28]

Auch wenn sich einige Namen und Gewichtungen im „autobiographischen Projekt" immer wieder verändern,[29] macht Viertel jedoch durchgehend deutlich, dass Karl Kraus der „Haupt-Attentäter", also die tonangebende Figur der „kritischen Moderne" gewesen sei. Als solche wurde er auch von dem Historiker Allan Janik eingestuft: „Kraus set the tone for this group".[30] Kraus' geistiges und künstlerisches Selbst-

---

27 Viertel, Heimkehr nach Europa, geschrieben um den 9. November 1932, 296, K19, A: Viertel, DLA.
28 Viertel, Café Central [Heft II], o. D. [wahrscheinlich Dezember 1948], o. S., K19, A: Viertel, DLA.
29 Einige Namen und Bereiche bleiben auch ganz unerwähnt, wie etwa Erneuerungsbewegungen im Bereich der Ökonomie durch Carl Menger oder im Bereich des Rechts um Hans Kelsen. Die Frauenbewegung wie auch „kritische Modernität" im Bereich der Kunstgeschichte und der Philosophie (Ludwig Wittgenstein) deutete Viertel an, beschrieb sie jedoch nie ausführlich.
30 Janik, Vienna 1900 Revisited. Paradigms and Problems. In: Rethinking Vienna 1900. 2001, S. 27–56, hier S. 42. Vgl. Edward Timms, Dynamik der Kreise, Resonanz der Räume. Die schöpfe-

verständnis beruhte auf seinem Bruch mit dem Jungen Wien, das er als Clique und Teil der „offiziellen" Wiener Kulturszene um Burgtheater und *Neue Freie Presse* verstand. Mit der „Demolirung" der „kaffeehausdekadenzmodernen" Ästheten, denen er zuvor angehört hatte, positionierte er sich 1896 erstmals als „Dichter gegen die Zeit" und stilisierte sich in den folgenden Jahren und speziell mit der Gründung der *Fackel* als Einzelkämpfer – ohne Manifest, Programm, Partei oder Schule.[31] Dennoch lässt sich Karl Kraus selbstverständlich in einer Gruppe ähnlich Denkender verorten, ja, seine subversive, gesellschaftskritische Zeitschrift *Die Fackel* kann sogar als *das* Medium der kritischen Moderne schlechthin und als eine ihrer wenigen „Institutionen" bezeichnet werden. Sie brachte viele der (von Viertel mit der Erwähnung von John Ruskin und Ellen Key angedeuteten) internationalen modernen Einflüsse nach Österreich und band damit die Wiener Kulturkritik in gesamteuropäische Traditionen ein: Strindberg, Wedekind, Ibsen, Zola, Nietzsche, Hauptmann, Dehmel, Dostojewski, Wilde und Hamsun waren etwa für die „kritischen Modernen" wichtige „Totengräber" auch der Wiener bürgerlichen Kultur.[32]

Was die „kritische Moderne" abseits von Kraus und der *Fackel* so schwer greifbar macht, ist allerdings gerade der Umstand, dass diese Gruppe hauptsächlich außerhalb der Institutionen agierte. Es gab keine Mitgliedschaften oder Aufnahmeverfahren. Lose Kreise und Kaffeehäuser waren im Wien 1900 die Zentren des durch sie beförderten Strukturwandels der Öffentlichkeit,[33] nicht die Universität oder andere kulturelle Institutionen. Insofern ist die Darstellung der „Wiener Kreise" durch den Kraus-Biographen Edward Timms nach wie vor ein sehr brauchbares Modell. Timms selbst attestierte den „künstlerischen Projekten" der „kritischen Moderne" bereits vor dem Ersten Weltkrieg eine „enorme Sprengkraft", doch in einem politischen Raster verortete er sie erst nach 1918.[34] Es sind also eher Ideen, ein nicht formuliertes „intellektuelles Programm", das die „kritische Moderne" verband und das etwa mit folgenden Schlagworten zu fassen versucht wurde:

> Aufklärung überkommener Formen, Ablehnung des Überflüssigen, Primat des Funktionellen und Effizienten, Kritik an feudalen Lebensformen und Schnörkel [...], Kritik an aristokratischen Gesten und hierarchischen Attitüden, Kritik des repräsentativen Habitus, Schlichtheit und Einfachheit als Postulat, ein neues Körperbewusstsein, Befreiung vom Korsett, Erkenntnis der Komplexität psychischen Geschehens und Ausleuchtung der Seelenlandschaften.[35]

---

rischen Impulse der Wiener Moderne. Weitra 2013, S. 14.
31 Vgl. Kraus, Die demolirte Literatur. Wien 1896/1897 und Kraus, Die Fackel 1 (1899).
32 Viertel, Die Stadt der Kindheit. In: Viertel, Cherub. 1990, S. 103.
33 Timms 2013, S. 62–64.
34 Timms 2013, S. 24–25.
35 Hubert Christian Ehalt / Friedrich Stadler / Edward Timms / Heidemarie Uhl, Schorskes Wien: Eine Neuerfindung. Wien 2012, S. 19–20; vgl. auch Timms 2013, S. 24–27.

In ihren Werken propagierten diese Kulturkritiker hauptsächlich eine Verbesserung der Lebensumstände der Menschen. Diese Haltung führte allerdings vor dem Ersten Weltkrieg keineswegs zu aktivem politischen oder sozialen Engagement. Die Verbesserung sollte vorerst durch bequeme Kleidung, funktionelle Behausungen, aufklärerische Bildung, liberale Sexualmoral und, ebenfalls im Trend, gesunde Ernährung – aus Tierliebe oft schon Vegetarismus – sowie durch Bewegung in der Natur erreicht werden. In Zusammenhang mit der Ablehnung von Profitgier und Spekulantentum stand ein frühes „ökologisches Bewusstsein". Nicht nur die Menschen selbst, auch die Natur und Natürlichkeit wurden als bedroht erkannt. Gerade in ihrer „Ökologiebewegtheit", in ihrer Begeisterung für „Retrodesign" und für fremde, alte Kulturen, in ihrer versuchten Neubestimmung von Geschlechtsidentität, aber auch in ihren Zweifeln an den politischen Strukturen wird diese „kritische Moderne", wie etwa der Historiker Steven Beller betonte, gerade an der heutigen Jahrtausendwende wieder sehr verständlich und relevant für die Analyse aktueller Trends.[36]

Doch auch die „kritische Moderne" hatte ihre Grenzen, ihre Ambivalenzen und ihre dunklen Seiten – das wollte Berthold Viertel im Rückblick ebenso deutlich machen: Auf der einen Seite war Kraus zwar eine Leitfigur dieser Kulturkritiker, doch in Viertels Darstellung findet sich sein Name auch auf der anderen Seite der Liste, bei den „erhaltenden Vätern". Das hatte damit zu tun, dass sich Kraus im Jahre 1934 eindeutig auf die Seite des „Erhalts" Österreichs und in diesem Sinne auf die Seite des Dollfuß/Schuschnigg-Regimes gegen den Nationalsozialismus gestellt hatte. Kraus war dabei konsequent seinen Überzeugungen und seiner Sprachkritik gefolgt, kam damit aber in Bezug auf eine Kanzlerdiktatur mit faschistischen Zügen zu antimodernen, ja reaktionären Ergebnissen.[37] So sah das jedenfalls Berthold Viertel, dem er – und das hatte sich in ihrer langjährigen Freundschaft bereits mehrfach abgezeichnet – zum erhaltenden Vater wurde:

> Der Kreis hatte sich geschlossen: der Anti-Österreicher war zum Nur-Österreicher geworden, der nichts anderes mehr zu wünschen und zu hoffen wusste, als dass dieser Fleck Erde, zugleich der letzte Fleck deutschsprachiger Kultur, durch welches Mittel auch immer von der Pest verschont werde.[38]

Weitaus konsequenter in seiner Zerstörungswut war für Berthold Viertel der junge Philosoph Otto Weininger, der als der „unglücklichste Sohn" der kritischen Wiener Moderne „überaus charakteristisch" bis zur Selbstzerstörung ging und

---

36 Beller 2011, S. 46–76, hier S. 72.
37 Vgl. Ganahl 2015, S. 79–90.
38 Viertel 1947. In: Aus großer Nähe. Karl Kraus in Berichten aus Weggefährten und Widersachern. Hg. von Friedrich Pfäfflin. Göttingen 2008, S. 312.

am 4. Oktober 1903 in Beethovens Sterbehaus Selbstmord verübte. Die philosophischen und psychiatrischen Wiener Fachkreise fanden sein kurz zuvor vollendetes, auf einer Dissertation basierendes Werk *Geschlecht und Charakter* dubios und einige hielten Weininger, als „Inbegriff des Weiberfeindes, Judenhassers und Keuschheitsapostels", überhaupt für geistesgestört.[39] Die „kritischen Modernen" jedoch erkannten Weininger als einen der radikalsten Sozialkritiker und Reformer, ja geradezu als den Theoretiker der „kritischen Moderne", als den ihn auch Allan Janik später las.[40] Viertel schrieb über ihn:

> Eine faszinierende Erscheinung der Periode [...] ist der junge Philosoph Otto Weininger, der einundzwanzig Jahre alt, ein Buch in die Welt wirft, das eine ähnliche Aufregung hervorruft wie nach dem Krieg Spenglers „Untergang des Abendlandes". Nur handelt es sich bei Otto Weininger nicht um Geschichte, sondern, wie es dem damaligen Wien entspricht, um Charakterologie, und um aus ihr gezogene radikalste ethische Forderungen. ‚Geschlecht und Charakter' bricht mit allem, was Wien so angenehm macht, vom Walzer bis zur Erotik, und mit jeglichem Lebenskompromiss. Fanatisch, zelotisch wie ein Kirchenvater, steht der jüdische Student da, alles bis in die Wurzel zerstörend, was Zuflucht gewährt: die Familie, das Judentum, jede Art von liebenswürdigem Liberalismus, in jeder Frage. [...] Aber er ist kein Romantiker, sondern ein unerhört scharfer, ertappender Beobachter, und mit Wachheit geschlagen, wie andere mit Blindheit.[41]

Solch konsequente Zerstörung und kompromisslose Radikalität konnte also im Kampf der Väter und Söhne um Erhalt oder Zerstörung der Kultur auch zur Selbstauslöschung führen.[42]

Wie sah und beschrieb Viertel nun aber den „Gegenpol" der „kritischen Moderne", die um den Erhalt des Status quo besorgten „Väter", mit denen Kraus im Namen der „Söhne" so öffentlichkeitswirksam gebrochen hatte? – Über sie heißt es:

> Zugleich residierte in den Villen des Cottageviertels das, was wir [...] nicht ohne Hohn den Olymp nannten: die Schnitzler, Hofmannsthal, Beer-Hoffmann, die Heroen der eigentlichen spät-wienerischen Literatur, die berufenen Berufsdichter der Gegenwart und Klassiker der Zukunft, die in die Literaturwissenschaft eingehen würden, und deren zislierte und zarte Dramen eines abgewogenen Stiles burgtheaterfähig waren, durchaus spielbar im

---

39 Wagner, Geschlecht und Charakter. In: Joshua Sobol, Weiningers Nacht. Hg. von Paulus Manker. Wien 1988, S. 97–106, hier S. 97.
40 Vgl. Janik, Wittgenstein's Vienna. 2001, S. 37–84.
41 Viertel, Österreichische Illusionen/Der Knabe Robert Fürth, o. D., o. S., NK12, A: Viertel, DLA.
42 Vgl. Hannes Leidinger, Die BeDeutung der SelbstAuslöschung. Aspekte der Suizidproblematik in Österreich von der Mitte des 19. Jahrhunderts bis zur Zweiten Republik. Innsbruck, Wien, Bozen 2012.

vergoldeten Rahmen einer guten Gesellschaft, deren liebenswürdig-skeptische Kunstempfänglichkeit durch den Geldbesitz verfeinert worden war.[43]

Dass Berthold Viertel den mehr oder weniger offiziellen Namen dieser Gruppe, „Jung-Wien", nicht nannte, war wohl kein Zufall – für ihn waren die in diesem Umkreis entworfenen konkurrierenden Programme österreichischer Kultur nicht mehr „jung", im Gegenteil. Mit der Bezeichnung „Olymp" wollte er eine von der österreichischen Kulturpolitik geförderte künstlerische Elite der „Vätergeneration" erfassen, die den für das „Beharrungssystem des Habsburger Imperiums" so wesentlichen „Hochkulturfanatismus" um Burgtheater und *Neue Freie Presse* auf verschiedenen Ebenen pflegte:[44] „Die Straßen Wiens sind mit Kultur gepflastert. Die Straßen anderer Städte mit Asphalt."[45] schrieb auch Karl Kraus spöttisch. Diese offiziellen KünstlerInnen hatten es, so meinten die „Söhne", „leichter [...] als seinerzeit Grillparzer und Hebbel".[46] Sie wurden gefördert, um im Zuge diverser Reorganisations- und kultureller Erneuerungsversuche eine besondere kulturelle Identität Wiens und Österreichs zu stärken und sichtbar zu machen, die sich erstmals schärfer von der deutschen Kultur unterscheiden sollte. Bausteine dieser Identität waren Kunstkultus, barocke Theatralik, ästhetische Leichtlebigkeit, nostalgische Hinwendung zu einer besseren Vergangenheit und ein gewisses melancholisches Endzeitgefühl um die „Schönheit des Abschiednehmens", Vergänglichkeit, Tod und „Lebensgenuss nur, als wäre er schon vorüber."[47] Über diese patriotischen Bemühungen der eskapistischen und snobistischen „Ästheten" spotteten die „kritischen Modernen": „Hatte es eine spezifisch österreichische Kultur gegeben, so war sie gewiß nicht durch Verfeinerung und Skepsis, durch ein elegisches Verdämmern zu retten".[48] Tatsächlich gelang es aber ganz gut, in Operettenidyllen, im oberflächlichen Feuilleton – wo „das Unterbewusstsein des Alltags hemmungslos plauderte"[49] – und in historisierender Dekoration Zuflucht vor der schwierigen Realität der Moderne in Österreich-Ungarn zu

---

43 Viertel, Café Central [Heft II], o. D. [wahrscheinlich Dezember 1948], o. S., K19, A: Viertel, DLA.
44 Vgl. Rathkolb, Mythos Burgtheater. In: Die Zeit, 10. Oktober 2013.
45 Kraus, Die Fackel 266 (1908), S. 8.
46 Viertel, Café Central [Heft II], o. D. [wahrscheinlich Dezember 1948], o. S., K19, A: Viertel, DLA.
47 Viertel, Österreichische Illusionen/Der Knabe Robert Fürth, o. D., o. S., NK12, A: Viertel, DLA.
48 Viertel, Karl Kraus und die Demokratie, o. D., o. S., K13, A: Viertel, DLA.
49 Viertel, Karl Kraus. Ein Charakter und die Zeit. Dresden 1921, S. 17–18.

bieten.⁵⁰ In diesem Zusammenhang entstand auch der Mythos eines „gemütlichen", biedermeierlichen „Alt-Wien" – einer „Stadt, die niemals war".⁵¹

Für diese rückwärtsgewandte Nostalgie, für den Kult eines volkstümlichen Wienertums und eines „alten" Wien – kurz für Sehnsucht nach einer vormodernen heilen Welt – waren allerdings auch die „zerstörenden Söhne" durchaus anfällig.⁵² So träumte etwa Kraus den „Traum vom Ursprung", hatte „Sehnsucht nach aristokratischem Umgang" oder beteiligte sich am Kult um den Grazer „Volksschauspieler" Alexander Girardi, der den „alten Wiener" so überzeugend verkörperte.⁵³ Nicht nur die konservativen Väter, sondern auch ihre kritischen Söhne bezogen sich nämlich auf Traditionen. Die „kritische Moderne" stand bei Viertel klar in der „Luftlinie einer Tradition der Ungemütlichen, der Anti-Wiener, der Spielverderber, die nicht mitmogeln wollen, der Störenfriede jener vielgerühmten Gemütlichkeit, die so ungemütlich werden kann [...]".⁵⁴ Diese Linie führte von Abraham a Santa Clara und Ferdinand Kürnberger über Johann Nestroy und auch Ferdinand Raimund direkt zu Karl Kraus.⁵⁵

In all ihrer Ablehnung des „Erhalts" bemerkten die kritischen Modernen, umgeben von einer sich rasant verändernden Welt, durchaus die *Ambivalenz der Moderne*, die der polnisch-britische Soziologe und Philosoph Zygmunt Bauman später eingehend analysierte.⁵⁶ Zum einen schien es damals, wie Berthold Viertel festhielt, „Grad um Grad vorwärts und aufwärts zu gehen mit dem Leben des Menschen, soweit er sich der modernen Zivilisation erfreute".⁵⁷ Doch war dieser „Fortschritt" durch sein (selbst)zerstörerisches Potential auch suspekt und „die feineren Ohren der Künstler, der Intellektuellen, der Bohème hören hinter all dem Gedeihen das Friedhofsgras wachsen."⁵⁸ Dieselben Maschinen,

---

50 Vgl. Moritz Csáky, Das Gedächtnis der Städte. Kulturelle Verflechtungen – Wien und die urbanen Milieus in Zentraleuropa. Wien 2010, S. 36 u. 173 und Leidinger 2012, S. 164.
51 Vgl. Monika Sommer / Heidemarie Uhl (Hg.), Mythos Alt-Wien. Spannungsfelder urbaner Identitäten. Innsbruck 2009; Wolfgang Kos / Christian Rapp (Hg.), Alt-Wien. Die Stadt, die niemals war (Ausstellungskatalog Wien Museum). Wien 2004.
52 Vgl. Viertel, Österreichische Illusionen/Der Knabe Robert Fürth, o. D., o. S., NK12, A: Viertel, DLA.
53 Vgl. Ganahl 2015, S. 116 und Timms, Karl Kraus. Satiriker der Apokalypse. Leben und Werk 1874 bis 1918. Frankfurt a. M. 1999, S. 48.
54 Viertel, Zu Karl Kraus' sechzigstem Geburtstag. In: Viertel, Die Überwindung des Übermenschen. Exilschriften. In: Viertel, Studienausgabe in vier Bänden. Bd. 1. Hg. von Konstantin Kaiser und Peter Roessler in Zusammenarbeit mit Siglinde Bolbecher. Wien 1989, S. 17.
55 Viertel, Heimkehr nach Europa, geschrieben um den 9. November 1932, 296, K19, A: Viertel, DLA.
56 Vgl. Z. Bauman, Moderne und Ambivalenz. Hamburg 2005.
57 Viertel, Dünnes beiges Spiralbuch_02, o. D., o. S., K05, A: Viertel, DLA.
58 Viertel, Dünnes beiges Spiralbuch_02, o. D., o. S., K05, A: Viertel, DLA.

die das moderne Leben erleichterten, konnten den Menschen dem „Menschlichen" entfremden: „Der Fortschritt macht Portemonnaies aus Menschenhaut."[59] schrieb Karl Kraus 1909 und zwei Jahre später: „Ich verlange von einer Stadt, in der ich leben soll, Asphalt, Straßenspülung, Haustorschlüssel, Luftheizung und Warmwasserleitung."[60] Die Technik konnte zugleich „Hexe" und „gütige Fee" sein und als Hauptproblem stellte sich für Viertel dar:

> [...] wir schlingen gewaltige Bissen an Distanz hinunter [...]. So geschieht es uns, dass wir, im Zeichen des beschleunigten Verkehrs, auf ja und nein ein Jahrhundert um die Ecke gebracht haben; aber dieses „Ja und Nein" kostet eine Million Menschenleben, ja zwei oder drei Millionen Menschenleben. Auf die Million kommt es dabei nicht mehr an. In aller Gedankenlosigkeit haben wir uns an eine höhere Statistik gewöhnt, die mit Zahlen handelt, welche sich der menschlichen Einbildungskraft durchaus entziehen.[61]

Gedanken- und Phantasielosigkeit und ein damit einhergehender Verlust der moralischen Kompetenz waren für die „kritischen Modernen" die wesentlichen Schwierigkeiten und der Grund, warum sie sowohl modernistischen Fortschrittsoptimismus als auch Konservatismus gegenüber technischen Neuerungen ablehnten.[62] In diesem Zusammenhang fragte sich auch der „kritische Moderne" Oskar Kokoschka: „Versteht der Leser, weshalb ich gegen den Fortschritt bin, aber auch der reaktionären Strömung nicht angehören kann?"[63]

Hier wurde bereits deutlich, dass es nicht ganz so einfach ist, Kategorien wie „Erhalt" und „Zerstörung", Modernität und Antimodernität wie auch ihre Wurzeln und Traditionen voneinander abzugrenzen. In der Forschung zu Wien 1900 wurde immer wieder auf zwei Traditionslinien verwiesen, die um 1910 am Michaelerplatz fast in der Art eines Showdowns aufeinander trafen: Adolf Loos' für das Nobelgeschäft Goldman & Salatsch neu errichtetes Haus mit der „einfachen Fassade" stand dem Pomp der barocken Hofburg gegenüber und wurde „Anlaß heftiger Kontroversen und fast brutaler Kämpfe".[64] Idealtypisch standen und stehen hier die zwei angenommenen „Pole" des „Spannungsbogens der

---

59 Kraus, Die Fackel 287 (1909), S. 11.
60 Kraus, Die Fackel 315/316 (1911), S. 35.
61 Viertel, Das Ende eines Jahrhunderts. Eine fabulierende Chronik, o. D., 66, K13, A: Viertel, DLA.
62 Vgl. dazu: „Die Moderne machte den Genozid möglich, als sie das zweckgerichtete Handeln von moralischen Zwängen emanzipiert hatte. Die Moderne ist zwar nicht die hinreichende Ursache des Genozids, aber ihre notwendige Bedingung." (Bauman 2005, S. 87–88); vgl. dazu auch Ganahl 2015, S. 107 und Timms, Karl Kraus. Apocalyptic Satirist. The Post-War Crisis and the Rise of the Swastika. London 2005, S. 517–518.
63 O. Kokoschka, Mein Leben. Wien 2008, S. 189.
64 Viertel, Die Herrengasse. In: Viertel, Cherub. 1990, S. 251.

österreichischen Kultur" einander gegenüber: eine dem Rationalismus, Reformismus, dem Gesetz und dem Wort verpflichtete kulturelle Tradition der Aufklärung und eine nostalgische, theatrale, gegenreformatorische, der kirchlichen und kaiserlichen Repräsentation ergebene kulturelle Tradition des Barock.[65] In so eindeutiger Gegensätzlichkeit wie am Michaelerplatz präsentierten sich diese Traditionslinien allerdings selten. Es gab im Gegenteil viele Punkte – auch abseits der gemeinsamen Sehnsucht nach einem vormodernen Wien – an denen Traditionslinien sich nicht nur kreuzten, sondern sogar ineinanderflossen: Abraham a Santa Claras Rhetorik prägte etwa nicht nur Karl Kraus, sondern auch Karl Lueger,[66] Ibsen lasen sowohl Hermann Bahr als auch Otto Weininger.[67] Antisemitismen und rassenhygienische Versatzstücke fanden sich mehr oder weniger stark in den Diskursen der gesamten „Familie" Wiens um 1900. Auch die „kritischen Modernen" waren nicht zuletzt Teil der sogenannten „deutschen Kultur" und fest im Beziehungsgeflecht der Wiener Gesellschaft verortet, selbst wenn sie sich von den Werten ihrer Eltern emanzipiert zu haben glaubten. Denn, wie Viertel fast resignierend über seine Sohnesgeneration schrieb, ließ auch diese sich – oft ohne dessen „gewahr" zu sein – „beschwichtigen" und „fangen": „Das Leben lockte, wie immer es sich bot, und die Kunst war doch schön."[68]

Es ist das Bemerkenswerteste an Viertels Konstrukt der „Väter" und „Söhne", dass darin die Vermischungen und Veränderungen idealtypischer Traditionen explizit eingeschrieben sind: Söhne und Väter haben doch gewisse Familienähnlichkeiten, müssen sich als Familie aufeinander beziehen und oft werden Söhne zu Vätern. Der umgekehrte Weg ist allerdings selten. Damit sind in diesem Modell Politik und Kultur, Zerstörung und Erhalt, Rationales und Irrationales, Modernität und Antimodernität ständig familiär ineinander verstrickt und bilden nicht nur den „self-contradictory jumble"[69] Wiens um 1900 sondern auch allgemeiner moderne „ambiguities inherent in humanity"[70] ab. Steven Beller charakterisierte Wien um 1900 jüngst als Ort eines für die Moderne untypischen „nicht nur, sondern auch":

---

65 Vgl. Ernst Hanisch, Die Wiener Ringstraße. In: Menschen – Mythen – Zeiten. Hg. von Emil Brix, Ernst Bruckmüller und Hannes Stekl. Wien 2004, S. 75–104, hier S. 75–76; Janik, Vienna 1900. 2001, S. 37–40.
66 Janik, Wittgenstein's Vienna. 2001, S. 9.
67 Janik, Wittgenstein's Vienna. 2001, S. 59–84.
68 Viertel, Die Zwischenwelt, o. D., o. S., NK05, A: Viertel, DLA.
69 Beller, Introduction. In: Rethinking Vienna 1900. 2001, S. 1–19, hier S. 15.
70 J. Deak, Ignaz Seipel (1876–1932). Founding Father of the Austrian Republic. In: Austrian Lives. Hg. von Günter Bischof, Fritz Plasser und Eva Maltschnig. Innsbruck 2012, S. 32–55, hier S. 32.

> Things were just too complex, too confused and conflated, appearance and reality too interdependent, loyalties too divided and cross-cutting, for the normal, straightforward logic of being ‚one thing or the other' to operate effectively. Hence, Vienna became the focus of a world where the logic of the law of the included middle, of ‚not only...but also', ‚both... and' was the norm – a norm abnormal for modernity, but suited much better to human experience.[71]

Diese untypische Logik „of the law of the included middle" sei, so Stephen Beller, nun in den Mittelpunkt des Forschungsinteresses zu rücken: Eine Analyse Wiens um 1900 müsse beide Seiten eines „Januskopfes" – wie Berthold Viertel es gern nannte – beleuchten. Schorskes „Fin-de-siècle Vienna", das den Blick auf andere Lesarten lange verstellt hatte, sei nach dem Ende des Kalten Krieges, der EU-Erweiterung und den Ereignissen von 9/11 tot, ein „ex-topic", deklarierte Beller, aber:

> Quite aside from fin-de-siècle Vienna, the culture and experience of Vienna 1900 remains remarkably relevant to contemporary affairs. In American politics alone, it is hard to understand anything going on in the current labyrinth of Internet myths, political lies, media gullibility, spin, and suggestibility of the uninformed, misinformed, confoxed [...] without [...] Karl Kraus, the Jon Stewart of Vienna 1900 [...].[72]

Auch in der Forschung, in der die Kraus-Forschung stärker in der Tradition der Exilforschung als in jener der Moderne-Forschung zu stehen scheint, wären in diesem Sinne Tradtionslinien, ja, Paradigmen, zu integrieren, wie Allan Janik zuletzt 2001 festhielt:

> We certainly have two opposed theses about Vienna 1900. Both "the failure of liberalism" and "critical modernism" fill the three criteria for being a paradigm. [...] But are they "incommensurable and incompatible", as different paradigms must be [...]? The answer would seem to be: yes and no. [...] there are cleary points of deep disagreement. On the other hand there is also a high degree of complementarity between the two theses [...].[73]

Durch ein Zusammendenken der bisher fast immer getrennt verfolgten Forschungsthesen und Traditionslinien der „Wiener Moderne" ließe sich wohl tatsächlich noch einiges herausfinden, etwa:

> [...] unter welchen Bedingungen wir im letzten Viertel des neunzehnten Jahrhunderts jung – mit welchen Gefühlen und Einsichten wir Juden und Christen und Europäer und Sozialisten

---

71 Beller 2011, S. 75–76.
72 Beller 2011, S. 72. Der Schriftsteller Jonathan Franzen argumentierte in seinem eben auf Deutsch erschienenen Buch *Das Kraus-Projekt* (Reinbek 2014) ähnlich.
73 Janik, Vienna 1900. 2001, S. 44–45.

und Zionisten waren; was die Literatur, die Kunst, der Staat, die Politik, die Geschichte uns zu sein und zu bedeuten schienen – bis zum Großen Krieg und nachher; wie, die Wende des Jahrhunderts zu einer Wende in unserem Leben und Denken wurde [...]; wie die allgemeine Geschichte in den Vordergrund kam und unsere ins Hintertreffen geriet.[74]

Berthold Viertel wollte bis zu seinem Tod 1953 in seinem „autobiographischen Projekt" Wien um 1900 so erfassen, wie es „erst heute ganz gesehen und verstanden werden kann" und wie es für ihn in die „heutige Wiener- und Welt-Situation münde[e] und dadurch jetzt wieder eine aktuelle erregende Bedeutung hat."[75] Er zweifelte stark daran, ob ihm das gelingen könne und tatsächlich blieb sein Unternehmen letztlich unvollendet. Zugleich war er sich aber sicher: „[...] die [...] Wissenschaft ist noch lange nicht so weit, alles herauszuholen [...]."[76] Über hundert Jahre später könnte sie aber möglicherweise einen Schritt weiter sein.

Literatur

Primärliteratur

Broch, Hermann: Hofmannsthal und seine Zeit. Eine Studie. Hg. und mit einem Nachwort versehen von Paul Michael Lützeler. Frankfurt a. M. 2001.
Kokoschka, Oskar: Mein Leben. Wien 2008.
Kraus, Karl: Die demolirte Literatur. Wien 1896/97.
Kraus, Karl: Die Fackel 1 (1899), 266 (1908), 287 (1909), 315–316 (1911).
Viertel, Berthold: Karl Kraus. Ein Charakter und die Zeit. Dresden 1921.
Viertel, Berthold: Zu Karl Kraus' sechzigstem Geburtstag. In: Viertel: Die Überwindung des Übermenschen. Exilschriften. In: Viertel: Studienausgabe in vier Bänden. Bd. 1. Hg. von Konstantin Kaiser und Peter Roessler in Zusammenarbeit mit Siglinde Bolbecher. Wien 1989.
Viertel, Berthold: Kindheit eines Cherub. Autobiographische Fragmente. In: Viertel: Studienausgabe in vier Bänden. Bd. 2. Hg. von Siglinde Bolbecher und Konstantin Kaiser. Wien 1990.
Viertel, Berthold: Konvolut Autobiographie. Österreichische Illusionen (3 Hefte), o. D., o. S., K19, A: Viertel, Deutsches Literaturarchiv Marbach.

---

74 Viertel, Arbeits-/Notizheft, o. D., 69.3143/92, K26, A: Viertel, DLA.
75 Viertel, Die Stadt der Kindheit, o. D. [nach 1949], o. S., NK09, A: Viertel, DLA. (Unterstreichungen wie im Original).
76 Viertel, Konvolut Autobiographie. Österreichische Illusionen (3 Hefte), o. D., o. S., K19, A: Viertel, DLA.

Sekundärliteratur

Bauman, Zygmunt: Moderne und Ambivalenz. Hamburg 2005.
Beller, Steven: Introduction. In: Rethinking Vienna 1900. Hg. von Steven Beller. New York, Oxford 2001, S. 1–19.
Beller, Steven: Fin de Fin-de-Siècle Vienna? A Letter of Remembrance. In: Global Austria. Austria's Place in Europe and the World. Hg. von Günter Bischof und Fritz Plasser. New Orleans 2011, S. 46–76.
Csáky, Moritz: Das Gedächtnis der Städte. Kulturelle Verflechtungen – Wien und die urbanen Milieus in Zentraleuropa. Wien 2010.
Deak, John: Ignaz Seipel (1876–1932). Founding Father of the Austrian Republic. In: Austrian Lives. Hg. von Günter Bischof, Fritz Plasser und Eva Maltschnig. Innsbruck 2012, S. 32–55.
Dvořák, Johann: Theodor W. Adorno und die Wiener Moderne. Ästhetische Theorie, Politik und Gesellschaft. Frankfurt a. M. 2005.
Ehalt, Hubert Christian / Stadler, Friedrich / Timms, Edward / Uhl, Heidemarie: Schorskes Wien: Eine Neuerfindung. Wien 2012.
Fischer, Ernst: Die Entstehung des österreichischen Volkscharakters. Wien 1945.
Franzen, Jonathan: Das Kraus-Projekt. Reinbek 2014.
Ganahl, Simon: Karl Kraus und Peter Altenberg. Eine Typologie moderner Haltungen. Konstanz 2015.
Hanisch, Ernst: Die Wiener Ringstraße. In: Menschen – Mythen – Zeiten. Hg. von Emil Brix, Ernst Bruckmüller und Hannes Stekl. Wien 2004, S. 75–104.
Janik, Allan: Wittgenstein's Vienna Revisited. New Brunswick, London 2001.
Janik, Allan: Vienna 1900 Revisited. Paradigms and Problems. In: Rethinking Vienna 1900. 2001, S. 27–56.
Kos, Wolfgang / Rapp, Christian (Hg.): Alt-Wien. Die Stadt, die niemals war (Ausstellungskatalog Wien Museum). Wien 2004.
Lee, Hermione: Virginia Woolf. New York 1997.
Leidinger, Hannes: Die BeDeutung der SelbstAuslöschung. Aspekte der Suizidproblematik in Österreich von der Mitte des 19. Jahrhunderts bis zur Zweiten Republik. Innsbruck, Wien, Bozen 2012.
Mannheim, Karl: Das Problem der Generationen. Köln 1928.
Prager, Katharina: Berthold Viertel (1885–1953) – Eine Biographie in Erinnerungsorten der österreichischen Moderne. Dissertation. Universität Wien 2015.
Rathkolb, Oliver: Die paradoxe Republik. Österreich 1945 bis 2005. Wien 2005.
Rathkolb, Oliver: Mythos Burgtheater. In: Die Zeit, 10. Oktober 2013.
Schorske, Carl E.: Fin-de-siècle Vienna: Politics and Culture. New York 1980.
Schorske, Carl E.: Wien. Geist und Gesellschaft im Fin de Siècle. München 1994.
Scott, David: The Temporality of Generations: Dialogue, Tradition, Criticism. In: New Literary History 45.2 (2014), S. 157–181.
Shedel, James: *Fin de Siècle* or Jahrhundertwende. The Question of an Austrian *Sonderweg*. In: Rethinking Vienna 1900. 2001, S. 80–104.
Sommer, Monika / Uhl, Heidemarie (Hg.): Mythos Alt-Wien. Spannungsfelder urbaner Identitäten. Innsbruck 2009.
Spector, Scott: Marginalizations. Politics and Culture beyond *Fin-de-Siècle Vienna*. In: Rethinking Vienna 1900. 2001, S. 132–153.

Timms, Edward: Karl Kraus. Satiriker der Apokalypse. Leben und Werk 1874 bis 1918. Frankfurt a. M. 1999.
Timms, Edward: Karl Kraus. Apokalyptic Satirist. The Post-War Crisis and the Rise of the Swastika. London 2005.
Timms, Edward: Dynamik der Kreise, Resonanz der Räume. Die schöpferischen Impulse der Wiener Moderne. Weitra 2013.
Wagner, Nike: Geist und Geschlecht. Karl Kraus und die Erotik der Wiener Moderne. Frankfurt a. M. 1982.
Wagner, Nike: Geschlecht und Charakter. In: Joshua Sobol: Weiningers Nacht. Hg. von Paulus Manker. Wien 1988, S. 97–106.

II Urbanisierung, Modernisierung und Formen der Reaktion

Siegfried Mattl (†)
In-Between

Zeit und Erinnerung in Felix Saltens Novellensammlung *Die Wege des Herrn*

Felix Salten ist der weltweit bekannteste Schriftsteller der Wiener Moderne, auch wenn sich diese Bekanntschaft einem einzigen Werk, nämlich *Bambi*, verdankt. Zugleich ist er nach wie vor ein wenig geschätzter Autor. Dies kann man auf die Warnungen eines Karl Kraus vor der Metaphern-Inflation und den Emphasen in Saltens Texten zurückführen, oder auch in Zusammenhang bringen mit der Sprunghaftigkeit, mit der Salten vor 1914 seine Karriere vorantrieb. Er schrieb Erzählungen und Feuilletons, Dramen und Komödien, Sensationsreportagen, Theaterkritiken, versuchte sich als Kabarett-Unternehmer, wandte sich der Operette und dem Film zu, experimentierte wie in *Wurstelprater* (1911) mit transmedialen Formen, und unterhielt zweifelhafte Kontakte sowohl zur Hoch-Aristokratie wie zu einflussreichen Entrepreneurs der Unterhaltungsindustrie, die ihm öffentliche Aufmerksamkeit sicherten.[1] Salten stand der Produktion von „Gebrauchstexten" und der popularen Kultur unbefangen gegenüber, ein Umstand, der ihn innerhalb einer auteur-zentrierten Literaturkritik schwer fassbar macht. Nicht

---

[1] Salten verdankte seinen Aufstieg zum weit über Wien hinaus bekannten „Sensationsreporter" kurzzeitigen engen Beziehungen zu Erzherzog Leopold Ferdinand um 1898/1902. Die intime Nähe zu den exzentrischen Mitgliedern des „Herrscherhauses" ermöglichte ihm exklusive Berichterstattung zu zwei vielbeachteten Skandalen. Einer dieser Vorfälle war die Flucht von Leopolds Schwester Luise mit ihrem nicht-standesgemäßen Geliebten in die Schweiz. Salten brachte es über Vermittlung Leopolds zu einem Exklusivinterview mit dem Paar, wobei er sich gestattete, auch in die Rolle eines väterlichen Beraters zu schlüpfen. Der zweite Fall betraf die über Jahre die Öffentlichkeit beschäftigende Liaison Luises von Sachsen-Coburg, Tochter des belgischen Königs Leopold II. und der habsburgischen Erzherzogin Marie Henriette, mit dem ungarischen Offizier Géza Mattatich. Die hochstaplerische Reise des illegitimen Paares war durch eine Intrige der österreichischen Behörden gestoppt worden, die Mattatich von einem Militärgericht wegen Urkundenfälschung verurteilen ließen. Salten beriet nach dessen Enthaftung Mattatich und Luise, die in einer psychiatrischen Anstalt zwangsinterniert worden war, bei dem Unternehmen einer erneuten abenteuerlichen Flucht – und berichtete praktischerweise auch gleich selbst darüber. Die Affaire Luise / Mattatich verarbeitete er prompt zu den 1905 anonym erschienenen *Bekenntnissen einer Prinzessin*, sehr zum Ärger von Luise Sachsen-Coburg. Die Berühmtheit, die sich Salten hier erwarb, war mit Ursache für seine Bestellung zum Chefredakteur der Berliner Ullstein-Blätter im Jahre 1906, die allerdings auch schon im selben Jahr wieder mit Vertragsauflösung endete. Vgl. Felix Salten. Schriftsteller – Journalist – Exilant. Hg. von Siegfried Mattl und Werner Schwarz. Wien 2006, S. 32–35, S. 42–44.

DOI 10.1515/9783110549539-007

zu Unrecht heißt die erste umfassende Biographie, die bezeichnenderweise erst 2010 erschienen ist, *Man of Many Faces*.[2]

Bei der Fülle heterogener Texte und unter dem Prätext Tradition und Moderne scheint es mir am ergiebigsten, sich mit einigen seiner frühen Novellen zu beschäftigen. Ich beziehe mich im Folgenden auf die 1911 erschienene Novellensammlung *Die Wege des Herrn*. Dabei ist zu beachten, dass ein erheblicher Teil der Texte schon zuvor veröffentlicht worden war. Die titelgebende Erzählung beispielsweise stammte aus der 1908 veröffentlichten Sammlung *Die Geliebte Friedrichs des Schönen*, während dieser Text nunmehr umgekehrt diskret in die erweiterte Neuedition aufgenommen worden war. Andere Texte gingen so wie „Begräbnis" auf 1893 zurück, auf 1899 wie „Sedan", und auf das Jahr 1903 wie „Erhebungen über Barbara Liebhardt". „Der Hinterbliebene", ein weiterer Text des Bandes, der uns in der Folge beschäftigen wird, dürfte allerdings eine aktuelle Arbeit gewesen sein.

Eine ähnliche Heterogenität der Texte hatte den Fischer-Verlag einige Jahre zuvor veranlasst, von der Herausgabe des Bandes *Die Geliebte Friedrichs des Schönen* zurückzutreten; der Novellenband erschien beim kleineren Berliner Marquardt-Verlag. Salten hatte mit Blick auf die Karrieren seiner Freunde Felix Dörmann, Richard Beer-Hofmann, Schnitzler und Hofmannsthal, lange auf die eigenständige Veröffentlichung eines seiner Texte warten müssen, ehe Schnitzler 1902/1903 Samuel Fischer für *Die kleine Veronika* gewinnen konnte. So hatte er über beinahe zwei Jahrzehnte ein erhebliches Archiv unveröffentlichter oder bloß in Zeitschriften veröffentlichter literarischer Texte angelegt, die er nur zu kompilieren brauchte. Der Wiederabdruck einiger älterer, für den Sammelband zentraler Novellen scheint mir dahingehend Bestätigung der Prominenz und der Popularität zu sein, die Salten spätestens nach seiner Rückkehr vom Posten des Chefredakteurs der *Berliner Morgenpost* im Jahre 1906 erreicht hatte, eine Popularität, die sich seinen Fertigkeiten als „Sensationsreporter" und großstädtischer Blattmacher ebenso verdankte wie seinen allumgreifenden Skizzen der Wiener gesellschaftlichen Milieus und ihrer Veränderungen. Das literarische Spiel mit ephemeren Aktualitäten und ihrer interpretatorischen Einbindung in Horizonte langer Dauer war zweifellos ein Markenzeichen Saltens, das aus den Überlagerungen von (Tages-)Journalismus und Literatur hervorging. Dahingehend war auch sein großer Erfolg *Wurstelprater* ein blendender Anachronismus, der zwischen dem 19. Jahrhundert der Magier und Schausteller und dem 20. Jahrhundert

---

[2] Beverley Driver Eddy, Felix Salten: Man of Many Faces. Riverside, CA 2010.

der Maschinen und Automaten vermittelte, um ein Stück sogenannter „zeitlos populärer Kultur" festzuhalten.[3]

Wie kommen wir bei der hohen Wandlungsfähigkeit Saltens nun aber zu generalisierbaren Aussagen hinsichtlich des Verhältnisses von Tradition und Moderne? Ich möchte dies im Umweg über zwei Schlüsselbegriffe versuchen, die den genannten Texten entnommen werden können. Diese Begriffe sind „Zeit" und „Erinnerung". Vorweg aber noch kurze Synopsen zu den ausgewählten Texten:[4]

In „Die Wege des Herrn" (S. 7–19) folgen wir einem alten, ermüdeten Hund, der hinter dem Omnibus, in dem sein Besitzer durch die Stadt fährt, herlaufen muss. Verloren legt der Hund sich am Ende in eine Mülldeponie und ergibt sich seinem Tod.

„Der Hinterbliebene" (S. 89–114) führt uns durch einen inneren Dialog zu den Anstrengungen eines Mannes, der eben seine Frau verloren hat, Sinn im gesellschaftlichen Ritual zu finden, das den Abschied von der Toten begleitet, doch gelingt es ihm trotz aller Anstrengungen nicht, über einzelne Szenen hinaus ein wahres Erinnerungsbild an die Tote zu entwickeln.

Die Erzählung „Erhebungen über Barbara Liebhardt" (S. 137–149) kreist um eine 114 Jahre alte Frau, die Gegenstand einer populistischen Pressekampagne zugunsten des Bürgermeisters werden soll. Die Inszenierung christlichsozialer Nächstenliebe kollabiert aber mit der Entdeckung, dass die alte Frau ehedem ein uneheliches Kind geboren hatte.

„Begräbnis" (S. 163–173) handelt von einem Bauernehepaar aus der hintersten Provinz, das zum Begräbnis seines Sohnes nach Wien fährt und über der Theatralität des militärischen Trauerrituals die Bestattung versäumt.

Der Protagonist von „Sedan" (S. 177–182) ist ein kleiner Vogel, der sich in den Schlachtenraum von 1870 verirrt, Zeuge des Grauens wird und selbst einer Kugel zum Opfer fällt.

„Die Geliebte Friedrichs des Schönen" (S. 257–314) schildert die Agonie einer verstoßenen alten Frau im Asyl im Kloster Mauerbach, die nach der inneren Abrechnung mit ihrer ausbeuterischen Familie in ihrer letzten und schönsten

---

[3] Hier ist in Erinnerung zu rufen, dass *Wurstelprater* auf einem Salten-Text aus 1895 beruhte, den der Autor sozusagen unter zwei Aspekten „modernisierte": unter dem Aspekt der neuen, proto-ethnografischen Großstadtfotografie von Emil Mayer, die der Publikation ihren singulären Stellenwert verschaffte; und unter dem der morphologischen Veränderungen des Praters selbst, der ja in einer seiner Schichtungen „Labor" von innovativen urbanen Techniken war. Vgl. F. Salten, Wurstelprater. Ein Schlüsseltext zur Wiener Moderne. Hg. von Siegfried Mattl, Klaus Müller-Richter und Werner Michael Schwarz. Wien 2004.
[4] Salten, Die Wege des Herrn. Wien 1911. Die ausgewählten Novellen finden sich auf den oben in Klammern nachgestellten Seitenzahlen.

Stunde eine phantasmatische erotische Begegnung mit dem in der Klosterkirche bestatteten Herzog Friedrich durchlebt.

Salten spielt mit falschen Fährten. Die Titel der Novellen versprechen anderes, als die Geschichten tatsächlich vorführen. Statt zu den erwartbaren mythologischen, monumentalen oder historischen Schauplätzen führen sie in eine radikale Gegenwart. Poetologisch vollzieht sich dies in „Der Hinterbliebene" durch die Wahl des Präsens als dominanten Modus der Erzählzeit, womit die literarisch vertraute Entwicklung von Charakteren zugunsten einer empiristischen Psychologie aufgegeben wird. Dasselbe Ergebnis der Vergegenwärtigung psychischer Zustände entfaltet aber auch der Verzicht auf lineare Narrative zugunsten der losen Verkettung einzelner Handlungsbögen wie in „Die Geliebte Friedrichs des Schönen". Inhaltlich repräsentieren die Novellen die Ausgesetztheit des nackten Lebens in der Moderne, die nicht mehr durch einen gemeinschaftlichen Schuldspruch begründet wird, sondern durch die Gleichgültigkeit, die eintritt, sobald das Leben des Einzelnen ökonomischen Wert verliert; wobei allerdings die Vorstellung einer starken traditionalen Gemeinschaft selbst auch als Fiktion – eine notwendige Fiktion – enthüllt wird. Semantisch unterwandert der mit Anspielungen auf Bibelsätze und Merkbilder hergestellte Bezug auf die Erbauungsliteratur die Erwartung des Lesers. Der Schmutz des Geschirrs, die verschlissenen Häuser der Vorstadt sind nicht weniger signifikant als das peinliche Gerede eines Hofrats oder die Wutausbrüche eines Armenhäuslers, die Weltwahrnehmung eines kleines Vogels ist nicht weniger bedeutend als die Gestensprache eines Hundebesitzers. Das Beliebige rückt, um Jacques Rancières Theorie der modernen Kunst zu bemühen, zum Zeichen eines universalen und demokratischen Lebenszusammenhangs auf.[5]

Wenden wir uns damit dem Phänomen der Zeit in den genannten Novellen zu. Radikale Verzeitlichung ist eine der Figuren, über die Moderne konzipiert werden kann.[6] Als ständige Erneuerung und Neuerfindung zerstört sie das Fundament der Tradition. Als Gesetz der Beschleunigung verzehrt die moderne Zeit die Rhythmen der Gemeinschaft. In Saltens Novellen nimmt diese Konstellation die Form des Risikos an: Seine Protagonisten sind grundlegend der Gefahr ausgesetzt, im wortwörtlichen Sinn „zu spät" zu kommen. In den „Wegen des Herrn" bereitet sich dieses Geschick mehrfach vor. Der Hund ist von Beginn an mit dem Handicap seiner altersbedingten Müdigkeit belastet, die es ihm schwer macht, mit dem Tempo des Omnibusses Schritt zu halten. Er ist überdies Verführungen

---

5 Vgl. J. Rancière, Die Aufteilung des Sinnlichen. Die Politik der Kunst und ihre Paradoxien. Hg. von Maria Muhle. Berlin 2006.
6 Vgl. Reinhart Koselleck, Vergangene Zukunft. Zur Semantik geschichtlicher Zeiten. Frankfurt a. M. 1984, S. 141–143.

ausgesetzt, vom Zeit-Vektor abzuweichen, Verführungen in Form der Sinnlichkeit des Stadtraums, oder Verführungen durch die ihm eigentlich angemessene Natur, sprich dem Herumtollen mit anderen Hunden. Dass er an der Straßenkreuzung im Stadtzentrum den richtigen Omnibus aus den Augen verliert und der falschen Linie folgt, dafür ist seine Verdauung verantwortlich, die sich freilich nicht so leicht unterdrücken lässt wie der Wunsch, mit anderen Hunden zu spielen.

Die 'getaktete', von den Uhren vorgegebene, profane Zeit löst in „Der Hinterbliebene" eine veritable Identitäts-Krise aus. Sie ergreift vom Körper des Trauernden Besitz, weil er keine Kraft zur Imagination seines künftigen Lebens aufbringen kann. Dieses steht unter dem Zeichen der gleichgültigen Routinen, die er jetzt im Blick zurück auch auf die gemeinsame Zeit mit seiner verstorbenen Frau entdeckt. „... die Uhr tickt, als hätte man meinen Puls an die Wand genagelt, dass er dort verklopfe, bis die Stunden abgelaufen", liest man hier. „Eine folternde Hinrichtung. Das ist Zeit: Dieses Geräusch an der Wand ...".[7] Die Verschmelzung von Körper und mechanischer Zeit findet aber, so sehr diese Ausgesetztheit existenzphilosophischen Konzepten ähnelt, eine nähere soziale Begründung: Der Schmerz kommt aus der Beobachtung, wie die Betriebsamkeit der Gesellschaft rundum ungestört weiterläuft und wie hohl damit die Trauerriten geworden sind.

Das Zählen der Zeit wird auch sozialkritischer Topos. In „Erhebungen über Barbara Liebhardt" geht es um das Errechnen des ungewöhnlichen Alters der Frau, das bloß auf den Umstand seiner Vermarktung hin relevant wird, nämlich wegen einer Fotografie für die Frontseite einer Zeitung im Beisein des Bürgermeisters. Errechnet bzw. verrechnet wird Anna Liebhardts Alter hingegen auch auf andere Art. Vor Jahren hatte sie Grund und Haus gegen eine Leibrente überschrieben, und die vom Vertragspartner beklagte 'Überzeit' ihrer Existenz löst die Handlungen überhaupt erst aus, als er dem Sekretär des Bürgermeisters vorrechnet: „Vierundvierzig Jahr' zahl'n wir die Rente, siebzig war sie dazumal, wird sie halt jetzt hundertundvierzehn Jahr' alt sein."[8] Die moderne Zeit ist demnach auch Voraussetzung einer Spekulation auf den (ökonomisierten) Wert des Lebens.

Der Spekulant wird davon betroffen, dass es „zu spät" ist, um den Leibrentenvertrag noch zum erwarteten Profit zu machen. „Zu spät" kommen aber auch die Eltern des Soldaten Misko, der in Wien gestorben ist und den zu bestatten die beiden ihr Bauerndorf verlassen haben. In „Begräbnis" geht es um Sanktionen, die eintreten, sobald man einer anderen Dauer, einem anderen Lebensrhythmus, anhängt, in diesem Fall der objektiv kurzen, für die trauernden Eltern hingegen zeitlosen und magischen Zeremonie, die von der Regimentsmusik abgewickelt wird. Gefangen von den Fantasien, in welch wunderbares Reich ihr auf diese

---
7 Salten, Wege des Herrn. 1911, S. 100.
8 Salten, Wege des Herrn. 1911, S. 140.

Weise geehrter Sohn gelangen wird, verharren sie wie angewurzelt, versäumen die Abfahrt des Sarges und bleiben damit in Unkenntnis der Stelle, an der ihr Sohn begraben wurde.

Ein „zu spät" entscheidet auch das Schicksal des kleinen Vogels auf dem Schlachtfeld von Sedan, wenige leichtfertig vergeudete Sekunden, die ihm zur Flucht aus der kritischen Situation gereicht hätten. Zu spät kommt letztlich auch der Aufstand der „Geliebten Friedrichs des Schönen" gegen die Demütigungen, die sie als Dienstmagd ihres Bruders ein Leben lang hingenommen hat. Erst als dieser sie in das Asyl abschiebt, erkennt sie, wie ihr vermeintliches Glück, in einer minutiös einzuhaltenden Zeitroutine der Hausarbeit werken zu dürfen, den Wunsch zu wünschen selbst abgetötet hat.

Kommen wir damit nun zum Begriff der Erinnerung, die ja Gegensatz zur Monotonie der Zeit in der Moderne sein müsste.

Die Auseinandersetzung um die Moderne wird essentiell mit den verschiedenen Formen von Erinnerungsproduktion verknüpft. Verschriftlichung und Dynamisierung der Vergangenheit wirken zugleich als Verdrängung der statischen oralen Tradition. Moderne heißt permanente Umschreibung und Erfindung von Tradition.[9] Gesellschaftliche Hegemonie beruht stets auch auf der Deutungshoheit der Vergangenheit und ihrer identitätsbildenden Effekte. Manfred Dickel hat in seiner Salten-Monographie auf eben diese Motivation für die Schriftsteller von Jung-Wien hingewiesen: Zumeist jüdischer Herkunft, suchten sie in Auseinandersetzung mit den dominanten konservativen und antisemitischen Milieus einen doppelten Beweis zu liefern. Einerseits wollten sie für sich selbst eine Genealogie reklamieren, die den progressiven kulturellen Epochen in Wien und Österreich korrespondierte. Andrerseits wollten sie die Neo-Mythologie, die sich etwa in der harmonisierenden Konzeption des sogenannten „Alt-Wien" eingenistet hatte, entzaubern. Dickel konstatiert aus dieser Lage heraus eine Ambivalenz, insbesondere in den Arbeiten Saltens. Einerseits zerstörte er sarkastisch die Klischees der kleinbürgerlichen Traditionalisten, andrerseits neigte er zu einer pathetischen Überhöhung aristokratischer Kulturbestände. Noch interessanter ist Dickels Vermutung, dass Saltens Festhalten an traditionellen Formen der Erzählung für die Erörterung rezenter, komplexer Probleme aus dieser Doppelstrategie herrührte.[10]

Was ist aber nun der Einsatz der Erinnerung in den ausgewählten Novellen? Topisch ist es Erinnerung an vergangenes Unrecht, das sich hinter den zunächst suggerierten Idyllen der Tradition entfaltet. Familienbande erweisen sich, wie im

---

9 Vgl. James Fentress / Chris Wickham, Social Memory. New Perspectives on the Past. Oxford, Cambridge, MA 1992, insb. S. 134.
10 M. Dickel, „Ein Dilettant des Lebens will ich nicht sein". Felix Salten zwischen Zionismus und Jungwiener Moderne. Heidelberg 2007.

Falle der „Geliebten Friedrichs des Schönen", als schonungslose Ausbeutungsverhältnisse. Die Trauerrituale in „Der Hinterbliebene" werden zu leeren Floskeln, die allegorische Treue des Hundes gegenüber den Gewohnheiten seines Herrn entpuppt sich als tödliche Falle, und die Überwältigung des alten Ehepaares in „Begräbnis" durch die Pseudo-Vergemeinschaftung im Militärzeremoniell steht ihrer Verlorenheit und Einsamkeit in der großen Stadt gegenüber. Andrerseits aber ist der Macht des Diskurses wie jener der Performativität über das individuelle Gedächtnis nicht zu entkommen. Die Anstrengungen, aktiv zu erinnern, um Autonomie gegenüber der Umwelt zu gewinnen, scheitern durchwegs beziehungsweise führen zu neuen Fiktionen einer imaginären Vergangenheit. Damit wird man von Salten auf die aufzehrende Wirkung der Moderne betreffend die Lebensfülle verwiesen, die wiederum die Tradition selbst um den Preis des Einsatzes hohl gewordener Kulte für sich geltend machen kann.[11]

Die mit den Schlüsselbegriffen Zeit und Erinnerung verknüpften Motive in Saltens Novellen können berechtigterweise mit dem zeitgenössischen Denken in Zusammenhang gebracht werden, mit Ernst Machs Empiriokritizismus, Durkheims gesellschaftlicher Anomie oder Simmels Habitus-Theorie, wie Klaus Müller-Richter in Vorschlag gebracht hat.[12] So weit möchte ich wegen der zuvor aufgezeigten Ambivalenzen nicht gehen. Naheliegend wäre allerdings, einen Konnex mit der Welt der Fotografie und des Films herzustellen; oder anders gesagt: nach dem Filmischen als modernem Subtext in Saltens Novellen zu suchen.[13] Und dies aus zwei Gründen: Zum einen überrascht immer wieder die realistische Bildhaftigkeit in Saltens Texten, ein Denken in Oberflächen statt in psychologischen Tiefenstrukturen, um mit Siegfried Kracauer zu sprechen, sowie die mitunter an Filmschnitte und -Sequenzen gemahnende Abfolge der Handlungsbögen. And-

---
11 So gesehen wird „Traditionalismus" zu einem Feld von Machtbeziehungen. Ich folge bei dieser Überlegung Karlheinz Rossbachers These, entwickelt in der Auseinandersetzung mit Ferdinand Kürnbergers Wien-Texten, über die Ambivalenz der Tradition. Die Sorge um die alltäglichen Gewohnheiten und die vertrauten Umgebungen bilden das wohl wichtigste Potential, um die uneingelösten Versprechen der Moderne bzw. ihre blinden Flecken zu enthüllen und zu kritisieren, ganz im Sinne von Adornos Diktum, wonach es kein richtiges Leben im (größeren) falschen gibt. Verhärtet sich die von Sorge getragene Inventarisierung der Traditionsbestände zu einem Handlungsmuster des unbedingten Bewahrens, so schlägt die kritische Funktion des Traditionalismus in Konservatismus um. Saltens Novellen, könnte man sagen, stellen diese Ambivalenz selbst in einer selten programmatischen Weise aus. Vgl. Rossbacher, Literatur und Liberalismus. Zur Kultur der Ringstraßenzeit in Wien. Wien 1992, S. 229–234.
12 K. Müller-Richter, „Voll Aufmerksamkeit für ihren Gang …". Felix Saltens Graphologie urbaner Bewegungen in den frühen Novellen (1893–1911). In: Felix Salten. 2006, S. 74–79.
13 Dies darf schon aus dem Grund gewagt werden, weil Salten ja auch als Drehbuchautor reüssierte und einige seiner Novellen bzw. (später) Romane verfilmt worden sind. Vgl. Elisabeth Büttner, Die Kunst von morgen. Das Kino des Felix Salten. In: Felix Salten. 2006, S. 159–167.

rerseits liegt die Größe des frühen Kinos aber auch in der Aufnahme, Aktualisierung und Profanisierung sogenannter „Gedächtnisbilder", die – wiederum mit Kracauer gesagt – den Status von Geschichte in der Vormoderne repräsentieren, diese aber aus ihrer Starre lösen und dynamisieren. Salten arrogiert sich die Tradition, indem er sie dem medial stimulierten Perspektivismus der Moderne unterwirft.

Literatur

Primärliteratur

Salten, Felix: Die Wege des Herrn. Wien 1911.
Salten, Felix: Wurstelprater. Ein Schlüsseltext zur Wiener Moderne. Hg. von Siegfried Mattl, Klaus Müller-Richter und Werner Michael Schwarz. Wien 2004.

Sekundärliteratur

Büttner, Elisabeth: Die Kunst von morgen. Das Kino des Felix Salten. In: Felix Salten. Schriftsteller – Journalist – Exilant. Hg. von Siegfried Mattl und Werner Schwarz. Wien 2006, S. 159–167.
Dickel, Manfred: „Ein Dilettant des Lebens will ich nicht sein": Felix Salten zwischen Zionismus und Jungwiener Moderne. Heidelberg 2007.
Eddy, Beverley Driver: Felix Salten: Man of Many Faces. Riverside, CA 2010.
Fentress, James / Wickham, Chris: Social Memory. New Perspectives on the Past. Oxford, Cambridge, MA 1992.
Koselleck, Reinhart: Vergangene Zukunft. Zur Semantik geschichtlicher Zeiten. Frankfurt a. M. 1984.
Mattl, Siegfried / Schwarz, Werner (Hg.): Felix Salten. Schriftsteller – Journalist – Exilant. Wien 2006.
Müller-Richter, Klaus: „Voll Aufmerksamkeit für ihren Gang ...". Felix Saltens Graphologie urbaner Bewegungen in den frühen Novellen (1893 – 1911). In: Felix Salten. 2006, S. 74–79.
Rancière, Jacques: Die Aufteilung des Sinnlichen. Die Politik der Kunst und ihre Paradoxien. Hg. von Maria Muhle. Berlin 2006.
Rossbacher, Karlheinz: Literatur und Liberalismus. Zur Kultur der Ringstraßenzeit in Wien. Wien 1992.

David Österle
Von den „Kleinigkeiten der Culturgeschichte"

Musealität bei Hugo von Hofmannsthal

Einen Tag nach der offiziellen Eröffnung der Internationalen Ausstellung für Musik- und Theaterwesen, die von 7. Mai bis 9. Oktober 1892 im Wiener Prater stattfand, berichtet Hugo von Hofmannsthal in einem Brief an Marie von Gomperz, eine Jugendfreundin:

> Heute Vormittag war ich in der Ausstellung; [...] ich habe die nebensächlichen Kleinigkeiten der Culturgeschichte, die da zu Tausenden umherliegen, gern. Es liegt auf ihnen oft der rührende Duft verwehten beschränkten kleinen Glücks und Fühlens; ein geschmackloser englischer Kupferstich von 1824 oder ein inhaltloser Privatbrief, der vergilbt ist und nach Alter riecht, erfüllt mich oft mit einer undefinierbaren, lächerlichen, unvernünftigen Sehnsucht nach dem Kleinen, Altmodischen, der deutschen Kleinstadt, dem Vergangenen.[1]

Die Wiener Ausstellung sollte die musikalisch-literarischen und szenischen Entwicklungen Europas anhand von Statuen und Büsten hervorragender Persönlichkeiten aus der Musik- und Theaterwelt, von Musikinstrumenten und Theaterrequisiten aus verschiedenen Gastländern wirkungsvoll veranschaulichen – nicht ohne die führende Rolle Wiens und ihrer vielschichtigen Geschichte zu untermauern. Daneben warf sie einen kultur-und mentalitätsgeschichtlichen Blick zurück in die Geschichte, präsentierte vergangene städtische Lebensweisen und handwerkliche Arbeitstechniken. Die Rotunde, die anlässlich der Weltausstellung 1873 errichtet worden war, verwandelte sich dafür in ein „kunsthistorische[s] Museum von unvergleichlichem Reichthum", schrieb die *Wiener Allgemeine Zeitung* am 7. Mai 1892.[2] Publikumsmagnet der Ausstellung war „Alt-Wien", eine aufwendige, nach Maßgabe der Möglichkeiten originalgetreue Rekonstruktion des Hohen Marktes zu Ende des 17. Jahrhunderts – das Wien lange vor der franzisko-josephinischen Ära; es sollte dem nostalgischen Rückblick in ein historisch bereits weit entrücktes Wien eine authentische Bühne bieten. „Ungefähr in natürlicher Größe, aus Holz, trefflich verputzt. Ein buntes und altväterlich liebes Bild von mildem, traulichem und gravitätischem Behagen", so charakterisierte Hermann

---
1 H. v. Hofmannsthal – M. v. Gomperz. Briefwechsel. Hg. von Ulrike Tanzer. Freiburg i. Br. 2001, S. 62.
2 Wiener Allgemeine Zeitung, 7. Mai 1892, S. 3.

Bahr die Rekonstruktion des Hohen Marktes in seiner Ausstellungs-Rezension.[3] Hier war eine Hanswurst-Bühne aufgebaut, die mit Neuinszenierungen verschiedener Stücke aus der Wiener Theatertradition aufwartete – von der *Kreuzer-Komödie* bis Karl Anton Stranitzkys *Hanswurst* – und dem Zuseher ausgehend von der Alt-Wiener Volkskomödie die Stränge österreichischer Theatertradition präsentierte.[4]

Die Internationale Ausstellung für Musik- und Theaterwesen gilt als eine der bedeutendsten memorialkulturellen Initiativen in der Geschichte der Stadt Wien. Sie hat nicht nur das Image und Selbstverständnis von Wien als Theater- und Musikmetropole – in Abgrenzung zum sozioökonomisch fortschrittlicheren Berlin – auch in touristischem Zusammenhang nachhaltig geprägt. So sollte sich das rekonstruierte Alt-Wien auch ein Jahr später in einer reichlich freieren Version anlässlich der 33. Weltausstellung in Chicago als österreichischer Exportschlager erweisen.[5]

Die Ausstellung im Wiener Prater ist retrospektiv betrachtet aber vor allem Ausdruck einer zunehmenden musealen Auseinandersetzung mit Kulturgeschichte, die in Deutschland und Frankreich bereits zu Beginn des 19. Jahrhunderts eingesetzt hatte, in Wien sich indes erst mit der Eröffnung des *Historischen Museums* im Wiener Rathaus 1886 zu entfalteten begann. Museen wandten sich im Sinne nationaler memorialkultureller Initiativen vielfach von singulären, auserlesenen ästhetischen Objekten ab und legten dem Besucher repräsentative, typische Gegenstände einer materiell versinnlichten Vergangenheit vor. In dieser Eigenschaft richteten sich Ausstellungen nicht mehr nur an ein bildungsbürgerliches und aristokratisches Publikum, sondern sprachen zunehmend breite Bevölkerungsschichten an, die der Tradition und dem historisch Gewachsenen emotionale Verbundenheit entgegenbringen sollten.[6]

Die memorialkulturelle Wende ist dabei auch Ergebnis eines Paradigmenwechsels in der Sammeltätigkeit, der sich im 19. Jahrhundert vollzieht: War das Sammeln zunächst noch stark geprägt von Forscherdrang und Entdeckerleidenschaft, stand es gegen Ende des 19. Jhdt. im Zeichen des Bewahrens und Konservierens von Kultur. Die zunehmende Sammeltätigkeit, die Nietzsche in seiner

---

3 Vgl. H. Bahr, Die internationale Musik- und Theater-Ausstellung in Wien. In: Freie Bühne für den Entwicklungskampf der Zeit 3 (1892), S. 837–843, hier S. 841.
4 Alt-Wien. Die Stadt, die niemals war (Ausstellungskatalog Wien Museum). Hg. von Wolfgang Kos und Christian Rapp. Wien 2004, S. 159.
5 Julia Danielczyk, Die Internationale Ausstellung für Musik- und Theaterwesen in Wien 1892 und ihre imagebildende Funktion. In: Maske und Kothurn 55.2 (2009), S. 11–22, hier S. 15.
6 Irene Nierhaus, Urban Soap – Stadtgeschichte(n) in Mythensorten am Beispiel Rom. In: Mythos Alt-Wien. Spannungsfelder urbaner Identitäten. Hg. von Monika Sommer und Heidemarie Uhl. Innsbruck 2009, S. 167–188, hier S. 174.

Zweiten Unzeitgemäßen Betrachtung als Symptom einer historischen Übersättigung diagnostiziert hatte, wurde vor allem von der Angst vor irreversibler Zerstörung der Tradition angesichts tiefgreifender lebensweltlicher Veränderungen gezeugt. Die Zeitschrift mit dem programmatischen Titel „Der Sammler" etwa appellierte in diesem Sinne an seine LeserInnen: „Sammelt, so lange noch Gelegenheit vorhanden ist, etwas zu sammeln".[7]

Der Kulturphilosoph Joachim Ritter spricht von der Kompensationsfunktion des Museums, das Auffangräume für das der Geschichtsvergessenheit Überantwortete bereitstelle. Und so hätten sich paradoxerweise ausgerechnet in dem Jahrhundert, in dem mehr als in irgendeinem Zeitalter der Geschichte Gewordenes und Überkommenes ohne Bedenken den Bedürfnissen der Gesellschaft geopfert wurden, historische „Erinnerungsorgane" herausgebildet, die „geschichtlichen Sinn" generierten: die historischen Geisteswissenschaften, die Denkmalpflege und das Museum.[8]

Museale, quasi-museale und memorialkulturell-aktualisierte Gegenstände boten dem jungen Hugo von Hofmannsthal immer wieder Anlass, über ‚Nutzen und Nachtheil der Historie für das Leben' zu grübeln. Dort, wo der Dichter den ‚geschichtliche Sinn' verhandelt, stehen sich unvermittelt „Vampire, lebendige Leichen"[9] eines mortifizierenden Historismus' und die ‚Kleinigkeiten der Kulturgeschichte' als „Musen" der schöpferischen Verwandlung gegenüber.[10] „Im Museum Möbel suchen", vermerkt der 19-Jährige gleichsam als Arbeitsauftrag im „Sommer 1893"; und nur wenige Zeilen über dem Notat heißt es zum Stichwort „Möbelpoesie" – der Absatz sollte dann fast wörtlich in den D'Annunzio-Aufsatz eingehen: „Schönheit ist uns das Erbe der Vergangenheit (anderen Menschen ist es das allzuviele Wissen) daher verlegen wir die Offenbarungen der Schönheit, ihre Triumpfzüge und Schäferspiele in die blaue Traumferne".[11] Wenn Hofmanns-

---

[7] Karl Bührer, Was sammelt man? Wie sollen wir sammeln? In: Der Sammler 12.16 (1890), S. 189. Vgl. auch Katharina Grätz, Musealer Historismus. Die Gegenwart des Vergangenen bei Stifter, Keller und Raabe. Heidelberg 2006, S. 83f.
[8] J. Ritter, Subjektivität. Sechs Aufsätze. Frankfurt a. M. 1974, S. 127–129.
[9] Hofmannsthal, Gabriele d'Annunzio. In: Hofmannsthal, Gesammelte Werke in zehn Einzelbänden. Bd. 8: Reden und Aufsätze I. Hg. von Bernd Schoeller in Beratung mit Rudolf Hirsch. 3. Aufl. Frankfurt a. M. 2010, S. 174–184, hier S. 174.
[10] Claudia Bamberg zeichnet in ihrer aufschlussreichen Studie auf der Grundlage des zeitgenössischen literarischen und philosophischen Diskurses über das *Sein* und die *Wahrnehmung* von Gegenständen Hofmannsthals eigenes Verhältnis zu den Dingen nach, seinen „Musen", die Gehalt und Struktur seiner Texte bestimmen. Vgl. Bamberg, Hofmannsthal. Der Dichter und die Dinge. Heidelberg 2011, S. 13.
[11] Hofmannsthal, Aufzeichnungen. Text. Sämtliche Werke. Kritische Ausgabe. Hg. von Anne Bohnenkamp u. a. Bd. XXXVIII. Hg. von Rudolf Hirsch und Ellen Richter. Frankfurt a. M. 2013, S. 231.

thal als ein Repräsentant seiner Generation ein paar Zeilen weiter davon spricht, dass „wir [...] die todten Formen wieder [verlebendigen]", dann ist im Kontext seines ästhetischen Verwandlungs- und Verlebendigungsprogramms, seines schöpferischen Traditionsbezugs auch von *Museumspoesie* zu sprechen, mithilfe der „das alte" [...] durch eine leise hin vibrierende Melancholie modificiert" wird.

Für Hofmannsthals frühe literarische Figuren, die sich ihr Leben gerne dinglich in quasi-musealer Umgebung einrichten, aber wahrnehmungs- und produktionsästhetisch auch für den Dichter und Schriftsteller selbst, dessen Inspiration sich häufig an vergangenen, überlieferten Dingen entzündete, sind mit der Musealisierung der Lebenswelt indes bestimmte Gefahren verbunden – Gefahren, die im relationalen Verhältnis von Moderne und Tradition wurzeln, einer problematisch gewordenen modernen und gleichzeitig als verloren empfundenen traditionellen Lebenswelt, wie sie auch dem Museum des 19. Jahrhunderts zueigen sind.

So etwa in Hofmannsthals Rezension *Ferdinand von Saar, Schloß Kostenitz*, in der auch Hofmannsthals Eindrücke von der Internationalen Ausstellung für Musik und Theaterwesen Eingang gefunden haben. Die Besprechung hatte der 18-Jährige nur wenige Monaten nach seinen Besuchen der „großen Ausstellung im Prater" in der „Deutschen Zeitung" publiziert, in der mehrere Monate zuvor Saars Novelle erstveröffentlicht worden war. Hofmannsthal hatte große Wertschätzung Saar gegenüber empfunden und dem Schriftsteller, den er im Salon der Josephine von Wertheimstein wenige Wochen später persönlich kennen lernen sollte, ein Exemplar seines ersten Dramoletts *Gestern* zugeeignet, mit den Zeilen: „dem Dichter in Ehrfurcht und Sympathie".[12] Hofmannsthals Rezension ist in einem Stil gehalten, welcher der Grundstimmung von Saars vergangenheitssehnsüchtiger Erzählung entspricht, die vor dem Hintergrund der hereinbrechenden Industrialisierung vom tragischen Schicksal eines Freiherrn von Günthersheim und seiner Gattin Klothilde handelt, die sich nach der gescheiterten Revolution von 1848 auf ihr Landgut zurückziehen und dort in naturnaher Umgebungen ein beschauliches, biedermeierliches Leben führen, das weitgehend vom Reiz des Alten, von alten Büchern und alten Gegenständen eingenommen ist.

---

12 Saar hatte sich der frühen lyrischen Dichtung Hofmannsthals gegenüber überraschend unzugänglich gezeigt, wie sein Antwortbrief erweist: „Was nun ihr Werkchen selbst betrifft, so muss ich gestehen, dass ich nicht recht weiss, was ich darüber sagen soll. Denn trotz des geistvollen Dialogs, trotz der gelungenen (wenn auch nicht immer klingenden) Verse habe ich keinen tieferen Eindruck empfangen – und auch nicht herausgefunden, was Sie eigentlich in diesem, wie durch starken Nervenreiz hervorgerufenen Stimmungsbilde haben darstellen und aussprechen wollen." Abgedruckt in: Rudolf Hirsch, Beiträge zum Verständnis Hugo von Hofmannsthals. Frankfurt a. M. 1995, S. 282. Zur Beziehung Hofmannsthals zu Ferdinand von Saars siehe: Karlheinz Rossbacher, Literatur und Bürgertum. Fünf Wiener jüdische Familien von der liberalen Ära zum Fin de Siècle. Wien 2003, S. 370f.

Inhaltlich geht Hofmannsthal nur sehr am Rande auf die Novelle des österreichischen Realisten ein. Vielmehr sucht er die museale und nostalgiebehaftete Atmosphäre einzufangen, in die er selbst in ähnlicher Weise in der Internationalen Ausstellung für Musik- und Theaterwesen eingetaucht war. Dort nämlich waren „unter vielerlei bunten Dingen auch gewisse einfache und bescheidene Reliquien, die für den Blick der Fremden wenig Reiz haben mochten, zu unseren Augen aber vertraulich und rührend redeten" und die „in uns diese wehmütige, leise Sehnsucht, wie wenn man an Kindertage denkt" schufen. Die „Verklärung der Vergangenheit war auf ihnen desto stärker, je schmuckloser und kindischer sie selbst waren",[13] heißt es angesichts des immateriellen Werts der materiell überkommenen „Kleinigkeiten der Culturgeschichte". Die narrative Begehung der Ausstellungsräume in der Rezension führt Hofmannsthal in die kleinbürgerliche Lebenswelt des Vormärz-Alt-Wien. Als „Andenken unserer Großväter Zeit" betrachtet Hofmannsthal die „unbeholfenen kleinen Aquarelle mit gelben Häusern und altmodischen Menschen auf dem Gras der Basteien, die geschmacklosen Möbel ihrer kleinen lieben Zimmer". Dabei scheint hier *Memoria*, die Erinnerungskultur im privaten, intimen Rahmen des europäischen Biedermeiers in Form von Wohnzimmervitrinen selbst zum Objekt der Ausstellung erhoben – wie sich etwa mit Blick in die „polierten Glaskästen mit ihren Lieblingsbüchern" zeigt: „Castelli und Tiedge, die erste Ausgabe von ‚Childe Harold' und ein wehmütig moderduftiger Musen-Almanach; die vergilbten Blätter ihrer Briefe mit umständlicher Artigkeit und einem ungeübten, kindischen und herzlichen Stil...", wie es in der Rezension heißt.[14]

---

[13] Hofmannsthal, Ferdinand von Saar, „Schloss Kostenitz". In: Hofmannsthal, Reden und Aufsätze I. 2010, S. 139–142, hier S. 139.
[14] Hofmannsthal, Ferdinand von Saar, „Schloss Kostenitz". 2010, S. 139. Die Sammel- und Ausstellungsleidenschaft zeigt sich auch im privaten Rahmen der Familie Hofmannsthals. Der Vitrinenschrank im Salon der Wohnung in der Salesianergasse, der vor allem vom Großvater gesammelte, nur wenig wertvolle Stücke enthielt, sei – so Konrad Heumann – für den Vater „emotionale[s] Zentrum der Wohnung" gewesen. In einer Aufzeichnung Hofmannsthals heißt es, der Großvater habe eine „zärtliche Liebe [...] zu seinen kleinen Besitzthümern" empfunden: „Er war der Erwerber dieses ganzen Gewebes von Gefühlen, Begierden, Zärtlichkeiten, Behaglichkeiten. Mein Vater erbte dieses Ganze und trug es in sich noch verschönert durch die Erinnerung an seinen Vater". Hofmannsthal, Aufzeichnungen. 2013, S. 488. Vgl. Heumann, Salesianergasse. Die Verwandlung der Welt. In: Hofmannsthal. Orte. 20 biographische Erkundungen. Hg. von Wilhelm Hemecker und Konrad Heumann in Zusammenarbeit mit Claudia Bamberg. Wien 2014, S. 13–31, hier S 25.

Das Museum als Ort der konservatorischen Aufhebung

Das biedermeierliche Alt-Wien dient in Saars *Schloß Kostenitz* und als atmosphärischer Hintergrund in Hofmannsthal Rezension als Referenzfläche für die ‚schöne' alte Zeit. Es entfacht angesichts gesteigerter lebensweltlicher Verlust- und Entfremdungserfahrungen um die Jahrhundertwende, in einer Zeit pluralisierender, sich immer rascher wandelnder Lebenswelten, nostalgische Sehnsucht nach dem Alten. *Nostalgia*, ursprünglich ein medizinischer Terminus zur Bezeichnung krankhaften Heimwehs, wird so spätestens ab 1900 zu einem Zentralbegriff der sich auch publizistisch entfaltenden Erinnerungskultur.[15] Das darin thematisierte Gefühl des Verlusts von Bestehendem und Gewachsenem war indes, wie dem in österreichischer Literaturgeschichte bewanderte Hofmannsthal bewusst war, bereits bei Dichtern und Literaten des Biedermeier emotionale Triebfeder literarischen Schaffens. „Dieses Heimweh nach Jugendlichkeit, diese Sehnsucht nach verlorener Naivität [...] nach Einfachheit, nach Resignation und nach stillem, leisegleitendem Leben", heißt es in der Rezension bezüglich eines Charakteristikums österreichischer Literaturgeschichte, „ist eine sehr österreichische Stimmung, vielleicht die Grundstimmung unserer wirklichen Dichter."[16] Und so werden sowohl in Saars Novelle als auch bei Hofmannsthal die Autoren Stifter,[17] Grillparzer und Lenau als Kronzeugen der Erfahrung des Verlusts und des Bedarfs lebensweltlicher Vertrautheit in einer veränderten Wirklichkeit ein-

---

15 Vgl. Sándor Békési, Alt-Wien oder Die Vergänglichkeit der Stadt. Zur Entstehung einer urbanen Erinnerungskultur vor 1848. In: Alt-Wien. 2004, S. 29–38, hier S. 29.
16 Indem Hofmannsthal das nostalgische Abschiednehmen von der Vergangenheit zum *Tertium comparationis* literarisch Schaffender (Grillparzer, Stifter, etc.) erklärt, versichert er sich (in der Rezension, die den in die Krise geratenen Traditionsbezug zum Thema macht) zumindest der Existenz einer österreichischen *literarischen Tradition*. Nicht zuletzt geht damit auch Hofmannsthals Selbst-Verortung in der österreichischen Literaturgeschichte einher. Mit der Frage nach einer spezifisch österreichischen Literatur wird sich der Dichter in seinen essayistischen Arbeiten immer wieder beschäftigen, so etwa in dem 24 Jahre später in Warschau gehaltenen Vortrag „Österreich im Spiegel seiner Dichtung".
17 Für Stifter, der zeitweilig ehrenamtlich als Konservator wirkte, gilt dies in besonderer Weise. In *Der Tandelmarkt* beschreibt er aus einer fortschritts-skeptischen Perspektive, wie während der städtebaulichen Veränderungen Wiens die älteren, geschichtsträchtigen Bauten zusehends von „reizlosen" Häusern ersetzt werden. Dass innerhalb dieses fortschrittsgläubigen Klimas, so Stifter, gerade „die kleineren beweglichen Alterthumsdinge sich nicht erhalten können, begreift sich, denn wenn es den niet- und nagelfesten nicht anders ergeht, als daß sie zerstört und zerrissen werden – was haben die zu erwarten, die in aller Welt herumkollern und ewig die Hände ihrer Eigenthümer wechseln?" Adalbert Stifter, Der Tandelmarkt. In: Stifer, Werke und Briefe. Historisch-kritische Gesamtausgabe. Hg. von Alfred Doppler und Wolfgang Frühwald. Bd. 9.1:

geführt. Hofmannsthal greift diesbezüglich etwa auf Grillparzers *Jugenderinnerungen im Grünen* zurück und zitiert: „Wenn erst ich das Verlorne wieder hätte, / Wie gäb ich gern, was ich seitdem gewann".[18]

Die Rezension macht hier klar deutlich, dass nostalgische Sehnsüchte unmittelbar der Erfahrung der lebensweltlichen Entfremdung erwachsen: Bereits Grillparzers literarische Figuren, so Hofmannstal, sie alle sehnen sich nach „unverstörten, stillen Lebenskreisen, nach reingestimmtem, leisem Reden mit sich selbst in dämmernder Ruhe; sie sind wie Pflanzen, die das Umgraben nicht ertragen; grelles Licht und schriller Lärm macht sie zittern; sie haben eine unbestimmte Angst vor dem Leben."[19]

Mit dem Aufeinandertreffen von Kultur und Natur und der Sehnsucht nach einfachem Leben nimmt Hofmannsthal auch den atmosphärischen Ausgangspunkt von Saars Novelle auf. Denn die in der Rezension benannte Sehnsucht nach „unverstörten, stillen Lebenskreisen" bezieht sich auf den neben Schloß Kostenitz gelegenen und von Wasserrosen überdeckten Teich, auf dem „ein einsamer Schwan die stillen Kreise zog". Daneben aber ertönt „Gepolter der Maschinen", das „in den Wipfeln des Schloßparkes [...] erzitterte", wie es gleich zu Beginn von Saars Novelle heißt.[20] Die technisierte Welt mit ihrer verstörenden Klang- und Bildersphäre wird in Saars Novelle als Entnaturalisierung und Versachlichung, als beschleunigte Artefizialisierung ins Spiel gebracht. Mit Odo Marquard wäre hier von Modernisierung im Sinne „der partiellen Ersetzung der Herkunftswelten durch experimentell geprüfte und technisch erzeugte Sachwelten" zu sprechen, die, „damit er sich in ihnen zurechtfindet, den austauschbaren Menschen verlangen",[21] seine Anpassungsfähigkeit im Zuge jenes „Umgrabens", wie Hofmannsthal konstatiert. Mit ihrer aggressiven Einforderung von Flexibilität drängen Modernisierungsprozesse so auf Verabschiedung von Tradition und verlangen den traditionslosen Menschen. Indem Hofmannsthal in der Rezension Konstellationen des Musealen und der Modernisierung miteinander konfrontiert, weist er subtil auch auf die kompensatorische Bestimmung des Museums in der Moderne hin. Die in die Saar-Rezension hineingewobenen Räume des Musealen figurieren als Orte konservatorischer Aufhebung der grundlegend auf Tradierung basierenden Herkunftswelten.

Wien und die Wiener, in Bildern aus dem Leben. Hg. von Johann Lachinger. Stuttgart 2005, S. 227–241, hier S. 228.
18 Hofmannsthal, Ferdinand von Saar, „Schloss Kostenitz". 2010, S. 139.
19 Hofmannsthal, Ferdinand von Saar, „Schloss Kostenitz". 2010, S. 140.
20 F. v. Saar, Schloß Kostenitz. Erzählungen aus dem alten Österreich. München 1966, S. 223.
21 O. Marquard, Apologie des Zufälligen. Frankfurt a. M. 1986, S. 104.

Das Museum als Ort der Mortifikation

Doch gerade die Dialektik von Zerstörung und Bewahrung und deren Aufhebung im Museum, wo materielle Hinterlassenschaften früherer Zeiten gesammelt werden, zeigt, wie problematisch das Verhältnis zur Vergangenheit geworden ist. Was im Alltag als vertraut galt, wurde von den sich immer schneller verändernden Bedürfnissen und den industriell-erzeugten Waren auch immer schneller verdrängt, bald schon zu einem Fremdkörper erklärt und schließlich bestenfalls als Ausstellungsobjekt nutzbar gemacht. Damit aber ist auch Tradition an sich brüchig geworden. Das Museum wird gleichermaßen zum Symptom und Effekt des Verbindlichkeitsverlusts von Tradition und des Bewältigungsversuchs historischer Diskontinuitätserfahrung, insofern es Dinge verwahrt und präsent hält, die für immer aus dem lebendigen Traditionszusammenhang gerissen sind. „Die Gegenstände haben ihr reales Nicht-Sein hinter sich gelassen und ziehen ins Museum ein", fasst es pointiert auch Joachim Ritter,[22] und Adorno erklärt in seinem Essay „Valéry Proust Museum", dass die mehr aus „historischer Rücksicht" denn aufgrund von „gegenwärtigen Bedürfnissen" aufgehobenen Dinge eine „Neutralisierung der Kultur" bewirken. Museum und Mausoleum, so vermerkt er polemisch, verbände nicht nur die „phonetische Assoziation".[23] In diesem Zusammenhang kann auch Brochs Urteil in *Hofmannsthal und seine Zeit*, Wien habe in „Erfüllung seiner Traditionspflicht" die „Museumshaftigkeit mit Kultur" verwechselt, als Dilemma einer forcierten Erinnerungskultur interpretiert werden.[24]

---

[22] Ritter 1974, S. 133. Walter Benjamin, der sich in *Ich packe meine Bibliothek aus – Eine Rede über das Sammeln* mit der bürgerlichen Manie der Akkumulation von Kulturgütern im Zeitalter der kapitalistischen Warenökonomie auseinandersetzt, bezieht sich auch auf Eduard Fuchs' Kritik am Museumsobjekt; Der ‚verkleidete' Gegenstand produziere „ganz unvollständige ... Vorstellungen von der Kultur der Vergangenheit [...] Wir sehen diese ... im prunkvollen Festtagsgewand und nur sehr selten in ihrem meist dürftigen Werkeltagskleid". Benjamin, Gesammelte Schriften. Bd. II. Frankfurt a. M. 1980, S. 502.
[23] Theodor W. Adorno, Valéry Proust Museum. In: Adorno, Kulturkritik und Gesellschaft I. Gesammelte Schriften in 20 Bänden. Hg. von Rolf Tiedemann unter Mitwirkung von Gretel Adorno, Susan Buck-Morss und Klaus Schultz. Bd. 10. Frankfurt a. M. 1997, S. 181. Neuere Museumstheorien haben darauf aufmerksam gemacht, dass das moderne Museum gerade kein bloßer Ort des Konservierens und der positivistischen Materialanhäufung ist, sondern ein Raum der Reflektion, in der memorialkulturelle Prozesse bewusst gemacht werden. Die De- und Neukontextualisierung der Objekte und die damit entstehende Polysemantik der Museumsexponate finden sich auch in René Magrittes Gemälde „Le musée d'une nuit" von 1927 zum Thema erhoben. Vgl. Grätz, Musealer Historismus. 2006, S. 85.
[24] Vgl. Hermann Broch, Hofmannsthal und seine Zeit. Frankfurt a. M. 2001, S. 49.

Wenn Hofmannsthal in der Rezension davon spricht, er habe „ein *sinnloses Verlangen* nach alledem, was so *verwandt* ist und dabei so *unbegreiflich weit* und *ganz unwiederbringlich*",[25] und im Brief an Marie von Gomperz im Anschluss an die Ausstellungsbesuche von seiner „undefinierbaren, *lächerlichen, unvernünftigen* Sehnsucht nach dem Kleinen, Altmodischen, [...] dem Vergangenen [...]" berichtet,[26] dann mag darin auch die dem Musealen innewohnende Aporie ausgedrückt sein; sowie die Distanzierung von einem Begriff von Tradition, wie ihn Adorno für vor-moderne Verhältnisse formuliert: Im Kontext des Generationenzusammenhangs, „als ein von Glied zu Glied" Vererbtes in der Familie und *im Handwerk*, sei mit „tradere" (Weitergeben) „leibhaftige Nähe und Unmittelbarkeit" ausgedrückt.[27]

In der Betrachtung der Exponate offenbart sich Hofmannsthal, so heißt es in dem Brief an Gomperz, die „verkleidete Sehnsucht nach dem Andren an sich dem ewig-Andren, dem Unerreichbaren. Man ist aber um nichts klüger, wenn man das weiß."[28] Wie lässt sich dies verstehen? Der museale Gegenstand, der räumlich-zeitlich dem lebensweltlichen Zusammenhang entrissen ist und vom Museum aus auf den anderen, den außermusealen (das Signifikat) verweist, stellt seinen Repräsentation-Charakter selbst aus. Indem das Ausstellungsexponat nun, wie es bei Clifford Geertz heißt, „*für etwas* und nicht mehr *für sich*" steht und ihm als solches die Aura des Verlustes anhaftet, figuriert das Objekt als Projektionsfläche für rückwärtsgewandte Sehnsuchtsbilder. Als solches stellt es *verkleidet* die Sehnsucht nach dem „Anderen", dem Unerreichbaren – einem ins Vergangene verlegten Ideal – selbst zur Schau.

Dies wird in der Saar-Rezension auch da deutlich, wo Hofmannsthal die memorialkulturellen Überreste in ihren idyllischen Aktualisierungen und nostalgisch-literarischen Fortschreibungen als nur-imaginierte Sehnsuchtsbilder ausweist. Das biedermeierliche Alt-Wien oder außerstädtische Fluchtorte, wie etwa das Schloß in Saars Novelle, öffnen solche mit der aktuellen, unerwünschten Lebenswirklichkeit bewusst kontrastierende Sehnsuchtsbilder. „Es ist die schönste Idylle, die wahrste, die nächstverwandte. Wir sehnen uns immer nach ihr", heißt es in der Rezension,

---

25 Hofmannsthal, Ferdinand von Saar, „Schloss Kostenitz". 2010, S. 139.
26 Hofmannsthal – Gomperz, Briefwechsel. 2001, S. 62 [Hervorhebungen vom Verfasser].
27 In der „bürgerlichen Gesellschaft", so Adorno, sei Tradition im strengen Sinne nicht mehr möglich. „Das Prinzip des Tauschs von Äquivalenten hat, als das der Leistung, das der Familie zwar nicht abgeschafft. Doch es hat die Familie sich untergeordnet." Gerade die technischen Produktionsweisen würden – insbesondere in Amerika – ein „Bewußtsein zeitlicher Kontinuität" verhindern: „Was nicht heut und hier als gesellschaftlich nützlich auf dem Markt sich ausweist, gilt nicht und wird vergessen." Vgl. Adorno, Über Tradition. In: Adorno, Kulturkritik und Gesellschaft I. 1997, S. 310–320, hier S. 310f.
28 Hofmannsthal – Gomperz, Briefwechsel. 2001, S. 62.

„wenn wir in alten Büchern blättern, wenn wir durch alte, enge Gassen gehen", und mit Seitenblick auf seine nostalgisch-literarische Fortschreibung in Saars Novelle: „und wenn sie ein Dichter so malt, mit verklärenden Farben des Verlangens: Sie war gewiß nie. Sie ist nichts als Fata morgana."[29]

Nur nebenbei sei gesagt, dass gerade Alt-Wien durch seine kulturelle Tradierungen um die Jahrhundertwende in seiner ganzen zeitlich-räumlichen Undefiniertheit (vom mittelalterlichen Wien bis zur Stadterneuerung unter Kaiser Franz Joseph) paradigmatisch für ein „zeitlos populäres" Sehnsuchts- und Kompensationskonstrukt steht.[30] Als Gegenpol zu einem immer schneller sich modernisierenden „Neu-Wien" wird das Stadtnarrativ um 1900 somit zu einer Tradition er- und verdichtet – mit Rückgriff auf Eric Hobsbawm ließe sich in diesem Zusammenhang von „invented tradition" sprechen[31] –, es wird in Ausstellung und im Themenpark im Prater besuchbar und begründet mit den Souvenirs seine bis in die heutige Zeit andauernde Kommerzialisierung.[32]

In diesem Sinn lässt auch Hermann Bahr in *Das Theater* von 1897 seinen Romanhelden Mauraus Mohr, Schriftsteller und Dramatiker, Alt-Wien als mythisch überhöhtes Konstrukt entlarven: „Sie schufen aus ihrer Erinnerung etwas, das es nie gab, das sie jedoch besser kannten als alle vorher und alle nach ihnen, das phantastische Bild eines alten Wien [...], das nie existiert hat und doch die eigentliche Wahrheit wäre".[33]

Der Rückzug in museale Räume

Über quasi-museale, kompensatorische Fluchträume lassen sich – so Hofmannsthal – auch die literarischen Figuren Ferdinand von Saars definieren. Die „Menschen Saars", so Hofmannsthal, „umgeben sich gern mit alten, abgeblassten und abgegriffenen Dingen; das Weltfremde tut ihnen wohl, und sie stehen sehr stark unter dem rätselhaften Bann des Vergangenen." Und: „Fast alle flüchten

---

29 Hofmannsthal, Ferdinand von Saar, „Schloss Kostenitz". 2010, S. 141.
30 Vgl. Metropole Wien. Texturen der Moderne. Hg. von Siegfried Mattl, Roman Horak, Wolfgang Maderthaner u. a. Bd. 1. Wien 2000, S. 16.
31 E. Hobsbawm / Terence Ranger, The Invention of Tradition. Cambridge 1992.
32 Békési 2004, S. 38. In diesem Zusammenhang ist auch Adornos Kritik an der zweckrationalen Vitalisierung von Kultur und Tradition interessant: „Zweckrationalität, die Erwägung, wie gut es in einer angeblich oder wahrhaft entformten Welt wäre, Tradition zu besitzen, kann nicht verordnen, was von Zweckrationalität kassiert ist." Adorno, Über Tradition. 1997, S. 311.
33 H. Bahr, Das Theater. Wien 1948.

aus dem Leben."³⁴ In den Händen Hofmannsthals werden Saars Figuren dabei zu geistigen Verbündeten von Paul Bourget, Henri Frédéric Amiel, Maurice Barrès und letztlich auch seiner eigenen literarischen Figuren, die von einer distanzierten Haltung gegenüber dem Leben geprägt sind. Neben dem Kaufmannsohn im *Märchen der 672. Nacht*, dessen museal-eingerichtetes Leben einer chaotischen, an die modernisierte Lebenswelt erinnernden Sphäre gegenübergestellt ist, steht bei Hofmannsthal fast prototypisch der Tor Claudio für diese Art der Weltflucht und musealen Zurückgezogenheit. In seinem „Studierzimmer [...] im Empiregeschmack",³⁵ das an die „enzyklopädisch angelegten Kunstkammern des 16. bis 18. Jahrhunderts" angelehnt ist,³⁶ umgibt sich Claudio mit allerhand Kunstgegenständen und Altertümern, die bezeichnenderweise in einem „Glaskasten" verschlossen sind, einer gotischen Truhe und „altertümliche[n] Musikinstrument[en]"³⁷ – möglicherweise Nachklänge der Internationalen Ausstellung für Musik- und Theaterwesen. Die ihn umgebenden Gegenstände sind in Analogie zum Museumsraum „ein hohles Bild von einem vollern Sein", wie es in Hofmannsthals lyrischem Drama heißt. Auch hier scheinen die Dinge ihr reales Nicht-Sein hinter sich gelassen zu haben und ins Museums, ins Privatmuseum gewandert zu sein: „Ihr alten Lauten, ihr, bei deren Klingen / Sich manches Herz die tiefste Rührung fand, / Berauschende und ängstigende Dinge, / Ihr wart doch all einmal gefühlt./ Ich hab mich so an Künstliches verloren / Daß ich die Sonne sah aus toten Augen / Und nicht mehr hörte als durch tote Ohren."³⁸ Mortifizierend ist hier – frei nach Adorno – bereits der Zugriff auf die museifizierten Gegenstände, „zu denen der Betrachter nicht mehr lebendig sich verhält und die selber absterben".³⁹ Claudios Dilemma, dem Chaos toter Sachen keine Beziehung einzuhauchen, wie es in der Anklage des Todes heißt, gilt somit auch für sein Privatmuseum, das anstelle einer Kunstkammer gänzlich zu einer „Rumpelkammer voller totem Tand"⁴⁰ geworden ist, und er selbst in ihrer Umgebung dem Gefühl anheimfällt, sein „Leben zu erleben wie ein Buch."⁴¹ Die Antwort auf die Frage, worin eigentlich die „Heilung" Claudios liege, gibt Hofmannsthal in seinen Aufzeichnungen selbst: „Dass der Tod das erste wahrhaftige Ding ist, das ihm begeg-

---

34 Hofmannsthal, Ferdinand von Saar, „Schloss Kostenitz". 2010, S. 140.
35 Hofmannsthal, Der Tor und der Tod. In: Hofmannsthal, Gesammelte Werke in zehn Einzelbänden. Bd. 1: Gedichte. Dramen I. Hg. von Bernd Schoeller. Frankfurt a. M. 1979, S. 279–298, hier S. 281.
36 Vgl. Bamberg 2011, S. 217.
37 Hofmannsthal, Der Tor und der Tod. 1979, S. 281.
38 Hofmannsthal, Der Tor und der Tod. 1979, S. 284.
39 Vgl. Adorno, Valéry Proust Museum. 1997, S. 181.
40 Hofmannsthal, Der Tor und der Tod. 1979, S. 283.
41 Hofmannsthal, Der Tor und der Tod. 1979, S. 284.

net, das erste Ding, dessen tiefe wahrhaftigkeit er zu fassen im Stande ist. Ein Ende aller Lügen, Relativitäten und Gaukelspiele. davon strahlt dann auf alles andere Verklärung aus."[42]

Die ästhetische Problematik der Museifizierung ist dabei nicht nur in *Der Tor und der Tod* an eine ethische gebunden. So hat im *Märchen der 672. Nacht* der Kaufmannssohn seinen Rückzug in eine selbst geschaffene museal-anmutende ästhetizistische Dingwelt mit dem Leben zu bezahlen, als er sich (im zweiten Teil der Erzählung) – um die Wahrheit der Vergangenheit eines seiner Diener bemüht – kurzzeitig in einen Lebensraum vorwagt, der in Manchem an den Typus europäischer Städte zu Beginn der Industrialisierung erinnert. Den hinter Glas verschlossenen Ausstellungsexponaten gleich schließen sich bestimmte literarische Figuren Hofmannsthal vom Gang der Geschichte häufig völlig aus, und setzen sich so einer gefährlichen – schließlich explosiven – Spannung zu der sich in stetiger Bewegung befindlichen Außenwelt aus.

Ähnlich läuft auch Saars Novelle zielsicher der krisenhaften Konfrontation von konservierter Vergangenheit und Gegenwart entgegen. Clothilde hat ihre Schwärmerei für den im Schloß zwischenzeitlich einquartierten Offizier Oberst Graf Poiga-Reuhoff und damit das kurzzeitige Austreten aus der geliebten, aber stillstehenden Alt-Wiener Vasen-Idylle mit dem Tod zu bezahlen. Sie stirbt nur wenige Tage, nachdem er ihre Sehnsüchte schamlos ausnützt und sich ihr gegen ihren Willen gewaltsam annähert. Selbst der Ort der nostalgisch-biedermeierlichen *Sehnsüchte und Kompensationsphantasien*, das Schloß Kostenitz, wird in Saars Novelle letztlich von der unliebsamen Realität, von der Gegenwart eingeholt. Das Anwesen wird, nachdem es nach fünfundzwanzig Jahren testamentarisch der Gemeinde zugefallen war, von einem Großindustriellen erworben und den Lebensgewohnheiten eines modebewussten, an der englischen Moderne inspirierten Großbürgertums angepasst.

Musealer Historismus

Dass eine museale Annäherung an die Welt nicht nur für die literarischen Figuren Hofmannsthals und Saars Gefahren bereithält, sondern – wahrnehmungs- und produktionsästhetisch – für den Dichter selbst, reflektiert Hofmannsthal im Reisejournal „Südfranzösische Eindrücke", das knapp zwei Monate nach der Saar-Rezension entstanden ist. Hofmannsthal schildert darin unzusammenhängend Eindrücke von einer gemeinsam mit seinem Französischlehrer Gabriel Dubray

---

42 Hofmannsthal, Aufzeichnungen. 2013, S. 262.

unternommenen Frankreichreise im Anschluss an seine Matura. Auch hier droht durch die Vermitteltheit von Erfahrung (einer fremden Vergangenheit) etwa durch Reiseliteratur der Verlust ‚unmittelbarer' Lebendigkeit für das Leben – mit Konsequenzen für sein Verständnis von Tradition. Und auch hier ist den memorialkulturellen Konstellationen die Dialektik von Zerstören und Bewahren eingeschrieben. In einer Reflexion über den Mobilitätswandel, mit der Hofmannsthals Reisejournal einsetzt, bringt der Erzähler sein Bedauern über die Veränderung des Reisetempos in der Moderne zum Ausdruck. Für Hofmannsthal ist das moderne Reisen in Zügen ein „hastiges ruheloses Reisen", und konträr zu ihm steht, wie Hofmannsthal schreibt, die

> hübsche Art zu reisen, die empfindsame, die des Sterne und des Rousseau, [die] uns verlorengegangen [ist]. Das war noch eine Reise nach Stimmungen. Man reiste sehr langsam, im humoristischen Postwagen oder in der galanten Sänfte; man hatte Zeit, um in Herbergen Abenteuer zu erleben und wehmütig zu werden, wenn ein toter Esel am Wege lag; man konnte im Vorbeifahren Früchte von den Bäumen pflücken und bei offenen Fenstern in die Kammern schauen, man hört die Lieder, die das Volk im Sommer singt, man hörte die Brunnen rauschen und die Glocken läuten.[43]

In Hofmannsthals Reisejournal, das im Ganzen wie ein Open-Air-Museum anmutet, findet sich dieser Verlust kompensiert durch eine entschleunigte Wahrnehmungsweise des Erzählers. Jean-Jacques Rousseau ist dabei nicht nur die ideelle Referenz für eine längst verlorengegangene Reisetradition; Hofmannsthal macht auf seiner Reise auch Halt bei der Rousseauschen Dichtergedenkstätte in Chambéry, dem (damaligen) Landhaus der um zwölf Jahre älteren Mme de Warens, mit der Rousseau eine amoureuse Beziehung unterhielt. Der ‚hastigen' und ‚ruhelosen' Moderne steht hier das unveränderte Intérieur des Hauses gegenüber, dessen Innen nur durch ein Fenster mit dem Außen verbunden ist. „Es ist noch alles da: ihre Bilder, ihre Betten, das Fenster, an dem sie Arm in Arm in den Sonnenuntergang hinaussahen, das Immergrün, das sie zusammen pflückten…"[44] Im Museum ist der Blick friedfertig und ohne Hast den Dingen gewidmet, er ist geschützt vor dem Ephemeren der modernen Städte und bleibt auch von jeglicher „Chockwirkung" (im Sinne Benjamins) verschont.[45] Das Immergrün, das für den Philosophen Rous-

---
43 Hofmannsthal, Südfranzösische Eindrücke. In: Hofmannsthal, Gesammelte Werke in zehn Einzelbänden. Bd. 7: Erzählungen. Erfundene Gespräche und Briefe. Reisen. Hg. von Bernd Schoeller in Beratung mit Rudolf Hirsch. Frankfurt a. M. 1979, S. 589–594, hier S. 589.
44 Hofmannsthal, Südfranzösische Eindrücke. 1979, S. 590.
45 Vgl. Walter Benjamins Interpretation zu Baudelaires „A une passante", in der er die Chock-Erfahrung zu einem Charakteristikum der Moderne erklärt. Benjamin, Charles Baudelaire – Ein Lyriker im Zeitalter des Hochkapitalismus. Frankfurt a. M. 1974.

seau (ganz wie später bei Prousts Madeleine), als Auslöser von Erinnerungen an eine verlorene Zeit dient – was auch in die Semantik des englischen „Evergreen" eingegangen ist –, figuriert hier als das Beständige im Ablauf der Zeit.

Hofmannsthals *Südfranzösischen Eindrücke* problematisieren aber auch die Kehrseite dieser musealen Wahrnehmungsweise, die im Museum geschulte historistisch-relativistische Perspektive. Wenn Hofmannsthal etwa im Verlauf des Textes auf den „mireio", Frédéric Mistrals provenzalisches Versepos aus dem Jahre 1859 – „ein Idyll in preziösen künstlichen Strophen" – verweist, „in dem die wunderschönen Dinge der Vergangenheit steif und tot herumstehen, wie in einem *ungemütlichen* Provinzmuseum",[46] dann ist damit zum Ausdruck gebracht, dass ein musealer Historismus die Fäden der Tradition überdehnen kann. Im „Haus des Unzusammenhängenden", so heißt es in dem bereits zitierten Essay Adornos, der sich Marcel Prousts und Paul Valérys konträren Betrachtungen (zum Wesen und Unwesen) des Museums widmet, lauert also die Relativismusfalle. Wo sich der Wahrnehmende den Dingen gegenüber nur mehr bezugslos – und somit traditionslos – zu verhalten weiß, fühlt er sich angesichts des kontingenten und potenziell unendlichen Zeichenmaterials der Zeit zu einer Auswahl nicht mehr bemüßigt. Mit Bezug auf Valéry spricht Adorno von der Verarmung des Menschen angesichts des „Übermaß[es] seiner Reichtümer."[47] Valérys Kritik richtete sich auf die problematische Absolut-Setzung der Bilder und Exponate im Museum, der Fetischisierung als Konsequenz der Einverleibung in ‚fremde' Umgebung. Dem „reinen Werk" nämlich drohe im Museum, wo es der Betrachtung als Selbstzweck dargeboten wird, „Verdinglichung und Gleichgültigkeit".[48] Dies bedinge gerade die „sonderbar organisierte Unordnung",[49] das „Chaotische des Museums", so Adorno, weil es „den Ausdruck der Werke verwirrt".

Hofmannsthals Verweis auf das von Frédéric Mistral geschaffene „ungemütliche Provinzmuseum" ist im Kontext der *Südfranzösischen Eindrücke* als eine selbstreferentielle und selbstkritische Geste zu verstehen. Denn die beschriebene Denkmaltour mutet auf einer höheren Ebene wiederum wie ein Rundgang in einem Museum an, und so droht dem Reisejournal, gleichsam selbst zu einem Provinzmuseum zu werden. Griechische und Römische Antike, Renaissance, die Zeit des Rokoko, die des Rousseau und Stendhals stehen (unterschiedslos)

---

46 Hofmannsthal, Südfranzösische Eindrücke. 1979, S. 591.
47 Vgl. Adorno, Valéry Proust Museum. 1997, S. 183.
48 Vgl. Adorno, Valéry Proust Museum. 1997, S. 192. Nach Valéry sind die reinen Werke, „die der Betrachtung im Ernst standhalten, [...] nur die nicht reinen Werke, die in jener Betrachtung sich nicht erschöpfen, sondern auf einen gesellschaftlichen Zusammenhang hinweisen."
49 Vgl. Adorno, Valéry Proust Museum. 1997, S. 191.

nebeneinander mit ihren jeweiligen Räumen, Landschaften, Menschen und sogar Tieren.

Ähnlich verhält es sich mit dem kurzen, ebenfalls 1892 entstandenen Prosagedicht *Die Rose und der Schreibtisch*, das die Relation disparater Einzelgegenstände – der musealen Neuordnung der Exponate im Museum gleich – in Szene setzt und dabei selbstreferentiell die quasi-museale Ausgangssituation des Schreibprozesses problematisiert. Der Ich-Erzähler des Prosagedichts und Arrangeur der Schreibtisch-Ordnung lässt die „Porzellanrose des alt-wiener Tintenzeuges" über ihn sagen: „‚Er hat absolut kein Stilgefühl mehr', sagt sie, ‚keine Spur von Geschmack'. Damit meinte sie mich. ‚Sonst hätte er unmöglich so etwas neben mich stellen können.' Damit meinte sie die lebendige Rose."[50] Im historistischen Schreibtischarrangement treffen in wandelnden Bedeutungszuschreibungen so auch die Sphären Kultur und Natur aufeinander; die rote *Natur*-Rose, die dem Ich-Erzähler in einer verschneiten Winternacht im wahrsten Sinne des Wortes vor die Füße fällt, wird auf seinem Schreibtisch in der Umgebung verschiedener Nippes, der Alt-Wiener Rosenvase etwa, ebenfalls zum artifiziellen Objekt, zum Kunstprodukt.[51]

Zurück zu den *Südfranzösischen Eindrücken*: Tradition scheint hier in erster Linie eine (an)erlesene, die Wahrnehmungen des Reisenden sind von einem historischen „Schleier" überzogen.[52] In dem reichen Bezugsfeld textuell-topographischer Quellen und Intertextualitäten ist das Wahrgenommene – ähnlich wie in der Rezension über *Schloß Kostenitz* – immer auf das Historische bezogen und bedeuten nie es selbst.[53] Die negativen Auswirkungen dieser überdeterminierten musealen Wahrnehmungsweise auf seine Dichter-Existenz ist in einem Brief an Edgar Karl von Bebenburg angesprochen, geschrieben während der Frankreichreise, in dem Hofmannsthal die fehlende „Unmittelbarkeit des Erlebens" beklagt, und einmal mehr die Erfahrung der „double conscience" formuliert: „ich sehe mir selbst Leben zu und was ich erlebe ist mir wie aus einem Buch gelesen". Und darüber hinaus dann affirmativ: „erst die Vergangenheit verklärt mir die Dinge und gibt ihnen Farbe und Duft. Das hat mich wohl zum ‚Dichter' gemacht, dieses

---

50 Hofmannsthal, Die Rose und der Schreibtisch. In: Hofmannsthal, Erzählungen. Erfundene Gespräche und Briefe. Reisen. 1979, S. 443.
51 Eine genaue Textanalyse mit Fokus auf die Frage nach Selbstreflexivität, Autorschaft und Musealität hat Katharina Grätz unternommen: Plaudereien stummer Dinge. Museale Konstellation und Autorschaftsentwurf in Hugo von Hofmannsthals Die Rose und der Schreibtisch. In: Schöpferische Restauration. Traditionsverhalten in der Literatur der Klassischen Moderne. Hg. von Barbara Beßlich und Dieter Martin. Würzburg 2014, S. 83.
52 Hofmannsthal – Edgar Karg von Bebenburg, Briefwechsel. Frankfurt a. M. 1966, S. 32.
53 Vgl. auch Bamberg 2011, S. 213.

Bedürfnis nach dem künstlichen Leben, nach Verzierung und poetischer Interpretation des gemeinen und farblosen."⁵⁴

Hofmannsthals Texte, die in zeitlicher Nähe zur Internationalen Ausstellung für Musik- und Theaterwesen verfasst wurden, führen vor Augen: Das Museum ist für den Dichter und Schriftsteller in den frühen Jahren nicht nur ein Ort der „Musen", ein Ort also, an der sich seine dichterische Inspiration entzünden kann, sondern immer auch ein außerhalb der zeitlichen Ordnung stehender „anderer Raum", der zur Reflektion über den (historischen) Status der Dinge herausfordert. In einer als problematisch empfundenen Gegenwart ist das Museum für ihn somit Ort der kritischen Selbstbefragung über sein Verhältnis zur Tradition und Moderne, zur Vergangenheit und Gegenwart.

Das Museum wird Hofmannsthal auch in späteren Texten als räumliche Denkfigur dienen, um den Bezug zu den Dingen, die von der ‚Vergangenheit verklärt' sind, in einer problematisch gewordenen Moderne zu reflektieren. Die Verlebendigung der Dinge in der Kunst, mit Kulturgeschichte schöpferisch umzugehen, im Kunstwerk keine museifizierte, sondern eine leuchtende „Welt der Bezüge"⁵⁵ zu schaffen, wird Hofmannsthal knapp 15 Jahre später, in „Der Dichter und diese Zeit", zum dichterischen Programm gegen den „zersplitterten Zustand dieser Welt" machen. Dafür bedarf es eines neuen Begriffs von Musealität, den Hofmannsthal anhand einer entscheidenden späteren Museumserfahrung formulieren wird. In „Die Statuen", dem dritten Teil der Reiseerzählung *Augenblicke in Griechenland*, die eine gemeinsam mit Harry Graf Kessler und Rudolf Borchardt unternommene Griechenlandreise im Jahr 1908 reflektiert, schildert der Erzähler einen Besuch im Akropolismuseum. Das Museum ist hier kein unüberschaubar gewordener „Materialhaufen", wie es Hofmannsthal in *Der Dichter und diese Zeit* als Schreckgespenst der historistischen Unübersichtlichkeit beschwört, sondern Ort der Verlebendigung, wo dem Betrachter „das Tote als ein Lebendiges, das Zerfallene als ein Ewigblühendes entgegenblicken sollte".⁵⁶ Im Akropolismuseum haben sich die historischen Dinge wieder ihres Eigensinns bemächtigt und ihnen gegenüber steht unbefangen der Museumsbesucher. Das heißt, dass hier Sein und Bedeuten, Signifikat und Signifikant der Dinge eins sind – im Gegensatz zu Hofmannsthals frühen Museumserfahrungen, in denen der Blick des Museumsbesuchers im Anwesenden nostalgisch noch das Abwesende suchte. Die Dinge treten dem Dichter unmittelbar, ungebrochen und im Zustand reiner Präsenz

---

54 Hofmannsthal – Bebenburg, Briefwechsel. 1966, S 19.
55 Hofmannsthal, Der Dichter und diese Zeit. In: Hofmannsthal, Gesammelte Werke in zehn Einzelbänden. Bd. 8: Reden und Aufsätze I. Hg. von Bernd Schoeller in Beratung mit Rudolf Hirsch. Frankfurt a. M. 1979, S. 54–81, hier S. 68.
56 Hofmannsthal, Der Dichter und diese Zeit. 1979, S. 73.

entgegen,[57] denn „ohne jeden Zweifel, sagte ich mir, bin ich hier in der Gewalt der Gegenwart, stärker und in anderer Weise, als es sonst gegeben ist. [...] Von dem Dastehen [der Statuen], von ihren rieselnden Gewändern, von ihren Minen, blicklos wissend blickenden, trieft dies eine Wort: ‚Ewig!'".

Die Erfahrung des Museums als Erlebnis- und Begegnungsstätte in *Augenblicke in Griechenland* und die darin beschriebene grenzenlose Ausdehnung des musealen Raumes, verdeutlichen, dass die Vergangenheit beim späteren Hofmannsthal zunehmend energischer Präsenz und Bedeutung für die Gegenwart einfordert. Von hier aus ist es nicht mehr weit zur Idee des „geistigen Raumes",[58] die Hofmannsthal wenige Jahre später als entscheidende Denk- und Legitimationsfigur für sein memorialkulturelles Engagement dienen wird. Im Lichte des historisch-räumlichen Kontinuitätsdenkens wird es für den Dichter bald kein Außerhalb der Geschichte mehr geben.

Literatur

Primärliteratur

Bahr, Hermann: Die internationale Musik- und Theater-Ausstellung in Wien. In: Freie Bühne für den Entwicklungskampf der Zeit 3 (1892), S. 837–843.
Bahr, Hermann: Das Theater. Wien 1948.
Hofmannsthal, Hugo von: Hofmannsthal – Edgar Karg von Bebenburg: Briefwechsel. Frankfurt a. M. 1966.
Hofmannsthal, Hugo von: Der Tor und der Tod. In: Hofmannsthal: Gesammelte Werke in zehn Einzelbänden. Bd. 1: Gedichte. Dramen I. Hg. von Bernd Schoeller in Beratung mit Rudolf Hirsch. Frankfurt a. M. 1979, S. 279–298.
Hofmannsthal, Hugo von: Die Rose und der Schreibtisch. In: Hofmannsthal: Gesammelte Werke in zehn Einzelbänden. Bd. 7: Erzählungen. Erfundene Gespräche und Briefe. Reisen. Hg. von Bernd Schoeller in Beratung mit Rudolf Hirsch. Frankfurt a. M. 1979, S. 443.
Hofmannsthal, Hugo von: Südfranzösische Eindrücke. In: Hofmannsthal: Erzählungen. Erfundene Gespräche und Briefe. Reisen. 1979, S. 589–594.
Hofmannsthal, Hugo von: Augenblicke in Griechenland. In: Hofmannthal: Erzählungen. Erfundene Gespräche und Briefe. Reisen. 1979, S. 603–628.

---

[57] Hofmannsthal, Augenblicke in Griechenland. In: Hofmannsthal, Erzählungen. Erfundene Gespräche und Briefe. Reisen. 1979, S. 603–628, hier S. 628. Dies geht in den „Augen-Blicken in Griechenland' gar soweit, dass sich die Blicke von Subjekt und Objekt verkehren: diese waren „plötzlich auf mich gerichtet und in ihren Gesichtern vollzog sich ein völlig unsägliches Lächeln." (S. 608) Bamberg macht in diesem Zusammenhang auf die Parallele zu Rilkes zweitem Apollo-Gedicht in den *Neue[n] Gedichte[n]* aufmerksam. Vgl. Bamberg 2011, S. 292.
[58] Vgl. auch Bamberg 2011, S. 298.

Hofmannsthal, Hugo von: Gabriele d'Annunzio. In: Hofmannsthal: Gesammelte Werke in zehn Einzelbänden. Bd. 8: Reden und Aufsätze I. Hg. von Bernd Schoeller in Beratung mit Rudolf Hirsch. 3. Aufl. Frankfurt a. M. 2010, S. 174–184.
Hofmannsthal, Hugo von: Der Dichter und diese Zeit. In: Hofmannsthal: Reden und Aufsätze I. 2010, S. 54–81.
Hofmannsthal, Hugo von: Hugo von Hofmannsthal – Marie von Gomperz: Briefwechsel. Hg. von Ulrike Tanzer. Freiburg i. Br. 2001.
Hofmannsthal, Hugo von: Ferdinand von Saar, „Schloss Kostenitz". In: Hofmannsthal: Reden und Aufsätze I. Frankfurt a. M. 2010, S. 139–143.
Hofmannsthal, Hugo von: Aufzeichnungen. Text. Sämtliche Werke. Kritische Ausgabe. Hg. von Anne Bohnenkamp u. a. Bd. XXXVIII. Hg. von Rudolf Hirsch und Ellen Richter. Frankfurt a. M. 2013.
Proust, Marcel: In Swanns Welt. In: Proust: Auf der Suche nach der verlorenen Zeit. Bd. 1. Frankfurt a. M. 1981.
Saar, Ferdinand von: Schloß Kostenitz. Erzählungen aus dem alten Österreich. München 1966.
Stifter, Adalbert: Der Tandelmarkt. In: Werke und Briefe. Historisch-kritische Gesamtausgabe. Hg. von Alfred Doppler, Wolfgang Frühwald. Bd. 9.1: Wien und die Wiener, in Bildern aus dem Leben. Hg. von Johann Lachinger. Stuttgart 2005, S. 227–241.

Sekundärliteratur

Adorno, Theodor W.: Valéry Proust Museum. In: Adorno: Kulturkritik und Gesellschaft I. Gesammelte Schriften in 20 Bänden. Hg. von Rolf Tiedemann unter Mitwirkung von Gretel Adorno, Susan Buck-Morss und Klaus Schultz. Bd. 10. Frankfurt a. M. 1997, S. 176–189.
Adorno, Theodor W.: Über Tradition. In: Kulturkritik und Gesellschaft I. 1997, S. 310–320.
Bamberg, Claudia: Hofmannsthal. Der Dichter und die Dinge. Heidelberg 2011.
Békési, Sándor: Alt-Wien oder Die Vergänglichkeit der Stadt. Zur Entstehung einer urbanen Erinnerungskultur vor 1848. In: Alt-Wien. Die Stadt, die niemals war (Ausstellungskatalog Wien Museum). Hg. von Wolfgang Kos und Christian Rapp. Wien 2004, S. 29–38.
Benjamin, Walter: Charles Baudelaire – Ein Lyriker im Zeitalter des Hochkapitalismus. In: Benjamin: Gesammelte Schriften. Bd. I, 2. Hg. von Rolf Tiedemann. Frankfurt a. M. 1974, S. 509–690.
Broch, Hermann: Hofmannsthal und seine Zeit. Frankfurt a. M. 2001.
Danielczyk, Julia: Die Internationale Ausstellung für Musik- und Theaterwesen in Wien 1892 und ihre imagebildende Funktion. In: Maske und Kothurn 55.2 (2009), S. 11–22.
Grätz, Katharina: Musealer Historismus. Die Gegenwart des Vergangenen bei Stifter, Keller und Raabe. Heidelberg 2006.
Grätz, Katharina: Plaudereien stummer Dinge. Museale Konstellation und Autorschaftsentwurf in Hugo von Hofmannsthals *Die Rose und der Schreibtisch*. In: Schöpferische Restauration. Traditionsverhalten in der Literatur der Klassischen Moderne. Hg. von Barbara Beßlich und Dieter Martin. Würzburg 2014, S. 75–87.
Heumann, Konrad: Salesianergasse. Die Verwandlung der Welt. In: Hofmannsthal. Orte. 20 biographische Erkundungen. Hg. von Wilhelm Hemecker und Konrad Heumann in Zusammenarbeit mit Claudia Bamberg. Wien 2014, S. 13-31.
Hirsch, Rudolf: Beiträge zum Verständnis Hugo von Hofmannsthals. Frankfurt a. M. 1995.

Hobsbawm, Eric / Ranger, Terence: The Invention of Tradition. Cambridge 1992.
Kos, Wolfgang / Rapp, Christian (Hg.): Alt-Wien. Die Stadt, die niemals war (Ausstellungskatalog Wien Museum). Wien 2004.
Marquard, Odo: Apologie des Zufälligen. Frankfurt a. M. 1986.
Mattl, Siegfried / Horak, Roman / Maderthaner, Wolfgang (Hg.): Metropole Wien. Texturen der Moderne. Bd. 1. Wien 2000.
Nierhaus, Irene: Urban Soap – Stadtgeschichte(n) in Mythensorten am Beispiel Rom. In: Mythos Alt-Wien. Spannungsfelder urbaner Identitäten. Hg. von Monika Sommer und Heidemarie Uhl. Innsbruck 2009, S. 167–188.
Ritter, Joachim: Subjektivität. Sechs Aufsätze. Frankfurt a. M. 1974.
Rossbacher, Karlheinz: Literatur und Bürgertum. Fünf Wiener jüdische Familien von der liberalen Ära zum Fin de Siècle. Wien 2003.

Claudia Girardi
Richard von Schaukal als Grenzgänger zwischen Moderne und Tradition

> Man hat manchmal die Empfindung, als hätten uns unsere Väter [...] als hätten sie uns, den Spätgeborenen, nur zwei Dinge hinterlassen: hübsche Möbel und überfeine Nerven. Die Poesie dieser Möbel erscheint uns als das Vergangene, das Spiel dieser Nerven als das Gegenwärtige.[1]

Soweit Hugo von Hofmannsthal in seinem berühmten und programmatischen D'Annunzio-Aufsatz aus dem Jahr 1893 – und Richard von Schaukal ist einer derjenigen, die dieses Programm in den Jahren um die Jahrhundertwende poetisch umsetzen, ja geradezu verkörpern. Ganz programmatisch liest sich dazu das Gedicht „Herkunft" aus seiner Sammlung *Tristia* (1898). Unumwunden und nicht frei von hybridem Pathos gibt der junge Dichter darin seine affektive Nähe zu überkommenen Stoffen, Szenarien und vielfältigen historischen Vorbildern sowie seine demütige Verehrung der „älteren Würde" zu, nicht ohne zuvor seine Grenzen klar abzustecken und das Lodern in „eigener Flamme" zu betonen – vollständig historisch kostümiert mit dem „Königsschmuck seiner Dichterwürde" tut er all dies:

> Sage mir einer, von wem ich stamme!
> Meine Scheiter lodern in eigener Flamme,
> Aus meinem Forst sind die Stämme geschlagen,
> Mein Boden hat seine Bäume getragen.
> Und ich weise jeden von meinen Grenzen,
> Käm er als Gaukler mit Sprüngen und Tänzen
> Oder als herrischer Hammerschwinger
> Oder als salböltriefender Ringer.
> Ich hab an den Stämmen mein Eignerzeichen,
> Sie fallen unter meiner Tage Streichen.
> Und wenn sie mich einmal im Sturz erschlagen:
> Die Nachbarn im Geist werden nach mir fragen.
> Zu ihnen bahnt ich gehsame Wege.
> Über schäumende Flüsse schlug ich Stege,
> Und im Königsschmuck meiner Dichterwürde
> Neigt ich mich ehrend der älteren Würde.[2]

---

[1] Hugo von Hofmannsthal, Gabriele d'Annunzio. In: Feuilleton der Frankfurter Zeitung 37 (219, 9. August 1893), S. 1–3, hier S. 1.
[2] R. Schaukal, Tristia. Neue Gedichte aus den Jahren 1897–98. Leipzig 1898, S. 75.

Im Folgenden soll anhand autobiographischer und fiktiver Texte gezeigt werden, wie sehr die nervösen Seelenstände dieses jungen Modernen sich besonders und gerade erst in Historizität beheimatet fühlten oder – anders gesagt – inwieweit „hübsche Möbel" und historische Intérieurs auf der einen und die literarische Darstellung von nervösen Innenwelten auf der anderen Seite korrespondieren oder einander bedingen.

Junge Moderne in alten Möbeln. Therapeutische Raumdarstellungen in Schaukals *Intérieurs aus dem Leben der Zwanzigjährigen*

Just während der Wende des Jahrhunderts, von Oktober 1900 bis Februar 1901, verdichtete und arrangierte der fünfundzwanzigjährige Richard Schaukal seine zunächst in Tagebüchern festgehaltenen Jugendeindrücke aus Brünn und seinem Studienort Wien zu einer ungeheuer spannenden, soziologisch und kulturhistorisch wie literaturwissenschaftlich hochinteressanten Textsammlung.[3] Diese erschien 1901, nach etlichen Gedichtbänden und einigen Einaktern, als sein achtes Buch unter dem Titel *Intérieurs aus dem Leben der Zwanzigjährigen* in Leipzig bei Tiefenbach in geringer Auflage.

Was zeigt diese recht wenig bekannte Tagebuchdichtung eines zur Entstehungszeit noch sehr jungen Autors, der sich als solcher vielerlei Spannungen ausgesetzt sieht: Einerseits ist er der Sohn durchaus bürgerlicher Eltern, hat zugleich allerhöchste Ambitionen. Vom Vater, einem „Droguerienbesitzer" in Brünn, gedrängt, studiert er in Wien, was er nicht mag, um werden zu müssen, was er nicht will: Jurist in der mährischen Provinz. Was er eigentlich werden möchte, Dichter in Wien nämlich, ist aus vielen Gründen vorläufig – und dies noch bis 1903 – unmöglich. Durch intensive Lektüre der älteren und besonders der neuesten Literatur, durch persönliche Kontakte[4] und Korrespondenz verbunden mit den gleichaltrigen Dichterkollegen in der Hauptstadt, Leopold Andrian, Hermann Bahr, Hugo von Hofmannsthal, Arthur Schnitzler, aber auch Peter Altenberg und Karl Kraus, unmittelbar am Puls der Zeit auch in seinem Interesse

---
[3] Zur genauen Textgenese und den teils verblüffend arrangierten Parallelen zu den Tagebüchern vgl. C. Girardi, Schaukals Intérieurs aus dem Leben der Zwanzigjährigen. Publikation als Therapie oder: „Ich gab es preis. Jetzt ist mir leichter." In: Eros Thanatos. Jahrbuch der Richard-von-Schaukal-Gesellschaft 3/4 (1999/2000), S. 5–26.
[4] Vgl. dazu Cornelius Mitterer, Frühgealtert und spätgeboren. Richard Schaukals Dialog mit dem Dichterkreis des Jungen Wien. In: Studia theodisca 21 (2014), S. 45–73.

an seinen deutschsprachigen Zeitgenossen Arno Holz, Hermann Hesse, Rainer Maria Rilke, Thomas und Heinrich Mann, Franz Blei, Max Brod, und mindestens ebenso an den ausländischen, besonders französischen Autoren, Künstlern, Verlegern und Herausgebern der führenden Blätter *Die Insel, Pan, Simplicissimus* etc., ist der junge Schaukal wohl das Paradigma eines angehenden Dichters, der aus der Provinz in die Hauptstadt drängt. Die unter dem Titel *Intérieurs aus dem Leben der Zwanzigjährigen*[5] erschienenen Erzählungen und Skizzen bilden diese markante Gespaltenheit und Zerrissenheit ab.

Die Sammlung, immerhin 235 Seiten umfassend, ist dem bewunderten Arno Holz, mit dem Schaukal lange und ausführlich korrespondierte, gewidmet und wird durch eine „Vorrede" und ein „Motto" eingeleitet und durch ein „Nachwort" abgeschlossen. Sie versammelt 43 verschiedenartige und doch auch wieder sprachlich und inhaltlich mäandernd ähnliche Texte über Erlebnisse, Begegnungen und Erfahrungen junger Leute, eben „Zwanzigjähriger". Ungemein vielfältig sind die Textgattungen des Bandes: Da stehen fiktive Gespräche neben Szenen und Szenarien, Skizzen à la Altenberg neben Literatur- und Kunstbetrachtungen, Tagebucheinträge neben Ich- und Er-Erzählungen, Nekrologe neben Monologen, Opernrezensionen neben Briefen, Bildern und inneren Monologen.

Es gibt keine durchgehende Handlung, doch verklammert ein sporadisch auftretender Protagonist, ein „zwanzigjähriger" moderner Prototyp namens Heinrich Dietmann, die einzelnen Episödchen miteinander. Separat genannt werden müssen die 50 Seiten umfassende, in sich geschlossene Novelle *Mimi Lynx*, die 1904 überarbeitet selbständig im Insel-Verlag erschien, und die auffälligen, immerhin 20-seitigen „Eintragungen aus einem Tagebuche" gegen Ende der *Intérieurs*, in denen das changierende Manöver zwischen Fiktion und Realität bis zur Skurrilität gesteigert ist. Die durch ihre formale Fragmentiertheit und Semifiktionalität provokante Form der *Intérieurs* läßt sie neben den arrivierten Jahrhundertwende-Autobiographien Arthur Schnitzlers und Stefan Zweigs fast avantgardistisch erscheinen, nutzt Schaukal doch gleichzeitig das Phänomen Tagebuch auf recht unkonventionelle, ja provokante Weise: nämlich als eine eigenwillige Art der Therapie seiner jugendlichen und durchaus modernen Suche eines vielfältig Zerrissenen nach sich selbst.[6]

---

5 Schaukal, Intérieurs aus dem Leben der Zwanzigjährigen. 2. Aufl. Leipzig 1901. Der Titel wurde wohl kaum durch Maetercincks Drama *Intérieur* beeinflusst. Mit Sicherheit hätte der Maeterlinck-Anhänger Schaukal dieses Werk unter seinen „Lesefrüchten" genannt, auch erfolgte die Uraufführung 1895 in Paris, die Übersetzung erschien 1899, doch schon am 26. März 1896 stand für Schaukal sein Titel fest. 1900 kam es zur ersten, 1901 bereits zur zweiten Auflage, auf dem Frontispiz heißt es: „2. Ausgabe".

6 Vgl. dazu Jacques Le Rider, Das Ende der Illusion. Zur Kritik der Moderne. Wien 1990, S. 55: „Hofmannsthal, Schnitzler und Musil reflektieren in ihren Tagebüchern das Thema der Identi-

Schon der Titel ist geschickt und sinnig gewählt, bedient er sich doch eines hochmodernen Vokabulars: Neben reichlich verschiedenen *Extérieurs* – Schwimmschulen, Wald und Feld, Tennisplatz, sowie Gärten aller Art – bilden vordergründig tatsächliche Innenräume, also *Intérieurs* aller Art das Hauptthema des Buches: aristokratische Salons und Boudoirs, Gasthäuser, Caféhäuser und Bordelle, Villen und Landhäuser, das heimische „Kinder- und Jugendzimmer", Studierzimmer, sowie Theater und Opernhäuser. Die in *Mimi Lynx* beschriebene Wiener Studentenwohnung Heinrichs und seines Freundes Hans' etwa gleicht bis in die Marmor- und Nippes-Details dem verhassten Mietzimmer, das der Student Schaukal etwa in seinem Brief vom 15. Oktober 1893 seiner Mutter schildert: „Alserstr. 14, Th. 5, 1. Stiege, 2.Stock."[7]

> Ihre Wohnung bestand aus zwei grossen Zimmern im zweiten Stocke eines Hauses in der Alserstrasse, die von [dem Vermieter,] einem Agenten in Majolikawaren[,] mit Vasen, Krügen und Jardinièren vollgeräumt waren. Sie verrückten alle Sophas, schoben Tische und Tischchen herum, drapirten die Wände und pfiffen in den Sonnenschein. [...] Er sass an dem polirten Schreibtisch, der für seinen verwöhnten Geschmack oft eine Qual war, und sah in die dunklen Fensterscheiben.[8]

In der Erzählung „Tarockpartie" aus den *Intérieurs* bildet dieser selbe Raum, zu einer Junggesellenbude stilisiert, den Schauplatz: Drei Studentenfreunde treffen sich im Mietzimmer in einer bürgerlichen Wiener Wohnung, um dort gemeinsam Karten zu spielen und zu feiern. Die modischen jungen Männer in ihrem pubertären Kraftmeiertum bewohnen dort ein irritierendes Nebeneinander subtil ironisch beschriebener Möbel und historischer Wohnaccessoires. Gerade in diesem atmosphärischen Aufeinandertreffen von jungen Menschen und alten Möbeln lässt sich das unmittelbare Nebeneinander von Moderne und Tradition und das Inspirierende dieser kontroversiellen Nachbarschaft gut nachfühlen. Immerhin motivieren die alten Pistolen die jungen, müden Dekadenten zu heroischer Pose:

> Der Gustl lernt für die Rigorosen. Vom Fenster bis in die Mitte des heimlichen Zimmers wuchtet der massive Schreibtisch. Auf dem cardinalroten Mitteltuche liegt eine schwere broncebeschlagene Mappe mit dem getriebenen Monogramm. Zierliche Majoliken, venetianische

---

tätskrise, während sie es zugleich in den Mittelpunkt ihrer Werke stellen. Auch der Gründungstext der Psychoanalyse, Freuds ‚Traumdeutung', besteht zum Teil aus einer Mischung von Tagebuch [...] und Autobiographie".
7 Brief Schaukals an seine Mutter vom 15.10.1893. Aus dem Handschriften-Nachlass Richard Schaukals in der Wienbibliothek. Nicht katalogisierte Archivbox.
8 Schaukal, Mimi Lynx. In: Schaukal, Intérieurs. 1901, S. 12–58, hier S. 25ff. „Sie", das sind Heinrich und sein Freund Hans. In Wirklichkeit teilten sich der Jus-Student Schaukal und sein Brünner Freund, Riki Reibhorn, eine Studentenwohnung in der Alser Straße.

> Aschenschalen, ein haarscharfer bosnischer Dolch, eine schlanke Gondel, die das mächtige Tintenfass trägt, eine kleine, silberbeschlagene französische Pfeife und dann Bücher [...] Unter dem Schreibtisch ein weisses Wolfsfell.
> Der Gustel liegt auf dem breiten Renaissancedivan [...] Eine schwarze Pendeluhr zeigt drei. [...] Der Gustel ist aufgestanden, wobei er den Ebenholztisch mit den goldreifengeschmückten Füssen sich vom Leibe rückt. Eine kleine Meissner Tasse fällt auf die kaffeenasse Schale [...] Der Pepi nimmt von den rostigen dunkeln Waffen aus dem 16. und 17. Jahrhundert, die pompös auf dem grünen Tuch an der Wand hängen, eine schwere Reiterpistole und zielt auf den Gustl. „Lass das! Du weißt, dass ich das nicht leiden kann". „Ha. Ha, Du Kümmeltürk! [...] Die Pistole hat er auf den Strohtisch geworfen [...].[9]

Diese deutliche stilistische Uneinheitlichkeit in Auswahl und Arrangement der historistischen Möbel und Wohnaccessoires der dargestellten modernen Räumlichkeiten ist Ausdruck der bereits in diesen frühen Jahren erkennbaren, kritischen Reserviertheit Schaukals der herrschenden eklektizistischen Wohnungsmode gegenüber. Also nicht etwa Geschichtsverdrossenheit, sondern Kitschkritik im Sinne von Adolf Loos wird hier artikuliert. In diesem Geiste ist auch manches Detail aus der im selben Jahr erschienenen modischen Gedichtsammlung *Pierrot und Colombine*[10] zu lesen, ein „dem Geiste des Watteau in Andacht gewidmeter Reigen Verse". Ein üppig-dekoriertes Boudoir aus der Feder Th. Th. Heines ziert etwa das Bändchen als Vorsatzblatt[11] und in dem Gedicht „Ahnungen" stehen geschmacklose Jagd-Trophäen in einem Salon für die darin stattfindende Ehebruchsgeschichte:

> Mit den weiten Pantalönern
> wandelt in den Prunksalönern
> seiner Gattin Pierrot,
> und er sieht mit Scham und Schrecken
> starke Hirschgeweihe stecken
> über seinem Bilde: o![12]

Ähnlich zart-zynisch liest sich für den Insider auch die scheinbar sachlich-neutrale Deskription von „Colombines Secretär", die Farbadjektive und das Attribut „bleiche" verraten unmissverständlich Schaukals spitze Stilkritik:

---

[9] Schaukal, Intérieurs. 1901, S. 103–107, hier S. 103ff.
[10] Schaukal, Pierrot und Colombine oder das Lied von der Ehe. Leipzig 1902.
[11] Vgl. dazu ausführlich Sibylle C. Leitner, „Heut' in der Ära des ‚Buchschmucks' – Gott verdamm ihn!". Richard Schaukals Credo im Kontext der Stildebatte um 1900. Diplomarbeit. Universität Wien 1999, S. 80f.
[12] Schaukal, Pierrot und Colombine. 1902, S. 40.

Weißer Lack mit feuergoldnen schlanken,
zart verzweigten feinen Pflanzenranken,
mitten drin ein großer Silberschwan.
Eine grüne wie gehauchte Vase,
und zwei Lilien in dem grünen Glase
sehen sie mit bleichen Blicken an.[13]

Das Kartenspiel und das Arrangement der dekadent geschilderten Mahlzeit der drei Studentenfreunde aus den *Intérieurs* lassen sich in ihren detailverliebten Schilderungen exotischer und distinguierter Genüsse, Allüren und Stimmungen in eine Reihe stellen mit vergleichbaren dekadenten Szenarien Felix Dörmanns oder sogar Huysmans', nur wird bei Schaukal höchst bieder auf Strohsesseln gesessen, und Schinkenbrötchen sind eigentlich wenig raffinierte Leckerbissen:

> Der Rum in der geschliffenen Caraffe flutet einen Rubinschein über das weisse Damasttuch, auf der tiefen Silberschüssel sind die Schinkenbrötchen geschichtet, über die sich jetzt der immer hungrige Pepi hermacht. Satt zurückgelehnt in dem filigranen Strohsessel, eine ägyptische Cigarette zwischen den langen Fingern mit den zarten hellrosa Nägeln, das Kinn zwischen den leicht umgebogenen Kragenecken auf die hohe, bauschige Velourscravate gesenkt, erzählt er jetzt von der Nina, seiner blonden Maitresse.[14]

Interessant zu beobachten ist dabei die sich wandelnde Funktion solch üppiger Inszenierung historischer Dekorationen in Schaukals Texten: In frühen Erzählungen dienen sie als künstlerisch gestaltete tableaux vivants, als idealisierte oder ironisierte historische Folien für darin gelebtes Leben moderner Figuren, in einzelnen Jugendgedichten sind sie – wie noch zu zeigen sein wird – bisweilen raffinierte Bühne für aristokratische Aperçus, um in den kunsttheoretischen Essaybänden der späteren Jahre bisweilen zu rein eskapistischen Sehnsuchtsräumen zu kristallisieren, denen höchstens noch in musealen Nischen[15] – quasi Auge in Auge mit den Alten Meistern – nachgefühlt werden kann:

> Sinnlichkeit, Sinnlichkeit! – Ich habe heut wieder einmal in der Akademie vor den geliebten Niederländern, Heem, Fyt und den anderen allen, gestanden und die Trauben, Austern,

---

13 Schaukal, Pierrot und Colombine. 1902, S. 34.
14 Schaukal, Intérieurs. 1901, S. 105.
15 Die den Betrachter von seiner schnöden Gegenwart wohltuend distanzierende Musealisierung des historischen Dekors ist in etlichen Jugendgedichten sehr auffällig. In den Jahren um die Jahrhundertwende gruppiert Schaukal seine in modernen Zeitschriften erscheinenden Gedichte häufig thematisch rund um Gemälde der Alten Meister (etwa „Portrait des Marquis de ...", „Goya", „Vor dem Empfange", „La Duchesse de...", „Zuruf" In: Pan, V, 1899, S. 205ff. oder „Portrait eines spanischen Infanten von Velasquez". In: Die Insel 1.2 (1900), S. 345 u.ä.); als solche werden sie später dann auch in die Gedichtbände implementiert.

> Äpfel, Zitronen, Fische und Krebse genossen, den in den grünen Römern, die Fenster spiegeln, duftenden Wein geschlürft, mich an den Farben dieser Perserteppiche, Tischdecken und Vorhänge gewärmt und Ewigkeit empfunden ... Kann einer die gütige Vorsehung malen oder die innere Freiheit? Sinnlichkeit, aller Laster und Seligkeiten Anfang und Endlosigkeit! Austern mit Zitronen auf einer Silberschüssel, daneben eine funkelnde zinnerne Kanne: alles Denken hört auf, man l e b t einmal. Oder ein nackter Frauenleib, die schimmernden Schultern von goldblonden Haaren überflutet, die blauen, hinschmachtenden Augen verschwimmend. Danae, Io, Leda, wie sie heissen mögen: das ewige Weib ... Austern, Papageien, Perserteppiche, Silberschüsseln, grüne, gläserne Gefässe, Perlen, Tigerfelle und nackte Frauen. Da stehen wir immer wieder einmal vor diesen unwirklichen Herrlichkeiten und vergessen unser Elend: Zeitungen, Beruf, Bekanntenkreis, und wie alle die öden Qualen, die uns haben und halten, heissen ... Dann ruft's ‚Schluss, Schluss', ‚Es wird geschlossen', und man trennt sich zögernd von der wahrhaftigen Welt, um noch ein paar Ansichtskarten zu kaufen: ‚Lithographische Kunstanstalt etc.'[16]

Die bedrohlich und auffällig zahlreichen Uhren in der Studentenwohnung sind in ihrem Symbolgehalt fast überdeutlich, läuft doch die Zeit der vormaligen Bewohner ab und stehen doch die jungen Modernen, die diese bizarr musealen Räume nunmehr bewohnen, am Beginn der neuen Zeit. Durchaus vordringlich geht es in den *Intérieurs* nämlich um Seeleninnenräume, um états d'âme, wie Hermann Bahr sie nennt; und dies in tatsächlich vielfältiger Art, wie der Titelplural ja schon nahelegt. Ordentlich nervös, hypersensibel, sinnlich überreizt, dekadent und kränklich gebärden sich die jungen Herren in dem „mit Möbeln überfüllten Raume":

> Wie er verliert, Spiel um Spiel verliert, zittern dem Heinrich die Hände, seine Laune ist beim Teufel, nervös vergleicht er immer wieder die Posten auf dem Zettel ... Vor Rauch und Gashitze ist es nicht mehr auszuhalten in dem mit Möbeln überfüllten Raume. Der Pepi reisst ein Fenster auf. Der Gustl, der immer gleich an eine Lungenentzündung denkt, wehrt sich, endlich schliesst der Pepi wieder und schimpft nur laut über die ‚weichliche Läpperei'. Der Heinrich wird immer stiller und stiller, raucht eine Cigarette nach der andern, gießt Cognac hinein, immer ein Glas auf einen Zug und verliert alles, was er bei sich hat und bleibt noch schuldig obendrein.[17]

Schaukals Alter Ego, Heinrich, schließlich erlebt, des unheimlichen Uhrengetickes wegen heimgekehrt, einen albtraumhaften Nervensturm, und die hübschen Möbel der Älteren erweisen sich dabei keineswegs als Remedium für überfeine Nervenzuckungen:

---

16 Schaukal, Zettelkasten eines Zeitgenossen. Aus Hans Bürgers Papieren. München 1913, S. 99–101. Vgl. dazu auch den Band *Giorgione oder Gespräche über die Kunst*. München 1907.
17 Schaukal, Intérieurs. 1901, S. 106.

> Wenn er dann zu Hause sitzt nach dem Souper, allein, fröstelnd im warmen Zimmer und an seinem Buch über Barres schreibt, ärgert ihn selbst das Uhrgeticke. Er glaubt, der Pendelschlag rücke ihm auf den Leib, er hört eine gröhlende, rohe Melodie, das Dunkel in den Salons daneben macht ihn schaudern und endlich fällt er zitternd am ganzen Körper in das weiche hohe Bett, kann nicht einschlafen und erhitzt sich immer mehr und mehr bei dem hastigen Hin- und Herwenden, während wieder alle die ekligen Uhren ticken, die grosse Schwarzwälderuhr und der brutale Wecker und die goldene Taschenuhr auf dem Nachttisch und alle die ruhelosen, wetteifernden Uhren auf den Spiegel- und Pfeilertischen in den finsteren stummen Salons daneben.[18]

Vor diesem Hintergrund ist es äußerst lohnend, die seelischen Innenräume der jungen modernen Bewohner näher zu betrachten. Jeder von ihnen, der verhalten gebückte Student Gustl, der plötzlich eintretende, überdrehte Karrierist und Militarist Pepi und der „mitgebrachte", ruhige Heinrich bilden – wie auch viele andere Protagonisten der Sammlung – Facetten einer einzigen Person: die des jungen Autors selbst. Die nachlässige Dekadenz des geschilderten Gehabens ist dabei dick aufgetragen, die modischen Topoi und alten Adel apostrophierenden Attribute sind überdeutlich gezeichnet. Die hier agierenden modernen Typen lassen sich gut als etwas provinziellere Gegenstücke zu den Gustls und Anatols von Arthur Schnitzler lesen.

> Die Pistole hat er auf den Strohtisch geworfen, wo die Bilder der Kopaczi und der Odillon, der Sironi und Renard ausgebreitet sind mit den zahllosen Freundesphotographien und den Aufnahmen vom letzten Regimentsrennen und von der großen Tennispartie in der Villa Trautenkirchen. Von der Spieltablette räumt er die Taschen weg, die grossen, weichen, braunen Cigarrentaschen mir den goldenen Kronen, die grünen Krokodilledertaschen mit den Autographen oben in der Ecke und die silbernen gerippten Cirarrettentaschen mit den feinen mühsamen Wappen.[19]

Dass die in den *Intérieurs* dargestellten Modernen bereits das Substrat des Typus' bilden, der 1906 unter dem Titel *Leben und Meinungen des Herrn Andreas von Balthesser, eines Dandy und Dilettanten* unter deutlich differenzierten Vorzeichen von Schaukal erneut dekliniert wird, erhellt sich aus einer Beschreibung des Aristokratie-affinen Pepi, hinter dem sich unzweifelhaft Selbsterkenntnis und -kritik des jungen Autors verbergen:

> Er bringt neue Hüte und Cravaten mit, goldene Cigarettentaschen von Hausbällen, wo er vorgetanzt hat – [...] Der Pepi macht überall Besuch, wo es ‚dafür steht', er verkehrt mit

---

[18] Schaukal, Intérieurs. 1901, S. 106. Die drohenden Salons ängstigen ja auch den unglücklichen Pierrot s.o.
[19] Schaukal, Intérieurs. 1901, S. 105.

allen, die ihm etwas bieten, sei es Witz, Tarockgelegenheit, ein Diner, eine Villaeinladung oder selbst nur eine famose Cigarre zu passender Zeit. Er liebt die grossen Titel, die sieben- und neunzackigen Kronen, die Cavallerieuniformen, die Lackstiefel, die Reitstöcke und die Brillantnadeln aber nicht aus dem künstlerischen Bedürfnis einer Welt der schönen Formen. Der Pepi ist ein Snob.[20]

Schaukals *Andreas von Balthesser* wird 1907 begeistert über die modernen Spielarten zwischen Dandy, Dilettant und Snob philosophieren und sein Sinnspruch „Kostümierte Affekte sind Snobismen der Seele"[21] trifft ebenso gut auf etliche der in den *Intérieurs* dargestellten jungen Männer zu. Fast könnte man meinen, es sei von Pepi die Rede, wenn es dort heißt: „Ein Snob ist ein Mensch, der Gewohnheiten zu haben vorgibt, den Schein erschleicht und vor Urteilsunfähigen damit prunkt."[22]

Alte Aristokraten und ein junger Autor

Zwei Meinungen literarischer Zeitgenossen über die *Intérieurs* lassen in ihrer Verhaltenheit und der darin doch nicht versagten Zustimmung die brüchige Grenzlinie zwischen dem jungen Modernen Schaukal und seinen bewunderten aristokratischen Vorbildern erkennen: Am Ostermontag des Jahres 1901 schreibt Ferdinand von Saar:

> Sehr verehrter Herr Doctor!
> [...] So komme ich
> erst heute dazu, Ihnen für die sehr interessan=
> te Gabe zu danken. Diese „Intérieurs" sind
> glänzende Kundgebungen Ihrer Subjectivität,
> voll Farbe, Stimmung und überraschender
> Apercus („das dumpfe Geräusch der schweren
> Füße der Pferde hatte etwas Kühles"), Jacobsen,

---

20 Schaukal, Intérieurs. 1901, S. 115–119, hier S. 116f.
21 Schaukal, Leben und Meinungen des Herrn Andreas von Balthesser, eines Dandy und Dilettanten. München 1907, S. 73.
22 Schaukal, Balthesser. 1907, S. 110. Dass ausgerechnet der *Balthesser* Schaukals bis heute meistgelesenes Buch ist, macht deutlich, wie sehr er damit den Nerv seiner Zeit wie auch den der unsrigen trifft. Ungebrochen ist nämlich das Interesse für diesen Typus, wie die Neuauflage im Jahr 2013 und die Berichterstattung darüber belegen. Schaukal, Leben und Meinungen des Herrn Andreas von Balthesser, eines Dandy und Dilettanten. Hg. von Alexander Kluy, mit einem Original-Essay von Stephan Hilpold und Beiträgen von Jules Amédée Barbey d'Aurevilly und Richard von Schaukal sowie einer Dandy-Galerie. Wien 2013.

Altenberg, Andrian spielen hinein, aber es ist
doch auch eine selbständige Leistung. Am besten
gefallen hat mir „Mimi Lynx". Sie haben das
Buch gewissermaßen hinter sich geworfen;
aber es hat Ihnen einen breiten Weg nach Aus=
sen erschlossen. ...
Also: Glück auf![23]

Dass die beiden hier miteinander korrespondierenden Generationen in ihrer Weltanschauung und Ästhetik im Grunde beträchtlich differierten, wird auch und besonders aus folgender Bemerkung der Baronin Ebner-Eschenbach über *Mimi Lynx* deutlich:

> In beneidenswerter Ausstattung ist Ihre Novelle Mimi Lynx erschienen, und die sorgfältige Durchsicht, der Sie Ihre Arbeit unterzogen haben, kommt ihr sehr zu Gute. Jetzt aber, lieber Herr Doctor, machen Sie mir einmal die Freude, erzählen Sie mir etwas von Menschen, die ich lieben müßte, so recht von Herzen. Sie können voll Fehler [sic] sein, das macht mir gar nichts, aber dabei etwas Tüchtiges, Rechtes.[24]

Was die beiden adeligen Korrespondenten ihrem jüngeren Dichterkollegen nämlich offensichtlich nicht abnehmen wollten, war seine sicherlich zutiefst ehrlich gemeinte Distanzierung von der jungen Wiener „Clique". An diesem Beispiel aber wird die verzweifelte Ambivalenz und Ambiguität des jungen Schaukal im literarischen Kontext seiner Zeit besonders evident: Für die ältere Generation verkörperte er, bei allem Wohlwollen, das ihm entgegengebracht wurde, gerade die literarische Jugend, von der er sich abzuheben wünschte, der er sich aber zugleich verbunden sah und fühlte. So heißt es am 10. Oktober 1902 in einem Brief aus Mährisch Weißenkirchen durchaus hellsichtig an die Mutter:

> Ich bin durchaus kein Moderner ... ich bin ein Mensch, der sagt: die Kunst hat viele Wohnungen und mit Wonne Goethe, Dante, Shakespeare, Kleist und Verhaeren genießt. In meinem Schaffen bin ich natürlich ein Produkt meiner Zeit ...[25]

Gleichzeitig und durchaus bewusst verband sich diese Vorliebe für die Älteren, seine Vorbilder, mit einer wehmütigen Liebe zu allem Traditionellen, Alten und

---

23 Brief Saars an Schaukal, 8.4.1901, H.I.N. -224914. 1901.
24 Brief Schaukals an Marie von Ebner-Eschenbach, 9.9.1904, H.I.N.-224197. 1904. Der Großteil der 24 Briefe und Karten der Baronin stammt aus Schloss Löschna, einige kommen aus Rom, wo die alte Dame den Winter zu verbringen pflegte, die späteren Schreiben aus den Jahren 1912–1916 erreichten Schaukal aus Zdisslawitz oder Wien.
25 Brief Schaukals an Minna Schaukal, 10.10.1902. Handschriften-Nachlass Richard Schaukals in der Wienbibliothek. Nicht katalogisierte Archivbox.

Vergangenen und einer reaktionären und „altmodischen" Rückwärtsgewandtheit, die ihm seine modernen Zeitgenossen und Kritiker bis heute vorwerfen, die ihm selbst aber immer mehr zum Reservat echter Werte und Ideale und damit lebensnotwendiger Raum der Selbstreflexion wurde. So schreibt Schaukal über den Novellisten Saar:

> Das ‚junge Oesterreich', dem ein experimentierender ‚Europäer' [d. i. Hermann Bahr] aus der Taufe geholfen, hat nichts von diesem wehmütig-lächelnden, vorstadtsonne-überglänzten, deutschen Wesen, nichts von der unberührten Kinderunschuld der farrnduftenden [sic] Waldvormittage, nichts von der stillen, sonnenkringeldurchzitterten Traulichkeit altväterisch-heimlicher, sauberer Wohnstuben. Die jungen Österreicher sind gebildete Kosmopoliten, verdorbene Nervenknechte, scheue Hermaphroditen oder aufdringliche, unerquickliche Literaten. Viel Snobismus, ekelhaftes Zeitungstum und manieriertes Aufblähen schädigt die verdiente Achtung vor einem eigenartigen frühreifen Geschlechte.[26]

Aus ästhetischen wie auch aus psychologischen Motiven erklärt sich die umfassende und minutiöse Idealisierung aller nur denkbaren Spielarten von Vergangenheiten und durchaus vielfältig treten diese im Gesamtwerk immer wieder zutage, stets gepaart mit verächtlichen Kommentaren zur Gegenwart, mithilfe derer sich der Dichter selbst von seiner schnöden Zeitgenossenschaft zu distanzieren Gelegenheit hat.[27]

Die mantraartig geäußerte Präferenz für adelige Lebensformen, aristokratisches Benehmen, und hohe Abstammung zieht sich dabei wie ein roter Faden durch Schaukals Gesamtwerk und erlebt keine einzige echte Zäsur. Die wenigen eher skurril anmutenden Jungaristokraten, die sein erzählerisches Frühwerk hin und wieder kreuzen, sind Exponenten einer als unecht, dekadent und damit negativ empfundenen Schwundstufe echter „alter" Aristokratie, die ihrerseits eher in den aphoristischen oder reflexiv-essayistischen späteren Textsammlungen dargestellt und dort zum unerreichbaren, weil vergangenen und damit verlorenen Ideal[28] erhoben wird. Bis zur Gnadenlosigkeit unüberbrückbar ist dabei in Schaukals Augen die Kluft zwischen bürgerlicher und adeliger Hemisphäre. Als

---

26 Schaukal, Ein Meister der Novelle. In: Das litterarische Echo 2.16 (1899/1900), S. 1111–1115, hier S. 1114.
27 Dominik Pietzcker, Richard von Schaukal. Ein österreichischer Dichter der Jahrhundertwende. Würzburg 1997. Er spricht im Kapitel über die Dialog-Bücher von „der aristokratischen Exklusivität" des Schaukalschen Kunstideals, S. 118–130, hier S. 127.
28 Besonders exemplarisch: Schaukal, Frühling eines Lebens. Wien 1949, darin: Großmutter. Ein Buch von Tod und Leben. Gespräche mit einer Verstorbenen, „Die Märchen von Hans Bürgers Kindheit" und „Das Buch Immergrün". Vgl. dazu weiter Girardi, Der Dichter Richard von Schaukal als „Konservator" der guten alten Zeit. In: Konservative Profile. Ideen und Praxis in der Politik zwischen FM Radetzky, Karl Kraus und Alois Mock. Hg. von Ulrich E. Zellenberg. Graz 2003, S. 285–302.

eines der unzähligen Beispiele für ähnlich zynische Aperçus über den kulturellen und ästhetischen Verfall der Gegenwart sei aus seinem *Zettelkasten eines Zeitgenossen. Aus Hans Bürgers Papieren* zitiert, wo sich essayhaft-programmatische mit autobiographisch-anekdotischer Gegenwartskritik mischt und zu echter Vergangenheitsidealisierung erhebt:

> [...] Aber noch eines: die heutige Jugend weiss mit den Werten des Humanismus, dieser längst heimatlosen Erbschaft starker Vergangenheit, nichts mehr anzufangen, die reine Freude am Unpraktischen, am zwecklos Edeln ist ein Luxusartikel geworden. Ein Luftschiff über der Stadt – und wo ist Epaminondas![29]

> Ein von einem Dragoner um halb zehn Uhr Vormittag vor ein dreistöckiges schmutziges Haus in der Vorstadt geführtes Reitpferd: was für ein Gedanken! Wie kann jemand aus diesem gemeinen Gebäude heraustreten, der sich in einen angenehm nachgebenden Sattel hebt, um auszureiten?!...

> Einige Minuten später komm ich auf meiner Wanderung ins Amt, die an Milchladen, Papierhandlungen, Schnapslokalen, Uhrmachern, engen Haustüren, Kohlenwagen usw. vorbeiführt, an einem grossen Garten vorbei, in dem nicht nur ein Palais, ein märchenhaftes, erlauchtes, abweisendes weisses Palais steht wie in der Natur, sondern wo soeben von Knechten neun Pferde bewegt werden. Es gibt noch in dieser Zeit der Plakate Erlauchte, deren Pferde täglich im Garten geritten werden ...[30]

Nicht erstaunlich und nur konsequent ist also, dass der junge Brünner jede erdenkliche Möglichkeit des Umgangs mit „echten" Aristokraten nutzt. Er bezieht aus diesem Umfeld unmittelbare Inspiration und setzt diese sofort literarisch um, gleichzeitig Literaturlobbying seiner Zeit und Stoffsammlung per Vernetzungsgespräch betreibend.[31] Stabilisierend, identitätsstiftend und anregend zugleich wirkte sich der in der Folge daraus erwachsende persönliche und briefliche Kontakt des jungen Dichters mit den österreichischen Realisten und echten Aristokraten, Ferdinand von Saar und Marie von Ebner-Eschenbach, aus.[32]

Tiefe Verehrung spricht aus dem ersten Brief vom 23. März 1893 des „unbekannten achtzehnjährigen Menschen", der dem greisen Dichter „in tiefer Bewun-

---

29 Schaukal, Zettelkasten. 1913, S. 65.
30 Schaukal, Zettelkasten. 1913, S. 67f.
31 Girardi, „Alte Schlösser lieb ich...". Mährische Salonkultur am Beginn der literarischen Moderne. Briefe von Marie von Ebner-Eschenbach und Richard Schaukal. In: Beiträge zu Komparatistik und Sozialgeschichte der Literatur. Festschrift für Alberto Martino. Amsterdam 1997, S. 741–778.
32 Vgl. dazu weiterführend Claudia Warum, Briefe eines Mährers aus Wien in die Heimat und nach Böhmen. Richard von Schaukal und seine Beziehungen zu den böhmischen Ländern. In: Literatur in Bayern 39 (1995), S. 74–80.

derung [...] sein Erstlingsbuch"[33] widmete. Saars Antwort aus Schloss Raitz ist freundlich-wohlwollend; manche Gedichte Schaukals hätten ihm sehr gut gefallen, und er schließt mit den Worten: „Sie haben entschieden Talent. Ich sehe daher Ihrer weiteren Entwicklung mit wirklichem Interesse entgegen."[34] Schon im September desselben Jahres, anlässlich seiner Gratulation zu Saars 60. Geburtstag, bat Schaukal darum, dem Bewunderten auch seinen nächsten Gedichtband *Traumblüthen* zueignen zu dürfen. Eine Sammlung dieses Namens kam zwar nie zustande, doch ist der Band *Tristia* dem großen Vorbild gewidmet: „Ferdinand von Saar ein junger Österreicher als Zeichen seiner Ehrfurcht und Liebe".

Besonders prägend dürfte der Einfluss der Baronin Ebner-Eschenbach und ihrer Sphäre auf die literarischen Anfänge des jungen Schaukal gewesen sein:

> Auf Schloß Löschna bei ihrer Nichte, der Gräfin Marie Kinsky-Dubsky, [...] hab ich aus solchem Anlaß die Baronin Marie von Ebner-Eschenbach kennengelernt und seither mit meiner Frau noch ein und das andere Mal unter ihren Verwandten besucht. Der junge Dichter, dem ein anderer Altvorderer des österreichischen Schrifttums, Ferdinand von Saar auf Schloß Habrovan, wo er bei Freunden regelmäßigen Aufenthalt nahm, schon in früheren Jahren Aufmerksamkeit, Beifall, Gunst und Zuneigung geschenkt hatte, durfte sich bald auch aufmunternden Entgegenkommens der verehrungswürdigen Frau erfreuen, die, eine kleine, mit anmutiger Würde bewegliche Greisin, ihn zu längeren eingehenden Gesprächen in ihre auszeichnende Nähe zog.[35]

Man traf einander wiederholt standesgemäß auf Schlössern in der Umgebung Mährisch-Weißkirchens zu diversen Lustbarkeiten, Jagden und Tanzveranstaltungen mit den Lehroffizieren der Garnison und dem landsässigen Adel und Schaukal genoss dieses Eintauchen in echte adelige Sphären,[36] das ihm zweifellos reiche Inspiration für seine vielfältigen literarisch gestalteten Aristokraten bot. Spürbar aus eigener Anschauung, detailliert und farbig präsentieren sich etwa seine Beschreibungen adeliger Räume in den *Intérieurs*, und interessant sind dabei die modischen und exotischen Details, die er in seine Beschreibung des Salons der jungen Baronin Nina E. einflicht, einer Konkurrentin Mimi Lynx':

---

[33] Brief Schaukals an Saar, 23.3.1893, H.I.N. -50802. Es muss sich um eine handschriftliche Widmung gehandelt haben, da die Gedichte (Dresden 1893) Schaukals Mutter gewidmet sind.
[34] Brief Saars an Schaukal, 10.4.1893, H.I.N. -224906.
[35] Schaukal, Marie von Ebner-Eschenbach (1930). In: Über Dichter. Werke in Einzelausgaben. Hg. von Lotte Schaukal und Joachim Schondorff. München, Wien 1966, S. 222–226, hier S. 222.
[36] Zwei Ansichtskarten der Gräfin Caroline Gomperz aus dem Jahr 1898 belegen den geradezu freundschaftlichen Umgang der Geschwister Schaukal mit den Besitzern von Schloss Habrovan: Nach Brünn geht eine Karte vom 12.10. 1898, in der es heißt: „Würden Sie uns und Ihre liebe Frau Schwester Sonntag Vormittagszug freundlichst besuchen wollen. Wir bitten darum, erhoffen baldige liebe Antwort u. Zusage. Saar ist hier. Herzlichst Caroline Gomperz." (In einer der nichtkatalogisierten Archivboxen aus dem Schaukal-Nachlass in der Wienbibliothek)

> In dem kleinen Boudoir der Baronin wartete ein Strohteetisch mit mehreren Etagen unter einer langen Reihe dickbauchiger orientalischer Krüge. Ein hellgelbes Halbkreissopha war von niedrigen japanischen Wänden fast umstellt. Dieser Teil des Zimmers mit dem hoch an der getäfelten Wand hinaufreichenden dunklen Kamin lag im Schatten. Am Fenster stand ein Blumentisch und ein überladener zierlicher Schreibtisch aus Ebenholz. Ein lebensgrosses Kniestück der Baronin auf einer sehr schlanken Staffelei zeigte die kleine weiche Frau in grosser Toilette, einen roten Plüschmantel um die vollen Schultern.[37]

Auch das räumliche Programm einiger seiner Novellen aus der Sammlung *Eros Thanatos*, in deren Nachwort es heißt: „Die in Kreisen einer höheren Gesellichkeit verbrachten Jahre gaben seinen ersten Novellen den äußeren Rahmen", reflektiert hautnah erlebten Aristokratismus und dessen historisches Dekor. So spielt die dritte Erzählung *Das Stelldichein* zum Teil in einem fiktiven Palais Hohenmauth[38] und die unterschiedlichen darin beschriebenen Einrichtungen lassen unschwer erahnen, wodurch sie wirklich inspiriert sind:

> Durch die düsteren Spiegelsalons mit den vom Fußboden aufreichenden chinesischen Vasen und den vergoldeten Pfeiler-Konsolen war er, vom Lakaien geführt, in das Boudoir der Gräfin gelangt. [...] Da schlug die kleine Stutzuhr auf dem weißen Marmorkamin die vierte Stunde. [... Er] schob den Degen zurecht und legte die Hand auf die Lehne eines mit lilarotem Damast überzogenen Fauteuils [...][39]

Alte Schlösser und göttliche Vorbilder in Schaukals Jugendlyrik

Besonders die zahlreichen historisierenden Jugendgedichte aus Schaukals frühen Bänden *Meine Gärten* (1896, = MG), *Tristia* (1898, = T) und *Buch der Tage und Träume* (1902, =BTT) mit ihren adeligen Szenarien, historischen Schauplätzen und Figuren wenden sich verherrlichend oder wehmütig, pathetisch oder kokett, in allen Stillagen und Stilformen spielend, zurück, apostrophieren unterschiedliche, jedenfalls idealisierte Vergangenheiten, nicht ohne gleichzeitig interessante moderne Brechungen und Nuancen aufzuweisen.

Antikisierend sind unter anderen „Psyche", „Einsame Feier", „Die Sphinx", „Die Jünglinge vor dem Thore".[40] „Das Bild der Juno" aus dem *Buch der Tage und Träume* etwa ist Marie Baronin Ebner-Eschenbach gewidmet und ein Zeugnis

---

37 Schaukal, Intérieurs. 1901, S. 33.
38 In der tschechischen Stadt Hohenmauth gibt und gab es kein vergleichbares Palais.
39 Schaukal, Eros Thanatos. Novellen. Wien, Leipzig 1906, S. 58.
40 Alle in Schaukal, Meine Gärten. Einsame Verse. Berlin 1897, S. 14, 29, 30 u. 32.

demütiger Verehrung sowohl der römischen Göttin als auch der oft in Rom weilenden, hochgeschätzten altösterreichischen Dichterin. Der Bildhauer verzichtet darauf, diese abbilden zu wollen, da er angesichts der übermenschlichen Größe der abzubildenden Gottheit bescheiden geworden ist:

> Da er das Volk mit Palmen und Drommeten,
> die weissen Kinder mit bekränzten Haaren,
> geführt von Aeltesten, sah näher treten
> und hinter diesen immer neue Scharen,
>
> hat er sein Werk mit einem Hieb zerschlagen,
> und also trag er vor die scheue Menge:
> ich hab die Göttin tief im Wunsch getragen,
> doch meine Kraft reicht nicht an ihre Strenge.
>
> Genügte euch mein Werk, doch könnt es nimmer
> Die laute Scham im Busen mir ersticken:
> Kaum ihres Glanzes einen blinden Schimmer
> Gelang der Seele zitternd zu erblicken.
>
> Ich will euch Krüge zieren leicht mit Kränzen
> Und euren Toten schlanke Urnen richten
> Und breite Schalen, Opfer zu kredenzen,
> doch freveln nicht an göttlichen Gesichten.[41]

Alttestamentarisch und exotisch sind „Kophetua" (MG 94), „Herodes und Salome" (MG 97ff.) „Une svelte figure de Malabaraise ..." (MG 40), „Die Dryade" (T 98), „Herodias" (BTT 117).

Besonders prominent sind aber die mittelalterliches Dekor variierenden Gedichte. Diese sind besonders vielfältig gestaltet und können hier ebenfalls nur exemplarisch genannt werden. Oft sind sie dekadent-resignativ oder heroisierend-idealisierend und bieten damit Schaukals historisierenden Projektionen reichen Raum. Besonders pikant ist wohl die Wahl des Widmungsgedichtes an Thomas Mann aus dem *Buch der Tage und Träume*, das mit den Worten beginnt: „Von ungefähr und sorgenfrei ritt ich in kühlem Eisen...".[42] Aber auch „Sehnsucht des Knappen" (BTT 27), „Meldung" (BTT 93), „Die Herzogin erzählt" (BTT 102), „Botschaft" (BTT 113), „Reiten" (MG 22), „Refugium" (MG 23), „Der Wächter" (MG 55), „Der Fiedler" (MG 117), „Standarten" (T 13), „Lanzenstechen" (T 46), „Frau Minne" (T 51), „Der von der Halde. Ein Zwiegespräch zwischen Fremden" (T 56–60), „Geleitspruch des Knappen" (T 68), „Bogenspannen" (T 69), „Ich war

---

41 Schaukal, Das Bild der Juno. In: Schaukal, Das Buch der Tage und Träume. 2. Aufl. Leipzig 1902, S. 114.
42 Schaukal, Tage und Träume. 1902, S. 22.

ein Ritter" (T 103) und andere zählen hierzu: Ihre Formen und Wirkungen sind unterschiedlich:

An dem Gedicht „Alte Schlösser"[43] hat Schaukal zwischen 1896 und 1903 gefeilt und paradigmatisch und ungeheuer modisch gehen hier literarischer Historismus am romantisch dekorierten Schauplatz und resignativ-dekadente Aussage Hand in Hand, pathetisches Vokabular trifft auf modischen Vers libre:

> „Alte Schlösser lieb ich
> mit gemeisseltem Wappen überm Portale
> dunkeln Bilder gewaltiger Ahnen im düsteren Saale
> alte Schlösser die von zackiger Höh in bewaldetem Tale
> aus zerbröckelnden Bogenfenstern schauen ...
> Efeu rankt sich darüber: wildzerraufte Brauen...
> Still der Burghof wo auf breiten Quadern die Schritte verhallen
> im verwachsenen Parke fallen
> herbstliche Blätter: Mächtige Stiegen träumen
> noch vom gleitenden Schmiegen
> seidner Gewänder
> deren Duft sie bewahrten
> lauschen den festlichen Fahrten
> in Märchen- und Maskenländer ...
> In den Kronen ergrauender Bäume
> nisten grosse Vögel und fliegen
> schwarz und schwer
> um steile Türme hin und her ..."[44]

Satanisch-kühl und geheimnisvoll, sprachlich durchaus konventionell hingegen präsentiert sich „Meldung":

> Ein schwarzer Ritter, Herrin, hält
> Im Burghof mit verhüllter Miene,
> so wahr ich deiner Gnade diene,
> er hat nicht Wesen dieser Welt:

---

[43] Schaukal, Alte Schlösser. In: Schaukal, Ausgewählte Gedichte. Leipzig 1904, S. 96. Vgl. dazu auch Katja Kraft, Richard Schaukals Gedicht „Ein Schloss". In: Eros Thanatos. Jahrbuch der Richard-von-Schaukal-Gesellschaft 5/6 (2001/2002), S. 67–79.
[44] Gut vergleichen lässt sich damit das ironisch gebrochene Gedicht „Colombine wünscht sich" aus *Pierrot und Colombine*. 1902, S. 59, über einen ähnlichen romantisierenden Schauplatz: „Ein Schloss am Waldesrande / Mit einem Teich im Park, / Eichen breitästig und stark, / und ich im Jagdgewande. / Mein Wagen und meine Hunde / Harren in der Allee: / In einer Viertel-Stunde / Mach ich schon ein Doublé."

> sein Helm trägt eine glatte Schiene,
> sein Harnisch ist von schwarzem Stahl,
> sein Ross hat Augen wie Rubine,
> sein Wink durchfuhr mich wie ein Strahl.[45]

Renaissance, Barock und Rokoko sind weitere historische Epochen, denen sich Schaukal in seinen Jugenddichtungen gerne zuwendet, und die Gedichte „Venedig" (MG 48), „Chronica" (MG 93), „Letzter Gruß des Freundes" (BTT 108), „Handzeichnung Lionardos" (BTT 112) oder „Ein Mitglied des großen Rates" (BTT 111) sind Beispiele dafür.

Repräsentativ sei hier abschließend das Gedicht „Rococo" herausgegriffen: Wie in einem Brennglas fließen hier wohl wiederum Elemente tatsächlich erlebter Intérieurs mit Stilisierungen zusammen und ergeben gemeinsam einen einzigen, sinnlich und detailliert gezeichneten, großen Sehnsuchtsraum des jungen Schaukal, der schon am 24. März 1896 in sein Tagebuch geschrieben hatte: „Ich bin Aristokrat des Geistes. Meine sehnsüchtigste Neigung: ein Freiherrentitel. Ich bin mir dadurch nicht lächerlich. Ich weiß, was ich als Baron würde".[46] Üppige Dekorationen und wie im Scherenschnitt dazu gepasstes Personal, Kokotte und puderbestaubte Herren, bilden die eskapistische Folie eines aus seiner Zeit sich hinweg- und in idealisierte Vergangenheiten sich zurückwünschenden Autors und mühelos lässt sich der Text als Intérieur-Version von Hofmannsthals *Anatol*-Prolog lesen:

> Schwere silbergraue Portièren,
> Weiße Göttergestalten mit großen, leeren
> Augen, verschlafne Konsolenuhren,
> zierliche Porzellanfiguren
> Auf Marmortischen mit goldenen Beinen,
> Schwarze Katzen, aus grünen Steinen
> Lüstern blinzelnd, auf hohen Kaminen,
> Weiche Causeusen hinter Gardinen,
> Und ein Spinett und eine Gavotte
> Aufgeschlagen, und einer Cocotte
> Zierliche Nagelspur auf dem Papier,
> die damals in üppiger Schlankheit hier
> Saß und spielte mit hochgezogenen
> Feinen Brauen, mit großen verlogenen
> Blauen Augen, mit puderbestaubten
> Locken, vor Herrn, die ans Irdische glaubten

---

45 Schaukal, Meldung. In: Schaukal, Tage und Träume. 1902, S. 93.
46 Aus dem Handschriften-Nachlass Richard Schaukals in der Wienbibliothek. Nicht katalogisierte Archivbox.

Und an den Hurihimmel auf Erden,
Die mit Spitzenmanschetten und halben Geberden
Ihr Kräuseljabot aus den Westen zogen
Und schlanke Rohre träumend bogen
Mit Silberknäufen und Freiherrnkronen,
Die mit dem Parfum der Sonnenzonen
Ihre heimlichen, zärtlichen Aventüren
Feuchteten und mit gewandeten Alluren
Den alten Gott in die Grube legten,
Über die sie sich schmächtig und höflich bewegten
In kleinen Schritten, mit scherzenden Worten –
Wer öffnet mir die verriegelten Pforten
Zu dieser Welt der blassen Nuancen,
Der Madrigale und Medisancen?[47]

Die tiefe, biographisch und sozial begründete Verunsicherung des bürgerlich Geborenen, der inbrünstig und noch bis 1918 vergeblich seine eigene Nobilitierung ersehnen sollte, lässt ihn nach Werten suchen, die er in altbewährten Gesellschaftssystemen zu finden hofft. Zeit seines Lebens trachtete er in Wahrheit nämlich durchaus ängstlich danach zu bewahren, zu schützen, zu retten, zu konservieren, was ihm je als Wurzel, Halt und Schutz diente: das erste bergende Erlebnis „Kindheit" und – all dies repräsentierend – Vergangenheit in vielerlei Form. Der Reiz hübscher, von den Vätern geerbter Möbel also ist Amuse-Gueule für die überfeinen Nerven des Modernen. Die Unmittelbarkeit des Dinglichen und die Würde des Materials als ehrfürchtig wertgeschätztes Erbe und Remedium aus dem Arzneischrank einer versunkenen Welt sind ihm dabei Refugium und Fluchtpunkt.

Loos: Experiment und Tradition

Einen „alten Gott in die Grube" legte auch der von Schaukal verehrte Adolf Loos mit seinem revolutionären ästhetischen Reduktionsprogramm. Sein Leben lang waren und blieben Schaukal Fragen der Wohnkultur,[48] des Stadtbildes und der

---
[47] Schaukal, Rococo. In: Schaukal, Meine Gärten. 1897, S. 46. Vgl. dazu die ausführliche Studie von Ariane Martin, Wiener Barock – Rückwärtsgewandte Sehnsucht und die Technik des Pastiche als Individualstil in Richard Schaukals Gedicht Rococo. In: Eros Thanatos. Jahrbuch der Richard-von-Schaukal-Gesellschaft 5/6 (2001/2002), S. 5–17.
[48] Man vergleiche dazu die Bände: Schaukal, Die Mietwohnung. Eine Kulturfrage. Glossen. Mit einem Illustrations-Anhang. Darmstadt 1907, aber auch: Schaukal, Giorgione oder Gespräche

Architektur[49] ein besonderes Anliegen. Er war, wie hier dargestellt wurde, in und seit seiner Jugend sehr hellsichtiger Bewohner,[50] Besucher und Verdichter unterschiedlicher Intérieurs, seit jeher verachtete er die Auswüchse geschmacklosen Wohnens und ganz wie Loos graute es ihm besonders vor historistischem Ornament und unorganischem, eklektizistischem Zierrat:

> Nein, man presst auf jede Kachel die heute hochmütig verstummten Zeichen einer Stilsprache, die Renaissance oder Barock heißt, krönt die Unsal mit einem Portalgebälk, stellt womöglich noch eine Figur hinauf oder schraubt einen Zapfen an. Warum? Die Ornamentseuche.[51]

Durchaus naheliegend war es daher, dass er sich bald und nachhaltig für Adolf Loos erwärmte. Der junge Brünner Architekt hatte den jungen Brünner Rezensenten bereits 1897 um lobende Worte in der Brünner Sonntagszeitung gebeten.[52] Für den revolutionären Architekten, der Schaukal das Modell seines Hauses am Michaelerplatz schon 1912 im Zuge seiner „Wohnungswanderungen" persönlich zeigte,[53] trat der Dichter als einer der ersten in Aufsätzen in Zeitschriften und seinen diversen kulturkritischen Sammelbänden ein.[54]

über die Kunst. München, Leipzig 1907; Schaukal, Gegen das Ornament. In: Deutsche Kunst und Dekoration 22 (1908), S. 12–15. Dazu weiterführend Leitner 1999, S. 100f.

49 In der Zeitschrift *Die Raumkunst* 4 (1909), S. 62f. findet sich unter dem Titel „Ein Wiener Memento" eine Anmerkung Schaukals zu dem Gebäude des Reichskriegsministeriums Am Hof, das Verkehrszwecken zum Opfer zu fallen bestimmt war. Unter dem Titel „Wem gehört die Stadt" verfasste er in der *Deutschen Kunst und Dekoration* eine „Grundsätzliche Glosse", die auch in der *Wiener Abendpost* (232, 27.9.1912, S. 1–2) erschien und in der er am Beispiel des Verschwindens des „schlicht-monumentalen 'Trattnern-Hofes' [sic] am Graben" die Zerstörungswut der Spekulanten im Wiener Stadtbild geißelte. Vgl. auch ähnliche Attacken in dem Bande *Vom Geschmack. Zeitgemässe Laienpredigten über das Thema Kultur.* München 1910: die Kapitel „Vandalismus" (S. 49–52), „Die Kunstseuche" (S. 53–77), „Ein Mahnwort an Erben" (S. 117–121) und „Vom ästhetischen Wesen der Baukunst" (S. 127–132). Am 22.10.1913 kommentiert Baronin Ebner-Eschenbach dies in einem Brief: „Wir gehören noch zu den wenigen, die blutige Thränen weinen um unsere einzige, alte Stadt."

50 Er selbst bewohnte nach kleineren Wohnungen in Ober St. Veit und der Spiegelgasse seit 1912 die großzügige Beletage eines klassizistischen, palaisartigen Grinzinger Hauses. Vgl. dazu Marlene Falmbigl, Bücher sammeln aus Leidenschaft – Privatbibliotheken in Wien um 1900. Diplomarbeit. Universität Wien 2009, S. 77.

51 Schaukal, Vom Geschmack. 1910, S. 60.

52 Über persönlichen Kontakt und Korrespondenz zwischen Loos und Schaukal vgl. Leitner 1999, S. 30–33.

53 Vgl. dazu das entsprechende Exkursionsprogramm vom 10. und 11. 12.1907, H.I.N. –227719.

54 Vgl. dazu Mitterer 2014, S. 70: „Deutlicher als in der Dichtung waren die Entwicklungsschritte der Moderne in Richard Schaukals Auffassungen zu Bildender Kunst und Architektur."

Gerade die Schmucklosigkeit des im künstlerischen Entwurf revolutionären Loos war es, in der Schaukal sein Postulat für die Ursprünglichkeit, Reinheit und Unverfälschtheit der Kunst „einer versunkenen Welt" erkannte. Loos' Kampf gegen das moderne Ornament verstand und unterstützte der Dichter als Rückkehr zu natürlichen Formen und Materialien und verbrämte in seiner Analyse dessen höchst modernes Anliegen mit einem wehmütigen Blick in vergangene Zeiten:

> Loos hat gezeigt, wo unser, der Enterbten, auch außerhalb der in sich selbst seligen, der in keinerlei Dienst gestellten Kunst nach Erfüllung umblickendes Schönheitsbedürfnis sich Genüge zu leisten vermag: in der dem Stoff entsprechenden, der ehrfürchtigen Verwendung des gewissermaßen Ursprünglichen: Holz, Metall, Glas und des durch Vernünfteln noch nicht zurechtgefälschten Handwerklichen: Gewebe, Gewirke, Gespinst. Nicht mehr Formgebung im Sinne des Förmlichen, sondern Darstellung im Sinne des dinglichen, Unmittelbarkeit des Mittels als Ausdruck seiner selbst ist die gerechte Losung einer Zeit, deren Stahlgefüge und Ledergesteppe, deren Klingen, Nadeln, Ketten, Platten und Röhren in Selbstgenügsamkeit darauf verzichten, es mit den aufgefischten Resten einer versunkenen Welt aufnehmen.[55]

Sehr nahe stand die vielfältig geäußerte Kritik an der Kunst- und Ornamentseuche,[56] wie sie schon der junge Schaukal artikulierte, derjenigen von Adolf Loos, und was der Schriftsteller 1908 in Bezug auf dessen Umgang mit Materialien und Räumen feststellt und bewundert, deckt sich in vielfältiger Weise mit seinen eigenen Präferenzen in sprachlicher und literarischer Hinsicht. Sein Band *Vom Geschmack*,[57] in dem zahlreiche kritische Aufsätze zu den Themen Stil, Dekoration, Wohnungseinrichtung und Mode versammelt sind, macht diese Verschränkung von dekorativer und sprachlich-literarischer Kunstauffassung deutlich: Beide, Loos wie der Verfasser Schaukal selbst, werden darin als Wertschätzer [sic] des Ornaments erörtert und gleichzeitig als Wahrer des reinen und unverfälschten Materials vergangener Zeiten vor- und nebeneinandergestellt, Loos als „vereinzelte Figur" mit Schaukal gewissermaßen als Schlagschatten „in geistiger Landschaft".

---

55 Schaukal, Adolf Loos. Festschrift zum 60. Geburtstag. Wien 1930, S. 50.
56 Schaukal, Die Kunst-Seuche, bes. das Kapitel „Das Ornament". In: Schaukal, Vom Geschmack. 1910, S. 57–61. Wie sehr Schaukals vielfältig geäußerte Vorliebe und Bewunderung für eine „prachtvoll einfache Ausdrucksweise" – Dominik Pietzcker spricht in diesem Zusammenhang vom „lakonischen Stil", S. 132 – seiner Ablehnung des optischen Ornaments entspricht – „Wir finden Aufgeklebtes (Historisches auf Zeitgemäßem) und Nachgeahmtes (Unorganisches) [...]" –, wäre gesondert zu untersuchen.
57 Schaukal, Vom Geschmack. München 1910. Vgl. auch Leitner 1999, darin bes. das Kapitel „Schaukals Absage an das Ornament". 1905–1910. Eine Kulturkritik des Fin de Siècle, S. 8–37.

In unsrer Zeit, der Aera der Maschinen, sieht er [d. i. Loos, Vf.] das Ornament an Entkräftung gestorben. Er trauert darüber nicht. Im Gegenteil: er jubelt. Er preist unsre Zeit ob dieser grandiosen Kargheit. Er schätzt die organischen Ornamente, die Arabesken der üppigen dekadenten Auslaufzeiten wie die großartigen Hieroglyphen der Uranfänge. Aber er verweist kaltblütig auf das Wesen unsres modernen Materials und meint ihm genügende Wirkung durch seine unbefangene Existenz zuschreiben zu dürfen. Silber- und Messingplatten, Holz- und Glasflächen. Loos verneigt sich vor ihrer ungeminderten Tatsächlichkeit. [...] Und eines verrate ich euch, sagt der stille unermüdliche Werber für das Echte: alle wahre Kultur hat seit jeher das Ganze, das Tüchtige, das Einheitliche bevorzugt.[58]

Resümee

Es ist durchaus ergiebig, den jungen österreichischen Dichter Richard von Schaukal als Paradigma für die typisch österreichischen und künstlerisch so fruchtbaren Verwerfungen zwischen Tradition und Moderne zu verstehen und ihn damit als prototypischen Vertreter seiner Zeit zu begreifen, als „Leibhaftiges Dilemma der Jahrhundertwende",[59] der sich wie seine Zeit zwischen Vergangenheit und Zukunft zu positionieren versucht.

Auf der einen Seite zeigen sein in seiner Fragmentierung hochmodisches autobiographisch getöntes Frühwerk, seine vielfältigen Verarbeitungen der modischen Figuren Dandy und Pierrot und seine vielfältigen Kontakte zu brisanten und hochaktuellen Künstlern seiner Zeit einen durchaus modernen, fortschrittlichen Künstler, der sich auf subtile Weise nahe dem Experiment und der Provokation positionieren kann. Auf der anderen Seite gibt ein lebenslanger Hang zum Anverwandeln vergangener Ideale schon dem Jugendwerk eine spezielle Färbung

---

58 Schaukal, Adolf Loos: Geistige Landschaft mit vereinzelter Figur im Vordergrund. In: Schaukal, Innendekoration 1908, S. 252–259, hier S. 256f., weiters in: Schaukal, Vom Geschmack. 1910, S. 61–71. 1915 werden im Band *Großmutter* unter dem Titel „Alter Hausrat" längst verschmähte Möbel und Wohnaccessoires als wiederauferstandene Reliquien der Vergangenheit begrüßt und damit der Anfang einer neuen Zeit in Wohnungsdingen begrüßt: „Was von dem Ungeschmack ihrer neuerungssüchtigen Tage missgeleiteten Eltern getaugt hatte, die plötzlichen historischen Möbelmoden sind verschwunden, der falsche überladene Prunk der Plüsche, Rahmen und Spiegel, der bemalten Wandbretter, gestanzten Schaugefäße und Majoliken, die Fabrikseuche der Bijouterie- und Galanteriewaren hat dem blanken, glatten, dauerhaften Wesen der Urgroßväter weichen müssen: man lebt unter hundertjährigen geruhigen Penduluhren, während draußen Lärm und Gestank der Neuzeit hausen."
Schaukal, Alter Hausrat. Zit. n. Schaukal, Frühling eines Lebens. Aus den Erinnerungen des Dichters. Wien 1949, S. 228–231, hier S. 229.
59 Reinhard Urbach, Leibhaftiges Dilemma der Jahrhundertwende. In: Neue Züricher Zeitung, 26./27. April 1975, S. 57.

und seinem Schöpfer wohl die Sicherheit, die er braucht, um den Stürmen der Moderne als Mensch und Individuum standzuhalten. Von den Schauplätzen und Motti seiner frühen Lyrik bis zum persönlichen Umgang mit adorierten adeligen Vorbildern und dem führenden Exponenten der Stildebatte seiner Zeit reicht der weite Bogen seiner Auseinandersetzung mit unterschiedlichen Paradigmen der Vergangenheit.

Literatur

Primärliteratur

Hofmannsthal, Hugo von: Gabriele d'Annunzio. In: Feuilleton der Frankfurter Zeitung 37 (219, 9. August 1893), S. 1–3.
Schaukal, Richard von: Meine Gärten. Einsame Verse. Berlin 1897.
Schaukal, Richard von: Tristia. Neue Gedichte aus den Jahren 1897–1898. Leipzig 1898.
Schaukal, Richard von: Ferdinand von Saar. Ein Meister der Novelle. In: Das litterarische Echo 2.16 (1899/1900), S. 1111–1115.
Schaukal, Richard von: Intérieurs aus dem Leben der Zwanzigjährigen. Leipzig 1901.
Schaukal, Richard von: Das Buch der Tage und Träume. Leipzig 1902.
Schaukal, Richard von: Pierrot und Colombine oder Das Lied von der Ehe. Leipzig 1902.
Schaukal, Richard von: Großmutter. Ein Buch von Tod und Leben. Gespräche mit einer Verstorbenen. Leipzig 1906.
Schaukal, Richard von: Eros Thanatos. Novellen. Wien, Leipzig 1906.
Schaukal, Richard von: Leben und Meinungen des Herrn Andreas von Balthesser, eines Dandy und Dilettanten. München 1907.
Schaukal, Richard von: Giorgione oder Gespräche über die Kunst. München 1907.
Schaukal, Richard von: Die Mietwohnung. Eine Kulturfrage. Glossen. Mit einem Illustrations-Anhang. Darmstadt 1907.
Schaukal, Richard von: Adolf Loos. Geistige Landschaft mit vereinzelter Figur im Vordergrund. In: Die Innendekoration 1908, S. 252–259.
Schaukal, Richard von: Vom Geschmack. München 1910.
Schaukal, Richard von: Zettelkasten eines Zeitgenossen. Aus Hans Bürgers Papieren. München 1913.
Schaukal, Richard von: Adolf Loos. Festschrift zum 60. Geburtstag. Wien 1930.
Schaukal, Richard von: Frühling eines Lebens. Aus den Erinnerungen des Dichters. Wien 1949.
Schaukal, Richard von: Über Dichter. Werke in Einzelausgaben. Hg. von Lotte Schaukal und Joachim Schondorff. München, Wien 1966.
Schaukal, Richard von: Leben und Meinungen des Herrn Andreas von Balthesser, eines Dandy und Dilettanten. Hg. von Alexander Kluy, mit einem Original-Essay von Stephan Hilpold und Beiträgen von Jules Amédée Barbey d'Aurevilly und Richard von Schaukal sowie einer Dandy-Galerie. Wien 2013.

Sekundärliteratur

Falmbigl, Marlene: Bücher sammeln aus Leidenschaft – Privatbibliotheken in Wien um 1900. Diplomarbeit. Wien 2009.
Girardi, Claudia: Alte Schlösser lieb ich... Mährische Salonkultur am Beginn der literarischen Moderne. Briefe von Marie von Ebner-Eschenbach und Richard Schaukal. In: Beiträge zu Komparastik und Sozialgeschichte der Literatur. Festschrift für Alberto Martino. Amsterdam 1997, S. 741–778.
Girardi, Claudia: Schaukals Intérieurs aus dem Leben der Zwanzigjährigen. Publikation als Therapie oder: „Ich gab es preis. Jetzt ist mir leichter." In: Eros Thanatos. Jahrbuch der Richard-von-Schaukal-Gesellschaft 3/4 (1999/2000), S. 5–26.
Girardi, Claudia: Der Dichter Richard von Schaukal als „Konservator" der guten alten Zeit. In: Konservative Profile. Ideen und Praxis in der Politik zwischen FM Radetzky, Karl Kraus und Alois Mock. Hg. von Ulrich E. Zellenberg. Graz 2003, S. 285–302.
Kraft, Katja: Richard Schaukals Gedicht „Ein Schloss". In: Eros Thanatos. Jahrbuch der Richard-von-Schaukal-Gesellschaft 5/6 (2001/2002), S. 67–79.
Le Rider, Jacques: Das Ende der Illusion. Zur Kritik der Moderne. Wien 1990.
Leitner, Sibylle C.: „Heut' in der Ära des ‚Buchschmucks' – Gott verdamm ihn!" Richard Schaukals Credo im Kontext der Stildebatte um 1900. Diplomarbeit. Wien 1999.
Martin, Ariane: Wiener Barock – Rückwärts gewandte Sehnsucht und die Technik des Pastiche als Individualstil in Richard Schaukals Gedicht Rococo. In: Eros Thanatos. Jahrbuch der Richard-von-Schaukal-Gesellschaft 5/6 (2001/2002), S. 5–17.
Mitterer, Cornelius: Frühgealtert und spätgeboren. Richard Schaukals Dialog mit dem Dichterkreis des Jungen Wien. In: Studia theodisca 21 (2014), S. 45–73.
Pietzcker, Dominik: Richard von Schaukal. Ein österreichischer Dichter der Jahrhundertwende. Würzburg 1997.
Urbach, Reinhard: Leibhaftiges Dilemma der Jahrhundertwende. In: Neue Zürcher Zeitung, 26./27. April 1975, S. 57.
Warum, Claudia: Briefe eines Mährers aus Wien in die Heimat und nach Böhmen. Richard von Schaukal. Richard von Schaukal und seine Beziehungen zu den böhmischen Ländern. In: Literatur in Bayern 39 (1995), S. 74–80.

III Intertextualität und Intermedialität

Wilhelm W. Hemecker
Das gerettete Ich? Hofmannsthals Picasso*

„... an Ihren Picasso denke ich mit Staunen"
Rainer Maria Rilke

Pablo Picasso und Hugo von Hofmannsthal? Der Dichter, dessen Name mit den Salzburger Festspielen und Libretti für Opern von Richard Strauss verbunden bleibt – und *der* bildende Künstler, dessen Oeuvre wie kaum ein zweites im 20. Jahrhundert die Moderne verkörpert?

Vorgeschichte

Bei dem Gemälde Picassos, das im Herbst des Jahres 1912 in den Besitz Hofmannsthals gelangte und in dessen Arbeitszimmer in Rodaun hing, bevor es der Dichter 1928 seiner Tochter überließ,[1] handelt es sich um ein bedeutendes Selbstportrait in Öl,[2] das bereits in der ersten Ausstellung des erst neunzehnjährigen Künstlers in Paris gezeigt wurde (Abb. 1). Gemalt worden war es Anfang Mai des Jahres 1901,[3] der Maler selbst hatte es mit „– Yo –" („– Ich –") links oben auf dem Bild betitelt und unmittelbar darunter – erstmals auf einem seiner Gemälde – lediglich mit „Picasso", dem Mädchennamen seiner Mutter, signiert.[4]

---

* Im Andenken an Werner Volke (1927–1998), den langjährigen Leiter der Handschriftenabteilung des Deutschen Literaturarchivs Marbach, verfasst, der mich an Hofmannsthal herangeführt hat. In der Ausstellung „Becoming Picasso. Paris 1901" in der Courtauld Gallery, London (14.2.–26.5.2013) hatte ich Gelegenheit, das im Folgenden besprochene, sich in Privatbesitz befindende Selbstportrait Picassos im Original zu betrachten.
1 Vgl. Christiane Zimmer, The Picasso Story. Unveröffentlichtes Typoskript. Freies Deutsches Hochstift / Frankfurter Goethe-Museum, Hofmannsthal-Archiv 1680.108.
2 Enrique Mallen (Hg.), Online Picasso Project. Sam Houston State University. 1997–2016. https://picasso.shsu.edu/ [15.12.2016]. Katalognummer: OPP. 01:003. Künftig unter der Sigle OPP und Angabe der Nummer als Nachweis für die Werke Picassos, auf die im vorliegenden Text Bezug genommen wird. Zur Provenienz dieses Bildes siehe Barnaby Wright, Catalogue. In: Becoming Picasso: Paris 1901. Hg. von Barnaby Wright. London 2013, S. 106–175, hier S. 108.
Vgl. auch Keith Nurse, Young Picasso fetches £ 283,500. In: Daily Telegraph, 3. Dezember 1975; ferner Rita Reif, 'Yo Picasso' brings $47.9 Million at Sotheby's. In: New York Times, 10. Mai 1989.
3 Datierung nach Wright 2013, S. 108.
4 In der Forschungsliteratur auch unter: „Yo, Picasso" oder „Yo Picasso". Tatsächlich ist paläographisch argumentierbar, dass es sich bei „Picasso" um die Signatur handelt, die er in dieser oder ähnlicher graphischer Realisierung quasi als Logo von nun an sein Leben lang beibehält. Dem zufolge lautet der Titel des Bildes lediglich: „– Yo –" (oder: „– YO –").

DOI 10.1515/9783110549539-010

Abb. 1: Pablo Picasso: Selbstportrait (*Yo*), 1901. Öl auf Leinwand (Privatbesitz © 2016. Photo Art Resource / Scala, Florence).

Biographisch ist zu vergegenwärtigen, dass Pablo Ruiz Picasso, gerade 19 Jahre alt geworden, gegen Ende Oktober 1900 zusammen mit seinem Maler-Freund Carlos (katalanisch: Carles) Casagemas Paris anlässlich der ‚Exposition universelle' besucht und fast zwei Monate lang erkundet hatte[5] – im Grand Palais fand sich in der Spanischen Sektion der Weltausstellung bereits ein Bild von ihm: *Les derniers moments*, eine Sterbebettszene in Öl.[6] Nach einer frühen Inkubationszeit im avantgardistischen Milieu Barcelonas – der Modernisme Català war gerade aufgeblüht[7] und der jugendliche Maler verkehrte regelmäßig im Künstlercafé „Els Quatre gats" – kam es in Paris sehr bald schon zur Entdeckung Picassos durch den netzwerkenden katalanischen Zwischenhändler Pere Mañach und, durch dessen Vermittlung, zur ersten größeren Verkaufsausstellung seiner Bilder in der Galerie des bedeutenden Händlers zeitgenössischer französischer Kunst Ambroise Vollard.[8] Sie wurde am 25. Juni 1901 eröffnet, lief fast drei Wochen lang bis zum 14. Juli und verhalf dem jungen Maler schlagartig zu einem ersten Anerkennungserfolg: Von den 65 Exponaten hatte etwa die Hälfte bereits bei Ende der Ausstellung einen Käufer gefunden.[9]

Im Katalog steht das „Portrait de l'artiste" an erster Stelle. "It appeared in pole position in the catalogue list and could hardly have issued a more brazen demand for attention: the huge letters of the declamatory '– Yo –' (Spanish for 'I') were gouged into the wet paint of the blue-black background like a brand into an animal's hide",[10] kommentiert Elizabeth Cowling, und Kirk Varnedoe stellt fest: „clearly conceived as a presentation piece" und „determinedly flashy in every sense".[11] Es gehörte allerdings zu den Exponaten, die nach der Ausstellung

---

[5] Referenzcharakter mit Blick auf lebens- und werkgeschichtliche Zusammenhänge zu dieser Zeit hat nach wie vor die umfangreiche Biographie von John Richardson, Picasso. Leben und Werk 1. 1881–1906. In Zusammenarbeit mit Marylin McCully. München 1991. Unentbehrlich für die frühen Schaffensjahre ist weiters der Sammelband von McCully, Picasso in Paris. 1900–1907. Mit Beiträgen von Nienke Bakker, Isabel Cendoya und Peter Read. Hg. von Michael Raeburn. London 2011; ferner Josep Palau i Fabre, Picasso. The Early Years. 1881–1907. Barcelona 1985; sowie Pierre Daix / Georges Boudaille, Picasso. Blaue und rosa Periode. München 1966.
[6] OPP.99:076. Das Bild sollte Picasso, wie etliche andere auch, später übermalen, um eines der Hauptwerke der Blauen Periode zu erschaffen: *La Vie*, OPP.03:001.
[7] Vgl. hierzu: Barcelona 1900. Hg. von Theresa-M. Sala. Cornell 2008.
[8] Pere Mañach wurde von Picasso ebenfalls für die Ausstellung 1901 in Öl portraitiert (OPP.01:005), und ebenso Ambroise Vollard (OPP.01:132). Vollard hat seine Erinnerungen an Picasso festgehalten in: Vollard, Souvenirs: Recollections of a Picture Dealer. Boston 1936. Zu dem Galeristen und seiner Bedeutung für die Moderne siehe: Cézanne to Picasso. Ambroise Vollard, Patron of the Avant-Garde. Hg. von Rebecca A. Rabinow. New Haven, London 2006.
[9] Vgl. McCully, Picasso's Artistic Practice. In: Becoming Picasso. 2013. S. 37–59, hier S. 44.
[10] Elizabeth Cowling, Picasso Portraits. London 2016, S. 52.
[11] K. Varnedoe, Picasso's Self-Portraits. In: Picasso and Portraiture. Representation and Transformation. Hg. von William Rubin. New York 1996, S. 110–179, hier S. 120.

unverkauft wieder zurück gingen; auf einer zeitgenössischen Fotographie von Picassos erstem Atelier, das ihm von Pere Mañach bereitgestellt wurde, lässt sich der untere Teil des Gemäldes deutlich erkennen: „Picasso's earliest known photographs were taken with a borrowed camera in his rented studio on Boulevard de Clichy [...] One of them, postdating his exhibition at Vollard's gallery, shows a section of the studio wall thickly hung with paintings, including *Yo Picasso*".[12]

Viele der Bilder waren in fieberhafter Eile in den Monaten unmittelbar vor der Ausstellung entstanden und zeugen noch von starken künstlerischen Einflüssen und Eindrücken, die Picasso in Paris empfangen hatte und sogleich mit großer Intensität produktiv umsetzte – ein Verfahren, das für den Maler Zeit seines Lebens charakteristisch bleiben sollte. Unter den zeitgenössischen Künstlern, die Picasso in seiner Aneignung der überreichen Kunstmetropole affiziert hatten, finden sich – und das ist hier von Bedeutung – solche, die auch bei Hofmannsthal auf besonderes Interesse stießen. Félicien Fagus (d. i. der Dichter Georges Faillet, er trat unter diesem Pseudonym hier erstmals als Kunstkritiker hervor) nennt in seinem Artikel zur Ausstellung Delacroix, Van Gogh, Toulouse-Lautrec, Degas und einige weitere zeitgenössische Maler neben spanischen Größen der Vergangenheit.[13]

Yo

Eine Skizze in Pastell und Kohle auf Karton,[14] die als Entwurf dem Selbstportrait vorausging (Abb. 2), enthält noch kompositorische Elemente – Pinsel und Staffelei, die Erscheinung des Künstlers in lässig sitzender Haltung –, welche in dem daraus hervorgegangenen Gemälde bemerkenswerterweise entweder ganz fehlen oder sich nur mehr angedeutet finden, sodass sich die Aufmerksamkeit des Betrachters voll und ganz auf die Persona des Selbstportraits konzentrieren kann: „Abandoning the clichéd image of the artist at work in favour of the intimate half-length format, he drew the spectator irresistibly into his orbit",[15] bemerkt Elizabeth Cowling. Erratisch hebt sich nun die auf den Oberkörper reduzierte, in fließendes Weiß gewandete Gestalt in frontaler Beleuchtung – „gaslight" nach Varnedoe – von dem nächtlich

---

12 Cowling 2016, S. 55. Die Fotographie findet sich hier abgebildet, sowie in: Wright 2013, S. 137 (Fig. 49). Es ist allerdings nicht unstrittig sicher, dass das Foto tatsächlich Picassos Atelier zeigt. Vgl. hierzu Wright 2013, S. 134.
13 Vgl. F. Fagus, L'invasion espagnole: Picasso. In: La revue blanche 25 (1901), S. 464–465.
14 OPP.01:061.
15 Cowling 2016, S. 53.

schwarzblauen Hintergrund ab: „a pure show of charisma".¹⁶ Mit Blick auf „color and expressionist brushwork"¹⁷ verweist Varnedoe auf Van Gogh als Vorbild (Abb. 3).

Abb. 2: Pablo Picasso: Skizze zum Selbstportrait (*Yo*), 1901. Kohle und Pastell (Private CollectionPhoto © Christie's Images / Bridgeman Images).

---

16 Varnedoe 1996, S. 120 und S. 121.
17 Varnedoe 1996, S. 121. Zum Einfluss Van Goghs vgl. Nienke Bakker, The Reputation of Vincent van Gogh in Paris around 1900. In: McCully, Picasso in Paris. 2011, S. 75–93.

Abb. 3: Vincent van Gogh: Selbstportrait, 1889. Öl auf Leinwand (© National Gallery of Art, Washington DC, USA/Bridgeman Images.).

Von einem gleichermaßen „undefinierbare[n] Grund (schwarz, blau, schwarzgrau, dunkelstes Grün)", auf dem ein Teil des Glanzes von Sternen „noch in der dunklen Materie zu stecken scheint", ist in einer Adnote Hofmannsthals zu einem

Brief Van Goghs die Rede, den Julius Meier-Graefe, vom Dichter als Kunst-Experte geschätzt, mit Blick auf den „Symbolismus" des niederländischen Malers ausführlich zitiert.[18] Die Briefstelle bezieht sich auf ein projektiertes Künstlerportrait Van Goghs, das Portrait eines mit ihm befreundeten Malers, „qui rêve de grands rêves". Van Gogh skizziert sein Vorhaben, diesem und seiner Zuneigung zu ihm künstlerisch gerecht zu werden, mit folgenden Worten: „Derrière la tête [...] je fais un fond simple du bleu le plus riche, le plus intense que je puisse conféctioner, et par cette simple combinaison, la tête blonde éclairée sur ce fond bleu riche obtient un effet mystérieux comme l'étoile dans l'azur profond."[19] Treffender ließe sich auch der Tenebrismus, das Hell-Dunkel, die Wirkung des nachtblauen Hintergrundes und des daraus hervortretenden illuminierten Gesichts mit seinen suggestiv blickenden, dunklen Augen auf Picassos Selbstportrait kaum charakterisieren. Das „Self-Portrait (Yo – Picasso) is among the first paintings which makes such a powerful use of his eyes", erläutert Barnaby Wright, "in later years the Picasso gaze would become a defining feature of his image, and in the present work they are one of the most expressive elements of the composition – both penetrating and charismatic".[20] Elizabeth Cowling ergänzt:

> To enhance the dramatic effect of the sharp turn to confront the spectator, Picasso exaggerated the difference in the direction of each eye's dilated and mesmerising gaze. Taken to an extreme, this device for suggesting physical movement resulted in some of the most challenging facial distortions of his much later portraiture.[21]

Die „dunklen, tiefen, durchdringenden, seltsamen, fast starren Augen" waren, so bezeugt seine erste Lebensgefährtin und Muse Fernande Olivier,[22] Picasso auch

---

[18] Hofmannsthals Annotation zu Van Goghs Brief findet sich in: Carlpeter Braegger, Das Visuelle und das Plastische. Hugo von Hofmannsthal und die Bildende Kunst. Bern 1979, S. 22.
[19] Zit. n. J. Meier-Graefe, Impressionisten. Guys – Manet – Van Gogh – Pissarro – Cézanne. Mit einer Einleitung über den Wert der Französischen Kunst und sechzig Abbildungen. München, Leipzig 1907, S. 146.
Die Monographie über „Impressionisten" hatte Hofmannsthal im Juni 1907 gelesen; zur selben Zeit schrieb er *Die Briefe des Zurückgekehrten*, in deren viertem und fünftem, erstmals 1908 in der Zeitschrift *Kunst und Künstler* (6.5, S. 177–182) unter dem Titel „Das Erlebnis des Sehens" veröffentlicht, Van Gogh eine zentrale Rolle spielt. Vgl. hierzu: Ursula Renner, *Das Erlebnis des Sehens*. Zu Hofmannsthals produktiver Rezeption bildender Kunst. In: Hugo von Hofmannsthal. Freundschaften und Begegnungen mit deutschen Zeitgenossen. Hg. von Ursula Renner und G. Bärbel Schmid. Würzburg 1991, S. 285–305, hier S. 299–301. Vgl. ferner: François Derré, Hofmannsthal und die französische Malerei. In: Hofmannsthal-Forschungen 9 (1987), S. 19–53, hier S. 27.
[20] Wright 2013, S. 110.
[21] Cowling 2016, S. 53.
[22] F. Olivier, Picasso und seine Freunde. Erinnerungen aus den Jahren 1905–1913. Vorwort von Paul Léautaud. Aus dem Franz. von Gertrud Droz-Rüegg. Zürich 1982, S. 25.

persönlich zu eigen, den Kunstgriff aber, mit höchst intensiv blickenden Augen sein Publikum in den Bann zu ziehen, könnte er Édouard Manet entlehnt haben, der als einer der wichtigsten Maler auf der Schwelle zur Moderne äußerst wirkungsvoll davon Gebrauch gemacht hatte.[23] Markanter konturiert als auf den raren zeitgenössischen Fotografien des jungen Malers erscheinen auch einzelne Gesichtszüge, vor allem Kinn, Nase und Stirn; das Gesicht wird so ins Mannesalter gerückt, wirkt nun distinkt viril.

In größtmöglichem Kontrast zum Tiefblau des Hintergrunds stechen aber nicht nur das Gesicht und das leuchtend weiße, konturlos-unbestimmte Gewand, ausgeführt in groben expressiven Pinselstrichen, ins Auge, sondern ebenso das feurig orangefarbene, stellenweise auch zinnoberrot und gelb akzentuierte, bauschig gebundene Halstuch:[24]

> The flamboyant orange scarf mimes the flame of the light-source [...]. 'Flamboyant', lit like flame, lit up by the lamp that lights nocturnal practice – a constellation of Romantic metaphors for inspiration, and a demonstration of bohemian timekeeping,[25]

interpretiert C. F. B. Miller das farbliche Arrangement des Bildes und ähnlich Elizabeth Cowling: „The combination of pitch-dark background and glaring white smock speaks of burning the midnight oil".[26] Sie bringt mit Blick auf die scharfen farblichen Kontraste noch einen weiteren Kontext ins Spiel: „*Espagnolisme* had proven appeal in Paris, and Picasso accentuated his blue-black hair, black eyes and sallow complexion, giving himself the swagger of a bullfighter or flamenco dancer."[27]

Doch weit darüber hinaus sind die Farben in dieser Konstellation, in diesem Kontext überdeterminiert, evozieren Mythisches: den nächtlichen Himmel, Finsternis – „a dark nothingness" nach Barnaby Wright[28] –, und darin wie eine Epiphanie die weiß gewandete Gestalt mit einem Feuertuch – Licht und Finsternis, Engel und Dämonisches, Luzifer und Michael, Mikha'El: Wer ist wie Gott?

Nur mehr vage angedeutet ist als einziges Insignium des Malers die Palette. Unter den Farben auf der Palette finden sich ausschließlich die feurigen Töne des

---

23 Vgl. Michael Lüthy, Die Wendung des Blicks. In: Manet – Sehen: Der Blick der Moderne. Hg. von Hubertus Gaßner und Viola Hildebrand-Schat. Petersberg 2016, S. 13–19.
24 Dieselbe orange-weiße Farbkonstellation, wieder auf das Obergewand und eine hier allerdings schmale Krawatte verteilt, weist auch das bereits erwähnte Portrait seines frühen Entdeckers und Agenten Pere Mañach auf, hier jedoch vor einem an Van Gogh gemahnenden gelben Hintergrund. Infrarotanalysen zeigen, dass Mañach ursprünglich als Torero ausgeführt war.
25 C. F. B. Miller, The Formation of Genius. In: Becoming Picasso. 2013, S. 84–105, hier S. 94.
26 Cowling 2016, S. 52.
27 Cowling 2016, S. 52.
28 Wright 2013, S. 108.

Halstuchs, das Weiß des Gewandes und die Gelbtöne des Gesichts – ein deutlich autoreferentielles Moment, das über das Medium der Farbe Identität zwischen dem realen Subjekt des produzierenden Künstlers und dem künstlerischen Subjekt des Kunstwerkes, zwischen Person und Persona herstellt.

Die bereits erwähnte eigenhändige Inschrift „– Yo –" erregt in diesem Kontext besondere Aufmerksamkeit: Auf Selbstportraits ist eine solche verbale Selbstreferenz ungewöhnlich. Eine verwandte Inskription findet sich bei Picasso auf einem früheren Blatt mit Portraitskizzen und Karikaturen, das um 1899 noch in Barcelona entstanden ist: „Yo el rey" („Ich der König") heißt es hier,[29] und mit dieser monarchischen Selbstattribuierung markiert der spanische Jüngling unbeschadet davon, ob ernst oder auch mit einer Prise Witz und Ironie zu nehmen,[30] bereits superlatives Selbstbewusstsein, das ihn nach der schon sehr bald einsetzenden Blauen Periode mit wenigen Ausnahmen sein Leben lang nicht mehr verlassen sollte. Von Anfang an war er darin von seinen Künstlerfreunden bestärkt worden: Als ‚bande à Picasso' verstand sich schon der frühe Künstler-Zirkel um ihn bald nach seiner endgültigen Niederlassung in Paris – zunächst auf dem Montmartre, wo er in der Rue Ravignan in einer Bretterbudenkolonie von Bohemiens, nach den Wäscherinnenbooten auf der Seine „Bateau-Lavoire" genannt, zwischen „Malern, Bildhauern, Literaten, Schauspielern, Wäscherinnen, Näherinnen und umherziehenden Gemüsehändlern"[31] Quartier genommen hatte, seinem Paradies, wie Picasso es im Rückblick bezeichnen sollte.

Picasso und Hofmannsthal

In der selbstbewussten Selbstattribuierung Picassos zeigt sich mit einem kurzen Seitenblick auf die Biographie Hugo von Hofmannsthals eine deutliche Parallele in dessen Jugendjahren, als er sich im Literatenkreis des Jungen Wien „Loris" nannte und vor allem unter diesem Pseudonym zwischen Oktober 1890 und Dezember 1893 sein frühestes dichterisches Werk publizierte. Loris, eine Kontraktionsform von „lauris", sprachlich verwandt mit Laurenz, einem seiner Vornamen (Laurenz hieß auch sein Großvater mütterlicherseits und Taufpate), bedeutet übersetzt aus dem Lateinischen: „mit Lorbeer". Mit Lorbeer gekrönt wurden siegreiche Feldherren und später Dichter als poetae laureati – auch hier also

---

29 Vgl. Wright 2013, S. 108–110.
30 Vgl. Varnedoe 1996, S. 122f., der auch diese Möglichkeit für unser Selbstportrait aus dem Jahr 1901 in Betracht zieht. Näheres hierzu im Kapitel „Pierrot" im vorliegenden Essay.
31 Olivier, Picasso und seine Freunde. 1982, S. 24.

die juvenile, symbolisch verdichtete Komplexion künstlerischer und weltlicher Potenz.³² Allerdings konnte Hofmannsthal durchaus auch selbstironisch auf den Loris-Kult um ihn blicken; so heißt es in dem frühen Gedicht „Sünde des Lebens":

> Dichter im Lorbeerkranz,
> Betrog'ner Betrüger,
> Wärmt Dich Dein Ruhmesglanz?
> Macht er Dich klüger?!³³

Picassos autonome, autoritative Selbstsetzung – ganz im Sinne des Kerngedankens des ‚Subjektiven Deutschen Idealismus': das Ich setzt sich selbst – ist jedoch noch von einer grundlegend anderen Qualität als die lorbeerene Selbstkrönung des adoleszenten Hofmannsthal:

> In line with the emphatic ‚I' inscribed on its surface, the picture confirms artistic identity as individuation [...] 'Let there be self', it says; 'let there be I'. [...] It is a coming-into-being, the emergence of the self, or rather the *fashioning* of such an emergence,³⁴

deutet C. F. B. Miller die verbale Selbstreferenz auf dem Selbstportrait, die in voller Übereinstimmung mit dem Gestus des Bildes insgesamt stehe, unter dem Titel „The Formation of Genius". Entscheidend ist hierbei, dass es um die (Selbst-)

---

32 Vgl. hierzu W. Hemecker / David Österle, Cafe S. Griensteidl. Loris und das Junge Wien. In: Hofmannsthal. Orte. Hg. von Wilhelm Hemecker und Konrad Heumann in Zusammenarbeit mit Claudia Bamberg. Wien 2014, S. 92–116, bes. S. 95–97, wo auch ein Bezug zum russischen General und Innenminister Michail Loris-Melikov hergestellt wird.
33 H. v. Hofmannsthal, Sünde des Lebens. In: Hofmannsthal, Gesammelte Werke in zehn Einzelbänden. Hg. von Bernd Schoeller in Beratung mit Rudolf Hirsch. Bd. 1: Gedichte. Dramen I. Frankfurt a. M. 1979, S. 103.
34 Miller 2013, S. 94. – Der genrebedingte Narzissmus des Sich-Betrachtens im Spiegel als notwendige Voraussetzung für die Verfertigung des Selbstportraits – es zeigt seinen Gegenstand im Vergleich zu zeitgenössischen Fotografien in der Tat spiegelverkehrt – lässt sich psychoanalytisch mit Blick auf die frühkindliche Bedeutung des Spiegelstadiums als Ich-Bildner betrachten (vgl. Jacques Lacan, Das Spiegelstadium als Bildner der Ichfunktion, wie sie uns in der psychoanalytischen Erfahrung erscheint (1948). In: Lacan, Schriften I. Weinheim, Berlin 1986, S. 61–70). Die obsessiv-narzisstische Komponente der Persönlichkeitsstruktur von Künstlern wird dann interpretierbar als Fixierung auf diese psychogenetisch frühe Stufe der Ich-Bildung, die gewöhnlich beständig abgelöst werden muss – in einem gewissen Ausmaß von jedem Individuum ein Leben lang und letztlich unabschließbar. Auch bleibt die Ich-Konstitution im Medium des Spiegels und dementsprechend auch des Selbstportraits unausweichlich fragmentarisch – bleibt doch in beiden Fällen die abgewandte Hälfte des Körpers imaginär. Vgl. hierzu: Michel Foucault, Der utopische Körper. In: Foucault, Die Heterotopien. Der utopische Körper. Frankfurt a. M. 2005, S. 23–36.

Formierung des „Genies" auf der Grundlage eines aus dem 18. Jahrhundert überkommenen Konzepts geht, das bis ins 20. Jahrhundert hinein noch, nun schon fast anachronistisch, hochgehalten wurde.

Es war aber gerade das, was das auratische Bravura-Selbstportrait Picassos, für das fast sämtliche anderen Kunstwerke aus dem Arbeitszimmer des Dichters entfernt worden waren, ihm, Hofmannsthal, der von Idiosynkrasien und Identitätsdiffusion wohl nie ganz frei war, demonstrieren konnte: die „cocksure bravado",[35] die Epiphanie der künstlerischen Persönlichkeit infolge autonomer Konstruktion der eigenen künstlerischen Identität, die Selbstkreation als ‚Genie' mit Hilfe von Kunst und des Kunstmarktes, das „self-fashioning", wie es Stephen Greenblatt paradigmatisch mit Bezug auf den Edelmann der Renaissance und die frühneuzeitliche Portraitkunst beschrieben hat.[36] Zugleich findet sich das so errichtete Ich – Yo – rückhaltlos ausgesetzt: einem dem Anschein nach grenzenlos nächtlichen Nichts.[37]

Abb. 4: Hugo von Hofmannsthal in seinem Haus in Rodaun, an der Wand hängt das

---

35 Varnedoe 1996, S. 122.
36 S. Greenblatt, Renaissance Self-Fashioning. From More to Shakespeare. Chicago, London 1980.
37 Den Impuls für diese zuletzt genannte Deutung verdanke ich Martin A. Ruehl, Cambridge.

Selbstportrait Picassos (Österreichische Nationalbibliothek / Bildarchiv, Wien).

Eine Fotographie (Abb. 4, siehe S. 167) bietet mit Blick auf Hofmannsthal und Picasso, dessen Selbstportrait hinter einem Blumengesteck, das aus einer Amphore emporragt, links oben auf dem Foto erkennbar ist, eine Synopse größtmöglicher Gegensätze: hier der hieratische Künstler in leuchtend weißem Gewand mit feurig aufbauschendem Halstuch vor nachtblauem Himmel, dort der vor einem Salonofen in behaglichem Plüsch platzierte Spross aus niederem österreichischen Adel, das zugeknöpfte Sakko mit Einstecktuch und Fliege komplettiert – der Schriftsteller als Edelmann.

Pierrot

Abb. 5: Jean-Gaspard Deburau. Nach einem Ölgemälde von Auguste Bouquet. Lithographie, koloriert.

Doch ist all das nur die halbe Wahrheit. Dem Selbstportrait ist als ‚Bühne'[38] nämlich etwas anderes noch subtil, aber deutlich genug codiert eingeschrieben: Das übergroße weiße Gewand, Lippen und Ohr in markantem Rot und die (am Original) deutlich erkennbare helle Tünche im Gesicht zählen zu den signifikanten Merkmalen einer Figur, die, hervorgegangen aus der Commedia dell'arte, entfaltet und grundlegend umgeformt im 19. Jahrhundert in Frankreich, in fast allen Künsten vor und nach der Jahrhundertwende produktiv rezipiert worden ist: des Pierrot.

Besonders Jean-Gaspard (genannt Baptiste) Deburau, der wohl bedeutendste und einflussreichste Pierrot der Theatergeschichte[39] und nach Théophile Gautier „plus parfait acteur qui ait jamais existé",[40] „le plus grand mime de la terre",[41] benahm der Figur nicht nur den markanten hellen Hut und den meist weiten weißen Rüschenkragen, sondern vor allem jegliches Subalterne, das ihr ursprünglich als Zanni, als Zannone der Commedia dell'arte anhaftete:

> Pierrot, sous la farine et la casaque de l'illustre Bohémien, prenait des airs de maître et un aplomb qui ne lui convenaient pas; il donnait des coups de pied et n'en recevait plus; c'est à peine si Arlequin osait lui effleurer les épaules de sa batte; Cassandre y regardait à deux fois avant de le souffleter. [...] il menait l'action à lui tout seul et il en était arrivé à ce degré d'insolence et d'audace, qu'il battait même son bon génie.[42]

führt Gautier aus, und Jules Janin, Kritiker und Zeitgenosse Deburaus, bietet eine nuancierte Charakterisierung: „Pierrot est patient outre mesure; Pierrot est flâneur; Pierrot se moque tout bas; Pierrot a l'air de tout croire; Pierrot fait la bête; Pierrot est d'un sang-froid admirable; Pierrot, c'est la création de Deburau."[43] Bühnenbeherrschend verlieh Deburau der Gestalt des Pierrot schließlich tra-

---

38 Die Auffassung, dass ein Selbstportrait stets auch als Bühne zu verstehen sei, ergänzt hier die Perspektive der ikonographischen Methode. Vgl. hierzu: Hans Belting, Faces. Eine Geschichte des Gesichts. München 2013 (bes. Kap. II).
39 Jacques Prévert und Marcel Carné setzen ihm 1945 in dem Spielfilm „Les enfants du paradis" mit der Rolle des Baptiste Deburau, gespielt von Jean-Louis Barrault, ein spätes Denkmal.
40 Th. Gautier, Histoire de l'art dramatique en France depuis vingt-cinq ans. Bd. 5. Leipzig 1859, S. 25.
41 Gautier, Histoire de l'art dramatique. Bd. 1. Leipzig 1858, S. 43.
42 Gautier, Histoire de l'art dramatique. Bd. 5. 1859, S. 25.
"Unter dem der Mehltünche und dem Umhang des illustren Bohémien nahm Pierrot die Mienen eines Meisters und einen Aplomb an, der ihm nicht zu Gesicht stand; er teilte nun Fußtritte aus und bekam keine mehr; Arlequin traute sich kaum mehr, seine Schulter mit seinem Stab zu streifen; Cassandre schaute zweimal, bevor sie ihn ohrfeigte. [...] Er trieb die Handlung ganz alleine voran und hatte darin einen solchen Grad an Insolenz und Kühnheit erreicht, dass er sogar sein eigenes Genie übertraf." (Übers. von Annetta Ronchetti)
43 J. Janin, Deburau: histoire du théâtre á quatre sous. Pour faire suite à l'histoire du théâtre francais. Avec une préface par Arsène Houssaye. Paris 1881, S. 157.

gisch-mythische Größe und ebnete ihr so den Weg, alter ego des symbolistischen und schließlich zu Beginn des 20. Jahrhunderts auch modernen Künstlers zu werden, wie sich aus der Perspektive des historischen Rückblicks zeigt:

> A mime whom Gautier later praised as "the most perfect actor who ever lived" and whose talents became legendary for several generations of performers, Deburau created a stage Pierrot that eclipsed all previous interpretations of the *zanni* and hung, like a white shade, over most of his pantomimic successors. The actor has often and justly been acknowledged as the godparent of the multifarious, moonstruck Pierrots who gradually found their way into Romantic, Decadent, and Symbolist literature…[44]

Tatsächlich setzten sich besonders im ausgehenden 19. Jahrhundert bis zum Ersten Weltkrieg und noch darüber hinaus Künstler wie Beardsley, Ensor, Cézanne, Decaux, Degas, Klee, Macke, Picasso –, daneben Schriftsteller, allen voran Giraud, Banville, Baudelaire, Mallarmé, Verlaine und in Österreich Beer-Hofmann, Hofmannsthal, Schnitzler, Richard von Schaukal, Rudolf Lothar –, wie auch Komponisten: Leoncavallo, Strauss, Busoni, Schreker, Schönberg und kurz nach dem Ersten Weltkrieg noch Korngold, Puccini und Prokofjew – produktiv mit Commedia dell'arte-Figuren auseinander; Max Reinhardt und Gordon Craig brachten sie in verschiedenen Kontexten auf die Bühne, übernahmen bisweilen sogar selbst die Rolle des Pierrot, und Diaghilev beauftragte Stravinsky mit dem Ballett *Pulcinella*, für dessen Uraufführung durch die Ballets Russes in Paris Picasso die Kostüme und Bühnenbilder entwerfen sollte.[45]

Vor dem Hintergrund dieses (auf dem Umweg über Paris) erneuerten Hypes der Commedia dell'arte (vor allem in französischer Gestalt) um die Jahrhundertwende, die als Reaktion auf den Wagnerianismus mit seiner symbolistischen und kunstreligiösen Bedeutungsschwere,[46] als „Auswechslung der Helden, ja eine lebhafte Herausforderung des Heldenbegriffs selbst", betrachtet werden kann, wie Jean Starobinski argumentiert,[47] ist die Einschreibung von charakteristischen Merkmalen des Pierrot in Picassos Selbstportrait biographisch zu interpretieren als Ausdruck früher partieller Identifikation mit dieser Kunstfigur. Noch dominieren die mondtrunkenen, nächtlich traumgesichtigen Züge, wie sie

---

„Pierrot ist über die Maßen geduldig; Pierrot ist Flaneur; Pierrot, mit leisem Spott; Pierrot gibt vor, alles zu glauben; Pierrot stellt sich dumm; Pierrot ist von bewundernswerter Kaltblütigkeit; Pierrot – ist die Schöpfung von Deburau." (Übers. von W. H.)
44 Robert F. Storey, Pierrot: A Critical History of a Mask. Princeton, NJ 1978, S. 94.
45 Eine umfangreiche Aufstellung hierzu bietet Karin Wollgast, Die Commedia dell'arte im Wiener Drama um 1900. Frankfurt a. M. u. a. 1993, S. 38–51.
46 Vgl. hierzu: Martin Green / John Swan, The Triumph of Pierrot. The Commedia dell'Arte and the Modern Imagination. New York 1986, bes. S. 11–13.
47 J. Starobinski, Portrait des Künstlers als Gaukler. Drei Essays. Frankfurt a. M. 1985, S. 15.

„gut in die dekadente Atmosphäre des fin de siècle"⁴⁸ hinein passen und sich in einem nur wenig später entstandenen Selbstportrait ins Wahnhafte gesteigert wiederfinden,⁴⁹ doch dahinter versteckt sich schon hier auch ein Moment gewitzter Ironie und Niaiserie, ein Schuss Koketterie zwischen Posen und Possenspiel, mit dem sich Picasso von Anfang an als Jüng- und Neuling in die Weltmetropole der Kunst einführt. Kirk Varnedoe kommt in diesem Sinn, allerdings ohne auf die pierrothaften Züge zu rekurrieren, zu einer differenzierten Deutung des Bildes: „A certain element of pleasurable charade and entertaining excess insinuates a grace note of complicitous wit and irony." Dem entsprechend sieht er neben dem „augurlike gaze" der Augen – „of equal importance" – „the intimation of a wink", neben der „piercing power of vision" als „correcting force (...) this other, ironical way of looking at himself" und resümiert: „These twin elements of real ‚magic' announced themselves here".⁵⁰

Sehr bald schon sollte Picasso sich in Folge seiner intensiven Beschäftigung mit dem Cirque Médrano am Fuße des Montmartre eine Zeit lang, während der Rosa Periode fast exklusiv, Zirkusartisten, „Saltimbanques", Fahrenden und Gauklern zuwenden, sie unbefangen mit Figuren der Commedia dell'arte mischen und sich nun weit mehr noch mit ihnen als Künstler identifizieren, ja einem von ihnen fallweise sogar Züge seines eigenen Gesichts verleihen. Die Gestalt des Pierrot jedoch sollte seine Bedeutung für den zunehmend erfolgreichen Künstler verlieren und dem Harlekin Platz machen, der ihn eine Weile und dann nach einer längeren Unterbrechung gegen Ende seines Lebens ein letztes Mal noch beschäftigen wird: „À la fin de la vie de Picasso, Arlequin réaparaîtra dans les derniers autoportraits, vieux clown epouvanté, visage hallucinant surgi de l'au-delà et transpirant la peur d'y être replongé, mais sans retour cette fois."⁵¹

Auch Hofmannsthal hatte sich schon früh mit Figuren der Commedia dell'arte vertraut gemacht und sich zeitlebens mit dieser Komödientradition beschäftigt.⁵² Um 1912, im Jahr seiner Erwerbung des Picasso-Selbstportraits, erlebte seine produktive Anverwandlung allerdings ihren Höhepunkt:

Aus zahlreichen Quellen und Anspielungen schöpfend und sie zur modernen ‚Kunstfigur' verbindend, ist Hugo von Hofmannsthal mit *Ariadne auf Naxos* in neuromantischer Manier

---

48 Starobinski 1985, S. 68.
49 OPP.01:001.
50 Varnedoe 1996, S. 122–123.
51 Jean Clair, Picasso et le cirque. *Parade* et palingénésie. Paris 2014, S. 48.
„Am Ende von Picassos Leben, in den letzten Selbstprotraits, kehrte Harlekin zurück, alter, entsetzter Clown, mit einem erschütternden Gesicht, aufgetaucht aus dem Jenseits, vor Angst schwitzend, wieder dort eingetaucht zu werden, aber diesmal ohne Rückkehr." (Übers. von W. H.)
52 Näheres bei Wollgast 1993, S. 139–151.

noch einmal eine subtile Nachschöpfung aus dem zum Ende des achtzehnten Jahrhunderts fixierten Geist der Commedia dell'arte gelungen ... als bekannte Spaßmacher-Diener-Typen treffen wir Harlekin, Scaramuccio, Truffaldino, Brighella, Columbine und – zusätzlich – im Vorspiel [der zweiten Fassung, W. H.] eine Art Wiener Arlecchino, ein Kasperl, einen Vetter Papagenos.[53]

Pierrot findet sich nicht in dem Figurenbestand des Librettos. Doch unzweifelhaft konnte Hofmannsthal die Allusion in Picassos Selbstportrait erkennen, über dessen Erwerb sich des Dichters Psyche ein Stück weit erhellen ließe.

Picasso-Begeisterung

Am 10. November 1912 gesteht Hofmannsthal brieflich Ottonie Gräfin Degenfeld „wahre Freude an meinen 2 Bildern" und fügt in Klammern erläuternd hinzu: „den Hodler und den Picasso",[54] die er im November bei der Galerie Heinrich Thannhauser in München erworben hatte. Neben dem Selbstportrait Picassos hatte ihm der Kauf ein Landschaftsbild von Ferdinand Hodler gebracht, eines von etlichen des Schweizer Malers, das den Thunersee zeigt.[55]

---

[53] Karl Riha, Commedia dell'arte. Mit Figurinen Maurice Sands. Frankfurt a. M. 1980, S. 70. – Ein Leporello als Beilage zu Joachim Seng, „....es ist doch ein Wesen besonderer Art". Hugo von Hofmannsthals *Ariadne auf Naxos* und Stuttgart. Marbach a. N. 2005 zeigt die Kostüme der Commedia dell'arte-Figuren für die Uraufführung in Stuttgart.

[54] Hofmannsthal – Ottonie Gräfin von Degenfeld, Briefwechsel. Hg. von Marie Therese Miller-Degenfeld unter Mitwirkung von Eugene Weber. Eingeleitet von Theodora von der Mühll. Frankfurt a. M. 1974, S. 243.

[55] Heinrich Thannhauser bietet dem Dichter mit Schreiben vom 31.10.1912 das Gemälde zusammen mit einer „Landschaft von Hodler" zum Kauf an; das Angebot enthält zwei mögliche Zahlungsmodalitäten, eine davon, mit Bezug auf einen Vorschlag Hofmannsthals, zielt auf Bezahlung in drei Raten innerhalb von 12 Monaten ab. Bezüglich des Hodler enthält das Offert Rückgabe- bzw. Eintauschmöglichkeiten. (Freies Deutsches Hochstift, Frankfurter Goethe-Museum, Hofmannsthal-Archiv Hs 30927.)
Renner spricht mit Blick auf den Erwerb des Picasso vage von einer „Art Zugabe beim Kauf des Bildes von Hodler". Renner, „Die Zauberschrift der Bilder". Bildende Kunst in Hofmannsthals Texten. Freiburg i. Br. 2000, S. 140, Anm. 137. In Anbetracht der Picasso-Begeisterung unter mehreren von Hofmannsthals engeren Freunden – auch die Picassos besitzende Schriftstellerin Mechtilde Lichnowsky stand dem Dichter zu dieser Zeit nahe (vgl. Hofmannsthal – Lichnowsky, Briefwechsel. Hg. von Hartmut Cellbrot und Ursula Renner. In: Hofmannsthal-Jahrbuch 5 (1997), S. 147–198.) – dürfte sich das Kaufinteresse auch unmittelbar auf Picasso bezogen haben. Allerdings war der Kaufpreis des Landschaftsbildes von Hodler um ein Mehrfaches höher als der von Picassos Selbstportrait.

Im Mai des darauffolgenden Jahres scheint Hofmannsthals Interesse noch derart zu sein, dass die Gräfin wie auch Harry Graf Kessler für ihn nach weiteren Picassos Ausschau halten. Sie sucht bei Ambroise Vollard, Picassos erstem Galeristen, sie sucht auch bei Daniel-Henry Kahnweiler, Picassos langjährigem deutsch-französischen Händler. Dessen Auskunft, es sei „bereits aus dieser Zeit alles verkauft", ist aufschlussreich für die Frage, welche Schaffensperiode Picassos im Suchfeld der Gräfin stand, um „etwas zu finden, was Ihnen dann auch Freude macht".[56] Näheres ergibt sich aus ihrem nächsten Brief kurz darauf, als sie fündig wird:

> Bei Vollard haben wir also noch vier Picassos gefunden: zwei Kinderbilder, davon eins mit einer Taube in der Hand Ball liegt daneben alles sehr gut. Ein anderes Kinderbild im Stuhl sitzend, weniger. Eine Frau in gelber Bluse unbedeutend. Sodann, meiner Meinung nach [...] das Beste, was noch da ist, eine nackte Frau auf dem Rücken liegend [...] ich würde das erste Kinderbild oder den Akt nehmen [...] Alle weiteren Bemühungen haben sich als erfolglos erwiesen, da momentan alle älteren Picassos in festen Händen sind.[57]

Sämtliche der hier genannten Bilder sind frühe Picassos, auf die sich alle Bemühungen der Gräfin konzentrierten, ein Gemälde, das dem Dichter „dann auch Freude macht", aufzuspüren. Das Mädchen mit der Taube in der Hand[58] gilt als ein chef d'oeuvre auf der Schnittstelle zur bereits mit Spätherbst 1901 einsetzenden Blauen Periode und wurde eines der bekanntesten und beliebtesten Bilder aus den frühen Jahren des Künstlers; bei der „nackte[n] Frau auf dem Rücken liegend" handelt es sich aller Wahrscheinlichkeit nach um *La modèle Jeanne (Nu couché* [sic]*)* mit deutlichen Anklängen an Van Gogh, das kurz nach dem Selbstportrait entstanden ist.[59] Zum Kauf kam es nicht.

Im August 1917 – es herrschte Krieg, die Gräfin Degenfeld „lebte in Bildern" und erlebte „ein inniges Aufgehen in dieser schönen Welt" – ließ sie Hofmannsthal noch einmal wissen:

> Ich war auch in München bei Caspary und sah mich nach etwas für Sie um. Er hatte [...] einen recht reizvollen Picasso aber nicht für Sie in Frage kommend [...] Dann war ich bei dem so ekelhaften Thannhauser der einem leider durch seine Unausstehlichkeit seine ganzen Bilder verleidet. Ich gehe aber nächstens mal wieder hin, denn er hat vieles Gute und mit mehr Muße, falls ich das Glück habe ihn nicht zu treffen, finde ich gewiss dort noch etwas.[60]

---

56 Hofmannsthal – Degenfeld, Briefwechsel. 1974, S. 260.
57 Brief von Freitag, Juni 1913; Hofmannsthal – Degenfeld, Briefwechsel. 1974, S. 262.
58 OPP.01:004.
59 OPP.01:029.
60 Brief vom 13.8.1917; Hofmannsthal – Degenfeld, Briefwechsel. 1974, S. 339f.

Sie teilt ihm noch mit, Caspary „meinte auch eventuell gern einen Hodler einzutauschen",[61] wohl mit Blick auf das Landschaftsbild des Schweizer Malers, das Hofmannsthal gleichzeitig mit dem Picasso erworben hatte.

Fündig geworden aber war auch Harry Graf Kessler, wie aus einem Brief vom 4. Juni 1913 hervorgeht, mit dem er Hofmannsthal meldet, dass er ihm „eine Mappe Radierungen von Picasso die nächstens bei Vollard erscheint (Preis 200 frcs) und die sehr schöne Blätter enthält, bestellt habe (nach Rodaun zu schicken)."[62] Noch einmal stellt Kessler ihm die Mappe am 8. April in Aussicht, am 10. Oktober des Jahres heißt es dann, wohl auf Nachfrage Hofmannsthals: „Von der Picasso Mappe habe auch ich Nichts wieder gehört". Erhalten hat sich indes ein Lieferschein des Kunsthändlers Ambroise Vollard. Es handelte sich demnach um eine Folge von Ende 1904 und 1905 entstandenen Graphiken vornehmlich von „Saltimbanques" aus der sich gerade sukzessive entfaltenden (ersten) Rosa Periode Picassos, aus der Vollard Werke in großer Zahl erworben hatte, wodurch der Maler sich nach den auch finanziell bedrückenden Jahren der Blauen Periode sanieren konnte.[63] Die meisten dieser Arbeiten sind im Zusammenhang mit einem großformatigen Hauptwerk entstanden, auf die sich auch die letzte Erwähnung Picassos in der hochfliegenden Korrespondenz des Dichters mit Ottonie von Degenfeld bezieht. Es ist das unzweifelhaft bedeutendste der Rosa Periode: die *Famille de Saltimbanques* in Öl aus dem Jahr 1905,[64] „ein grandioses Bild, sowohl in den Ausmaßen (2,13 X 2,30 m) als auch im Ästhetischen, in dem er alles zusammenfasste, was er mit seinen Figuren der fahrenden Gaukler zu sagen hatte."[65]

Jahre später, 1921, konnte sich Gräfin Degenfeld in die Münchener Wohnung der Schriftstellerin Hertha König einquartieren: „Sie vermietet mir Alles eingerichtet [...] Was das Allerherrlichste dabei ist, dass sie drei wunderbare Picassos besitzt, die ich während dieser Zeit genießen darf, ach Hugo und die sind wirklich sehr schön." Unter diesen Picassos in der „wunderbaren Wohnung"[66] fanden sich

---

61 Brief vom 13.8.1917; Hofmannsthal – Degenfeld, Briefwechsel. 1974, S. 339f.
62 Hofmannsthal – Harry Graf Kessler, Briefwechsel 1898–1929. Hg. von Hilde Burger. Frankfurt a. M. 1968, S. 361.
63 Der Lieferschein ist abgebildet in Renner, Zauberschrift der Bilder. 2000, S. 17. Leider konnte weder über eine Anfrage beim Freien Deutschen Hochstift noch bei den Nachkommen des Dichters Genaueres über den möglichen Erwerb ermittelt werden. Das gilt auch mit Blick auf eine Originallithographie von Picasso, „eine Art Pierrot", auf die sich eine Nachfrage Hofmannsthals bei seiner Tochter Christiane nach deren Verbleib richtet. (Brief vom 21. Juni 1929; Chr. von Hofmannsthal, Tagebücher 1918–1923 und Briefe des Vaters an die Tochter 1903–1929. Hg. von Maya Rauch und Gerhard Schuster. 3. Aufl. Frankfurt a. M. 1991, S. 173.)
64 OPP.05:002.
65 Patrick O'Brian, Pablo Picasso. Hamburg 1979, S. 178.
66 Brief vom 27.3.1921; Hofmannsthal – Degenfeld, Briefwechsel. 1974, S. 429.

neben der *Famille de Saltimbanques* noch eines der wichtigsten Werke der Blauen Phase, *L'Aveugle*[67], und ein weiteres bedeutendes Werk aus der bereits ausgehenden Rosa Periode, *La mort d'arlequin*.[68] Dieses erinnert vom Sujet her an Picassos auf der Weltausstellung 1900 gezeigtes Jugendwerk und an Bilder, die seinen engen Freund und Weggefährten auf der ersten Reise nach Paris Carlos (Carles) Casagemas auf dem Totenbett nach seiner Selbsttötung im Frühjahr 1901 zeigen und die Blaue Periode im Schaffen Picassos eingeleitet hatten. Es markiert (auch symbolisch) das vorläufige Ende einer Phase der intensiven Auseinandersetzung Picassos mit Artisten des Cirque Médrano und Figuren der Commedia dell'arte. Letztere sollten allerdings später im Gesamtwerk Picassos immer wieder auftauchen.

Das großformatige Hauptwerk *La famille de saltimbanques* hatte Rainer Maria Rilke, der vom 14. Juni bis zum 11. Oktober 1915 selbst als Gast von Hertha König in ihrer (vorherigen) Münchener Wohnung weilte,[69] später, in seiner „Fünften Elegie", der „Saltimbanques"-Elegie,[70] zu einer tiefgreifenden ästhetischen Auseinandersetzung mit dem Motiv der Gaukler, der Fahrenden, den „ein wenig Flüchtigern noch als wir selbst"[71] inspiriert, ebenso wie zuvor schon Guillaume Apollinaire, der diesem Hauptwerk früh eines seiner Gedichte gewidmet hatte.[72] Rilke fand „so viel Paris"[73] in dem Gemälde, „französische Tradition: Watteau – Chardin – Manet".[74]

---

67 OPP.03:024.
68 OPP.05:504.
69 Datierung des Aufenthalts nach Ingeborg Schnack, Rainer Maria Rilke. Chronik seines Lebens und seines Werkes. 2. Aufl. Frankfurt a. M. 1996, S. 503. – Hertha König hatte 1917 ihre Wohnung in der Widemayerstrasse 32 gewechselt und eine repräsentative Wohnung in der Leopoldstrasse 8 bezogen, in der Ottonie von Degenfeld 1921 die Picassos bewundern konnte. Vgl. Gregor König, Brief an Satoshiki Tsukakoshi vom 6.12.1963. In: König, Erinnerungen an Rainer Maria Rilke sowie Rilkes Mutter. Hg. und mit einem Nachwort versehen von Joachim W. Storck. Bielefeld 1992, S. 22–28.
70 *Saltimbanques* lautet der Untertitel der „Fünften Elegie" in einem wichtigen Textzeugen; siehe: Die Duineser Elegien. Wiedergabe der Handschrift des Dichters aus dem Besitz der Fürstin Marie von Thurn und Taxis-Hohenlohe. Mit einem Begleitwort von Ernst Zinn. Zürich 1948, Faksimile o. S.
71 R. M. Rilke, Fünfte Elegie. In: Rilke, Gedichte. 1910–1926. Werke. Kommentierte Ausgabe in vier Bänden. Hg. von Manfred Engel u. a. Bd. 2. Hg. von Manfred Engel und Ulrich Fülleborn. Frankfurt a. M., Leipzig 1996, S. 214–217, hier S. 214.
72 G. Apollinaire, Saltimbanques. In: Apollinaire, Oeuvres complètes. Hg. von Michel Décaudin. Bd. 3. Paris 1966, S. 97.
73 Rilke, Brief an Thankmar von Münchhausen vom 28.6.1915. Rilke, Briefe zur Politik. Hg. von Joachim W. Storck. Frankfurt a. M., Leipzig 1992, S. 118.
74 Rilke an Marie von Thurn und Taxis vom 9.7.1915. Rilke – Thurn und Taxis, Briefwechsel. Besorgt durch Ernst Zinn. Bd. 1. Zürich, Wiesbaden 1951, S. 427.

„Die Welt meiner Wünsche"

Im vorletzten Jahr des Ersten Weltkriegs hatte Hofmannsthal das „Verlangen, ein paar schöne Bilder zu besitzen", artikuliert: „das wird immer stärker"; in einem Schreiben an Eberhard von Bodenhausen vom 10. Juli 1917 führt er dieses näher aus:

> Für mich hat sichs in letzten Jahren ganz scharf umrissen, auch das was. Der Van Gogh war nicht vorhergewußt, das war ein coup de foudre. Aber die Welt meiner Wünsche ist diese: ein Poussin, ein Ingres (die beiden werde ich nie haben) aber: ein Delacroix oder zwei, drei, eine Landschaft von Courbet oder auch, was diesen nahe steht, ein Decamps, ein Chassérion [sic], ein Guéricault [sic], weiter herauf geht es kaum. Die Impressionisten sind mir nicht so viel: ein Degas, nicht jeder, das wäre es wieder – ein Cézanne mit Figuren!"[75]

Sieht man von dem barock-klassizistischen Maler Nicolas Poussin ab, so fokussiert Hofmannsthal hier zunächst einige Künstler, deren Hauptschaffenszeiten im 19. Jahrhundert nicht oder nur geringfügig über das Ende des Second Empire hinaus langten – „weiter herauf geht es kaum". Dann aber folgen zwei französische Künstler, die sehr früh in ihrem Leben noch von der Romantik beeinflusst waren, mit ihrem Spätwerk aber dann kunstgeschichtlich maßgebend zur Überwindung des von Hofmannsthal mit nur geringem Interesse bedachten Impressionismus beitrugen: Cézanne und Degas. Schon gegen Ende seiner Loris-Zeit hatte sich der Dichter „alles Feinen, Subtilen, Zerfaserten, Impressionistischen" Marie Herzfeld gegenüber „recht müde" gezeigt.[76] Nimmt man Van Gogh als „coup de foudre" zu den beiden genannten Postimpressionisten hinzu – auch wenn sich das von Hofmannsthal erworbene Blumenstillleben später als Fälschung erweisen sollte[77] –, so sind es Namen, die er in einem Brief an Hermann Bahr aus seinem ersten längeren Paris-Aufenthalt vom 14. Februar bis 2. Mai 1900 bereits erwähnt hatte: „Im Louvre bin ich, Sie können denken wie oft. Bei den Kunsthändlern und den Privaten werden mir die noch nicht sehr bekannten Maler geläufig: Césannes [sic], Gauguin, Toulouse-Lautrec, Van Gogh", und auch „die Preise eines Degas" wurden ihm vertraut.[78]

Das aber sind Künstler, deren Werke auch Picasso im Winter desselben Jahres in Paris kennengelernt hatte und die bei der Produktion seiner eigenen frühen Bilder von prägendem Einfluss auf ihn waren. Hofmannsthals Interesse an Picasso

---

75 Hofmannsthal – Eberhard von Bodenhausen, Briefe der Freundschaft. Hg. von Dora von Bodenhausen. Berlin 1953, S. 237–238.
76 Brief an Marie Herzfeld vom 13. Juli 1893, in: Hofmannsthal, Briefe 1890–1901. Hg. von Heinrich Zimmer. Berlin 1935, S. 84.
77 Renner, Erlebnis des Sehens. 1991, S. 297.
78 Brief an Hermann Bahr vom 24.3.1900. In: Hugo und Gerty von Hofmannsthal – Bahr, Briefwechsel 1891–1934. Hg. von Elsbeth Dangel-Pelloquin. Bd. 1. Göttingen 2013, S. 163.

fügt sich hier also, kunstgeschichtlich betrachtet, fast nahtlos in den Kontext seiner künstlerischen Vorlieben hinsichtlich der französischen Malerei des ausgehenden 19. Jahrhunderts ein. Ein Seitenblick auf die *Briefe des Zurückgekehrten*, eine fiktionale Brieferzählung aus dem Jahr 1907, erlaubt Rückschlüsse auf das Spezifikum von Hofmannsthals Wertschätzung von Malerei des (ausgehenden) 19. Jahrhunderts. Es geht dort, und zwar exklusiv, um farbintensiv koloristische Malerei, um die elementare Wirkung von Farben, wie sie Van Gogh auf die Leinwand gebracht hat. In der „Sprache" der Farben zeige sich „das Wortlose, das Ewige, das Ungeheure", das uns „die Seele erneuert",[79] wie es im fünften der *Briefe* heißt, der zusammen mit dem vierten unter dem Titel „Das Erlebnis des Sehens" im Februar 1908 in der Zeitschrift *Kunst und Künstler* erschienen ist.[80] Von den drei dort exemplarisch angeführten Farben sind immerhin zwei – „ein unglaubliches, stärkstes Blau, das kommt immer wieder" und „ein Gelb bis zum Orange"[81] – von besonderer Bedeutung für Picassos Selbstportrait aus dem Jahr 1901.

Betrachtet man schlaglichtartig die weitere Entwicklung Picassos, so wird die ästhetische Rückwärtsgewandtheit Hofmannsthals in seiner Kunstauffassung und seinen künstlerischen Vorlieben noch viel deutlicher. Bereits 1905, gegen Ende der Rosa Periode, kam es, ausgelöst durch das Erlebnis der Aufsehen erregenden jüngsten Produktion von Matisse, ausgestellt im ‚Salon d'automne' im Herbst dieses Jahres, zur Auseinandersetzung des Malers mit dem Fauvismus und seiner charakteristischen Reduktion auf elementare Formen. Bald darauf dann kam es zum Schock-Erlebnis ‚primitiver' Kunst.

„Als Stammvater des modernen Primitivismus kann Paul Gauguin gelten", stellt Kirk Varnedoe fest und erläutert:

> Wohl haben vor ihm andere Maler die Kunst primitiver Gesellschaften gekannt, jedoch erkannte Gauguin als erster in diesen Kunstformen die Herausforderung an die europäische Tradition der Wirklichkeitsdarstellung. In den gedrängten und wunderlich proportionierten Formen der Stammeskunst sah er nicht den Ausdruck von Unvermögen, sondern einer freien, andersartig formenden Schöpferkraft. Diese Auffassung – eine Umkehrung der

---

79 Hofmannsthal, Die Briefe des Zurückgekehrten. In: Hofmannsthal, Gesammelte Werke in zehn Einzelbänden. Bd. 7: Erzählungen. Erfundene Gespräche und Briefe. Reisen. Frankfurt a. M. 1979, S. 544–571, hier S. 570.
80 Nachweis gemäß Bibliographie zu Hofmannsthal, Erzählungen. Erfundene Gespräche und Briefe. Reisen. 1979, S. 676. Näheres zum „Farbenthusiasmus" der klassischen Moderne im Kontext der „Sprachskepsis der Jahrhundertwende" in Antje Büssgen, Dissoziationserfahrung und Totalitätssehnsucht. ‚Farbe' als Vokabel im „Diskurs des ‚Eigentlichen'" der klassischen Moderne. Zu Hugo von Hofmannsthals „Briefen des Zurückgekehrten" und Gottfried Benns „Der Garten von Arles". In: Zeitschrift für deutsche Philologie 124.4 (2005), S. 520–555.
81 Hofmannsthal, Briefe des Zurückgekehrten. 1979, S. 570.

Wertmaßstäbe seines durch Technik und Fortschrittsglauben beherrschten Jahrhunderts – bestimmte Gauguins Leben und Werk.[82]

In einem Postskript zu einem Schreiben an Harry Graf Kessler bat Hofmannsthal ihn, der sich gerade zu einer Vortragsreise nach Wien aufmachte, eindringlich:

> Wenn es dir irgend möglich ist, möglichst nichts speciell über Gauguin u. Malerei, sondern möglichst weitausgreifend über den culturellen Moment, in dem wir sind, zu sprechen, so wäre das erlösend. Es fehlen alle Vorbedingungen, selbst für Gegnerschaft auf dem speciell malerischen Gebiet.[83]

Hofmannsthals Warnung erfolgte vor dem Hintergrund des eurozentrischen Traditionalismus', dem Wien auch in der Moderne noch verhaftet blieb. Das Fehlen kolonialer Erfahrung in der Donaumonarchie resultierte in einem Mangel ermöglichender oder zumindest förderlicher Bedingungen, „der afrikanischen Kunst Wert beizumessen."[84]

Bei Picasso kam es 1906 zu ersten produktiven Wirkungen seiner Begegnung mit Stammeskunst, ausgelöst durch einen eher zufälligen Besuch einer Ausstellung im Musée d'Ethnographie du Trocadéro und beflügelt durch intensives Sammeln afrikanischer Masken und Statuetten, die bis zum Tod Picassos in seinen Ateliers gegenwärtig waren. Der erste künstlerische Niederschlag dieser Begegnung findet sich in dem Gemälde, das wie kein anderes nach des Malers eigner Aussage seine Welt – und die der Kunst insgesamt – verändern sollte: die *Demoiselles d'Avignon*[85]: „perhaps the most famous, most influential, most revolutionary work in twentieth-century painting."[86] Das großformatige Gemälde steht kunstgeschichtlich auf „Picassos Übergang von einer wahrnehmungsorientierten zu einer konzeptuellen Arbeitsweise",[87] die unmittelbar darauf im Kubismus zur Entfaltung kommen sollte; Picasso entwickelt ihn zusammen mit seinem Maler-Freund Georges Braque in eine Richtung, die als Analytischer Kubismus in die Kunstgeschichte eingehen sollte und sich durch weit zurückgenommene Farbigkeit und in der weitgehenden Aufsplitterung seiner Bezugsobjekte durch ein

---

82 Varnedoe, Paul Gauguin. In: Primitivismus in der Kunst des Zwanzigsten Jahrhunderts. Hg. von William Rubin. München 1984, S. 187–217, hier S. 187.
83 Hofmannsthal – Kessler, Briefwechsel. 1968, S. 148.
84 Starobinski 1985, S. 103. Die Übersee-Erlebnisse des Kaufmanns aus den *Briefen des Zurückgekehrten* beziehen sich – nota bene – gerade nicht auf außereuropäische Kunst.
85 OPP.07:001.
86 Green / Swan 1986, S. 177.
87 W. Rubin, Pablo Picasso. In: Primitivismus in der Kunst des zwanzigsten Jahrhunderts. Hg. von William Rubin. München 1984, S. 249–353, hier S. 261.

hohes Maß an Hermetik charakterisieren lässt. Die Portraits seiner Händler Ambroise Vollard[88] und Daniel-Henry Kahnweiler[89] (beide 1910) sind hierfür exemplarisch. Damit zeichnete sich bereits auch ein Weg zur gänzlich gegenstandslosen, nicht mehr referentiellen, abstrakten Kunst ab. 1910 werden bereits Stücke der Leinwand und Tapetenfragmente in Bilder integriert, womit der Beginn der Collage- und Assemblagetechnik eingeläutet ist.

All das geschah Jahre bevor Hofmannsthal „seinen" Picasso, das 1901 entstandene Selbstportrait in Öl, erwarb und sich für den Erwerb weiterer Frühwerke des spanischen Meisters motivierbar zeigte. Die zuvor skizzierten und weitere kunstgeschichtliche Neuerungen fanden bei Hofmannsthal keinen Anklang, stießen sogar explizit auf Ablehnung: „'die kubistisch futuristische Infektion'",[90] hält er als Zitat in einer Notiz fest. So kommt es denn auch, nun wenig überraschend, zu keiner tieferen, literarisch manifestierten oder zumindest über das reiche Notizenmaterial verbürgten geistigen Auseinandersetzung Hofmannsthals mit dem großen Meister der Moderne. Dem Dichter blieb die sich zu dieser Zeit bereits rapide radikalisierende künstlerische Moderne mit ihrer Suche nach neuen, unvordenklichen, revolutionären Ausdrucksformen ganz und gar fremd.

Literatur

Primärliteratur

Apollinaire, Guillaume: Saltimbanques. In: Apollinaire: Oeuvres complètes. Hg. von Michel Décaudin. Bd. 3. Paris 1966, S. 97.
Fagus, Félicien: L'invasion espagnole: Picasso. In: La revue blanche 25 (1901), S. 464–465.
Gautier, Théophile: Histoire de l'art dramatique en France depuis vingt-cinq ans. Bd. 1. Leipzig 1858.
Gautier, Théophile: Histoire de l'art dramatique en France depuis vingt-cinq ans. Bd. 5. Leipzig 1859.
Hofmannsthal, Christiane von: Tagebücher 1918–1923 und Briefe des Vaters an die Tochter 1903–1929. Hg. von Maya Rauch und Gerhard Schuster. 3. Aufl. Frankfurt a. M. 1991.
Hofmannsthal, Christiane von: The Picasso Story. Unveröffentlichtes Typoskript. Freies Deutsches Hochstift / Frankfurter Goethe-Museum, Hofmannsthal-Archiv 1680.108.
Hofmannsthal, Hugo von: Briefe 1890–1901. Hg. von Heinrich Zimmer. Berlin 1935.

---

[88] OPP.10:012.
[89] OPP.10:001.
[90] Hofmannsthal, Gesammelte Werke in zehn Einzelbänden. Bd. 8: Reden und Aufsätze III. 1925–1929. Buch der Freunde. Aufzeichnungen. 1889–1929. Frankfurt a. M. 1980, S. 569.

Hofmannsthal, Hugo von: Hofmannsthal – Eberhard von Bodenhausen: Briefe der Freundschaft. Hg. von Dora von Bodenhausen. Berlin 1953.
Hofmannsthal, Hugo von: Hofmannsthal – Harry Graf Kessler: Briefwechsel 1898–1929. Hg. von Hilde Burger. Frankfurt a. M. 1968.
Hofmannsthal, Hugo von: Hofmannsthal – Ottonie Gräfin von Degenfeld. Briefwechsel. Hg. von Marie Therese Miller-Degenfeld unter Mitwirkung von Eugene Weber. Eingeleitet von Theodora von der Mühll. Frankfurt a. M. 1974.
Hofmannsthal, Hugo von: Hofmannsthal – Rainer Maria Rilke: Briefwechsel 1899–1925. Hg. von Rudolf Hirsch und Ingeborg Schnack. Frankfurt a. M. 1978.
Hofmannsthal, Hugo von: Sünde des Lebens. In: Hofmannsthal: Gesammelte Werke in zehn Einzelbänden. Hg. von Bernd Schoeller in Beratung mit Rudolf Hirsch. Bd. 1: Gedichte. Dramen I. Frankfurt a. M. 1979, S. 103.
Hofmannsthal, Hugo von: Die Briefe des Zurückgekehrten. In: Hofmannsthal: Gesammelte Werke in zehn Einzelbänden. Bd. 7: Erzählungen. Erfundene Gespräche und Briefe. Reisen. Frankfurt a. M. 1979, S. 544–571.
Hofmannsthal, Hugo von: Gesammelte Werke in zehn Einzelbänden. Bd. 10: Reden und Aufsätze III. 1925–1929. Buch der Freunde. Aufzeichnungen. 1889–1929. Frankfurt a. M. 1980.
Hofmannsthal, Hugo von: Hofmannsthal – Mechtilde Lichnowsky: Briefwechsel. Hg. von Hartmut Cellbrot und Ursula Renner. In: Hofmannsthal-Jahrbuch 5 (1997), S. 147–198.
Hofmannsthal, Hugo von: Hofmannsthal, Hugo und Gerty von – Bahr, Hermann: Briefwechsel 1891–1934. Hg. von Elsbeth Dangel-Pelloquin. Bd. 1. Göttingen 2013.
Janin, Jules: Deburau: histoire du théâtre á quatre sous. Pour faire suite à l'histoire du théâtre francais. Avec une préface par Arsène Houssaye. Paris 1881.
König, Hertha: Erinnerungen an Rainer Maria Rilke sowie Rilkes Mutter. Hg. und mit einem Nachwort versehen von Joachim W. Storck. Bielefeld 1992.
Meier-Graefe, Julius: Impressionisten. Guys – Manet – Van Gogh – Pissarro – Cézanne. Mit einer Einleitung über den Wert der französischen Kunst und sechzig Abbildungen. München, Leipzig 1907.
Olivier, Fernande: Picasso und seine Freunde: Erinnerungen aus den Jahren 1905–1913. Vorwort von Paul Léautaud. Aus dem Franz. von Gertrud Droz-Rüegg. Zürich 1982.
Rilke, Rainer Maria: Die Duineser Elegien. Wiedergabe der Handschrift des Dichters aus dem Besitz der Fürstin Marie von Thurn und Taxis-Hohenlohe. Mit einem Begleitwort von Ernst Zinn. Zürich 1948.
Rilke, Rainer Maria: Rilke – Marie von Thurn und Taxis: Briefwechsel. Besorgt durch Ernst Zinn. Bd. 1. Zürich, Wiesbaden 1951.
Rilke, Rainer Maria: Briefe zur Politik. Hg. von Joachim W. Storck. Frankfurt a. M., Leipzig 1992.
Rilke, Rainer Maria: Fünfte Elegie. In: Rilke: Gedichte. 1910–1926. Werke. Kommentierte Ausgabe in vier Bänden. Hg. von Manfred Engel u. a. Bd. 2. Hg. von Manfred Engel und Ulrich Fülleborn. Frankfurt a. M., Leipzig 1996, S. 214–217.
Vollard, Ambroise: Souvenirs: Recollections of a Picture Dealer. Boston 1936.

Sekundärliteratur

Bakker, Nienke: The Reputation of Vincent van Gogh in Paris around 1900. In: Marilyn McCully: Picasso in Paris. 1900–1907. Mit Beiträgen von Nienke Bakker, Isabel Cendoya und Peter Read. Hg. von Michael Raeburn. London 2011, S. 75–93.
Belting, Hans: Faces. Eine Geschichte des Gesichts. München 2013.
Braegger, Carlpeter: Das Visuelle und das Plastische. Hugo von Hofmannsthal und die bildende Kunst. Bern 1979.
Büssgen, Antje: Dissoziationserfahrung und Totalitätssehnsucht. ‚Farbe' als Vokabel im „Diskurs des ‚Eigentlichen'" der klassischen Moderne. Zu Hugo von Hofmannsthals „Briefen des Zurückgekehrten" und Gottfried Benns „Der Garten von Arles". In: Zeitschrift für deutsche Philologie 124.4 (2005), S. 520–555.
Clair, Jean: Picasso et le cirque. *Parade* et palingénésie. Paris 2014.
Cowling, Elizabeth: Picasso Portraits. London 2016.
Daix, Pierre / Boudaille, Georges: Picasso. Blaue und rosa Periode. München 1966.
Derré, François: Hofmannsthal und die französische Malerei. In: Hofmannsthal-Forschungen 9 (1987), S. 19–53.
Fabre, Josep Palau i: Picasso. The Early Years. 1881–1907. Barcelona 1985.
Foucault, Michel: Der utopische Körper. In: Foucault: Die Heterotopien. Der utopische Körper. Frankfurt a. M. 2005, S. 23–36.
Green, Martin / Swan, John: The Triumph of Pierrot. The Commedia dell'Arte and the Modern Imagination. New York 1986.
Greenblatt, Stephen: Renaissance Self-Fashioning. From More to Shakespeare. Chicago, London 1980.
Hemecker, Wilhelm / Österle, David: Cafe S. Griensteidl. Loris und das Junge Wien. In: Hofmannsthal. Orte. Hg. von Wilhelm Hemecker und Konrad Heumann in Zusammenarbeit mit Claudia Bamberg. Wien 2014, S. 92–116.
Lacan, Jacques: Das Spiegelstadium als Bildner der Ichfunktion, wie sie uns in der psychoanalytischen Erfahrung erscheint (1948). In: Lacan: Schriften I. Weinheim, Berlin 1986, S. 61–70.
Lüthy, Michael: Die Wendung des Blicks. In: Manet – Sehen: Der Blick der Moderne. Hg. von Hubertus Gaßner und Viola Hildebrand-Schat. Petersberg 2016, S. 13–19.
Mallen, Enrique (Hg.): Online Picasso Project. Sam Houston State University. 1997–2016. https://picasso.shsu.edu/ [15.12.2016].
McCully, Marilyn: Picasso's Artistic Practice in 1901. In: Becoming Picasso: Paris 1901. Hg. von Barnaby Wright. London 2013, S. 36–59.
McCully, Marilyn: Picasso in Paris. 1900–1907. Mit Beiträgen von Nienke Bakker, Isabel Cendoya, Peter Read. Hg. von Michael Raeburn. London 2011.
Miller, C. F. B.: The Formation of Genius. In: Becoming Picasso. 2013, S. 84–105.
Nurse, Keith: Young Picasso fetches £ 283,500. In: Daily Telegraph, 3. Dezember 1975.
O'Brian, Patrick: Pablo Picasso. Hamburg 1979.
Rabinow, Rebecca A. (Hg.): Cézanne to Picasso. Ambroise Vollard, Patron of the Avant-Garde. New Haven, London 2006.
Reif, Rita: 'Yo Picasso' brings $47.9 Million at Sotheby's. In: New York Times, 10. Mai 1989.
Renner, Ursula: *Das Erlebnis des Sehens.* Zu Hofmannsthals produktiver Rezeption bildender Kunst. In: Hugo von Hofmannsthal. Freundschaften und Begegnungen mit deutschen Zeitgenossen. Hg. von Ursula Renner und G. Bärbel Schmid. Würzburg 1991, S. 285–305.

Renner, Ursula: „Die Zauberschrift der Bilder". Bildende Kunst in Hofmannsthals Texten. Freiburg i. Br. 2000.
Richardson, John: Picasso. Leben und Werk 1. 1881–1906. In Zusammenarbeit mit Marilyn McCully. München 1991.
Riha, Karl: Commedia dell'arte. Mit Figurinen Maurice Sands. Frankfurt a. M. 1980.
Rubin, William: Pablo Picasso. In: Primitivismus in der Kunst des zwanzigsten Jahrhunderts. Hg. von William Rubin. München 1984, S. 249–353.
Sala, Theresa-M. (Hg.): Barcelona 1900. Cornell 2008.
Schnack, Ingeborg: Rainer Maria Rilke. Chronik seines Lebens und seines Werkes. 2. Aufl. Frankfurt a. M. 1996.
Seng, Joachim: „...es ist doch ein Wesen besonderer Art". Hugo von Hofmannsthals *Ariadne auf Naxos* und Stuttgart. Marbach a. N. 2005.
Starobinski, Jean: Portrait des Künstlers als Gaukler. Drei Essays. Frankfurt a. M. 1985.
Storey, Robert F.: Pierrot: A Critical History of a Mask. Princeton, NJ 1978.
Varnedoe, Kirk: Paul Gauguin. In: Primitivismus in der Kunst des zwanzigsten Jahrhunderts. 1984, S. 187–217.
Varnedoe, Kirk: Picasso's Self-Portraits. In: Picasso and Portraiture. Representation and Transformation. Hg. von William Rubin. London 1996, S. 110–179.
Wollgast, Karin: Die Commedia dell'arte im Wiener Drama um 1900. Frankfurt a. M. u. a. 1993.
Wright, Barnaby: Catalogue. In: Becoming Picasso. 2013, S. 106–175.

Julia Ilgner
Renaissancerezeption und Renaissancismus bei Arthur Schnitzler

In seinem 1915 begonnenen und 1968 posthum veröffentlichten Autobiographiefragment *Jugend in Wien* zeichnet der Dichterarzt Arthur Schnitzler (1862–1931) ein einprägsames Bild seines adoleszenten Ichs der 1890er Jahre: „Bis in die ersten Universitätsjahre", erinnert sich der Erzähler, „trug ich mich mit einiger nicht ungewollter Nachlässigkeit. Rembrandthut, flatternde Krawatte, lange Haare".[1] Dass Schnitzlers Wahl ausgerechnet auf den seinerzeit populären „Rembrandthut" fiel, dürfte kein Zufall gewesen sein, motiviert er die Selbstbeschreibung doch in zweierlei Hinsicht: Zum einen verleiht das modische Accessoire der memorierten Jugendszene Glaubwürdigkeit. Zum anderen rekurriert es, wenn auch durch die damals virulente Kulturbewegung des Renaissancismus gebrochen, auf den großen niederländischen Barockmaler Rembrandt van Rijn (1606–1669), der seiner Frau Saskia – sei es aufgrund bildmotivischer oder wirkungsästhetischer Erwägungen wie einer vorteilhaften Farbeinwirkung – in mehreren Porträts einen voluminösen Hut mit breiter, aufgeschlagener Krempe aufgesetzt hatte,[2] der ab 1870 zum *Dernier Cri* der Frauen- wie Männermode avancierte. Auch wenn das Requisit wohl mehr der retrospektiven Stilisierung zum jugendlichen Bohémien denn einer bedeutungsstiftenden Epochenbezugnahme diente, gestattet die zitierte Selbstbeschreibung mit der adorierenden Autoritätsreferenz[3] doch Einblick in die gezielten habituellen und epitextuellen Inszenierungsprakti-

---

[1] A. Schnitzler, Jugend in Wien. Hg. von Therese Nickl und Heinrich Schnitzler. Wien u. a. 1968, S. 320. Im Folgenden zitiert unter Verwendung des Initialkürzels „JiW" und Angabe der Seitenzahl.
[2] Vgl. exemplarisch das Gemälde *Saskia als junge Frau (Die lächelnde Saskia)* (1633, 52,5 x 44 cm, Gemäldegalerie Alte Meister, Staatliche Kunstsammlungen Dresden) sowie die kleinformatige Silberstiftzeichnung *Saskia als Braut* (1633, 18,5 x 10,6 cm, Kupferstichkabinett, Staatliche Museen zu Berlin).
[3] Schnitzlers aufrichtige Bewunderung für Rembrandt, der vermittels Kunstreferenzen verschiedentlich im Werk aufscheint, speist sich aus einer soliden Kenntnis des Meisters der niederländischen Renaissance- und Barockmalerei – nicht zuletzt, da das Kunsthistorische Museum in Wien schon damals über einige bedeutende Exponate verfügte. Auch nahm Schnitzler gezielt Gelegenheiten auf Reisen wahr, um sein Kunstwissen zu vertiefen: So versäumte er es nicht, anlässlich eines Aufenthalts in Amsterdam in Begleitung seiner Frau auch die Rembrandtgemälde im Rijksmuseum zu besichtigen. Eine systematische Würdigung von Schnitzlers Rembrandtrezeption, deren biographische und textkritische Analyse bislang noch gänzlich aussteht, hat jüngst Annja Neumann (Cambridge) unternommen. Vgl. Neumann, Schnitzler's Anatomy Lesson. Medical Topographies in *Professor Bernhardi*. In: Jahrbuch Literatur und Medizin 8 (2016), S. 31–60, sowie

DOI 10.1515/9783110549539-011

ken des um die traditionsbezogene Auratisierung seiner eigenen Künstlergenese bemühten Jungdichters.[4]

Als ästhetisches Leitbild der Gründerzeit war der Renaissancismus jedoch nicht allein auf die individuelle Sphäre der Garderobe begrenzt, sondern prägte als offizielle Repräsentationsarchitektur ubiquitär das Erscheinungsbild europäischer (Groß-)Städte. Schnitzler wuchs in einem Wien auf, dessen Straßen nicht allein, einem Bonmot Karl Kraus' zufolge, mit Kultur gepflastert waren, sondern dessen neorenaissancistisches Dekor die urbane Szenerie förmlich kontaminierte: Man war, neben wenigen originären Zeugnissen (Renaissancefestung, Amalienburg oder dem Palais Porcia in der Herrengasse), umgeben von Evokationen der venezianischen und florentinischen Schule. Opernhaus, Burgtheater, Universität und Kunsthistorisches Museum hatten mit ihrem historistisch-eklektizistischen Gepräge veritablen Anteil an der ‚Italianisierung' der Ringstraße; aber auch das Palais Todesco in der Kärntner Straße, das Gebäude des Wiener Musikvereins oder das Julius-Meinl-Haus am Fleischmarkt nährten Wiens Image als ‚Renaissancestadt'.[5]

Trotz dieser lebensweltlichen Allpräsenz (pseudo-)geschichtlichen Exterieurs galt Schnitzler der Autoren- und Epochenforschung lange Zeit nicht als ‚Traditionalist' im Sinne eines produktiven Adapteurs und Wiederverwerters älterer Literatur- und Kulturstufen im eigenen Werk, sondern vor allem als gesellschaftsdiagnostischer Chronist seiner Zeit, als poetischer ‚Doppelgänger' Freuds[6] und Repräsentant der Wiener Moderne *par excellence*.[7] Erst ab den frühen 1990er Jahren gewannen Ansätze der Einfluss- und Vergleichsforschung an Bedeutung, die das erzählerische und dramatische Werk unter komparatistischen sowie rezeptionshistorischen Fragestellungen perspektivierten.[8] Dominante Motiv-

---

ferner Hans Roelofs, ‚Man weiß eigentlich wenig von einander'. Arthur Schnitzler und die Niederlande 1895–1940. Amsterdam 1989, S. 123.
4 Zur Autorschaftsinszenierung und ihrer Begrifflichkeit vgl. Christoph Jürgensen / Gerhard Kaiser, Schriftstellerische Inszenierungspraktiken – Heuristische Typologie und Genese. In: Schriftstellerische Inszenierungspraktiken – Typologie und Geschichte. Hg. von Christoph Jürgensen und Gerhard Kaiser. Heidelberg 2011, S. 9–31, hier S. 12.
5 Zum architektonischen Renaissancismus Wiens vgl. Rolf-Peter Janz / Klaus Laermann, Arthur Schnitzler. Zur Diagnose des Wiener Bürgertums im Fin de siècle. Stuttgart 1977, S. 81f.
6 Vgl. die frühe Studie des Wiener Psychologen Theodor Reik, Arthur Schnitzler als Psycholog. Minden 1913, sowie später Frederick J. Behariell, Freud's Double: Arthur Schnitzler. In: Journal of the American Psychoanalytic Association 10 (1962), S. 722–730.
7 Vgl. stellvertretend Gerhart Baumann, Arthur Schnitzler. Die Welt von gestern eines Dichters von morgen. Frankfurt a. M. u. a. 1965.
8 Vgl. dazu ausführlich den Forschungsbericht bei Achim Aurnhammer, Arthur Schnitzlers intertextuelles Erzählen. Berlin u. a. 2013, S. 17–22, sowie den synoptischen Artikel im Schnitzler-Handbuch: Aurnhammer, Produktive Lektüren, produktive Rezeptionen: Der Leser Schnitzler.

und Strukturanalogien, die bereits in der zeitgenössischen Kritik notiert worden waren, etwa zur russischen Dramatik (Čechov),[9] der Novellenkunst der französischen (Flaubert, Maupassant)[10] oder der skandinavischen Moderne (Ibsen, Strindberg),[11] fanden ebenso Berücksichtigung wie Schnitzlers Anleihen bei nicht-textuellen und performativen Künsten wie der Malerei,[12] der Musik und Oper[13] oder der damals just im Entstehen begriffenen Kinematographie.[14] Angesichts der Breite der bis dato nachgezeichneten Motive, Sujets und Repertoires, deren sich Schnitzler schöpferisch bediente, erstaunt es, dass ausgerechnet die Rezeption der italienischen Renaissance[15] – die in Form der omnikulturellen Modeströmung des Renaissancismus[16] in der Wiener Avantgarde vielfältigen

---

In: Schnitzler-Handbuch. Leben – Werk – Wirkung. Hg. von Christoph Jürgensen, Wolfgang Lukas und Michael Scheffel. Stuttgart, Weimar 2014, S. 8–11.
9 Vgl. Thomas Rothschild, Schnitzler und Cechov. Ein Vergleich. In: Studia Austriaca 8 (2000), S. 93–104, sowie Cornelia Stellwag-Carion, Der Zeit ihre Diagnose: Arthur Schnitzler und Anton Tschechow. Arztpoeten und ihr dramatisches Werk. Wien 2002.
10 Vgl. Theodor W. Alexander / Beatrice W. Alexander, Maupassant's *Yvette* and Schnitzler's *Fräulein Else*. In: Modern Austrian Literature 4.3 (1971), S. 44–55, sowie Barbara Surowska, Flaubertsche Motive in Schnitzlers Novelle *Die Toten schweigen*. In: Orbis Litterarum 40 (1985), S. 373–379.
11 Vgl. Jeffrey B. Berlin, The Treatment of Truth in the Dramatic Work of Henrik Ibsen and Arthur Schnitzler. Binghamton, NY 1976; Berlin, Die Beziehungen zwischen Ibsen und Schnitzler. In: Text & Kontext 10.2 (1982), S. 383–398, und Karoline Exner, Dramaturgien der Erinnerung bei Hebbel – Ibsen – Schnitzler. Wien 2005.
12 Vgl. Thomas Eicher, „Interessieren Sie sich auch für Bilder? Visualität und Erzählen in Arthur Schnitzlers *Frau Berta Garlan*. In: literatur für leser 1 (1993), S. 44–57; Konstanze Fliedl, Arthur Schnitzler. In: Handbuch der Kunstzitate. Malerei, Skulptur, Fotografie in der deutschsprachigen Literatur der Moderne. Hg. von Konstanze Fliedl, Marina Rauchenbacher und Joanna Wolf. 2 Bände. Bd. 2. Berlin u. a. 2012, S. 703–704.
13 Vgl. Marc A. Weiner, Arthur Schnitzler and the Crisis of Musical Culture. Heidelberg 1986, sowie Aurnhammer / Dieter Martin / Günter Schnitzler (Hg.), Arthur Schnitzler und die Musik. Würzburg 2014.
14 Vgl. Manfred Kammer, Das Verhältnis Arthur Schnitzlers zum Film. Aachen 1983; Claudia Wolf, Arthur Schnitzler und der Film. Bedeutung. Wahrnehmung. Beziehung. Umsetzung. Erfahrung. Karlsruhe 2006; Thomas Ballhausen u. a. (Hg.), Tatsachen der Seele. Arthur Schnitzler und der Film. Wien 2006, sowie Achim Aurnhammer / Barbara Beßlich / Rudolf Denk (Hg.), Arthur Schnitzler und der Film. Würzburg 2010.
15 Die historische und geographische Bezugsgröße dieser Rezeption bildet die vornehmlich ober- und mittelitalienische Renaissance vom Aufstieg der Stadtstaaten ab Mitte des 13. Jahrhunderts bis zum Sacco di Roma (1527) bzw. dem Niedergang der Florentiner Republik (1530), wie sie wissenschaftsgeschichtlich auch der Definition Jacob Burckhardts entspricht, die für Schnitzlers Epochenverständnis als konstitutiv angenommen wird.
16 Ursprünglich von dem Kunsthistoriker Friedrich Haack geprägt, fand der Begriff in der germanistischen Forschung erstmals bei Franz Ferdinand Baumgarten als Beschreibungskategorie der Novellistik Conrad Ferdinand Meyers Verwendung. Vgl. Haack, Die Kunst des XIX. Jahrhun-

ästhetischen Widerhall erfuhr – lediglich punktuell gewürdigt wurde: Einzelanalysen zum Renaissancedrama, jenem „von Bildungserfahrungen determinierte[n] und buchstäblich erlesene[n] Genre",[17] *Der Schleier der Beatrice* (1900) sowie dem zum Gegenstück und „Anti-Renaissancedrama"[18] stigmatisierten Einakter *Die Frau mit dem Dolche* (1901) fokussieren zwar eine spezifische und besonders intensive Phase der Aneignung, bleiben aber situationsbezogen und auf das einzelne Dichtungsvorhaben beschränkt.[19] Als aufschlussreicher im Hinblick auf Schnitzlers poetische Anverwandlung kanonischen Bildungsguts erweisen sich stattdessen die produktionsästhetische Bewertung seiner Begegnungen mit Italien (2008) sowie die taxonomische Erfassung repräsentativer Kunstzitate (2012), wie Konstanze Fliedl sie vorgenommen hat.[20]

In einem rezeptiv-produktiven Fünfschritt folgt auf die Rekonstruktion von Schnitzlers lektürebasiertem Epochenbild mittels einer synoptischen Sichtung seiner literarischen Renaissance- und Renaissancismusrezeption (1) zunächst eine kursorische Betrachtung der praktischen Übersetzung dieser erlesenen Inspiration in Bildungsübungen wie Italienwallfahrten und Künstlerhommagen (2).

---

derts. 3. Aufl. Esslingen 1909, S. 195, sowie Baumgarten, Das Werk Conrad Ferdinand Meyers. Renaissance-Empfinden und Stilkunst. München 1917, S. 6. Zur Problematik der Begriffe ‚Renaissance' bzw. ‚Renaissancekult' und ihrer unzureichenden Etablierung in der Germanistik vgl. auch Helmut Koopmann, Renaissancekult in der deutschen Literatur um 1900. In: Storia dell'arte e politica culturale intorno al 1900. La fondazione dell'Istituto Germanico di Storia dell'arte di Firenze. Hg. von Max Seidel. Venedig 1999, S. 13–24, hier S. 13. Für den literarhistorischen Überblick empfiehlt sich nach wie vor die Grundlagenstudie Walter Rehms, Das Werden des Renaissancebildes in der deutschen Dichtung. Vom Rationalismus bis zum Realismus. München 1924.
17 Zit. n. Ingo Stöckmann, Der Wille zum Willen. Der Naturalismus und die Gründung der literarischen Moderne. Berlin u. a. 2009, S. 195. In der zeitgenössischen Literaturkritik um 1900 sowie in paratextuellen Kontexten (Untertitel, Verlagswerbung) finden sich alternativ auch die Begriffe des ‚Renaissance-Spiels' oder des ‚Renaissance-Akts'. In Analogie zur Schnitzlerforschung wird hier jedoch dem gattungstypologisch gebräuchlicheren Begriff des ‚Renaissancedramas' der Vorzug gegeben. Zur Konjunktur und Formentwicklung des Renaissancedramas um 1900 vgl. Gerd Uekermann, Renaissancismus und Fin de siècle. Die italienische Renaissance in der deutschen Dramatik der letzten Jahrhundertwende. Berlin 1985, zur Begriffsgeschichte insbes. S. 31f., sowie Michael T. O'Pecko, Renaissancism and the German Drama, 1890–1910. Baltimore 1976.
18 Uekermann 1985, S. 115.
19 Vgl. stellvertretend Wolfgang Sabler, *Der Schleier der Beatrice* und das historische Drama. In: Germanica 52 (2013), S. 53–65, sowie Uekermann 1985, S. 229–238. Zur Forschungsgeschichte siehe ferner die beiden Beiträge im Schnitzler-Handbuch: Ingo Irsigler, *Der Schleier der Beatrice. Schauspiel in fünf Akten* (1900). In: Schnitzler-Handbuch. 2014, S. 73–75; Anke Detken, *Lebendige Stunden. Vier Einakter* (1902). In: Schnitzler-Handbuch. 2014, S. 116–119, bes. S. 117f.
20 Fliedl, Arthur Schnitzler und Italien. In: Ferne Heimat – nahe Fremde: Bei Dichtern und Nachdenkern. Hg. von Eduard Beutner. Würzburg 2008, S. 132–147, sowie Fliedl, Arthur Schnitzler. In: Handbuch der Kunstzitate. 2012.

Dass die sukzessive Entwicklung als Kunstbetrachter und -kenner ab den 1890er Jahren (3) zeitgleich einen renaissancistischen Sprachhabitus affiziert, der sich in zitativer Rede und Analogismen entlädt (4), wird als Indiz für die rituelle Vertrautheit sowie als Voraussetzung für die produktive Übernahme im eigenen Werk – etwa im Modus des Kunstzitats oder als referentielles Interieur – verstanden (5).

Die bislang vorherrschende Forschungsposition, dass Schnitzler „zu keiner Zeit von einer Begeisterung für die Epoche [der Renaissance] ergriffen" worden sei und sich seine Rezeption lediglich auf ein kurzes schöpferisches Intermezzo von zwei bis drei Werken belaufen habe,[21] das nach der stilistischen Manierübung im *Schleier der Beatrice* (1900)[22] mit der *Frau mit dem Dolche* (1901),[23] spätestens aber mit der Fragment gebliebenen *Abenteuernovelle* (entst. 1902–1927, ED 1937)[24] bereits wieder überwunden gewesen sei, gilt es dabei mittels einer summarischen Rezeptionsanalyse zu relativieren und ihr mit dem autorspezifischen Renaissancebild Schnitzlers ein empirisch ermitteltes Korrektiv gegenüberzustellen. Wesentliche dokumentarische Grundlagen der Analyse bilden neben Schnitzlers Tagebuch[25] und ausgewählter Briefkorrespondenz,[26] insbesondere mit seiner späteren

---

21 Uekermann 1985, S. 240: „Dagegen ist Arthur Schnitzlers Abrechnung mit dem Renaissancismus kurz und bündig: Er wird zu keiner Zeit von einer Begeisterung für die Epoche ergriffen, versucht sich eher halbherzig am neuen Genre des Renaissancedramas und führt es bald darauf in einer psychologischen Studie ad absurdum."
22 Schnitzler, Der Schleier der Beatrice. Schauspiel in 5 Akten. Berlin 1901 [EA], wieder in: Schnitzler, Die Dramatischen Werke. 2 Bände. Bd. 1. Frankfurt a. M. 1962, S. 553–679. Dass sich Schnitzlers Renaissancedrama nicht auf einen bloßen modischen Genrebeitrag reduzieren lässt, belegt schon die komplexe Entstehungsgeschichte (vgl. dazu Reinhard Urbach, Schnitzler-Kommentar zu den erzählenden Schriften und dramatischen Werken. München 1974, S. 167f.). Auch stieß das Sujet verschiedentlich im Wiener Kreis auf Interesse und Anerkennung. So empfiehlt nicht nur Jakob Wassermann, dringlich „das Renaissancestück [zu] schreiben" (TB 18.11.1898), auch Hugo von Hofmannsthal erwog die Gestaltung des Stoffes, so dass Schnitzler um sein geistiges Eigentum zu fürchten hatte: „Über Hugo einiges. Seine fast unverständliche Neigung zu literar. Aneignungen [...] Dann s. Z. als ich ihm den Stoff zur Beatrice erzählte: „Das Stück werd ich auch schreiben" (drum machte ich mich so eilig dran)." Zit. n. TB 12.12.1902. Zu Hofmannsthals Traditionsverhalten vgl. die Beiträge von Wilhelm Hemecker, Konrad Heumann und David Österle in diesem Band.
23 Schnitzler, Die Frau mit dem Dolche. In: Schnitzler, Lebendige Stunden. Vier Einakter. Berlin 1902 [EA]. Wieder in: Schnitzler, Die Dramatischen Werke. 2 Bände. Bd. 1. Frankfurt a. M. 1962, S. 702–718.
24 Schnitzler, Abenteuer. Novelle. Wien 1937 [EA]. Wieder in: Schnitzler, Die erzählenden Schriften. 2 Bände. Bd. 2. Frankfurt a. M. 1961, S. 582–624.
25 Schnitzler, Tagebuch 1879–1931. Hg. von Werner Welzig unter Mitwirkung von Peter Michael Braunwarth, Susanne Pertlik und Reinhard Urbach von der Kommission für literarische Gebrauchsformen der Österreichischen Akademie der Wissenschaften u. a. 10 Bände. Wien 1981–2000. Hier zitiert unter dem Kürzel „TB" sowie der jeweiligen Datumsangabe.
26 Schnitzler, Briefe. 2 Bände. Bd. 1: 1875–1912. Hg. von Therese Nickl und Heinrich Schnitzler. Bd. 2: 1913–1931. Hg. von Peter Michael Braunwarth. Frankfurt a. M. 1981–1984 (im Folgenden

Frau Olga Gussmann (1882–1970) aus dem Jahr 1901, auch Schnitzlers seit Kurzem edierte Leseliste (1905).[27]

Der Leser Schnitzler: Renaissancelektüre und renaissancistische Lektüre

Natürlich hatte Schnitzler (mehrfach) die Schriften des Basler Historikers Jacob Burckhardt (1818–1897) gelesen, den er aufgrund seiner synthetisierenden Kunstauffassung nahezu kritiklos als unangreifbare Autorität bewunderte („er [Hippolyte Taine] kann sich irren – Burckhardt nicht"[28]) und geistesgeschichtlich in der Nachfolge Goethes sah.[29] Für sein Historiendrama *Der Schleier der Beatrice*, ein „klassisches Ausstattungsstück",[30] konsultierte Schnitzler eingehend dessen Renaissancestudien und fertigte umfassende Exzerpte an, die sich im Nachlass erhalten haben.[31] Mit Burckhardts Italien-Vademecum, dem *Cicerone* (1855), und dessen kulturgeschichtlichem Hauptwerk *Die Cultur der Renaissance in Italien* (1859) hatte Schnitzler Anteil an jenem „Elementarerlebnis"[32] seiner Generation und der „allen deutschsprachigen Autoren des Renaissancismus gemeinsame[n] Bildungserfahrung".[33] Auch kannte er mit Herman Grimms *Leben Michelan-*

---

zitiert als „B I" und „B II"); Schnitzler – Hugo von Hofmannsthal, Briefwechsel. Hg. von Therese Nickl. Frankfurt a. M. 1964.
27 Arthur Schnitzlers Lektüren: Leseliste und virtuelle Bibliothek. Hg. von Achim Aurnhammer. Würzburg 2013. Die Edition wird zitiert unter Angabe des Kürzels „LL", der Seitenzahl sowie der jeweiligen Sigle.
28 Schnitzler an Olga Gussmann, Brief vom 12.4.1901. In: B I, S. 428–430, hier S. 429.
29 Vgl. Schnitzler an Olga Gussmann, Brief vom 4.4.1901. In: B I, S. 418–420, hier S. 420: „Nachmittg [sic] im Burckhardt, Cicerone für die ital. Kunstwerke, gelesen, mit höchster Bewunderung. Ungerechtigkeit des Ruhmes. Wenn man bedenkt, daß von tausend, die Ganghofer kennen, nicht einer Burckhardt kennt! (Directe Linie von Goethe her, aber eine klarere Auffassung der bildenden Kunst [...])". Vgl. auch Schnitzlers Brief vom 12.4.1901.
30 Fliedl, Arthur Schnitzler und Italien. 2008, S. 139.
31 Vgl. Arthur Schnitzler an Hugo von Hofmannsthal, Brief vom 10.7.1898. In: Schnitzler – Hofmannsthal, Briefwechsel. 1964, S. 105: „Für das neue Stück ist mir viel und gutes eingefallen; doch werd ich es vor August kaum beginnen, da ich ein bißchen Burckhardt, Gregorovius, Geiger lesen will (dazu)." Auf Schnitzlers Burckhardt-Exzerpte hat bereits Fliedl verwiesen: Arthur Schnitzler. Poetik der Erinnerung. Wien, Köln, Weimar 1997, S. 101f., Schnitzler, Studien (geographische und historische Exzerpte), Handschrift Schnitzler [1898] (Arthur-Schnitzler-Archiv Freiburg, A XII, Mp. 83a).
32 Max Halbe, Jahrhundertwende. Geschichte meines Lebens 1893–1914. Danzig 1935, S. 249.
33 Uekermann 1985, S. 45; vgl. LL, S. 67 (D69).

gelos (1858),³⁴ Ferdinand Gregorovius' *Lucrezia Borgia* (1874),³⁵ Karl Frenzels *Renaissance und Rococo* (1876)³⁶ und Ludwig Geigers *Renaissance und Humanismus in Italien und Deutschland* (1882)³⁷ jene Schlüsselwerke und historiographischen Meistererzählungen, welche die „pluridiskursive Präparation"³⁸ der Epoche im geistes-, kultur- und kunstgeschichtlichen Schrifttum initiierten und auch Schnitzlers Renaissancebild um 1900 maßgeblich prägten. Erst mit einem Abstand von über 20 Jahren ergänzen Studien des heute weitgehend vergessenen polnischen Kulturhistorikers Kazimir von Chłedowski (1843–1920), darunter *Das Italien des Rokoko* (1915), die stadtgeschichtliche Untersuchung *Der Hof von Ferrara* (1910)³⁹ oder die kulturanthropologische Schrift *Rom – Die Menschen der Renaissance* (1914),⁴⁰ sein Lektürewissen, ebenso wie die Behandlung randständiger Themen, etwa *Die Moden der italienischen Renaissance* (1917)⁴¹ in der Bearbeitung des Münchner Kunstgelehrten Hanns Floerke (1875–1944).

Neben den Klassikern der Italienliteratur, die in die Renaissancerezeption inspiratorisch einspielen – Goethes *Italienische Reise* (1829), Heines *Reisebilder* (1826–1831), Seumes *Spaziergang nach Syrakus im Jahre 1802* (1803) –, stehen jüngere Vertreter wie Wladimir von Hartliebs *Italien*-Buch (1927)⁴² oder Anton Wildgans' *Italienische Sonette* (1924),⁴³ von denen sich jeweils ein Widmungsexemplar aus Schnitzlers Bibliothek erhalten hat. Überhaupt war Schnitzler mit

---

34 Vgl. LL, S. 77 (D161).
35 Vgl. TB 11.1.1925. Im selben Jahr las Schnitzler auch Gregorovius' *Grabdenkmäler der Päpste* (1854, TB 15.5.1925), die wesentliche Vorstufe und ‚Orientierungsschrift' seiner *Geschichte der Stadt Rom im Mittelalter* (8 Bände. 1859–1872). Zur Wirkungsgeschichte von Gregorovius' Erfolgsbiographie vgl. auch meinen Beitrag: J. Ilgner, Der Biograph Ferdinand Gregorovius und seine literarische Rezeption. In: Transformationen des Historischen. Geschichtserfahrung und Geschichtsschreibung bei Ferdinand Gregorovius. Hg. von Dominik Fugger. Tübingen 2015, S. 75–104.
36 Vgl. LL, S. 73 (D125), TB 19.11.1881.
37 Vgl. TB 12.7.1898. Im Register fälschlich unter dem Titel „Literatur der Renaissance und des Humanismus in Italien und Deutschland" verzeichnet.
38 Hans Richard Brittnacher, Die Erfindung und Verabschiedung eines Zeitalters. Zur Renaissance bei Hugo von Hofmannsthal, Rainer Maria Rilke und Heinrich Mann. In: Zagreber Germanistische Beiträge 20 (2011), S. 3–17, hier S. 6.
39 Vgl. TB 22.3.1922.
40 Vgl. TB 15.5.1926, 12.11.1926. Schnitzler erhielt den Band vermutlich als Geschenk von Dora Strzygowski zu seinem 64. Geburtstag (notiert als „Männer der Renaissance"). Chłedowskis Schrift war Teil einer großangelegten Rom-Trilogie (1912–1915), von der Schnitzler zumindest noch den letzten Band *Die Menschen des Barock* (1912, TB 13.1.1927, 5.8.1927) kannte.
41 Vgl. TB 9.7.1921.
42 Vgl. TB 26.2.1927.
43 Eine Reproduktion der Titelseite mit Wildgans' Widmung an Schnitzler findet sich im Abbildungsteil der Leseliste: vgl. LL, S. 51 (Abb. 10).

den Epochenevokationen zeitgenössischer Interpreten vertraut, zumal sie in der Hochphase des Renaissancismus „viele prominente Federn"[44] seines direkten Umfelds betrafen: So kannte er fraglos Hugo von Hofmannsthals lyrische Dramolette (*Gestern*, 1891, *Die Frau im Fenster*, 1898, *Der Tod des Tizian*, 1901) und das Tragödienfragment *Ascanio und Gioconda* (entst. 1892),[45] Frank Wedekinds *König Nicolo* (1902),[46] Karl Gustav Vollmoellers Einakter *Giulia* (1905),[47] die Renaissancedramatik Rudolph Lothars,[48] Thomas Manns Savonaroleske *Fiorenza* (1905)[49] und ihr Wiederschein in *Gladius Dei* (1902)[50] wie auch die Erzählsammlung *Flöten und Dolche* (1905) mit der Novelle *Pippo Spano* und die Trilogie *Die Göttinnen* (1903), „de[n] Renaissance-Roman um 1900",[51] des befreundeten Heinrich Mann.[52]

Karl Ferdinand Gutzkows Historiendrama *Uriel Acosta* (1846) war bereits auf dem Curriculum des Eleven Schnitzler während seiner Schulzeit am Akademischen Gymnasium gestanden[53] ebenso wie Heinrich Wilhelm von Gerstenbergs

---

44 Zit. n. Koopmann 1999, S. 14. Hinsichtlich der quantitativen Beteiligung der Hochliteratur am Renaissancismus teile ich die Einschätzung von Helmut Koopmann nicht, der die Renaissancerezeption um 1900 als Minderheitenphänomen auffasst – eine Marginalisierung, die eher das geringe Forschungsinteresse der 1990er Jahre und nicht die textuelle Wirklichkeit der Jahrhundertwende widerspiegelt.
45 Auch wenn Schnitzler die Lektüre Hofmannsthals erstaunlicherweise nicht in seiner Leseliste verzeichnet hat (zu dieser „prominenteste[n] Fehlanzeige" vgl. auch Aurnhammer (LL, S. 11)), legen das Tagebuch sowie der gemeinsame Briefwechsel ein eindrückliches Zeugnis vom literarischen Dialog der beiden Schriftsteller in den 1890er Jahren ab. So wohnte Schnitzler auch der Lesung des gerade vollendeten Dramas *Ascanio und Gioconda* am 29. August 1892 im Freundeskreis bei. Vgl. Arthur Schnitzler an Marie Glümer, Brief vom 30.8.1892. In: B I, S. 126–128, hier S. 127. Zu Hofmannsthals Beitrag zum literarischen Renaissancismus vgl. Aurnhammer, „Zur Zeit der großen Maler". Der Renaissancismus im Frühwerk Hugo von Hofmannsthals. In: Il Rinascimento nell'Ottocento in Italia e Germania / Die Renaissance im 19. Jahrhundert in Italien und Deutschland. Hg. von August Buck und Cesare Vasoli. Bologna, Berlin 1989, S. 232–260.
46 Vgl. TB 12.11.1915, 18.6.1924.
47 Vgl. Arthur Schnitzler an Karl Vollmoeller, Brief vom 2.1.1905. In: B I, S. 506–507, hier S. 507.
48 Vgl. LL, S. 90 (D289). Angesichts der profunden Werkkenntnis und engen Beziehung beider Dichter erstaunt es, dass Schnitzler Lothars *Cesar Borgias Ende* (1893) nicht notiert hat.
49 Vgl. LL, S. 91 (D298); TB 25.10.1905, 8.12.1919.
50 Vgl. LL, S. 91 (D298). Vorausgesetzt sei, dass Schnitzlers Eintrag „Tristan" nicht allein die Titelnovelle, sondern auch die gleichnamige, 1903 erschienene Erzählsammlung meint, in der *Gladius Dei* enthalten war.
51 Koopmann 1999, S. 16 (Hvhbg. d. Verf.).
52 Vgl. LL, S. 91 (D299); TB 23.11.1904, 6.1.1906.
53 Vgl. hierzu die autobiographisch vermittelte Episode über die Jugendfreundschaft zu seinem Mitschüler Adolf Weizmann, der ihm auch als „literarischer Berater und Kritiker" diente: „Stundenlang spazierten wir in den Straßen umher, wobei er den „Faust" und den „Uriel Acosta" zu deklamieren pflegte [...]." (JiW, S. 67).

tragisches Schauspiel *Ugolino* (1768)⁵⁴ und Goethes *Torquato Tasso* (1790).⁵⁵ Unter den Romantikern kannte Schnitzler vermutlich Nikolaus Lenaus Märtyrerepos *Savonarola* (1837),⁵⁶ mit Sicherheit aber Ludwig Tiecks spätromantisches Sittengemälde *Vittoria Accorombona* (1840),⁵⁷ das lyrische Werk August von Platens (1796–1835) und die italienischen Erzählungen Franz von Gaudys (1800–1840).⁵⁸ Aus der realistischen Schule vervollkommnen die Renaissancenovellen Conrad Ferdinand Meyers (1825–1898),⁵⁹ Paul Heyses (1830–1914)⁶⁰ und Paul Ernsts (1866–1933, darunter die mediceische Erzählung *Der Tod des Cosimo*, 1912)⁶¹ sowie die zahllosen historischen Italiendichtungen des Wahl-Römers Richard Voß (1851–1918),⁶² dessen Bühnenstücke in den 1870er und 1880er Jahren zum oft gegebenen Repertoire des Burgtheaters zählten, Schnitzlers literarische Akkulturation. Überhaupt dürften die großen Renaissancesujets der Weltliteratur wie das Eifersuchtsdrama um Francesca da Rimini, Savonarolas Martyrium, die Ermordung Vittoria Accorombonas im politischen Ränkespiel sowie der Aufstieg und Fall des Cesare Borgia Schnitzler in verschiedenen Erzähl- und Aufführungsvarianten begegnet sein: von Dante über Webster bis zu Ernst von Wildenbruchs novellistischer Adaptation (1892).⁶³

Auch heute exotisch anmutende Genrebeiträge wie die lombardische Romanze *Von zwei Geschwistern* (ED 1898)⁶⁴ des jung verstorbenen Wiener Dichters Otto Sachs (1869–1897) um die verbotene Liebe eines adligen Geschwisterpaars zur Zeit des Tridentinum oder der novellistisch komponierte San Gimignano-Zyklus *Giovanna* (1905)⁶⁵ des dänischen Autors Sophus Michaëlis (1865–1932), dem

---

54 Vgl. LL, S. 75 (D143).
55 Vgl. TB 18.5.1896, 13.10.1906, 4.10.1913, 20.10.1919.
56 Da die frühen lyrischen Arbeiten den Einfluss Lenaus verraten, ist es unwahrscheinlich, dass Schnitzler ausgerechnet dessen Gedicht über den Florentiner Dominikanermönch nicht gekannt haben soll, zumal er selbst erwog, den Savonarola-Stoff dramatisch zu gestalten.
57 Vgl. LL, S. 105 (D436).
58 Vgl. LL, S. 75 (D137).
59 Vgl. LL, S. 93 (D313); TB 9.2.1920.
60 Vgl. LL, S. 81 (D203); TB 6.7.1914.
61 Vgl. LL, S. 71 (D105); TB 6.4.1912, 2.4.1914.
62 Vgl. LL, S. 106 (D452). Voß' erzählerisches Werk ist durchsetzt von historischen Anleihen bei und intermedialen Referenzen auf die (vornehmlich römische) Renaissance und ihre künstlerischen Artefakte, so auch in der Malernovelle *Maria Botti* (1883), deren Lektüre Schnitzler verzeichnet. Da Schnitzler sich zeitweilig mit einer Dramatisierung des Savonarola-Sujets befasste, kannte er womöglich auch Voß' gleichnamiges Schauspiel (ED 1878).
63 Vgl. LL, S. 108 (D474).
64 Vgl. LL, S. 99 (D376).
65 Vgl. LL, S. 151 (N44). In der Leseliste fälschlich unter dem Titel „Giuditta" notiert. Womöglich handelt es sich bei dem Roman um ein Exemplar aus dem geschenkten Bücherkonvolut von

Schnitzler in Sympathie verbunden war, finden sich im Tagebuch oder den Lektüreaufzeichnungen. Gleiches gilt für den allgemein emphatisch aufgenommenen Renaissanceroman *Isabella von Orta* (1920)[66] des mit Stefan Zweig und Hermann Bahr befreundeten Theaterwissenschaftlers Joseph Gregor (1888–1960)[67] über eine Fürstentochter im Parteienwiderstreit des 15. Jahrhunderts.

Wenngleich Schnitzler nur gelegentlich literarästhetische Werturteile fällt, dürfte er die qualitative Heterogenität der Renaissancedichtungen seiner Zeit wohl empfunden haben. Während er beispielsweise Heinrich Manns Assy-Trilogie auf der „großen Linie der deutschen Romane"[68] sieht, kann er ephemeren Erscheinungen nur wenig abgewinnen: Unter dem forensischen Blick des Dramatikers muss Julius Babs Tragikomödie *Der Andere* (1906)[69] ebenso durchfallen wie Franz von Schönthan-Pernwalds und Franz Koppel-Ellfelds theatrales Gemeinschaftswerk mit dem programmatischen Titel *Die Renaissance* (1896).[70] Auch das Fehlen fast sämtlicher belletristischer Unterhaltungsschriftsteller des Genres[71] plausibilisert *ex negativo* das skizzierte Geschmacksportfolio, das Schnitzlers dichterischem Selbstverständnis entspringt: „Über der Zeit stehen –; nicht ‚mit ihr gehen' […,] ist meine Sache. Nicht die Gutzkows und Alfred Meißners bleiben übrig".[72]

Beachtung gebührt schließlich auch der Rezeption jenseits des deutschsprachigen Diskurses: Über die Jahre sah Schnitzler vielfach die Dramen der elisabethanischen Renaissance auf den Wiener Bühnen, Shakespeare[73] wie auch die Erfolgsstücke seiner Mitstreiter und Rivalen, darunter Ben Jonsons veneziani-

---

Michaelis zu Schnitzlers 61. Geburtstag, den dieser im Rahmen einer beruflichen Skandinavienreise in Kopenhagen verbrachte (vgl. TB 15.5.1923).

66 Vgl. LL, S. 76 (D158); TB 8.2.1922.

67 Zu Zweigs ideeller Förderung seines literarisch debütierenden jüngeren Kollegen Gregor, der später die Direktion der Theatersammlung in der Österreichischen Nationalbibliothek übernahm, vgl. Susanne Buchinger, Stefan Zweig – Schriftsteller und literarischer Agent: Die Beziehungen zu seinen deutschsprachigen Verlegern (1901–1942). Frankfurt a. M. 1998, S. 294.

68 TB 6.1.1906.

69 Vgl. TB 26.1.1907: „Las Bab „Der Andere" das mir der Autor übersandt hatte, fand es unangenehm."

70 Vgl. TB 28.10.1896. „Im Kfh. Schönthan gestern Renaissance, großer Erfolg. Probe. Stück mißfiel mir, Darstellung zum großen Theil, besonders [Hermann] Nissen.– Ging nicht besonders.–"

71 Zu denken wäre beispielsweise an Gregor Samarow (d. i. Oskar Meding, *Palle*, 1890), M. Herbert (d. i. Therese Keiter, *Der Weg des Michelangelo*, 1900, *Alessandro Botticelli*, 1901), Gabriel Brenner (*Das Liebesleben des Francesco del Nero*, 1903) oder Ludwig Huna (Borgia-Trilogie, 1920–1922).

72 Arthur Schnitzler an Olga Schnitzler, Brief vom 22. Juli 1928. In: B II, S. 561.

73 Zu Schnitzlers Shakespeare-Verehrung und der lebenslangen Rezeption seines Bühnenwerks vgl. LL, S. 140 (GB41) sowie die immensen Registereinträge im Tagebuch.

sches Lustspiel *Volpone, or, the Foxe* (1605)[74] und John Websters Nachdichtung des Accorombona-Stoffs *The White Devil* (1612);[75] hinzu kommen Beispiele des zeitgenössischen Renaissancismus wie Oscar Wildes *A Florentine Tragedy* (1908)[76] und *The Picture of Dorian Gray* (1891).[77] Dem Connaisseur romanischer Literaturen[78] waren auch Stendhals *Chroniques italiennes* (ED 1855)[79] sowie die bedeutenden Nach- und Umdichtungen Gabriele d'Annunzios (*Francesca da Rimini*, 1901, *La Vita di Cola di Rienzo*, 1912)[80] vertraut. Im Falle von Alfred de Mussets verzögertem Erfolgsstück *Lorenzaccio* (1834),[81] das den Tyrannenmord des Lorenzino de' Medici an seinem illegitimen Verwandten auf dem Herzogsthron bühnenwirksam aufbereitet, suchte er nur ein Jahr nach der Paris-Uraufführung (1896) eine deutsche Übertragung des Stücks an Otto Brahm zu vermitteln.[82] Und um das The-

---

[74] Vgl. LL, S. 139 (GB31); TB 11.11.1904. Schnitzler sah Jonsons Stück auch in der Bearbeitung Stefan Zweigs (1926), die seinen Wohlgefallen fand (vgl. TB 5.11.1926, 30.12.1926, 1.1.1927).
[75] Vgl. TB 25.10.1905. Schnitzler las Websters Drama parallel zu Manns *Fiorenza*.
[76] Vgl. TB 9.1.1909. Schnitzler sah die Aufführung wohl in der Besetzung und Regie seines Lieblingsschauspielers Josef Kainz.
[77] Vgl. LL, S. 141 (GB50); TB 30.6.1904. Auf den renaissancistischen Gehalt des Romans verweisen auch Janz / Laermann 1977, S. 83.
[78] Schnitzler las französische und gelegentlich auch italienische Literatur im Original, wenngleich er bei umfassenderer Lektüre auf Übertragungen zurückgriff. So erkundigt er sich beispielsweise bzgl. D'Annunzio bei Hofmannsthal: „Ist von dem Mann was ins Deutsche übersetzt?". Zit. n. Arthur Schnitzler an Hugo von Hofmannsthal, Brief vom 11.8.1893. In: Schnitzler – Hofmannsthal, Briefwechsel. 1964, S. 43. Vgl. auch die Notationspraxis im Tagebuch und der Leseliste, romanische Titel im Original zu verzeichnen.
[79] Vgl. TB 6.6.1909.
[80] Schnitzler hatte zumindest D'Annunzio *Francesca* als Wiener Gastspiel mit Eleonora Duse in der Hauptrolle gesehen (TB 2.4.1902; vgl. auch Hugo von Hofmannsthal an Arthur Schnitzler, Brief vom 31.3.1902. Schnitzler – Hofmannsthal, Briefwechsel. 1964, S. 158). Und obschon ausgerechnet die Lektüre der dramatischen Renaissancebearbeitungen nicht verzeichnet wird, lässt Schnitzlers Wertschätzung des italienischen Modernen zumindest die Kenntnis wahrscheinlich werden: „Die Verwandtschaft d'Annunzios mit mir […] ist schon […] betont worden; auch ich glaubte sie manchmal zu empfinden."; „Was ich aber sonst von d'Annunzio kenne, hat mich mit Bewunderung erfüllt. Ich meine den ‚Triumph des Todes' und ‚Die Unschuldige'.–" (Zit. n. Arthur Schnitzler an Olga Waissnix, Brief vom 14.8.1896. In: B I, S. 295–297, S. 295; Arthur Schnitzler an Georg Brandes, Brief vom 27.3.1898. In: B I, S. 348–350, S. 349).
[81] Vgl. LL, S. 124 (F 118), notiert als „Lorenzagio"; TB 8.10.1905; Schnitzlers gute Kenntnis des französischen Romantikers legt nahe, dass ihm auch die Malernovelle *Le fils du Titien* (1838, dt. *Der Sohn des Tizian*) und das Künstlerdrama *André del Sarto* (1833, dt. *Andrea del Sarto*) bekannt waren, zumal er den Florentiner Renaissancekünstler als Zeitgenossen Raffaels schätzte (vgl. Anm. 126).
[82] Vgl. Arthur Schnitzler an Otto Brahm, Brief vom 7.1.1897. In: B I, S. 309–311, S. 310.

aterereignis und den „außerordentliche[n] Kassenerfolg" *Monna Vana* (1902)[83] hautnah mitzuerleben, reiste er sogar eigens zur nationalen Premiere nach Berlin (Deutsches Theater, 14. Oktober 1902) – obgleich Maeterlincks Drama schon Zeitgenossen als ‚Konkurrenzstück' zu Schnitzler galt und entscheidenden Anteil an der verhinderten Rezeption seines eigenen Genrebeitrags, dem *Schleier der Beatrice*, hatte. Sem Benellis (1874–1950) Schauspiel *La cena delle beffe* (1909),[84] die Dramatisierung einer Novelle Antonio Francesco Grazzinis (1504–1584), verdeutlicht wiederum, wie eng die modernen Imitationen des Fin de siècle mit der originären Dichtung der Renaissance verbunden waren. Dass Schnitzler ein Kenner der italienischen Literatur des Quattro- und Cinquecento, namentlich von Dante Aligheri (*Vita Nova*,[85] entst. 1283–1295, ED 1576, *La Divina Commedia*,[86] entst. um 1307–1321, ED 1472) und Giovanni Boccaccio (*Il Decamerone*, entst. um 1349–1353, ED 1470)[87] war, ferner aber auch Matteo Bandello (*Novelle*, entst. 1510–1560, ED 1554–1573)[88] in Auswahl kannte, belegen souveräne Formzitate und intertextuelle Allusionen im Werk.[89] Zumindest der nähere Freundes- und Bekanntenkreis muss um diese epochenbezogene Lektürevorliebe gewusst haben, denn unter den Geschenken anlässlich seines 50. Geburtstags fand sich auch eine „[w]erthvolle Ausgabe alt des Heptameron von S. Fischer",[90] immerhin einer *Decamerone*-Nachdichtung der Königin Margarete von Navarra (ED 1559). Dass Schnitzler darüber hinaus auch Quellen primär kulturhistorischer Provenienz wie Niccolò Machiavellis *Il principe* (ED 1532)[91] oder das römische Tagebuch (*Diario della*

---

83 Zit. n. Arthur Schnitzler an Hugo von Hofmannsthal, Brief vom 21.10.1902. In: Schnitzler – Hofmannsthal, Briefwechsel. 1964, S. 361. Vgl. auch TB 14.10.1902, 24.11.1902, 12.12.1902.
84 Vgl. TB 2.6.1913, 3.6.1913. Benellis Schauspiel wurde unter dem Titel *Das Florentiner Gastmahl* von Lothar Schmidt ins Deutsche übertragen (Berlin 1909); Schnitzler notiert es allerdings als „Das Mahl der Spötter".
85 LL, S. 132 (I5).
86 Obgleich Schnitzler keine Dante-Lektüre verzeichnet, belegen versierte Anspielungen in der Korrespondenz seine Vertrautheit mit dem Werk des Florentiners. So notiert er beispielsweise im Tagebuch, er habe die reuevollen Briefe seiner untreuen Geliebten Marie Glümer im „lasciate ogni speranza-Stil" beantwortet (TB 29.5.1893), womit Schnitzler auf das Inferno in der *Divina Commedia* verweist, dessen Pforte den Sündern verkündet: „Lasciate ogni speranza, voi ch'entrate!". Vgl. auch Arthur Schnitzler an Marie Glümer, Brief vom 29.5.1893. In: B I, S. 200–201 sowie S. 778.
87 Vgl. LL, S. 132 (I3).
88 Vgl. TB 21.6.1920.
89 Vgl. beispielsweise die Übernahme des *Decamerone*-Erzählrahmens in der Fragment gebliebenen *Abenteuernovelle*, die Petrarca-Lektüre des Grafen Andrea Fantuzzi sowie die motivischen Anleihen beim Petrarkismus im *Schleier der Beatrice*.
90 TB 23.5.1912.
91 Vgl. LL, S. 133 (I12).

città di Roma, ED 1890)⁹² des ghibellinischen Rechtsgelehrten Stefano Infessura (1436–1500) las, ist dem Zeitgeist, vor allem aber dem universalistischen Bildungsanspruch des Dichters als *homme de lettres* geschuldet.

Exkurs: Renaissancerezeption zweiten Grades

Manche Schlüssel- und Einflusstexte, die sich nicht ohne Weiteres verifizieren lassen, hatte Schnitzler auch implizit ‚mitrezipiert', wenn diese im Zuge der bildungsbürgerlichen Zitiermanier in andere Texte eingeschrieben waren. Wer beispielsweise Grimm las, hatte mittelbar auch Vasari gelesen,⁹³ wer Gregorovius studierte, kannte zentrale Passagen Giovios und Infessuras.⁹⁴ Beispiele dieser Art lassen sich viele finden, zumal das Phänomen der ‚Rezeption zweiten Grades' einer produktionsästhetischen Leitkategorie europäischer Hochliteratur entspringt: Schon Shakespeares *Romeo and Juliet* (1597) synthetisiert im Genre der elisabethanischen Schicksalstragödie die fast noch zeitgleiche italienische Renaissance in Matteo Bandellos *Romeo e Giulietta* (1554) und Luigi da Portos *Giulietta e Romeo* (um 1530) zu einer bühnentauglichen Kunstepoche. Nachhaltig dürfte Schnitzler auch durch die Rezeption der französischen Spielart des Renaissancismus⁹⁵ in den Erzählungen Stendhals, Mussets, Balzacs oder Flauberts für die semantische Kodierung und die psychologischen Implikationen der Epochenevokation sensibilisiert worden sein: Etwa wenn sich der junge Protagonist Fréderic in der *Education sentimentale* (1869) im Zuge seiner Mannwerdung durch die Abfassung einer *Histoire de la Renaissance* zu profilieren sucht, während sein

---

92 Vgl. LL, S. 132 (I9); TB 14.9.1921, 27.9.1921, 17.3.1922. Die erste deutsche Ausgabe, in der Schnitzler das Tagebuch vermutlich gelesen hatte, war 1913 in der populären Diederichs-Reihe *Das Zeitalter der Renaissance* erschienen.
93 Herman Grimm hatte Giorgio Vasaris Raffael-Porträt (*Vita di Raffaelo*) 1872 in eigener Übersetzung und Kommentierung herausgegeben, auf deren Basis er wenige Jahre später seine eigene Biographie *Das Leben Raphael's* (1886) verfasste. Doch auch davon abgesehen ist eine völlige Unkenntnis Vasaris in Schnitzlers Fall unwahrscheinlich, da Literatur zur Künstlerthematik zum festen Repertoire seines Lesekanons zählte.
94 Zu den zentralen Quellen des Geschichtsschreibers der Stadt Rom in seinem Hauptwerk oder der *Lucrezia Borgia* zählten neben den Protokollen des kurialen Notars Camillo Beneimbene auch Infessuras *Diario* und das historiographische Werk des humanistischen Gelehrten Paolo Giovio (*Historiarum sui temporis, Vitae virorum illustrium*). Vgl. auch Ilgner, Gregorovius. 2015, S. 87f.
95 Vgl. dazu insbes. Mignon Wiele, Die Erfindung einer Epoche. Zur Darstellung der italienischen Renaissance in der Literatur der französischen Romantik. Tübingen 2003.

gesellschaftlich arrivierter Antipode Monsieur Arnoux ökonomisch recht erfolgreich renaissancistischen Nippes als *l'art industriel* verkauft.[96]

Schließlich betrifft die Sekundärrezeption auch Vertonungen und die performativen Künste: Nicht wenige der populären Stücke und Sujets, wie etwa Paul Egers komödiantisches Historiendrama *Mandragola* (1906)[97] nach Machiavellis gleichnamigem Lustspiel oder Franz von Suppés *Boccaccio*-Operette (UA 1879),[98] die den biofiktionalen Plot um den Florentiner Dichter mit zahlreichen Versatzstücken aus dem *Decamerone* erzählt, sah Schnitzler in musikalischer Bearbeitung. Und selbst Renaissancefilme wie Otto Ripperts historisches Kostümdrama *Pest in Florenz* (1919) oder Mihály Kertész' (d. i. Michael Curtiz) *Boccaccios Liebesabenteuer* (1920) fanden seinen Gefallen.[99]

Die mediale und stoffliche Breite von Schnitzlers Rezeption erklärt auch, weshalb ausgerechnet die zentralen Vermittlerfiguren der Epoche wie der rechtskonservative französische Kulturschriftsteller Joseph Arthur de Gobineau mit seinem wirkmächtigen historischen Szenenreigen *La Renaissance* (1877) oder Friedrich Nietzsche mit *Menschliches, Allzumenschliches* (1878), *Jenseits von Gut und Böse* (1886) und *Der Antichrist* (1894) in den Aufzeichnungen fehlen.[100] Denn obgleich Schnitzler den moralkritischen und sprachversierten Philosophen als genialischen Denker schätzte, blieb er von dessen Schriften, nach eigener Aussage, in seinem Kunstverständnis unberührt,[101] was zwar Gerd Uekermanns nationalem Differenzmodell und der These eines spezifisch österreichischen

---

96 Vgl. LL, S. 117 (F 50); TB 2.9.1916, 3.2.1917. Vgl. auch Lea Ritter-Santini, Maniera Grande. Über italienische Renaissance und deutsche Jahrhundertwende. In: Deutsche Literatur der Jahrhundertwende. Hg. von Viktor Žmegač. Königstein i. T. 1981, S. 242–274, hier S. 242–244.
97 TB 12.9.1918. Schnitzler sah Egers Schauspiel vermutlich als Opernaufführung in der musikalischen Bearbeitung von Ignaz Waghalter.
98 Schnitzler hatte Aufführungen des Suppéschen Bühnenwerks mehrfach selbst besucht: vgl. TB 8.1.1891, 1.8.1895.
99 Vgl. TB 16.2.1920, 22.3.1920. Zur Rezeption der italienischen Renaissance und insbesondere des Dichters Giovanni Boccaccio im deutschen Stummfilm vgl. auch meine knappe Übersicht: Ilgner, Boccaccio im deutschen und österreichischen Film. In: Boccaccio in Deutschland. Spuren seines Lebens und Werks 1313–2013. Hg. von Achim Aurnhammer, Nikolaus Henkel und Mario Zanucchi. Heidelberg 2013, S. 133–139.
100 Allerdings verzeichnet er die Lektüre zum Teil im Tagebuch (vgl. u. a. TB 28.7.1921). Zum Einfluss Friedrich Nietzsches auf Schnitzler vgl. ferner Herbert W. Reichert, Nietzsche and Schnitzler. In: Reichert / Herman Salinger (Hg.), Studies in Arthur Schnitzler. Chapel Hill 1963, S. 95–108, der konstatiert: „no specific references to Nietzsche, no clearly defined Nietzschean ideas were discernible." (S. 99).
101 Arthur Schnitzler an N. N., 21.6.1895. In: B I, S. 261–263, hier S. 262: „Doch ich finde nichts in ihm, das meine Anschauungen über Kunst irgendwie beeinflußt hat."

Renaissancismus entspricht,[102] im Falle Schnitzlers aber zu kurz greift. Eher sucht sich Schnitzler in seiner Renaissancerezeption keine gänzlich neuen, unbeschriebenen Lehrmeister, sondern greift neben der nachgezeichneten kulturgeschichtlichen Basislektüre auf bereits verdiente Vorbilder seiner bisherigen Geschmacksbildung zurück: Die Beschäftigung mit dem Florentiner Goldschmied Benvenuto Cellini,[103] das beflissene Studium Mantegnas in Padua, die Bewunderung Raffaels,[104] Michelangelos,[105] Leonardo da Vincis[106] und vor allem die emphatische Verehrung des Malerfürsten Tizian können kaum verhehlen, dass Schnitzler in seinem Kunstgeschmack maßgeblich unter dem Einfluss der Weimarer Kunstepoche stand und rezeptionsästhetisch eine ‚Imitatio Goethes'[107] vollzog.

---

102 Gerd Uekermann konstatiert eine ungleich geringere Rezeption Nietzsches in Österreich und unterscheidet demnach zwischen einem vitalistisch-hysterischen Renaissancismus für die deutsche und einem ästhetisch-impressionistischen Renaissancismus für die österreichische Dichtung. Vgl. Uekermann 1985, S. 279–283. Zur grundsätzlichen Gefahr einer interpretatorischen Reduktion solcher Klassifikationsversuche vgl. kritisch Aurnhammer, Renaissancismus im Frühwerk Hugo von Hofmannsthals. 1989, S. 233f.
103 Vgl. LL, S. 73 (D123). Schnitzler liest neben der von Goethe übersetzten Autobiographie Cellinis (TB 2.10.1898) auch A. W. Freds (d. i. Alfred Wechslers) verbreitete Monographie (1905) aus der Reihe *Die Kunst*.
104 Unter den Werken des Malergenies Raffael Santi kannte Schnitzler zumindest die Stanzen im Vatikan, die Fresken der Villa Farnesina, die *Fornarina* in der Villa Barberini, die Exponate der Uffizien und die Gemäldesammlung des Palazzo Pitti in Florenz.
105 Arthur Schnitzler an N. N., Brief vom 21.6.1895. In: B I, S. 261–263, S. 262. Schnitzler folgte in seiner Einschätzung Michelangelos dem Urteil seiner Zeit und stellte ihn als *uomo universale* in die Galerie seiner persönlichen Kunstheroen – neben Goethe, Beethoven, Ibsen, Maupassant und (trotz gelegentlicher Distanzierung) Nietzsche.
106 Entweder handelt es sich bei der Verehrung Leonardo da Vincis, welche die Herausgeber des Fischer-Bildbandes konstatieren, dem Wesen nach um eine Jugendschwärmerei oder um eine Pauschalpräferenz, die aus Schnitzlers Sicht keiner weiteren Kommentierung bedurfte, denn mit Ausnahme seiner Doktorreise nach Mailand (TB 26.8.1885) erwähnt Schnitzler den Universalkünstler kein weiteres Mal. Auch Hinweise auf zeitgenössische Da-Vinci-Pflichtlektüren wie Freuds psychoanalytische Deutung einer Kindheitserinnerung (1910), die Übersetzungen Marie Herzfelds oder Mereschkowskis Romanbiographie (1901) sucht man vergebens. Vgl. Heinrich Schnitzler / Christian Brandstätter / Reinhard Urbach (Hg.), Arthur Schnitzler. Sein Leben und seine Zeit. Frankfurt a. M. 1981, S. 105.
107 Die offensichtlichste Abweichung vom Maßstab der Klassik betrifft die Rezeption Botticellis, dem Goethe kunsthistorisch unzutreffend ein Stagnieren in der Naturnachahmung vorwarf (vgl. *Cellini*), während Schnitzler den ästhetischen Paradigmenwechsel seiner Zeitgenossen nachvollzog. Goethes Renaissancebild hat eingehend Angelika Jacobs untersucht: Goethe und die Renaissance. Studien zum Konnex von historischem Bewußtsein und ästhetischer Identitätskonstruktion. München 1997.

Schnitzlers ‚renaissancistischer Habitus'

Zu behaupten, dass sich Schnitzlers Renaissancerezeption allein in der Lektüre oder dem Theaterbesuch erschöpft hätte, ergäbe ein unvollständiges Bild. Vielmehr geht das skizzierte Leseverhalten mit spezifischen weltanschaulichen Positionierungen, gesellschaftlichen Verhaltensweisen und Ritualen einher: Wie viele seiner Schriftstellerkollegen betrieb auch Schnitzler konzise Vorbereitungen für die Einstimmung und schöpferische Re-Evokation der favorisierten Epoche: Fester Bestandteil eines solchen ‚renaissancistischen Habitus', an dem er zumindest in den Jahren seines frühen Dichtertums Anteil hatte, waren gezielt unternommene autodidaktische Praktiken der Anschauung: Zu diesen „Bildungsübungen"[108] zählten neben dem lektürebasierten Selbststudium auch Sprachunterricht und die Besichtigung der betreffenden Kunstzeugnisse in den Sammlungen und Museen Wiens.[109] Vor allem aber suchte man die *affectio originalis*, das emphatische Erlebnis im Angesicht des authentischen Kunstwerks und die inspirative Aura des *spiritus loci* am ursprünglichen Schauplatz. Zu diesem Zwecke reiste Schnitzler allein in den Jahren von 1885 bis 1901 sieben Mal nach Italien, begonnen mit der Doktorreise nach Mailand über diverse Kurbesuche im mondänen Seebad Abbazia an der österreichischen Riviera bis zur ausgedehnten *Grand Tour* entlang der ehemaligen Kavaliersroute nach Rom im Frühjahr 1901.[110] Im Gepäck befinden sich die obligatorischen Begleiter: Neben dem „Baedeker" und dem neuesten „Meyer" bzw. „Gsell-Fells"[111] auch Taines *Voyage en Italie* (1866),[112] dessen „eher impressionistische[] Art"[113] gelegentlich tonisch zu Burckhardts exegetischem *Cicerone* wirkte, Heines *Reisebilder* und

---

108 Uekermann 1985, S. 139.
109 Die meisten (Renaissance)kunstwerke, vornehmlich Gemälde, auf die Schnitzler in seinen Werken intermedial referiert, zählen zum Bestand des Kunsthistorischen Museums (wie Tizians *Tarquinio e Lucrezia* (1515) in *Die Frau mit dem Dolche* (1901) oder Correggios *Io e Zeus* (1531/32) in der *Komödie der Verführung*, 1924). Gelegentlich bildet das Museum sogar den Schauplatz oder den Erzählrahmen für die fiktive Handlung (*Therese, Die Frau mit dem Dolche*).
110 Vgl. die chronikalische Übersicht bei Urbach 1974, S. 60–77: 1885 (Mailand), 1892 (Venedig), 1893 (Abbazia), 1898 (Oberitalien), 1900 (Triest, Ragusa, Abbazia), 1901 (Genua, Pisa, Rom, Florenz, Bologna).
111 Gemeint ist das mehrbändige Reisehandbuch des Schweizer Kunsthistorikers und Reiseschriftstellers Theodor Gsell Fels (1818–1898), das in insgesamt sechs Bänden und in hoher Auflage ab den frühen 1870er Jahren in der Sammlung *Meyer's Reisebücher* erschien.
112 Zu Schnitzlers Reiselektüre im Frühjahr 1901 vgl. Arthur Schnitzler an Olga Gussmann, Brief vom 9.4.1901. In: B I, S. 422–424, S. 424.: „Las Goethe (Italien), Taine (Italie) [...]".
113 Arthur Schnitzler an Olga Gussmann, Brief vom 12.4.1901. In: B I, S. 428–430, S. 428f.

natürlich Goethes *Italienische Reise*,[114] deren Renaissanceitinerar der Italientourist Schnitzler, wenn auch mit wechselhafter Emphase, pflichtbewusst absolviert: Venedigs Dogenpalast und Markusplatz[115] stehen dabei ebenso auf dem Programm wie die bereits von Goethe bewunderten Fresken Mantegnas in der Chiesa degli Eremitani oder die Cappella degli Scrovegni mit dem Bildprogramm Giottos und Pisanos in Padua.[116] Während einer lombardischen Villeggiatur im Hochsommer 1898 bereist Schnitzler die Certosa di Pavia, den Mailänder Dom sowie das Castello Estense, das Schloss der d'Este in Ferrara.[117] In Rom besichtigt er drei Jahre später St. Peter, die Vatikanischen Museen mit der Sixtina, die Galleria Borghese, den Palazzo Barberini und die Villa Farnesina mit ihren raphaelitischen Fresken, in Florenz die Kathedrale Santa Maria del Fiore, das Kloster San Marco (Savonarola), die Sammlungen der Uffizien (Botticelli) und der Galleria Pitti (Raffael), die von Michelangelo geschaffene Grablege der Medici in der Kirche San Lorenzo und Benvenuto Cellinis bronzenen *Perseus* (1545–1554) in der Loggia dei Lanzi;[118] die weltbedeutende Gemäldesammlung des Museo Nazionale in Neapel sowie der Palazzo Reale in Palermo komplettieren Schnitzlers touristisches Renaissanceerlebnis.[119]

Dennoch bleibt die erhoffte Kunstemphase insbesondere in der Künstlerbegegnung oftmals aus: Zwar wird eine gemeinsam mit Felix Salten unternommene Fahrradtour im Sommer 1893 durch die südlichen Dolomiten unterbrochen, um Tizians Geburtshaus in Pieve di Cadore zu besichtigen,[120] allein ein Zeugnis emotionaler Ergriffenheit findet sich in den persönlichen Aufzeichnungen nicht. Noch im Frühjahr 1901 wandelt Schnitzler ohne innere Anteilnahme auf den Spuren des

---

114 Vgl. Schnitzlers weitere Lektüre auf derselben Reise: „Heut früh fuhr ich nach Florenz, auf der Fahrt las ich Heine (Reisebilder) u Goethe (Italien) [...] und [der Perseus von Cellini] kriegt [...] im Gsell Fels nur *einen* Stern [...]". Zit. n. Arthur Schnitzler an Olga Gussmann, Brief vom 11.4.1901. In: B I, S. 425–430, S. 427. Auf Schnitzlers ‚Pflichtlektüren' hat bereits Fliedl, Arthur Schnitzler und Italien. 2008, S. 134, verwiesen.
115 Vgl. TB 28.5.–2.6.1903.
116 Vgl. TB 2.6.1903, 20.5.1912.
117 Vgl. TB 29.8.1898, 30.8.1898, 31.8.1898.
118 Vgl. die entsprechenden Einträge im Tagebuch sowie die Briefe an Olga Gussmann vom 25. März bis zum 19. April 1901.
119 Vgl. TB 9., 15., 25.4, 27.5.1904. Auch wenn Schnitzler sich vorwiegend für die archäologische Sammlung des Nationalmuseums begeisterte, ist es unwahrscheinlich, dass er während seiner drei Besuche die damals noch integrierte Pinakothek (mit Gemälden Tizians, Raffaels und Botticellis) nicht besichtigt hat.
120 Vgl. Arthur Schnitzler an Hugo von Hofmannsthal, Brief vom 24.8.1893. In: Schnitzler – Hofmannsthal, Briefwechsel. 1964, S. 44f.: „Mein lieber Hugo, Sie haben allerdings Tizians Tod geschrieben, wir aber haben soeben das Zimmer betreten, in welchem Tizian geboren ward."

tragischen Dichterfürsten Torquato Tasso durch das Kloster Onofrio in Rom;[121] und auch in der Gefängniszelle Benvenuto Cellinis, des begnadeten Bildhauers und *Enfants terrible* der römischen Kunstszene, der wegen unterstellter Unterschlagung päpstlichen Eigentums kurzzeitig in der Engelsburg inhaftiert worden war,[122] gelangt Schnitzler über die bloßen „historischen Erinnerungen" nicht hinaus, sodass er seine mangelnde sympathetische Einfühlung durch besonders exzessives Kunststudium zu kompensieren sucht, von dem seine ‚italienischen Briefe' an die damalige Geliebte Olga Gussmann ein beredtes Zeugnis ablegen. Drei Jahre später folgte die Hochzeitsreise des Paares über Rom und Neapel nach Sizilien. Und auch seinen fünfzigsten Geburtstag verbrachte Schnitzler im Mai 1912 bezeichnenderweise in Venedig.

Der Kunstbetrachter Schnitzler

Im Gegensatz zu manch einem seiner Wiener Weggefährten wie beispielsweise Hofmannsthal, der von familiärer Seite her bereits über eine beachtenswerte Gemäldesammlung verfügte, muss sich Schnitzler seine bildkünstlerische Sozialisation von Grund auf selbst erarbeiten. Im eigenen Elternhaus war er jedenfalls nicht zur Kunstrezeption angeregt worden, wie er in der *Jugend in Wien* erinnernd festhält:

> Zur bildenden Kunst aber hatte mein Vater, und damit lange Zeit unser ganzes Haus, überhaupt kein Verhältnis. [...] Da nun auf diesem Gebiete mir sowie meinen Geschwistern jede Spur von Talent mangelte, genügte die ablehnende Haltung meines Vaters, um lange Zeit hindurch die Idee, daß hier ein weites Reich künstlerischen Genusses bereitliegen könnte, in uns gar nicht aufkommen zu lassen; erst in späteren Jünglingsjahren hat sich in mir allmälig das Interesse und später wohl auch ein gewisses Verständnis zuerst für Werke der Plastik und dann, stetig wachsend, für solche zeichnerischen und malerischen Charakters herangebildet, bis ich endlich – im Angesichte Rembrandts vor allem – jenes andächtige Gefühl genoß, das mir gegenüber Goethe und Beethoven schon viel früher zuteil geworden war.[123]

Der prononciert heiter-zwanglose Duktus, in dem das Erzähler-Ich hier mit seinem juvenilen Banausentum kokettiert, kann den Stolz, den der gereifte, gelehrte und

---

121 Vgl. Arthur Schnitzler an Olga Gussmann, Brief vom 4.4.1901. In: B I, S. 418–420, S. 420: „Im Kloster Onofrio, wo Tasso starb. – Was ist uns Tasso? Wir denken doch nur an Goethe. Ich blieb sehr kühl in den Zimmern, wo er lebte u. starb."
122 Vgl. Arthur Schnitzler an Olga Gussmann, Brief vom 5.4.1901. In: B I, S. 420–422, S. 421.
123 JiW, S. 32.

inzwischen selbst kunstbesitzende[124] Dichter angesichts seines autodidaktisch erworbenen Wissens empfindet, nur unzureichend verschleiern. Denn obgleich Schnitzler eine angeborene Suggestibilität für Kunsteinflüsse besaß, musste er sich seine Kenntnisse und seine Wertungskriterien für diese ‚verzögerte Leidenschaft' sukzessive aneignen und mitunter auch Rückschläge verbuchen. Noch 1901, im Alter von 38 Jahren, gesteht er seiner damaligen Briefpartnerin Olga beträchtliche ästhetische und stilgeschichtliche Wissensdefizite auf dem Gebiet der Renaissancemalerei:

> Was ich mir armselig vorkomme mit meinem Verhältnis zur bildenden Kunst – ich kann zur Noth sagen: Das ist schön. Das ist manirirt. Das ist kalt. Das ist mittelmäßig, das ist scheußlich. Das ist Botticelli – das Raphael, das Tizian (da kommen übrigens schon beträchtliche Irrtümer vor (ich hielt heut einen Raphael für einen Tizian)) – aber die Zusammenhänge – dieses Auffassen der leisesten Nuancen – ist über alle Maßen großartig.[125]

Und nach einem Besuch der Gallerie Pitti in Florenz konzediert er zwei Tage später: „Rafael ist doch auch nur ein Wort, eh man in Italien war. Auch Botticelli habe ich jetzt erst ein bischen kennen gelernt. – dagegen kann ich die Vorgänger Raphaels gar nicht recht auseinanderhalten (von Andrea del Sarto abgesehen, der übrigens eher Mitlebender war)."[126]

Doch nicht allein seine als unzureichend empfundene kunsthistorische Bildung sowie fehlende Techniken der Bildbeschreibung verantworten Schnitzlers Verdrießlichkeit. Gelegentlich sind sein künstlerisches Unverständnis und damit der Mangel an Emphase auch motivisch-stofflich bedingt und haben, wie er selbst mit Bedauern einräumt, ihre Ursache in einer vermeintlichen Monotonie des Sujets, einem „Stoffzwang der Maler",[127] den er als dogmatisches Diktat und unzulässigen Eingriff in die künstlerische Freiheit empfindet. Dass Schnitzler daher Darstellungen mit religiöser Normmotivik eher wenig abgewinnen konnte, offenbart die nüchterne Bilanz des ennuyierten Kirchenbesuchers: „Die Altarbilder in den Kirchen, meist ungünstig beleuchtet, ermüden mich eher. Auch hat für mich die ewige Wiederholung der gleichen Stoffe etwas ermüdendes."[128] Eine

---

124 Zu Schnitzlers bescheidener Sammelleidenschaft, die ihn aber immerhin in den Besitz von zwei Zeichnungen Gustav Klimts brachte, vgl. Schnitzler / Brandstätter / Urbach 1981, S. 105.
125 Arthur Schnitzler an Olga Gussmann, Brief vom 12.4.1901. In: B I, S. 428–430, hier S. 428.
126 Arthur Schnitzler an Olga Gussmann, Brief vom 14.4.1901. In: B I, S. 430.
127 Arthur Schnitzler an Olga Gussmann, Brief vom 1.4.1901. In: B I, S. 414–416, S. 415. Vgl. weiter: „Das architektonische wirkt auf mich überhaupt immer absolut, während die Wirkung der Bilder oft genug vom stofflichen abhängt und meine Anerkennung ja Bewunderung des Schönen ohne Gefühlsbetonung, also ohne Freude, Schauer, u.s.w. bleibt."
128 Arthur Schnitzler an Olga Gussmann, Brief vom 14.4.1901. In: B I, S. 430–432, S. 430f. Vgl. auch Schnitzlers ernüchterte Kirchenbesuche in Rom, bei denen er sich nur für die urchristli-

vergleichbare Deutungsohnmacht überfällt Schnitzler beim Anblick eines Michelangelo[129] in den Uffizien, vermutlich dem Rundporträt der Heiligen Familie auf dem *Tondo Doni* (1506/1508), „mit dem [er] nichts anzufangen wußte".[130] Und sogar beim Anblick der – allerdings erneut schlecht ausgeleuchteten und nicht restaurierten – Stanzen Raffaels und der Sixtinischen Kapelle ist es ihm nicht vergönnt, „reicher aus diesen Sälen hinaus[zugehen] als [er] hereingetreten war".[131] Schnitzler reagiert zunächst mit einem mehr desillusioniert-sensualistischen denn kunsttheoretischen Skeptizismus, indem er der Malerei als illusionistischer Nachahmung von Wirklichkeit wirkungsästhetische Zeitgebundenheit unterstellt: „Die Malerei kann unter allen Künsten, nur für eine ganz enge begrenzte Zeit, was sie geschaffen aufbewahren."[132] Immerhin erfolgt die selbstkritische Revision recht bald, und so sucht er, wieder zu Kräften gelangt und ganz Autodidakt, das Ausbleiben ästhetischen Empfindens durch ein selbstverordnetes Lektürepensum zu kompensieren: „[I]ch muß [...] Bibel lesen".[133]

Der fortschreitenden Geschmacks(aus)bildung verdanken sich schließlich auch ästhetische Neuentdeckungen und Korrekturen wie im Fall des lombardischen Malers Bernardino Luini (um 1480–1532) aus dem Umkreis der Mailänder Schule, dessen von Leonardo da Vinci beeinflusste, gleichermaßen sensible und ausdrucksstarke Porträtkunst sich Schnitzler erst bei zweiter Begegnung erschloss, wie er in einem Brief an Hofmannsthal vom 26. Juni 1903 einräumt: „Luini, an dem ich (rein körperlich gemeint) vor Jahren vorbeigegangen war, ging mir wundervoll auf."[134]

Die zitierten Passagen exponieren die Differenzerfahrung zwischen dem erworbenen Lektürewissen und der Kunstbetrachtung *in praxi*, die der Verfasser schonungslos thematisiert: Schnitzler weiß, dass er in seiner Rezeptionserwartung permanent enttäuscht werden *muss*, da seine Sehnsucht eines absoluten Kunstgenusses als Symbiose „außerordentlicher Ergriffenheit" *und* „tiefen Ver-

---

chen Zeugnisse erwärmen kann, sodass selbst die Laterankirche ohne tiefere Wirkung auf ihn blieb. (Briefe vom 9.4.1901. In: B I, S. 422–425).
129 Zwar nennt Schnitzler das betreffende Bildwerk nicht namentlich, doch der Umstand, dass der *Tondo Doni* bereits zur Zeit seines Florenzbesuchs zu den Meisterwerken der Gemäldegallerie zählte und in zahlreichen Reiseführern verzeichnet war, plausibilisieren die Zuschreibung: Michelangelo, *Tondo Doni*, (1506–1508, Tempera auf Holz, ø 120 cm, Galleria degli Uffizi, Florenz).
130 Arthur Schnitzler an Olga Gussmann, Brief vom 12.4.1901. In: B I, S. 428–430, S. 429: „Dagegen hab ich in den Uff. [Uffizien] ein Bild von M. [Michelangelo] gesehn, mit dem ich nichts anzufangen wußte."
131 Arthur Schnitzler an Olga Gussmann, Brief vom 1.4.1901. In: B I, S. 414–416, S. 415.
132 Arthur Schnitzler an Olga Gussmann, Brief vom 1.4.1901. In: B I, S. 414–416, S. 415.
133 Arthur Schnitzler an Olga Gussmann, Brief vom 14.4.1901. In: B I, S. 430–432, S. 431.
134 Arthur Schnitzler an Hugo von Hofmannsthal, Brief vom 26.6.1903. In: Schnitzler – Hofmannsthal, Briefwechsel. 1964, S. 170–172, S. 171. Vgl. auch TB 4.6.1903.

stehens" von Grund auf zum Scheitern verurteilt ist: „Wahrscheinlich verlang ich zuviel zugleich".[135] Damit steht nicht der Akt oder der avisierte Gegenstand im Fokus der Anschauung, sondern der Betrachter selbst – eine Perspektivverschiebung, die Schnitzler auch für fiktionale Kontexte übernimmt: Seine Protagonisten sind stets identifikatorische Kunstschauende. Die Referenz lebt vom Moment der Konfrontation und der projektiven Überformung durch die figurale Wahrnehmungsinstanz. Dementsprechend verzichtet Schnitzler in seiner literarischen Kunstrezeption sowohl auf eine elaborierte Ekphrasis, die versuchen würde, die jeweiligen Artefakte literarisch zu transponieren, wie auch auf metadiegetische Kunstreflexionen, die Gefahr liefen, den Skopus des Textes von der kunsterlebenden Figur und der erzählpragmatisch intendierten Innenschau abzulenken.

Schnitzlers renaissancistisches Sprechen

Wie allgegenwärtig die Renaissancekultur in Schnitzlers Denken und Vorstellungswelt war, indiziert sein Rückgriff auf die Epoche auch jenseits der konkreten schöpferischen Kunstproduktion in alltäglichen kommunikativen Kontexten. Schnitzler neigte dazu, erlebte Szenerien und insbesondere Personen aufgrund eines erkannten Analogieverhältnisses oder einer besonderen Expressivität des Ausdrucks mittels renaissancistischer Vergleiche und Bildreferenzen wiederzugeben. Ein markantes Beispiel dieser ‚Kunst' stellt die Schilderung der 17-jährigen Pauline Anna Lissy (1879–1939), der damaligen Geliebten und späteren Frau Richard Beer-Hofmanns dar, die Schnitzler in einem Brief an die Thalhofwirtin Olga Waissnix (1862–1897) anstellt:[136] „Er [Beer-Hofmann] hat sie [Paula] aus einem Wiener Mädl ins praeraphaelitische stilisiert, und es ist ganz hübsch, wenn ein aus dem Rahmen getretenes Bild von Botticelli im Original auf der Veranda sitzt und plötzlich auf gut wienerisch zu lachen, zu schauen und zu reden anfängt."[137] Der durch die kontrastive Brechung humoristisch gefärbte Vergleich, der als vivifiziertes Trompe l'œil zugleich eine poetische Gegenfigur zum Motiv der Bildwerdung in *Die Frau mit dem Dolche* darstellt, enthält zumindest zwei optionale Bezugsgrößen: Neben den Brustbildnissen des onomastisch evozierten Florentiner Malers Sandro Botticelli (1445–1510) – zu denken wäre an das

---
[135] Arthur Schnitzler an Olga Gussmann, Brief vom 4.4.1901. In: B I, S. 418–420, S. 419.
[136] Richard Beer-Hofmann und Paula Lissy heirateten am 14. Mai 1898, einem Tag vor Schnitzlers 36. Geburtstag, nach jüdischem Ritus in Wien. Neben Leo Van-Jung war auch Schnitzler Trauzeuge des Paares (vgl. TB 14.5.1898).
[137] Arthur Schnitzler an Olga Waissnix, Brief vom 14.8.1896. In: B I, S. 295–297, S. 295.

ikonische Frauenporträt *Ritratto di Smeralda Brandini* (um 1475)[138] – ist gleichsam dessen kultische Verehrung und Imitation durch die Präraffaeliten gegenwärtig. Auf das bei den Jung-Wienern enthusiastisch aufgenommene Gemälde *King Cophetua and the Begger Maid* (1884)[139] des englischen Malers Edward Burne-Jones (1833–1898) wurde, aufgrund der konstellativen Entsprechung des Motivs zur amourösen Verbindung Beer-Hofmanns als Sprössling einer Fabrikantendynastie mit der aus kleinbürgerlichen Verhältnissen stammenden Waise Paula, als mögliche Bedeutungsfolie bereits verwiesen.[140] Welcher innigen Vertrautheit der Avantgarde mit dem europäischen Symbolismus sich Schnitzlers souveräne Kunstreferenz verdankt, expliziert eine zeitgenössische Selbstaussage Hofmannsthals: „Alle haben wir Bilderbücher von Burne-Jones, Klinger oder Böcklin geschenkt bekommen, und diese schönen Sachen sind uns nichts Totes, sondern sehr eins mit dem Leben, was die Hauptsache ist."[141] Die naheliegende Vermutung, Schnitzler, der selbst über ein biographisches Initiationserlebnis „mit dem berühmtesten Wiener Maler jener Epoche" Hans Makart (1840–1884) verfügte,[142] habe angesichts dieser eingeschworenen Rezeptionsgemeinschaft sein Perzeptionsschema lediglich adressatenabhängig angewandt (Beer-Hofmann galt den Jung-Wienern als zentrale Mittlerfigur und ‚Geschmackspionier' der Italienerfahrung sowie ihrer Literarisierung),[143] widerlegt allerdings das fast schon zur Manier ritualisierte Charakterisierungsverfahren im Tagebuch,[144] in dem Schnitzler mit schier unstillbarer Vergleichslust Lehrer, Weggefährten und sogar Familienmitglieder mit mit Physiognomien berühmter Persönlichkeiten analogisiert.

---

138 Sandro Botticelli, *Ritratto di Smeralda Brandini*, (ca. 1475, 67,5 x 41 cm, Victoria and Albert Museum, London).
139 Edward Burne-Jones, *King Cophetua and the Begger Maid*, (1884, 293,4 x 135,9 cm, Tate Britain, London).
140 Diese Vermutung stellte bereits der Rezensent Hermann Schreiber an: http://www.lyrikwelt.de/rezensionen/paula-r.htm [30.9.2015].
141 Hugo von Hofmannsthal an Elsa Bruckmann-Cantacuzène, Brief vom 26.12.1894. In: Hofmannsthal, Briefe. 2 Bände. Bd. 1: 1890–1901. Berlin 1935, S. 124.
142 JiW, S. 58.
143 Vgl. Fliedl, Arthur Schnitzler und Italien. 2008, S. 132f.
144 Zur Veranschaulichung dieser vergleichenden Figurenzeichnung seien drei ausgewählte Stellen aus der Autobiographie zitiert: „Sie [Schnitzlers Cousine Mathilde] heiratete bald ihren Onkel Sandor Rosenberg, einen mageren und fidelen Herrn, der Heinrich Heine nicht unähnlich sah" (JiW, S. 58); „Er [Schnitzlers Lateinlehrer Johannes Auer] war ein hagerer, hochgewachsener Greis, dessen äußere Erscheinung mir mit der des alten Grillparzer zusammenfließt" (S. 78); „Unter jenen Gehilfen der weitaus Interessanteste war uns allen Langers Assistent, Emil Zuckerkandl, ein bleicher junger Mann mit dunklem Spitzbart und schwarzen Augen, der in seinem Talar völlig einem jener Anatomen glich, wie sie uns von berühmten Bildern Rembrandts her vertraut sind" (S. 125).

Dass derartige Kunstvergleiche und ekphrastische Charakterbilder nicht allein auf diejenige Bildungs- und Lebensphase begrenzt waren, in der Schnitzler sich besonders intensiv mit der Epoche auseinandersetze, belegt die Beschreibung des jungen Arnoldo Cappellini (1889–1954), die Schnitzler im Frühjahr 1927 anlässlich der ersten Begegnung mit seinem späteren Schwiegersohn anfertigte: „Er gefiel mir sehr gut", heißt es im Tagebuch, „sieht älter aus als er ist; ein durchgearbeitetes Colleonigesicht, mit etwas melancholischen Augen. Gespräch über den Fascismus (er hat den Marsch nach Rom mitgemacht). – Glaubensstark ohne Pathos; – anscheinend wahr."[145] Mag die markante Physiognomie von Cappellinis Antlitz auch einen Vergleich mit Andrea del Verrocchios kolossalem Reiterstandbild des *Condottiere Bartolomeo Colleoni* (posthum 1496)[146] auf dem Campo Santi Giovanni e Paolo in Venedig rechtfertigen, so erstaunt zwar Schnitzlers Wahl in ihrer Prototypik[147] angesichts der schon vorgezeichneten Intimität der Beziehungen, des künftigen Verwandtschaftsverhältnisses – trägt jedoch der konzisen Figurenzeichnung des versierten Charakterbildners Rechnung. In diesem Verfahren der Wirklichkeitserfassung erweist sich Schnitzler als Analogie-Virtuose, der die jeweilige alltägliche, empirisch wahrgenommene Szene mit einem passgenauen Bild zu parallelisieren bzw. zu kontrastieren und ästhetisch zu sublimieren weiß. Die dadurch erzeugte semantische Ambiguität verleiht der Ausgangsszene eine zusätzliche Konnotation: Eine neue Bedeutungsebene wird anziert und ergänzt die vormalige Realität. Dass sich dieses Perzeptionsschema allerdings weder auf die physiognomische Erscheinung von Personen beschränkt noch vor den engsten Vertrauten haltmacht, verdeutlicht eine Seelendeutung, die Schnitzler 1896 in Bezug auf seine spätere Frau Olga anstellt: „Statt ihre zwei Naturen zur Harmonie zu bringen," suche sie, moniert der belesene Mediziner, „(ins ungeheure übertragen) den Michel Angelo und den Borgia".[148] Die beiden, nur per Namensreferenz evozierten Renaissancegranden figurieren hier,

---

145 TB 5.3.1927.
146 Andrea del Verrocchio, *Condottiere Bartolomeo Colleoni* (posthum 1496, Campo Santi Giovanni e Paolo, Venedig). Dass Schnitzler stattdessen Cristofano d'Altissimos Porträt des *Bartolomeo Colleoni* (*Ritratto di Bartolomeo Colleoni*, vor 1568) im Sinne hatte, ist angesichts der geringen Bekanntheit des Malers und der wenig effektheischenden Darstellung *en profil* unwahrscheinlich, selbst wenn er das Gemälde in den Florentiner Uffizien gesehen haben könnte. Verrochios Kolossalplastik hingegen sucht Schnitzler bei seinen Venedigaufenthalten wiederholt auf: vgl. z. B. TB 24.4.1927: „Spaziergang. (Colleoni etc.) –".
147 Die Kolossalplastik des Söldners galt gemeinhin als Idealdarstellung eines Renaissancemenschen.
148 TB 24.6.1896.

bedingt durch ihre kunst- und kulturhistoriographische Fixierung,[149] als universelle Statthalter für zwei dichotome Charakterdispositionen *par excellence*: das göttliche und das diabolische Prinzip – unvereinbar und in stetem Widerspruch zueinander agierend.

Schnitzlers *prima vista* misanthrop anmutende Diagnostik mag immerhin entschuldigen, dass er mit seiner auf Analogiebildung basierenden Porträtkunst weder sich selbst noch das eigene Werk verschont: Wenn er also in einem Moment stilisierter Larmoyanz seinen eigenen Gefühlszustand mit der Bemerkung „es filippelt ein wenig in mir"[150] umschreibt, so entbehrt das nicht einer gewissen Selbstironie. Denn indem er in autointertextuellem Rekurs die Figur des Dichters Filippo Loschi alludiert, einen „kernlose[n] Augenblicksmensch[en]"[151] und Wiedergänger Anatols aus seinem Renaissancedrama *Der Schleier der Beatrice*, bezichtigt Schnitzler sich auch selbst einer unentschlossenen wie handlungsschwachen und dabei gleichermaßen selbstgefälligen wie exaltierten Existenz.[152]

Die produktive Rezeption: Der renaissancistische Dichter Schnitzler

Schnitzlers mangelnder Enthusiasmus für die zu seiner Zeit modische Historiendichtung, und vornehmlich den historischen Roman, kann nur unzureichend verschleiern, dass er dem Genre mit zunehmendem Alter und sich verfeinernder Geschmacksbildung wenn nicht kritisch, so doch reserviert gegenüberstand.[153] Gleichwohl wusste er um den Reiz geschichtlicher Stoffe auch jenseits der Renaissance, die ihn immer wieder selbst zu eigenen Stilübungen verleitet

---

149 Während sich die antonomastische Idealisierung Michelangelos zum *göttlichen* Maler *(il divino)* bereits bei Ariost und Vasari findet, ist die Umdeutung des machiavellischen Machtmenschen unter dem Einfluss Nietzsches ein Konstrukt des 19. Jahrhunderts.
150 Arthur Schnitzler an Olga Gussmann, Brief vom 12.4.1901. In: B I, S. 428–430, S. 429.
151 Michaela L. Perlmann, Arthur Schnitzler. Stuttgart, Weimar 1987, S. 78.
152 Dass sich Schnitzlers autointertextuelle Referenztechnik an dieser Stelle der sprachlichen Präsenz des gerade vollendeten Stücks verdankt, illustriert noch ein weiteres *Beatrice*-Zitat, das der ahnungsvollen Kriegsrede des Herzogs im 2. Akt entstammt („wo wir an lichten Tagen nicht hinabschaun") und identifikatorisch die Gefahr der (Selbst)täuschung antizipiert. Vgl. Arthur Schnitzler an Olga Gussmann, Brief vom 12.4.1901. In: B I, S. 428–430, S. 429; Ders.: Der Schleier der Beatrice. 1962, S. 608.
153 So nimmt sich Schnitzlers Rezeption des historischen Romans vergleichsweise verhalten aus, auch wenn die Leseliste gegenüber dem Tagebuch diesbzgl. neue Aufschlüsse bietet, nach denen er auch Autoren wie Felix Dahn (LL, S. 69 (D84)) und Joseph Victor von Scheffel (LL, S. 99 (D384)), diesen sogar recht umfassend, rezipiert hat.

haben, sich allerdings nach einer kurzen, aber schöpferischen Jugendphase historistischen Epigonentums, in welcher der elfjährige Gymnasiast beispielsweise den Stoff um den spätantiken Kaiser Nero lyrisierte (*Brand in Rom*, 1873),[154] auf wenige Ausnahmen beschränken: das im Wien der napoleonischen Besatzungszeit angesiedelte Revolutionsdrama *Der junge Medardus* (UA 1910), die bereits mehrfach erwähnte Renaissancetragödie *Der Schleier der Beatrice*, das Versspiel *Paracelsus* (1898) um den gleichnamigen Arzt im Basel des 16. Jahrhunderts und das späte Dramenfragment *Landsknecht*[155] (1930) aus der Zeit des Dreißigjährigen Krieges. Auch wusste Schnitzler um die dichtungspragmatische Notwendigkeit, dem theatralen Zeitgeschmack und den Publikumsinteressen nicht gänzlich den Rücken zu kehren. So hegte er zeitweise sogar den Plan, „einen ‚Savonarola' [zu] schreiben",[156] der allerdings über die bloße inspiratorische Eingabe nicht hinausgelangte. Das gleiche Schicksal erlitt ein italienisches „Ausstattungsstück",[157] das Schnitzler unter dem gewaltigen Eindruck erwog, den die archäologische Freilegung Roms auf ihn ausübte: Ein von Vergangenheits(sehn)sucht befallener Gelehrter sollte sich, auf Ruinen träumend, in die großen historischen Tableaus der ewigen Stadt sinnieren. Weshalb Schnitzler für diese theatrale Zeitreise, ein unter dem Einfluss von H. G. Wells Science-Fiction Klassiker *The Time Machine* (1895)[158] sich gerade popularisierendes Genre, neben dem Barock und der antiken Kaiserzeit auch die Renaissance verbildlicht sehen wollte, exponiert ein Nachsatz: Mit ihren opulenten Kulissen und „verschiedenen Costumen" war die Epoche an dekorativer Attraktivität kaum zu überbieten.

---

154 Vgl. JiW, S. 45–46, S. 46: „‚‚Rom in Brand" war das erste Gedicht, betitelt, das ich der Aufnahme in diese Sammlung [gemeint ist die jugendliche Gedichtanthologie, in der Schnitzler seine „Erstlinge" versammelt hatte] für würdig hielt; verfaßt zu Vöslau, Ende Juni 1873".
155 Für dieses dramatische Vorhaben diente Schnitzler Gustav Freytags fünfbändige Kulturgeschichte *Bilder aus der deutschen Vergangenheit* (1859–1867) als faktographische Grundlage. Vgl. auch Giovanni Tateo, Schnitzler und der Spätrealismus. In: Schnitzler-Handbuch. 2014, S. 1–7, hier S. 1.
156 Arthur Schnitzler an Olga Gussmann, Brief vom 14.4.1901. In: B I, S. 430–432, S. 431.
157 Vgl. Arthur Schnitzler an Olga Gussmann, Brief vom 9.4.1901. In: B I, S. 422–424, S. 423f.: „Ich kann mir ganz gut einen Menschen denken, der einfach von dem Wahnsinn befallen wird, Rom herauszugraben, immer tiefer (Ausstattungsstück.) (1. Bild Gelehrter in Rom, spazieren, schläft auf Trümmern, im 2. Bild Rom des 17. Jahrh. 3. Renaissance, 4.) Kaiserzeit, 5.) ... u.s.w. – Sehr belehrend; was? (Aber es könnte auch was schönes sein, wenn er z. B. sich, überall fände, und seine Begleiter in verschiedenen Costumen)". Schnitzlers archäologische Traumvision ist bereits von Konstanze Fliedl (Arthur Schnitzler und Italien. 2008, S. 138) gedeutet worden.
158 Schnitzler verzeichnet die Lektüre in der Leseliste: Vgl. LL, S. 141 (GB51).

Auch das „obligate Römerdrama"¹⁵⁹ findet sich im Nachlass: ein Fragment gebliebenes Versstück in zwei Fassungen (1875, 1878)¹⁶⁰ über den sagenumwobenen letzten König von Rom Lucius Tarquinius Suberbus († 495 v. Chr.), das vermutlich durch ein Renaissancegemälde, nämlich Tizians Antiken-Doppelporträt *Tarquinio e Lucrezia* (1515),¹⁶¹ angeregt worden war – dasselbe Bild, das 25 Jahre später auch der *Frau mit dem Dolche* eingeschrieben wurde.¹⁶²

Dass autobiographische Renaissanceerlebnisse nicht nur den unmittelbaren Schreibanlass herbeiführen können – der Einfall für das Savonoladrama stand unter dem Eindruck der Besichtigung des Dominikanerklosters San Marco –,¹⁶³ sondern dass Schnitzler sie auch aus zeitlicher Distanz literarisch nutzbar machte, belegt ein Blick auf die mittlere Werkphase: Im Künstler- und Bildungsroman *Der Weg ins Freie* (1908) reist der Protagonist Georg von Wergenthin mit seiner schwangeren Geliebten Anna Rosner nach Italien, liest vorbereitend „den Burckhardtschen *Cicerone*",¹⁶⁴ besichtigt die Heiligenbilder Paduaner Kirchen, Ferrara, Bologna, den Dom von Florenz und fährt entlang des Monte Pincio durch Rom; an späterer Stelle memoriert Georg beim Anblick Elses ein libidinös konnotiertes Kunsterlebnis seiner Jünglingsjahre, das ihm in einer früheren Liebeskonstellation vor der „Tizianischen Venus",¹⁶⁵ jenem Inbegriff der erotischen Akt-

---

159 Renate Wagner, Wie ein weites Land. Arthur Schnitzler und seine Zeit. Wien 2006, S. 29.
160 Schnitzler, Tarquinius Superbus [1875/1878] (Arthur-Schnitzler-Archiv Freiburg, B XXXII, Mp. 75).
161 Tizian, *Tarquinio e Lucrezia*, 1515, 82 x 68 cm, Kunsthistorisches Museum, Wien). Das Gemälde wurde vormals Jacopo Palma il Vecchio, einem Zeitgenossen Tizians, zugeschrieben, weshalb Schnitzler wiederholt diesen als Urheber anführt. Vgl. auch Anm. 162.
162 Vgl. dazu Arthur Schnitzler an Siegfried Jacoby, Brief vom 1.6.1923. In: B II, S. 315: „Mein Schauspiel ‚Die Frau mit dem Dolche' ist in äußerlichem Sinne wenigstens tatsächlich durch ein Bild angeregt worden, das im Wiener kunsthistorischen Museum hängt und zwar durch einen Palma Vecchio, wenn ich nicht irre, der eine Lucretia mit dem Dolch in der Hand vorstellt, während man im Schatten den toten jungen Tarquinius daliegen sieht."
163 Am 13. April, einen Tag bevor Schnitzler sein Dramenvorhaben gegenüber Olga Gussmann erwähnt, notiert er im Tagebuch die Besichtigung des Klosters: „Florenz. Dom, San Marco [...]". Vgl. auch Anm. 55, 60. Dass sich die dichterische Muße auch jenseits von Renaissancekulissen einstellt, zeigt ein analoger Vorgang in Rom wenige Tage zuvor, als Schnitzler nach einer Führung durch die Calixt-Katakomben Pläne „für ein historisches Trauerspiel" um den spätrömischen Kaiser Julian Apostata erwog. Vgl. Arthur Schnitzler an Olga Gussmann, Brief vom 5.4.1901, S. 420–422, S. 421.
164 Schnitzler, Der Weg ins Freie. In: Schnitzler, Gesammelte Werke. Die erzählenden Schriften. 2 Bände. Bd. 1. Frankfurt a. M. 1961, S. 766.
165 Schnitzler, Der Weg ins Freie. 1961, S. 921. Gemeint ist Tizians *Venere di Urbino* (1528, 119 x 165 cm, Öl auf Leinwand, Galleria degli Uffizi, Florenz), die Schnitzler während seiner Besuche der Gemäldegalerie im Frühjahr 1901 (TB 12., 15., 17.4.1901) gesehen haben muss, auch wenn er das Bild selbst nicht erwähnt. Schnitzlers Kenntnis und seine Wertschätzung der „schönen

darstellung, widerfuhr. Schnitzlers Figuren exerzieren also in der Fiktion einen annähernd identischen Bildungshabitus und teilen dieselben Kunsterfahrungen, die ihr Urheber selbst wenige Jahre zuvor während seiner Italienreisen von 1901 und 1904 in Begleitung seiner Frau Olga machte.

Dass Schnitzler wenig daran lag, seine bildkünstlerischen Vorlagen und Inspirationsquellen literarisch zu tarnen, indiziert auch seine Missbilligung der verdeckten Allusionstechnik anderer Autoren, wie er sie am Beispiel von Gabriele d'Annunzios Roman *Il Piacere* (1889) gegenüber dem Freund Georg Brandes (1842–1927) tadelt:

> Die ‚Lust' von d'Annunzio, die Sie auf der Reise gelesen haben, war mir auch nicht sympathisch. Vor allem schien mir einiger Snobismus drin zu stecken; auch Bildungssnobismus. Dagegen wäre möglicherweise nichts einzuwenden, wenn nicht gewisse künstlerische Schwächen daraus hervorgingen. Ein Dichter hat gewiß das Recht zu sagen: Sie sah aus wie die Madonna von Rafael in Dresden oder er erinnerte sich an ein Porträt von Rembrandt, – aber er darf nicht verlangen, daß ich mir was vorstellen soll, wenn er schildert: Sie hat Hände wie die Dame auf dem Bild eines unbekannten Malers das in einer unbekannten Galerie in einer ganz kleinen italienischen Stadt hängt. Derartiges findet sich in der ‚Lust' nicht gerade selten.[166]

Die poetologische Konsequenz aus dieser Kritik an D'Annunzios literarischer Machination exerziert Schnitzler in seinen eigenen Werken, indem er intertextuelle sowie intermediale Verweise zumeist mittels Titel- oder Namensreferenz disambiguisiert und dadurch für den Rezipienten, wenn schon nicht eindeutig ‚lesbar', so doch präsumptiv ‚evozierbar' macht. Dass dabei mitunter auch eine gewisse Referentialitätsunschärfe in Kauf genommen wird, verdankt sich dem für die zeitgenössische Leserschaft verbindlichen Kanon, der es ermöglicht, die literarisierten Kunstzitate intersubjektiv verständlich zu vermitteln.[167] Im Fall der *Frau mit dem Dolche* ist die deiktische Referenz in Form der camouflierenden Allusion auf das Gemälde „in der Manier des Palma Vecchio"[168] beispielsweise poetisch obligat, da das (ausführlich nacherzählte) Bildmotiv den Ausgang der Novelle antizipiert und der Handlungs-

---

nackten Frau" als Meisterwerk des weiblichen Akts belegt jedoch eine Erwähnung gegenüber der Schauspielerin Tilla Durieux: Arthur Schnitzler an Tilla Durieux. In: B II, S. 235–237, S. 236. Zur erotischen Diskursivierung des Bildes von Heinse bis Platen vgl. Julia Reimann, Venedig ist ein poetisches Wunder. Eine Studie zur Rezeption der venezianischen Renaissancemaler Tizian, Tintoretto und Veronese in der deutschen Literatur. Marburg 2010, S. 140–150.
166 Arthur Schnitzler an Georg Brandes, Brief vom 27.3.1898. In: B II, S. 348–350, S. 349.
167 Vgl. Fliedl, Arthur Schnitzler. 2008, S. 703f., die für Schnitzlers Kunstzitate ein charakteristisches „Ungefähr" konstatiert (S. 704).
168 Schnitzler, Die Frau mit dem Dolche [1901]. In: Schnitzler, Die Dramatischen Werke. 2 Bände. Bd. 1. Frankfurt a. M. 1962, S. 702–718, hier S. 702.

verlauf aus dem kalkulierten Changieren seine Spannung bezieht. Auch das üppige Deckenrelief des venezianischen Bildhauers Giovanni Giuliani (1664–1744) in der *Abenteuernovelle* oder die Verrocchio-Büste im *Zwischenspiel* (1906) bedürfen keiner Konkretisation *en détail*, da ihre literarische Funktion als ikonographische Statthalter vornehmlich darin besteht, einen atmosphärischen Resonanzraum zu schaffen, für den die Einzelreferenz nicht von Belang ist. Wiewohl der replikenhafte Charakter der neo-renaissancistischen Wohnmode, jener „augenschwelgerische[n] Plüschepoche",[169] wie sie die schmucken Fresken und gipsernen Reproduktionen prototypisch beschwören, von Schnitzler reflektiert wurde, lässt sein harsches Urteil anlässlich einer Statuennachbildung in Rom erahnen: „lauter Gschnas in Marmor".[170]

Dass er allerdings auch explizite Kunstwerke als sprechendes, semantisch codiertes Intérieur instrumentalisierte, um ein handlungskommentierendes Setting zu generieren, welches das geschilderte Milieu und seine Bewohner *in nuce* seziert, illustriert in paradigmatischer Weise das 1884 entstandene Gedicht *Therese*.[171] In den achtstrophigen, paargereimten jambischen Fünfhebern, in welchem das lyrische Ich der gemeinsamen Liebesnacht mit der titulativ apostrophierten Geliebten nachsinnt, fungieren ein „Damastner Vorhang" und ein „Venus"-Gemälde im Schlafgemach, das sich vor dem Hintergrund des zeitgenössischen Botticelli-Kults als *La nascita di Venere* (1485) lesen lässt,[172] als dekorative Statthalter der (wie

---

169 Ludwig Hevesi über Hans Makart, zit. n. Brandstätter (Hg.), Stadtchronik Wien. 2000 Jahre in Daten, Dokumenten und Bildern. Wien u. a. 1986, S. 327.
170 Arthur Schnitzler an Olga Gussmann, Brief vom 9.4.1901. In: B I, S. 422–424, S. 424: „Habe mir viel von den Geschäften mit Statuennachbildungen angesehn – lauter Gschnas in Marmor. In Gyps – wie bei uns – beinahe *nichts* wird reproducirt, immer dasselbe, der sterbende Gallier und die capitolinische Venus etc." [Hvhb. i. Orig.]. Zur ikonographischen Dimension des literarischen Renaissancismus vgl. Dirk Niefanger, Produktiver Historismus. Raum und Landschaft in der Wiener Moderne. Tübingen 1993, S. 137–159, zu Schnitzler insbes. S. 143–145.
171 Schnitzler, Therese [1884]. In: Österreichische Dichtergabe. Ungedrucktes von Hugo von Hofmannsthal, Max Mell, Arthur Schnitzler, Karl Schönherr, Anton Wildgangs. Wien 1928 [ED], S. 39, wieder abgedruckt in: Schnitzler, Frühe Gedichte. Hg. und eingel. von Herbert Lederer. Berlin 1969, S. 37f. Die Zitate folgen dieser Ausgabe.
172 Zit. n. Schnitzler, Frühe Gedichte. 1969, S. 37f.: „Damastner Vorhang rollte schwer herab / Wir zwei, wie Kinder, tanzten auf und ab. / Wie schön das Bild in Deinem Zimmer war / Venus die Schaumgeborene stellt es dar." Sandro Botticelli, *La nascita di Venere*, (um 1485, Tempera auf Leinwand, 172,5 x 278,5 cm, Galleria degli Uffizi, Florenz). Zu Botticellis Wiederentdeckung durch die präraphaelitischen Kunstgelehrten Ende des 19. Jahrhunderts vgl. Gail S. Weinberg, Ruskin, Pater, and the Rediscovery of Botticelli. In: The Burlington Magazine 129 (1987), S. 162–170. Dass sich die Referenz auf ein anderes Lieblingsbild Schnitzlers, nämlich Tizians *Venere di Urbino* (1528), bezieht, halte ich aufgrund des antonomastischen Zusatzes „die Schaumgeborene" für weniger wahrscheinlich, zumal Schnitzler im Falle des della-Rovere-Gemäldes differenzierend stets von der ‚Tizianischen Venus' spricht (vgl. Anm. 165) .

später im *Reigen* [1900] nicht verbalisierten) nächtlichen Ereignisse. Die Florentiner Liebesgöttin, schon damals *die* erotische Bildikone schlechthin, alludiert hier allerdings nur sekundär eine ästhetizistische *Demimonde*, primär dient sie der figurativen Innenschau und reflektiert die erneut aufkeimenden Sehnsüchte des lyrischen Ichs. Dass allerdings nicht nur das Gemälde selbst, sondern zugleich auch die darüber transponierte Referenzepoche dichterisch überformt und funktionalisiert sind, verdeutlicht ein weiteres Kunstzitat im Gedicht: So wird der Venus Botticellis und damit der amourös-vitalistischen Sphäre der Geliebten mit „Rembrandts düstre[m] Bild" der *Anatomie des Dr. Tulp* (1632)[173] die szientistisch-rationale Berufswelt des angehenden Mediziners gegenübergestellt. Dass dieser kontrastive Vergleich sich jedoch nicht allein aus dem dargestellt Sujet speist, sondern seinen atmosphärischen Reiz gerade auch aus dem literarischen Topos einer Renaissance des Südens sowie einer Renaissance des Nordens bezieht, exponiert die sensualistische Konnotierung der Schlussstrophe, die der Kunstreferenz ihre jeweilige klimatische Eigenschaft beiordnet: „Die Pölster sind so kalt, mich fröstelts schier – Wie hold und warm, Therese, wars bei Dir!"[174]

Schnitzlers Renaissancerezeption – ein Fazit

Auch wenn Schnitzlers Renaissancerezeption nicht in einzelne, klar abgrenzbare Phasen zerfällt, lassen sich doch Schwerpunkte ausmachen: In einem ersten Zeitraum (von etwa 1885 bis 1901) ist sein literarisches wie auch sein empirisches Rezeptionsverhalten von modisch-soziokulturellem Interesse (Jung-Wiener Kreis) und produktionsästhetisch-funktioneller Wissensaneignung im Hinblick auf sein eigenes Dichtungsvorhaben geprägt, bevor er dann in einem zweiten Abschnitt (ab etwa 1920) seine Kenntnisse insbesondere durch die Lektüre von Fachliteratur im weitesten Sinne (Chłedowski, Friedell, Floerke) vertieft. Während die *Erstrezeption* also primär durch fiktionale bzw. mythographische Texte und Diskurse genährt ist, wird das erworbene Wissen in einer *zweiten Aneignungsphase* durch faktuale Zeugnisse verfestigt oder korrigiert, vor deren Folie dann wiederum spätere Fiktionalisierungen (wie z. B. der Roman Joseph Gregors) bestehen müssen. War die frühe Renaissancerezeption noch wesentlich pragmatisch motiviert und das Ergebnis einer anlassgebundenen Lektüre im Kontext der Arbeit am *Schleier der Beatrice*, emanzipiert sich Schnitzler sukzessive von einer rein funktionalen Zugangsweise

---

173 Zit. n. Schnitzler, Frühe Gedichte. 1969, S. 37f.: „Ob meinem Bette voll Melancholie / Hängt Rembrandts düstres Bild „Anatomie"." R. van Rijn, *De anatomische les van Dr. Nicolaes Tulp*, (1632, 169,5 x 216,5 cm, Öl auf Leinwand, Mauritshuis, Den Haag).
174 Zit. n. Schnitzler, Frühe Gedichte. 1969, S. 37f.

und widmet sich der *Maniera Grande* auch jenseits ihrer literarischen Verwertbarkeit. Bereits diese nur grob skizzierte Verlaufskurve verdeutlicht, dass Schnitzlers Renaissancerezeption dem gängigen Modell eines parabolischen Verlaufs des Renaissancismus[175] – von Epochenbeschwörung über identifikatorische Aneignung bis hin zur Parodie – widerspricht und stattdessen, wenn auch mit wechselnder Frequenz und Intensität, einen lebenslangen Prozess bildet.

Obgleich sich Schnitzlers Geschmacksurteil im Verlauf der Zeit verfestigt, lassen Qualität und Umfang der rezipierten Zeugnisse auf autorspezifische Vorlieben schließen. So wird Schnitzlers Traditionsverhalten bestimmt durch eine Poetik der Originalität und Expressivität. Gegenüber einer durch Fabelgestaltung oder Figurenzeichnung bedingten narrativen Attraktivität scheint eine sprachästhetische Artifizialität von untergeordnetem Interesse zu sein. Tendenziell wird Prosa lyrischen Zeugnissen vorgezogen, Erzählungen romanhaften Adaptationen. Doch auch wenn Schnitzlers Renaissancerezeption, gemessen an derjenigen seiner Zeitgenossen oder dem prinzipiell vorhandenen Repertoire, mit Ausnahme Goethes und Burckhardts nicht wesentlich durch eine ideologische Sekundärtradierung bestimmt ist, spiegelt sie doch das Wissen einer Bildungselite wider und ist von zeittypischer Repräsentativität bzw. Selektivität. Schnitzlers Renaissance figuriert wesentlich als Kunst- und Kulturepoche und entpuppt sich damit als „veritable Erfindung"[176] des 19. Jahrhunderts, die eine authentisch-ursprüngliche Vergangenheitserfahrung jenseits präfigurierter Wahrnehmungsparadigmen im Kern unterbindet, was der Dichter mit Bedauern reflektiert: „[E]s ist ja in uns eine solche Mischung von wirklichem historischem – und von historisch-literarisch-theatralischem Empfinden. In Kürze: ich finde überall zu viel 1901 und es mangelt mir (augenblicklich?) die nöthige Kraft, mich von dieser Gegenwart zu emancipiren."[177]

Schnitzlers Epochenbild ist weiterhin topographisch in Ober- und Mittelitalien beheimatet und speist sich aus der säkularen Kunst der Florentiner Hoch-[178]

---

175 Dieses Parabelmodell skizziert u. a. Brittnacher 2011, S. 10f.
176 Brittnacher 2011, S. 10.
177 Arthur Schnitzler an Olga Gussmann, Brief vom 12.4.1901. In: B I, S. 428–430, S. 429f. Vgl. auch Brief vom 31.3.1901. In: B I, S. 412–413, S. 413: „Was ist Florenz? [...] Wir erwarten [...] doch, daß wir das Florenz von 14 oder 1500 betreten und daß ein Medici uns auf der Piazza della Signoria begrüßen wird." Vgl. hierzu auch Schnitzlers Vergangenheitsbeschwörung anlässlich seines Besuchs der Städte Pisa, Parma und Ferrara: „Wie werden unsre Innenbilder zertrümmert in diesen einst herrlichen jetzt armseligen provinziell gewordenen Städten. Wo ist die Zeit, „da jener Herr von Pisa mit dem Scepter durch die Straßen ritt –"".
178 Schnitzler scheint weder mit der toskanischen Frührenaissance (Donatello, Ghiberti, della Robbia) noch mit der Umbrischen Schule (Perugino, Pinturicchio, di Pietro) hinlänglich vertraut gewesen zu sein. Auch bedeutende Vertreter der Florentiner Schule selbst, wie Luca Signorelli, Domenico Ghirlandaio, erzeugen keinen ästhetischen Widerhall.

sowie der römischen und venezianischen Spätrenaissance.[179] Akzente und Vorlieben sind das Ergebnis einer individuellen Interpretation des vorherrschenden Kanons und nicht eines gruppendynamischen Distinktionsverhaltens: Dass Schnitzler etwa Tizian gegenüber dem von Hofmannsthal und Schaukal hochverehrten Giorgione[180] den Vorzug gibt, erklärt sich aus der Präferenz von Porträts und menschlichen Darstellungen (gegenüber Allegorien), mythischer Motivik (gegenüber christlich-religiöser) und einer Verabsolutierung des wirkungsästhetischen Effekts, während sein Unvermögen, zwar Raffael, aber keinen einzigen Künstler der Umbrischen Schule wertzuschätzen, in einer mangelnden Sensorik für die malerische Differenzqualität gründet, die ihre Ursache in einem ausgeprägten Desinteresse an kunstwissenschaftlicher und -ästhetizistischer Literatur zu haben scheint: Das ganze Panorama der Fehlanzeigen – von Anton Springer (1825–1891), Adolf Philippi (1843–1918) und Ernst Steinmann (1866–1934) über die präraffaelitischen Gelehrtendichter Walter Pater (1839–1894), John Addington Symonds (1840–1893), John Ruskin (1819–1900), Henry Thode (1857–1920), Herbert P. Horne (1864–1916), Vernon Lee (1856–1935) bis zu Bernard Berenson (1865–1959) und Aby Warburg (1866–1929) – lässt sich nur so erklären, dass Schnitzler offenbar die Vermittlung von Kunst *durch* Kunst vorzog und einen ästhetischen Zugang über die Literatur wählte.[181]

Dasselbe Paradigma entfaltet sich nochmals im Zusammenhang mit Schnitzlers Antikenrezeption: Schnitzler fühlte sich – Goethe gleich – ‚auf klassischem Boden begeistert'.[182] Zu einer ausgewachsenen Epochenkonkurrenz mit der klassischen Antike kam es allerdings nicht, vielmehr determinierte Schnitzlers emphatische Begeisterung für das (vornehmlich römische) Altertum auch seine

---

179 So auch Janz / Laermann 1977, S. 84: „Beide [Schnitzler und Hofmannsthal] haben die Spätrenaissance und ihre Kunst thematisiert, Tizian und Giorgione, nicht Condottiere-Gestalten."
180 Zur kultischen Verehrung Giorgiones und seiner produktiven Rezeption bei Richard von Schaukal vgl. den Beitrag von Cornelius Mitterer im vorliegenden Band.
181 Dass Schnitzlers Kunstrezeption in auffälliger Weise an Vorbilder geknüpft war, wurde bereits an früherer Stelle erwogen (vgl. Anm. 107). Ein systematischer Abgleich seines Renaissancewissens mit den behandelten Denkmalen und Artefakten bei Burckhardt (*Cicerone*), Goethe (*Italienische Reise*) und Taine (*Voyage en Italie*) sowie dem Reisehandbuch von Gsell-Fels dürfte zu erhellenden Ergebnissen führen.
182 Schnitzlers Klassikbegeisterung mag der folgende Auszug aus seinen italienischen Briefen illustrieren: „Seit heut früh weiß ich, was Forum, was Capitol, was der Palatin heißt – es ist völlig unmöglich von dem, was man innerhalb dieser Trümmer fühlt, einen Begriff zu geben. Ein schlimmes Wort für einen Dichter: „Unbeschreiblich"." Zit. n. Arthur Schnitzler an Olga Gussmann, Brief vom 31.3.1901. In: B I, S. 412–413. Die Bedeutung, die Schnitzler den antiken Autoren zuwies, spiegelt sich noch im Umfang (knapp 40 Titel) und der gesonderten Rubrizierung (unter „Rom" und „Griechenland") der Leseliste (vgl. LL, S. 162–165) wider.

Wahrnehmung der Renaissance als ideelle, vor allem aber als künstlerische Rückbesinnung auf das klassische Erbe.

Dass der kanonisierten Renaissance einer mehr oder minder verbundenen Rezeptionsgemeinschaft nicht nur ein selektives, sondern auch ein anachronistisches Moment eingeschrieben ist, zeigt sich hingegen auf einem anderen Feld: Denn wissenschaftshistorisch betrachtet rezipiert das Junge Wien nicht das Renaissancewissen seiner eigenen Zeitgenossen, sondern dasjenige der Vorgängergeneration der um 1830 Geborenen.[183] Mit Robert Davidsohn (1853–1937), Karl Brandi (1868–1946) und Walter Goetz (1867–1958) fehlen bedeutende Vertreter der zweiten Phase der deutschsprachigen Renaissanceforschung und damit zugleich ganze Sachbereiche und Teildisziplinen, darunter Wirtschafts-, Mentalitäts- und Alltagsgeschichte.[184] Aber auch die Anfänge der historischen Soziologie und ihre Konzentration auf die Bürgerkultur und städtische Entwicklung, die neben Goetz auch Alfred Doren (1869–1934) und Alfred von Martin (1882–1972) als Forschungsfeld profiliert haben, schlagen sich in Schnitzlers Lektüre nicht (mehr) nieder. Dieser Befund ist symptomatisch für die Avantgarde: Nicht ein szientistisch-positivistisches, an wissenschaftlicher Aktualität orientiertes, sondern ein literarisch-mythisches Interesse grundiert die Rückschau im Fall dieser exzeptionellen Schwellenepoche. Ob Schnitzler bei längerer Lebensdauer noch im Stande gewesen wäre, dieser historiographischen Väterliteratur ein zeitgenössisches Korrektiv gegenüberzustellen, muss Spekulation bleiben: Er stirbt am 21. Oktober 1931 über dem dritten Band von Egon Friedells *Kulturgeschichte der Neuzeit* (1927–1931).[185]

---

183 In seinem Lektüreverhalten folgt Schnitzler dem Gros der bildungsbürgerlichen Leserschaft, wie sich paradigmatisch an der verzögerten Rezeption Burckhardts zeigt, dessen renaissancistisches Kultbuch *Die Cultur der Renaissance* bis 1885 lediglich vier Auflagen erzielte, bevor ab 1896 im Durchschnitt alle zwei Jahre eine neue Auflage folgte (bis 1908). Vgl. dazu auch Janz / Laermann 1977, S. 83. Schnitzlers eher fragmentarische Kenntnis auch dieser Generation erklären das Fehlen weiterer Klassiker (u. a. Alfred von Reumont). Dass er mit Leopold von Ranke oder Carl Friedrich von Rumohr auch die ‚Großvätergeneration' anscheinend nicht rezipierte, sei hier nur am Rande vermerkt.

184 Ein bedeutender Quellentext für das Alltagsleben im Italien des 15. Jahrhunderts, den Schnitzler nicht verzeichnet, stellt etwa das *Diario fiorentino* (entst. 1450–1516, ED 1883) des toskanischen Kaufmanns Luca Landucci dar, das Marie Herzfeld 1912 für die Diederichs-Reihe *Das Zeitalter der Renaissance* ins Deutsche übertragen hatte (dt. *Ein florentinisches Tagebuch*). Zur zweiten Generation der deutschen Renaissanceforschung vgl. die Studie von Perdita Ladwig, Das Renaissancebild deutscher Historiker 1898–1933. Frankfurt a. M. 2004.

185 Vgl. TB 19.10.1931. Egon Friedells *Kulturgeschichte der Neuzeit* (1927–1931) behandelt im ersten Buch die italienische Renaissance. Vgl. Arthur Schnitzler an Heinrich Schnitzler, Brief vom 26.9.1928. In: B II, S. 568–570, S. 570.

Die Auslassung weiterer künstlerischer Gebiete dürfte hingegen andere Ursachen besitzen: So haben Schnitzlers eingeschränkte Lesekompetenz im Italienischen sowie die Editions- und Übersetzungslage eine umfassende Auseinandersetzung mit der Volgare-Dichtung des Quattro- und Cinquecento verhindert. Die Renaissancenovellistik jenseits von Boccaccio, wie etwa Pulci, Grazzini, Sacchetti oder Salernitano, kannte er quasi nicht, und mit Vasari, Guicciardini oder Villari fehlen bedeutende Architexte der volkssprachlichen Chronistik. Dass sich auch auf die Kenntnis einer ‚Renaissancemusik' im engeren Sinne, also musikalischer Zeugnisse aus dem 16. und frühen 17. Jahrhunderts, nicht schließen lässt[186] – selbst Monteverdi, der eigentliche Schöpfer der frühneuzeitlichen Oper (*L'Orfeo*, 1607), schien Schnitzler kaum ein Begriff zu sein –, war der zeitgenössischen Aufführungspraxis geschuldet.[187] Dies muss zumindest insofern irritieren, als unter Schnitzlers eigenen Werken gerade seine Renaissance-Bearbeitungen (*Schleier der Beatrice, Die Frau mit dem Dolche*) vertont wurden.[188]

Ausblick

Schnitzler war in seinem autorspezifischen Wissen sowie in seiner genuinen Rezeption der italienischen Renaissance von einem pluridiskursiven und hochgradig präfigurierten Bild der Epoche geprägt. Gleichwohl lohnt ein Blick auf die tatsächlich durch Lektüre oder Anschauung unmittelbar erschlossenen Autoritäten, Texte, Kunstzeugnisse, Stilrichtungen und Ideologismen der Zeit, konturieren sie doch das gehaltliche und ästhetische Repertoire, das dem ‚Renaissancisten' Schnitzler gestalterisch zur Verfügung stand.

Dabei erweist sich dieser in seiner Bezugnahme weniger als ekstatischer Kunstjünger oder radikaler Formerneuerer, der intermediale Referenzen in trans-

---

186 Zu denken wäre etwa an Jacopo Peri (*La Dafne*, 1597, *L'Euridice*, 1600) oder Giulio Caccini (*L'Euridice*, 1602).
187 In Schnitzlers Tagebuch findet sich kein einziger Eintrag zu Monteverdi. Allerdings war dieser auf den Spielplänen um 1900 kaum vertreten und erlangte erst im Zuge der Wiederentdeckung und wissenschaftlichen Aufbereitung seines Werks durch Gian Francesco Malipiero (1882–1973) erneut Aufmerksamkeit. Für Hinweise zur Renaissancemusik und Aufführungspraxis in Wien bin ich Michaela Klosinski (Freiburg/Augsburg) verbunden.
188 Vgl. die Vertonung der *Beatrice* durch den österreichischen Konzertmeister und Violinvirtuosen Heinrich Suso Noren (1861–1928) sowie die Opernadaptation des russischen Komponisten Vladimir Rebikov (1866–1920): Noren, Der Schleier der Beatrice [1922]; Rebikov, Die Frau mit dem Dolche (nach A. Schnitzler), Moskau, Leipzig [1915]. Vgl. zu Rebikovs Opernbearbeitung Hartmut Krones, Musikalische Semantik in Schnitzler-Vertonungen des frühen 20. Jahrhunderts. In: Arthur Schnitzler und die Musik. 2014, S. 177–210, hier S. 196–198.

gressive Ekphrasis überführte, denn als Analogie-Virtuose und atmosphärischer Stimmungsbildner: Gerade weil Schnitzlers Epochenrezeption vergleichsweise autonom und nicht allzu sehr durch dominante Vermittlerfiguren und -interpretamente ideologisch aufgeladen war, gelang es ihm, auch nach Überwindung der ‚hysterischen Renaissance'[189] an der Referenzkultur des italienischen Mittelalters festzuhalten. Denn im Gegensatz zu manchen Zeitgenossen und Weggefährten[190] ging bei Schnitzler die Renaissancerezeption niemals deckungsgleich im Renaissancismus auf, was es ihm, nur wenige Jahre nachdem er selbst am Renaissancismus partizipiert hatte, ermöglichte, renaissancistische Bezugnahmen zum Zwecke der Authentisierung dieser inzwischen desgleichen historisch gewordenen Zeit poetisch neu zu funktionalisieren. Dadurch konnte die Epoche dem ästhetischen Bedeutungsverlust und der Musealisierung entgehen. Für den souveränen Traditionsverwahrer blieb die Renaissance literarisch disponibel und schöpferisch (re-)modulierbar.

So gelingt es Schnitzler sogar, die eigene produktive Renaissancerezeption, die als dramatische Talentprobe integraler Bestandteil seiner Dichterwerdung war, literarisch zu ironisieren. Denn die eingangs zitierte optische *imitatio artificis*, in die Schnitzler sein mit Rembrandthut drapiertes Jugend-Ich retrospektiv stellt, hat ein fiktionales Vorbild: Bereits in der 1894/1895 entstandenen Künstlernovelle *Später Ruhm* (ED 2014) stattet er den Zivilisationsliteraten Christian in beinahe wörtlicher Konkordanz „durch lange Haare, fliegende Krawatte und etwas unstete Augen"[191] rein äußerlich mit Attributen des eigenen Erscheinungs-

---

189 Die Begriffsprägung geht auf die Figur des Malers Jakobus Halm aus Heinrich Manns Roman *Die Göttinnen* zurück, der gegenüber Violante seine programmatische Kunstauffassung in folgendem Wortlaut darlegt: „Zwischen den alten Meisterwerken hängen meine eigenen Bilder, und wenn Sie gutwillig sind, finden Sie sie kaum heraus. [...] Und diese Maskerade gibt mir meinen bewunderten Stil! Ich habe ein eigenes Genre entdeckt, ich nenne es heimlich: die hysterische Renaissance!" Zit. n. Mann, Gesammelte Werke. Hg. von der Deutschen Akademie der Künste zu Berlin. 24 Bände. Bd. 2. Berlin, Weimar 1969, S. 359. Zu Halm als Lenbach-Persiflage und der impliziten Kritik am ‚zeitgenössischen Pseudorenaissancismus' vgl. Koopmann 1999, S. 17f.
190 Vgl. stellvertretend die enthusiastische Renaissancerezeption Hugo von Hofmannsthals und seine drastische Abwendung vom Sujet rund eine Dekade später: Hugo von Hofmannsthal an Richard Strauss, Brief vom 27.4.1906. In: Strauss – Hofmannsthal, Briefwechsel. Hg. von Franz Strauss und Alice Strauss. Bearb. von Willi Schuh. Zürich 1952, S. 15: „Ich glaube, daß nicht nur ich, sondern jeder dichterisch schaffende Mensch unserer Zeit keine Epoche mit so präziser Unlust, ja mit sicherem Widerwillen aus seinem Schaffen ausschließen wird, wie diese Epoche."
191 „[E]r [Saxberger] deutete auf Christian, der sehr jung war und in seinem Äußeren den verblassten Romantypus des „Künstlers" durch lange Haare, fliegende Krawatte und etwas unstete Augen am schärfsten zum Ausdruck brachte." Zit. n. Schnitzler, Später Ruhm. Novelle. Hg. von Wilhelm Hemecker und David Österle. Wien 2014, S. 27. Analog deuten Hemecker / Österle, Nachwort. In: Schnitzler, Später Ruhm. 2014, S. 137–157, hier S. 152.

bildes aus, sodass es der revelatorischen Marginalie, dass Christian auch noch ausgerechnet „Dramen, hauptsächlich historische in fünf Akten"[192] schreibt, eigentlich nicht mehr bedürfte, um zu erahnen, welcher historische Dichter für diesen Historiendichter Pate stand.

Literatur

Primärliteratur

Hofmannsthal, Hugo von: Briefe. 2 Bände. Bd. 1: 1890–1901. Berlin 1935.
Schnitzler, Arthur: Arthur Schnitzlers Lektüren. Leseliste und virtuelle Bibliothek. Hg. von Achim Aurnhammer. Würzburg 2013.
Schnitzler, Arthur: Briefe. 2 Bände. Bd. 1: 1875–1912. Hg. von Therese Nickl und Heinrich Schnitzler. Frankfurt a. M. 1981.
Schnitzler, Arthur: Briefe. 2 Bände. Bd. 2: 1913–1931. Hg. von Peter Michael Braunwarth. Frankfurt a. M. 1984.
Schnitzler, Arthur: Der Weg ins Freie [1908]. In: Schnitzler: Gesammelte Werke. Die erzählenden Schriften. 2 Bände. Bd. 1. Frankfurt a. M. 1961, S. 635–958.
Schnitzler, Arthur: Der Schleier der Beatrice [1900]. In: Schnitzler: Die Dramatischen Werke. 2 Bände. Bd. 1. Frankfurt a. M. 1962, S. 553–679.
Schnitzler, Arthur: Die Frau mit dem Dolche [1901]. In: Schnitzler: Die Dramatischen Werke. 2 Bände. Bd. 1. 1962, S. 702–718.
Schnitzler, Arthur / Hugo von Hofmannsthal: Briefwechsel. Hg. von Therese Nickl. Frankfurt a. M. 1964.
Schnitzler, Arthur: Frühe Gedichte. Hg. und eingel. von Herbert Lederer. Berlin 1969.
Schnitzler, Arthur: Jugend in Wien. Hg. von Therese Nickl und Heinrich Schnitzler. Wien u. a. 1986.
Schnitzler, Arthur: Später Ruhm. Novelle. Hg. von Wilhelm Hemecker und David Österle. Wien 2014.
Schnitzler, Arthur: Tagebuch 1879–1931. Hg. von Werner Welzig unter Mitwirkung von Peter Michael Braunwarth, Susanne Pertlik und Reinhard Urbach von der Kommission für literarische Gebrauchsformen der Österreichischen Akademie der Wissenschaften u. a. 10 Bände. Wien 1981–2000.
Strauss, Richard / Hugo von Hofmannsthal: Briefwechsel. Hg. von Franz Strauss und Alice Strauss. Bearb. von Willi Schuh. Zürich 1952.

---

[192] In Anspielung auf Schnitzlers fünfaktiges Historiendrama *Der Schleier der Beatrice*: Schnitzler, Später Ruhm. 2014, S. 27: „Ich schreibe, wozu es mich drängt. Es drängt mich eben meistens zu historischen Dramen. Ich schreibe, was ich muss. Ich muss meistens historische Dramen schreiben."

Sekundärliteratur

Aurnhammer, Achim: Arthur Schnitzlers intertextuelles Erzählen. Berlin u. a. 2013.
Aurnhammer, Achim: Produktive Lektüren, produktive Rezeptionen: Der Leser Schnitzler: In Schnitzler-Handbuch. Leben – Werk – Wirkung. Hg. von Christoph Jürgensen, Wolfgang Lukas und Michael Scheffel. Stuttgart, Weimar 2014, S. 8–11.
Aurnhammer, Achim: „Zur Zeit der großen Maler". Der Renaissancismus im Frühwerk Hugo von Hofmannsthals. In: Il Rinascimento nell'Ottocento in Italia e Germania / Die Renaissance im 19. Jahrhundert in Italien und Deutschland. Hg. von August Buck und Cesare Vasoli. Bologna, Berlin 1989, S. 232–260.
Brandstätter, Christian (Hg.): Stadtchronik Wien. 2000 Jahre in Daten, Dokumenten und Bildern. Wien u. a. 1986.
Brittnacher, Hans Richard: Die Erfindung und Verabschiedung eines Zeitalters. Zur Renaissance bei Hugo von Hofmannsthal, Rainer Maria Rilke und Heinrich Mann. In: Zagreber Germanistische Beiträge 20 (2011), S. 3–17.
Detken, Anke: *Lebendige Stunden. Vier Einakter* (1902). In: Schnitzler-Handbuch. Leben – Werk – Wirkung. Hg. von Christoph Jürgensen, Wolfgang Lukas und Michael Scheffel. Stuttgart, Weimar 2014, S. 116–119.
Eicher, Thomas: „Interessieren Sie sich auch für Bilder? Visualität und Erzählen in Arthur Schnitzlers *Frau Berta Garlan*. In: literatur für leser 1 (1993), S. 44–57.
Fliedl, Konstanze: Arthur Schnitzler. In: Handbuch der Kunstzitate. Malerei, Skulptur, Fotografie in der deutschsprachigen Literatur der Moderne. Hg. von Konstanze Fliedl, Marina Rauchenbacher und Joanna Wolf. 2 Bände. Bd. 2. Berlin u. a. 2012, S. 703–704.
Fliedl, Konstanze: Arthur Schnitzler. Poetik der Erinnerung. Wien, Köln, Weimar 1997.
Fliedl, Konstanze: Arthur Schnitzler und Italien. In: Ferne Heimat – Nahe Fremde. Bei Dichtern und Nachdenkern. Hg. von Eduard Beutner und Karlheinz Rossbacher. Würzburg 2008, S. 132–147.
Hemecker, Wilhelm/Österle, David: Nachwort. In: Arthur Schnitzler, Später Ruhm. Novelle. Hg. von Wilhelm Hemecker und David Österle. Wien 2014, S. 137–157.
Ilgner, Julia: Boccaccio im deutschen und österreichischen Film. In: Boccaccio in Deutschland. Spuren seines Lebens und Werks 1313–2013. Hg. von Achim Aurnhammer, Nikolaus Henkel und Mario Zanucchi. Heidelberg 2013, S. 133–139.
Ilgner, Julia: Der Biograph Ferdinand Gregorovius und seine literarische Rezeption. In: Transformationen des Historischen. Geschichtserfahrung und Geschichtsschreibung bei Ferdinand Gregorovius. Hg. von Dominik Fugger. Tübingen 2015, S. 75–104.
Irsigler, Ingo: *Der Schleier der Beatrice. Schauspiel in fünf Akten* (1900). In: Schnitzler-Handbuch. Leben – Werk – Wirkung. Hg. von Christoph Jürgensen, Wolfgang Lukas und Michael Scheffel. Stuttgart, Weimar 2014, S. 73–75.
Janz, Rolf-Peter / Laermann, Klaus: Arthur Schnitzler. Zur Diagnose des Wiener Bürgertums im Fin de siècle. Stuttgart 1977.
Jürgensen, Christoph / Kaiser, Gerhard: Schriftstellerischer Inszenierungspraktiken – Heuristische Typologie und Genese. In: Schriftstellerische Inszenierungspraktiken – Typologie und Geschichte. Hg. von Christoph Jürgensen und Gerhard Kaiser. Heidelberg 2011, S. 9–31.
Koopmann, Helmut: Renaissancekult in der deutschen Literatur um 1900. In: Storia dell'arte e politica culturale intorno al 1900. La fondazione dell'Istituto Germanico di Storia dell'arte di Firenze. Hg. von Max Seidel. Venedig 1999, S. 13–24.

Ladwig, Perdita: Das Reinaissancebild deutscher Historiker 1898–1933. Frankfurt a. M. 2004.
Neumann, Annja: Schnitzler's Anatomy Lesson. Medical Topographies in *Professor Bernhardi*. In: Jahrbuch Literatur und Medizin 8 (2016), S. 31–60.
Niefanger, Dirk: Produktiver Historismus. Raum und Landschaft in der Wiener Moderne. Tübingen 1993.
O'Pecko, Michael T.: Renaissancism and the German Drama. 1890–1910. Baltimore 1976.
Perlmann, Michaela L.: Arthur Schnitzler. Stuttgart, Weimar 1987.
Rehm, Walter: Das Werden des Renaissancebildes in der deutschen Dichtung. Vom Rationalismus bis zum Realismus. München 1924.
Reichert, Herbert W.: Nietzsche and Schnitzler. In: Studies in Arthur Schnitzler. Hg. von Herman Salinger. Chapel Hill 1963, S. 95–108.
Reimann, Julia: Venedig ist ein poetisches Wunder. Eine Studie zur Rezeption der venezianischen Renaissancemaler Tizian, Tintoretto und Veronese in der deutschen Literatur. Marburg 2010.
Ritter-Santini, Lea: Maniera Grande. Über italienische Renaissance und deutsche Jahrhundertwende. In: Deutsche Literatur der Jahrhundertwende. Hg. von Viktor Žmegač. Königstein i. T. 1981, S. 242–274.
Sabler, Wolfgang: *Der Schleier der Beatrice* und das historische Drama. In: Germanica 52 (2013), S. 53–65.
Schnitzler, Heinrich / Brandstätter, Christian / Urbach, Reinhard (Hg.): Arthur Schnitzler. Sein Leben und seine Zeit. Frankfurt a. M. 1981.
Stöckmann, Ingo: Der Wille zum Willen. Der Naturalismus und die Gründung der literarischen Moderne. Berlin u. a. 2009.
Tateo, Giovanni: Schnitzler und der Spätrealismus. In: Schnitzler-Handbuch. 2014, S. 1–7.
Uekermann, Gerd: Renaissancismus und Fin de siècle. Die italienische Renaissance in der deutschen Dramatik der letzten Jahrhundertwende. Berlin 1985.
Urbach, Reinhard: Schnitzler-Kommentar zu den erzählenden Schriften und dramatischen Werken. München 1974.
Wagner, Renate: Wie ein weites Land. Arthur Schnitzler und seine Zeit. Wien 2006.
Weinberg, Gail S.: Ruskin, Pater, and the Rediscovery of Botticelli. In: The Burlington Magazine 129 (1987), S. 162–170.
Wiele, Mignon: Die Erfindung einer Epoche. Zur Darstellung der italienischen Renaissance in der Literatur der französischen Romantik. Tübingen 2003.

Cornelius Mitterer
Kunst, Kommunikation, System

Richard Schaukals Rückgriff auf die Renaissance in *Giorgione* und *Literatur*

Von schrägen Vögeln und organischen Masken

Der aus seiner Asche emporsteigende Phönix ist ein hermeneutisch aussagekräftiges Bild, um auf die kontinuierliche Wiederkehr von Motivkreisen und Stilelementen in der Literaturgeschichte zu verweisen.[1] Die Allegorie des Feuervogels passt dabei auch zu Richard Schaukal, dem facettenreichen wie streitbaren Exponenten der „kritischen Moderne",[2] weil seine Dichtung mit Epigonalität, Traditions-Bezügen und Werk-Korrelationen in Verbindung steht.[3] Er selbst spielt auf den antiken Phönix-Mythos an, um seiner Auffassung vom prozesshaften Schöpfertum, das sich aus der erneuernden Wiederholung generiere, Ausdruck zu verleihen: „Der aber, der den Anspruch erhebt, ein Künstler zu heissen, muss stündlich bereit sein, sein Phönixnest zu verbrennen", so der Protagonist des Dialogbandes *Literatur*, der an derselben Stelle ergänzt: „In allen Verwandlungen ist uns der Künstler willkommen. Aber seine ‚Masken' müssen ihm organisch sitzen [...]."[4]

Es stellt sich die Frage, inwiefern die Renaissance von Schaukal, der eine zweite Dialogsammlung nach dem venezianischen Maler *Giorgione* benannte, als thematischer Bezugspunkt und ästhetischer Referenzrahmen in Betracht gezogen wird. Welches Verständnis hat er von jener idealisierten Kunstepoche, die um 1900 viele Dichter beschwören, um „in der Maske des Geschichtlichen das Antlitz der Gegenwart" zu reflektieren?[5]

---

[1] Vgl. Roland Wolff, Der Phoenix Literatur. Romantik und Expressionismus im Prozess der Selbstreproduktion des Literatursystems. Heidelberg 2014.
[2] Allan Janik, Vienna 1900 Revisited. Paradigms and Problems. In: Rethinking Vienna 1900. Hg. von Steven Beller. New York 2001, S. 27–56, und Michael Burri, Theodor Herzl and Richard Schaukal. Self-Styled Nobility and the Sources of Bourgeois in Prewar Vienna. In: Rethinking Vienna 1900. 2001, S. 105–131.
[3] Vgl. Dominik Pietzcker, Richard von Schaukal. Ein österreichischer Dichter der Jahrhundertwende. Würzburg 1997, S. 51.
[4] R. Schaukal, Literatur. Drei Gespräche. Leipzig, München 1907, S. 23.
[5] Walter Rehm, Der Renaissancekult um 1900 und seine Überwindung. In: Rehm, Der Dichter und die neue Einsamkeit. Aufsätze zur Literatur um 1900. Göttingen 1969, S. 34–77, hier S. 36.

Anhand von Schaukals zweibändigem Dialogzyklus soll seine Auseinandersetzung mit Tradition und Vergangenheit veranschaulicht werden und dabei die Frage im Vordergrund stehen, welche Funktionen der Rückbesinnung speziell auf die Renaissance zugrunde liegen.

Renaissancismus als geistiges Residuum

Die zahlreichen Übersetzungen aus dem Englischen und Französischen, die vielen Essays und Kritiken belegen Schaukals ästhetisch-thematischen Pluralismus, der seine Beteiligung am kunsttheoretischen Diskurs der Moderne untermauert.[6] Die in seinen Texten intendierte Synthese aus künstlerischer Progression und Bewahrung ist symptomatischer Ausdruck für den Erneuerungsgeist einer Dichtergeneration, die den Zukunftsweg auf dem Fundament mythisierter Traditionen bereitet sah, sich aber zugleich vom historistischen Intérieur der liberalen Vätergeneration befreien wollte.[7] „Ich kämpfe gegen zwei Fronten", lamentiert der Künstler in Schaukals *Giorgione*, „einerseits gegen die Versumpfung eines verknöcherten Konservatismus, der nicht grosse Traditionen, sondern Bindfadenenden und Wurstzipfel in seinen kellerdumpfen ‚heiligen' Hallen hütet, andererseits gegen die Schwindler der ‚neuen Aera'."[8]

Gerade ein ästhetisch überhöhtes Italienbild und die damit assoziierte Renaissance gehören im ausgehenden 19. Jahrhundert zu den künstlerischen Projektionsflächen,[9] auf die auch Schaukal in *Literatur* und *Giorgione* hinweist und die somit dem Renaissancismus zugeordnet werden können. In Bezug auf die Vergangenheit nehmen Vertreter des Renaissancismus die Gegenwart in Kritik, begreifen die Epoche also jenseits eines historischen Rahmens als Chiffre

---

6 Vgl. Claudia Warum, Richard von Schaukal als Übersetzer französischer Literatur. In: Die österreichische Literatur. Ihr Profil von der Jahrhundertwende bis zur Gegenwart (1880–1980). Bd. 1. Hg. von Herbert Zeman. Graz 1989, S. 297–316.
7 Vgl. Hugo von Hofmannsthal, Gabriele d'Annunzio. In: Frankfurter Zeitung 37 (219, 9. August 1893), S. 1–3.
8 Schaukal, Giorgione, oder Gespräche über die Kunst. Leipzig, München 1907, S. 104.
Giorgiones Auftragswerk *Die drei Philosophen* faszinierte Schaukal Zeit seines Lebens. Wie sehr der venezianische Renaissancemaler als impulsgebender ästhetischer Mittelpunkt fungierte, verdeutlicht auch eine biographische Komponente: Schaukal verbrachte die letzten drei Jahrzehnte seines Lebens im Wiener Vorort Grinzing, wo er mit seiner Familie ein Biedermeierhaus bewohnte. An den Wänden der klassizistisch geprägten Räumlichkeiten hingen Kopien von Velásquez' Infanten-Portrait und von Giorgiones *Drei Philosophen*. Vgl. Gunther Martin, Damals in Döbling … Gestalten und Schauplätze einer Wiener Stadtlandschaft. Wien 1993, S. 7–8.
9 Vgl. Rehm 1969, S. 34–35.

für die eigene Zeit.[10] Eine ähnliche semantische Dehnung könnte auch Hermann Bahr im Sinn gehabt haben, als er 1897 seinen vierten Sammelband kritischer Schriften *Renaissance* nannte und damit auf die Wiedergeburt einer jung-wiener Dichtergeneration anspielte.[11] Paul Wertheimer beschreibt diese gegenläufige Bewegung von voraus- und zurückweisenden Bezügen in seiner Rezension zu Bahrs Sammelband so:

> Wir haben in der That, meine ich, einen ganz eigenen Wiener geselligen und geistigen Ton, von einem so bestimmten Kolorit, daß man von einer Wiener ‚Kunstrenaissance' schwärmt – als ob das Leben im Café Griensteidl oder Pucher ein Wirken an italienischen Fürstenhöfen wäre [...].[12]

Zeitlicher und werkästhetischer Kontext von *Literatur* und *Giorgione*

Literatur und *Giorgione* wurden 1907 publiziert und sind Erträge einer produktiven Neuausrichtung, die Schaukals Poetik ab 1904 kennzeichnet. Er habe sich spätestens mit *Andreas von Balthesser* (1907) vom „unwillkürlichen Realismus" vollständig distanziert und sei „in die Heimat der Seele" eingekehrt. Den beiden Dialogbüchern komme dabei eine Brückenfunktion zu, sie sollten „Raum schaffen für etwas ganz [...] Neues [...]."[13]

In dieser 1930 für einen Radiobeitrag verfassten Erinnerung kokettiert Schaukal mit seiner programmatischen Abkehr vom Ästhetizismus, dem er jedoch in Übertragung auf den Katholizismus zumindest teilweise treu bleibt. Auch er stellt in der Frühphase seines Wirkens die Dichtung als Nexus zwischen isoliert-entfremdetem Subjekt und der Objektwelt auf den ästhetischen Prüfstand. Mit der Suche nach neuen Möglichkeiten dichterischer Sinn- und Bedeutungszuweisung schreibt sich Schaukal in eine vieldiskutierte poetische Kerndebatte der Wiener Moderne ein, die vordergründig mit Hofmannsthal in Verbindung gebracht wird. Schaukal behandelt die Auseinandersetzung mit Kunst und Leben

---

10 Vgl. Gerd Uekermann, Renaissance und Fin de Siècle. Die italienische Renaissance in der deutschen Dramatik der letzten Jahrhundertwende. Berlin, New York 1985. Laut Uekermann wurde der Begriff von Franz Ferdinand Baumgarten 1917 in dessen Buch über das Werk Conrad Ferdinand Meyers erstmals verwendet. S. 3. Siehe auch Julia Ilgners Beitrag für den vorliegenden Sammelband.
11 Vgl. H. Bahr, Renaissance. Berlin 1897.
12 P. Wertheimer, Deutsches Kunstleben. IV. Wien. In: Die Gesellschaft 14.2 (Jan. 1898), S. 132.
13 Schaukal, Beiträge zu einer Selbstdarstellung. Wien 1934, S. 100.

in unterschiedlichen Erzählkontexten und literarischen Formen, die auch die gesellschaftliche Verortung des Künstlers und seiner Produktion reflektieren. Der Kapellmeister Kreisler sehnt sich beispielsweise „verstohlen", wie es in der gleichnamigen Erzählung aus dem Jahr 1906 heißt, „nach dem Käfig des ‚Berufs'."[14] Die in Anlehnung an E. T. A. Hoffmann thematisierte Zerrissenheit zwischen Künstlertum und Philstertum, das Changieren zwischen Hybris und Zweifel prägt Schaukals eigene Literaten- und Beamten-Biographie. Sein ganzes Leben beschäftigt er sich mit Dichtern der Romantik, der ‚Romantischen Ironie' und mit der ‚Progressiven Universalpoesie'.[15] Schaukal sucht in der theoretischen und literarischen Auseinandersetzung mit Musik und mit den bildendenden Künsten aus verschiedenen Jahrhunderten stets nach neuen Möglichkeiten dichterischer Expressivität; davon zeugt auch das intermediale Verweisnetz in *Literatur* und *Giorgione*, die beide von einem offenen, nie präzise definierten und dadurch vielseitig auslegbaren Was-ist-Kunst-Diskurs geprägt sind. Schaukals Ästhetikreflexionen sind nicht nur in diesen Texten assoziativ und bedienen sich des Plaudertons, den Hermann Bahr als ‚Causerie' in der deutschsprachigen Literaturkritik etabliert hatte.[16] Sein epochenübergreifendes, intellektualistisches Relationsspiel schließt dabei auch ein Standardwerk des italienischen Cinquecento ein: Baldassare Castigliones (1478–1529) *Il Cortegiano* wurde 1907 von Albert Wesselski unter dem Titel *Der Hofmann. Lebensart in der Renaissance* aus dem Italienischen übersetzt. Im selben Jahr veröffentlicht Schaukal den unkonventionellen Erzähltext *Andreas von Balthesser*. Für den snobistischen titelgebenden Dandy und Dilettanten musste Hugo Laurenz August Hofmann, Edler von Hofmannsthal Pate stehen. In erster Linie sticht die Namens-Homologie ins Auge (Baldassare und Balthesser; *Der Hofmann* und Hugo Hofmann, Edler von Hofmannsthal). Es ist auszuschließen, dass Schaukal den Renaissance-Intellektuellen Castiglione mit seiner Dandy-Figur und mit dem von ihm beneideten Jahrgangsgenossen, der sich in Rodaun einen historistischen Dichtersitz eingerichtet hatte,[17] zufällig in Analogie stellt.

Zu den formalen Bezugspunkten zwischen den Werken zählt der fiktive Dialog, den auch Hofmannsthal zur gleichen Zeit verarbeitet und der sich im *Cortegiano*, im *Balthesser* und in der Struktur der ebenfalls 1907 verlegten *Giorgione* und *Lite-*

---

14 Schaukal, Kapellmeister Kreisler. Wien 1918 (1906), S. 60.
15 Schaukal, E. T. A. Hoffmann. Berlin 1904.
16 Vgl. Peter Sprengel / Gregor Streim, Berliner und Wiener Moderne. Vermittlungen und Abgrenzungen in Literatur, Theater, Publizistik. Wien u. a. 1998, S. 58–59.
17 Vgl. Katja Kaluga / Katharina J. Schneider, Rodaun. Ein unglaubliches kleines Haus. In: Hofmannsthal. Orte. 20 biographische Erkundungen. Hg. von Wilhelm Hemecker und Konrad Heumann in Zusammenarbeit mit Claudia Bamberg. Wien 2014, S. 199–223, hier S. 213.

ratur wiederfindet. Von einem ‚jungen Schriftsteller' bis zur ‚malenden Dame' reicht darin der Reigen typologisch angelegter Gesprächspartner. Im Zentrum stehen die Anschauungen und der Geschmack eines anonymen Künstlers. Dieser avanciert zum Sprachrohr eines Stilempfindens, das sich als Schaukals eigene ästhetische Position zu erkennen gibt. Inhaltlich und formal bildet der Dialog das tragende, intermediale Bindeglied und wird – das ist ganz wesentlich – zum Hauptzweck der Kunst an sich erhoben.[18] Die impressionistische Literaturkritik machte das Verfahren der fiktiven Dialoge und selbstreflexiven Konversation für die deskriptive Ästhetik-Vermittlung für sich produktiv. Schaukals Rezensionen und Kritiken stehen in Tradition eben jener mit dem Impressionismus verbundenen ‚Ästhetisierung der Kritik', beziehen sich darüber hinaus aber auch auf Renaissance und Romantik, die dem Gespräch einen zentralen Stellenwert als ‚Reflexionsmedium' (Walter Benjamin) beimaßen.[19] Mit Niklas Luhmanns Systemtheorie lässt sich die dialogische Ausrichtung in den verscheidenen Epochen mit der Auffassung begründen, dass Kunst erst vermittels „rekursive[r] Vernetzung mit anderen Kunstwerken und mit breit streuender verbaler Kommunikation über Kunst" zustande komme.[20] Eine ähnliche Funktion nehmen Schaukals Gesprächsessays ein, die ein dichtes Verweisnetz innerhalb des prozesshaften, sozialen Teilsystems Kunst in Form von Dialogen knüpfen. Die kontinuierlichen Hinweise auf Tizian, Perugino, Giorgione und viele weitere Künstler kombinieren assoziativ geleitete Wahrnehmungsäußerungen mit kunsttheoretischen Auseinandersetzungen. Damit verfolgt Schaukal eine ästhetische Strategie, die nicht nur systemtheoretisch, sondern auch im Zuge seiner Kulturkritik erläutert werden kann.

Vertreter der Autonomieästhetik oder Funktionär der Hegemonie?

Schaukal vertritt in seinen beiden Gesprächs-Essays zunächst einmal die Forderung nach der Autonomie des Kunstwerks. Sein L'art pour l'art-Gedanke bezieht sich auf französische Philosophen und Dichter wie Victor Cousin oder Théophile Gautier, mit denen er sich intensiv auseinandergesetzt hatte und die eine Theo-

---

18 Vgl. Schaukal, Literatur. 1907, S. 41–42.
19 Vgl. Paul Oskar Kristeller, Humanismus und Renaissance. Bd. 2. München 1976, S. 17–19, 231–232.
20 N. Luhmann, Kunst der Gesellschaft. Frankfurt a. M. 1997, S. 90.

logie der Kunst begründeten.[21] Auf ähnliche Weise erhebt Schaukal Seele und Gnade zu diffusen literarischen Leitbegriffen und er schreibt in beiden Dialogbüchern der reinen Kunst eine religiöse Wesensart zu. Die federführende Programmatik wird bereits auf der ersten Seite von *Giorgione* ersichtlich. In einem abgedruckten Briefauszug Adalbert Stifters an seinen Verleger Gustav Heckenast werden Kunst und Religion als die höchsten Güter und gleichrangige Verwandte nebeneinandergestellt, und an zentraler Stelle unterstreicht der Protagonist mit seiner Aussage, die Kunst habe ihn gläubig gemacht, die metaphysische Gewichtung des Textes.[22]

Schaukals theologisch imprägnierter Kunstauffassung ist desweiteren eine ideologische Kulturkritik an die Seite zu stellen. Mit den Reproduktionsmöglichkeiten von Kunst habe ein Wandel ihrer sozialen Funktion stattgefunden, wie Walter Benjamin im „Kunstwerkaufsatz" Mitte der 1930er Jahre schreibt. Er schildert diesen Wechsel als Transformation von der ursprünglich kultischen Funktion und dem Verständnis des Kunstwerks als Ritual zur „Fundierung auf die Politik".[23] Dieser Prozess des sozialen Wandels „im Zeitalter technischer Reproduzierbarkeit", die Entzauberung des Kunstwerks und eine damit einhergehende politische Instrumentalisierung hat sich sowohl auf Schaukals Kunstwahrnehmung als auch auf seine Position als Dichter ausgewirkt. Seine frühen Reaktionen auf diese ‚Symptome der Moderne' scheinen einem ästhetizistischen Kompendium entnommen: Ein Kunstwerk von Bedeutung sei autonom, selbstreferentiell und ohne moralischen oder gesellschaftlichen Mehrwert, wie er immer wieder betont. Der Künstler solle eine herausragende Position einnehmen und kein Handwerker, sondern ein genialischer Schöpfer sein. Schaukals autonomieästhetische Haltung erfährt aber dort eine unterschwellig politische Note, wo sie sich gegen die bürgerliche Gesellschaft und ihren – seiner Meinung nach – negativen Einfluss auf Staat und Kunst richtet. Mit Herbert Marcuse kann Schaukal als Repräsentant der affirmativen Kultur bezeichnet werden, gerade um 1900 streben ihre Verfechter mit dem stabilisierenden Rückfriff auf Traditionen eine Erhöhung der geistig-seelischen Welt über die ‚kränkliche' Zivilisation an.[24]

Davon ausgehend lässt sich die These aufstellen, dass Schaukals Auseinandersetzung mit der Renaissance einem elitär-mäzenatisch geprägten Kunst-

---

21 Am 12.7.1897 schreibt Schaukal an Hermann Bahr, dass niemand das l'art pour l'art stärker verinnerlicht habe als er. Vgl. Nachlass Hermann Bahr, Theatermuseum. Signatur: AM 23.072 Ba.
22 Vgl. Schaukal, Giorgione. 1907, S. 93 und vgl. Pietzcker 1997, S. 121–122.
23 W. Benjamin, Das Kunstwerk im Zeitalter seiner technischen Reproduzierbarkeit. In: Ästhetik und Gesellschaft. Grundlagentexte aus Soziologie und Kulturwissenschaften. Hg. von Andreas Reckwitz, Sophia Prinz und Hilmar Schäfer. Berlin 2015, S. 163–182, hier S. 170–172.
24 Vgl. H. Marcuse, Über den affirmativen Charakter der Kultur. In: Marcuse, Kultur und Gesellschaft I. Frankfurt a. M. 1968, S. 56–101, hier S. 63.

empfinden und einer damit einhergehenden Adelssehnsucht entspringt. Die auf Nietzsche rekurrierende Hinwendung zu neuen Formen des Aristokratismus wird etwa auch vom George-Kreis, dem sich Schaukal zwischenzeitlich anschließen wollte, als Antagonismus zu demokratischen Tendenzen in Anspruch genommen.[25] Schaukal sieht eine historisch gewachsene Elite in der Pflicht, Kunst zu fördern, um die Verknüpfung von Kultur und Ständeordnung erneut zu gewährleisten. Die Tatsache, dass in der frühen Neuzeit ein Erblühen kultureller Praktiken auf dem Fundament des Mäzenatentums, feudaler Herrschaftsstrukturen und der florierenden italienischen Stadtstaaten ermöglicht wurde, spielt für seine ästhetische Auffassung eine tragende Rolle. Welch entscheidenden Part er in diesem Kontext dem Hof als Sozialgefüge für die schöpferischen Freiheiten des Künstlers zuschreibt, verdeutlicht seine Laudatio auf Velázquez, den er Giorgione und Tizian als kongenialen Künstler zur Seite stellt und als „wundervolles Beispiel für die Kultur einer Epoche" in biologistischer Terminologie rühmt:

> Er hat sein ganzes Leben lang an einem Hofe gelebt und hat die Zeremonien [...] ohne liberale Auflehnung mitgemacht [...]. Man hatte eine ganz runde Welt. Der König, sein Hof, das Heer, die Städter, die Bauernschaft, alles war so selbstverständlich wie Wald, wie ein Bienenstaat. Und aus dieser selbstverständlichen Erfassung seiner Welt heraus hat Velázquez seine großen Gemälde gemalt [und so war es auch] mit Tizian.[26]

Die frühbürgerlichen Emanzipationsversuche und das aufkeimende Selbsbewusstsein des Handwerks- und Kaufmannsstandes, die sich im 15./16. Jahrhundert ebenso auf die Kunstproduktion auszuwirken begannen, ignoriert Schaukal.[27] Relevant bleibt für ihn die Auffassung, die er in *Literatur* dem Künstler in den Mund legt: „Es gibt nichts Bedauernswürdigeres, als mit der Seele Notzucht zu treiben aus ‚Beruf'."[28]

Kommerz und Kulturelle Hegemonie

Niklas Luhmann beschreibt in *Redeskription ‚romantischer Kunst'* Wandel als entscheidende Eigenschaft und Fähigkeit von Kunstwerken. Sie bleiben nicht auf einem präsumierten (Höhe-)Punkt stehen, zum Beispiel auf dem Niveau der wegweisenden Renaissance-Malerei oder den literarischen Werken der Weimarer Klassik. Literatur als Teilsystem betrachtet entwickelt sich phönixgleich weiter

---

25 Vgl. Rehm 1969, S. 37.
26 Schaukal, Giorgione. 1907, S. 239–240.
27 Vgl. Uekermann 1985, S. 41.
28 Schaukal, Literatur. 1907, S. 35.

(ungeachtet qualitativer Bewertungen) und differenziert sich umso stärker aus, je freier sie von Einflussnahme und Protektion anderer gesellschaftlicher Teilsysteme wie Religion, Politik oder Ökonomie bleibt.[29] Um 1900 lassen sich zwei gegenläufige Trends ausmachen: Die Kunstautonomie und ein unternehmerischer Einfluss, aus dessen Folge sich ein Kunstmarkt entfaltet, begegnen sich innerhalb des Teilsystems und erzeugen dadurch erst jenes spannungsgeladene Feld, das Bourdieu in seinen Ausführungen zur sozialen Welt schildert. Die zunehmende gesellschaftliche Differenzierung, Rationalisierung und Ökonomisierung aller Lebensbereiche stellt Schaukal vor ein ästhetisches Dilemma. Einerseits spricht er sich in den Essaybänden im Sinne des L'art pour l'art für eine autonome Kunst aus, die frei von Ökonomisierungsprozessen bleiben und sich – im Sinne Luhmanns – durch ihre Unabhängigkeit ausdifferenzieren und frei entfalten könne. Andererseits erwähnt Schaukal positiv die Stifterbilder und religiösen Werke wie Tizians *Kirschmadonna* und Peruginos *Maria mit Heiligen*,[30] die Ausdruck einer affirmativen, gebundenen Kunst sind, sich dem gesellschaftlichen Teil-System Religion unterordnen und sozusagen einen Zweck erfüllen. Zwar ist dieser Zweck nicht weltlich und dadurch in Schaukals Augen legitim, jedoch verkennt er den Umstand, dass jene Gemälde, indem sie sich auf die Förderer und Kontrollinstanzen der Kunstproduktion zur Zeit der Renaissance beziehen, auf ein die Kunst beeinflussendes Ordnungs- und Produktionsprinzip verweisen, also auf eine Praxis, die ihre Unfreiheit offenlegt.

In *Giorgione* wird die Profanation der Kunst als negatives Ausgangsargument genommen, um in anachronistischer Weise die Protektion durch andere gesellschaftliche Teilsysteme, in diesem Fall durch Klerus und Aristokratie, zu legitimieren:

> Heut ist es der ‚bildenden Kunst' nicht mehr vergönnt, aus stiller Werkstattweihe, gehegt von der Liebe und Achtung der Könige, der Fürsten, der Patrizier, aufzuerstehen im Glanz der Hochaltäre, der Ratssäle und Paläste, heut ist sie durchaus ein gewagtes Unternehmen des Einzelnen, heut muss die Kunst auf den Markt, die Ausstellung.[31]

Schaukal diskutiert in *Literatur* und *Giorgione* also sehr ambivalent eine Frage, die ihn sein ganzes Leben beschäftigen sollte: Wie ist zu vermeiden, dass Kunst auf ihre Unterhaltungsfunktion reduziert wird, einerseits Demokratisierungs- und andererseits Ökonomisierungsprozessen unterliegt und ihre Autonomie einbüßt? Schaukals religiöse Überhöhung der Kunst ist – wie die Hinwendung

---

29 Vgl. Wolff 2014, S. 529.
30 Vgl. Schaukal, Giorgione. 1907, S. 86 und 119.
31 Schaukal, Giorgione. 1907, S. 107.

zum Adel – ein Versuch, der Verstrickung von Kunst und Kommerz zu entgehen. Beide Lösungsansätze, Aristokratismus und Metaphysik, münden letztlich in eine rückwärtsgewandte Politisierung der Ästhetik.

In Verbindung mit der von Antonio Gramsci entwickelten Theorie der ‚Kulturellen Hegemonie' zeigt sich, dass Schaukal den obengenannten Institutionen, die nach 1900 im künstlerischen Feld über beinahe keinen Einfluss mehr verfügten, wieder jene entscheidenden Funktionen im Prozess der künstlerischen Produktion zuführen wollte, die sie in der Vergangenheit erfüllt hatten, um politische und kulturelle Herrschaft in Einklang zu bringen.

Der neomarxistische Intellektuelle Gramsci suchte bekanntlich nach Erklärungen für das Ausbleiben revolutionärer Erhebungen in den west- und mitteleuropäischen Ländern zu Beginn des 20. Jahrhunderts. Er kam zu dem Schluss, dass Kultur ein ähnlich wichtiger Faktor für die Herausbildung und Festigung von Herrschaftsstrukturen sei wie die ökonomischen Bedingungen. „Zur Sicherung ihrer Hegemonialstellung ist es für die herrschende Gruppe (auch: dominante Kultur) notwendig, subalternen Klassen gegenüber Zugeständnisse zu machen – jedoch unter Wahrung der eigenen Interessen."[32] Für die Interessenswahrung habe eine auf Kompromissbereitschaft und Scheinteilhabe basierende Balance zwischen den kulturbeeinflussenden Instanzen zu bestehen. Schaukal, der als Beamter auch Partei für die bürgerliche Position des Kunst-Schaffenden und -Rezipierenden hätte ergreifen können, assimiliert sich sozusagen selbst und stellt sich mit seinem kritischen und literarischen Schaffen in den Dienst von Adel und Klerus. Ihnen schreibt er affirmativ die kulturelle Hegemonie zu, wobei er auch seinen gesellschaftlichen Platz gesichert weiß, indem er sich die Rolle des ideologisch-vermittelnden Künstlers aneignet. In der Funktion als Kulturvermittler kann Schaukal seine (kultur-)politischen Intentionen und Auffassungen einbringen und sich im künstlerischen Feld um 1900 aufgrund einer politisch legitimierten Diskurshoheit günstig positionieren. Schriftsteller, Philosophen, Künstler, aber auch Kleriker bezeichnet Gramsci als ‚traditionelle Intellektuelle', die sich, wie Schaukal, keiner strukturellen Zugehörigkeit bewusst sein wollen, eine Sonderposition in der Gesellschaft reklamieren und von der herrschenden Klasse zu staatstragenden Intellektuellen erhoben werden. Der vom italienischen Theoretiker als ‚organisch' bezeichnete Intellektuelle werde hingegen aus den eigenen schichtspezifischen Reihen rekrutiert, fühle sich also mit einer Klasse bewusst verbunden. Eine soziale Gruppe verfüge dann über alle Voraussetzungen kultureller Hegemonie, so Gramsci, wenn sie den traditionellen Intellektu-

---

[32] Valerie Knapp, Über den (gramscianischen) Hegemoniebegriff. http://userwikis.fu-berlin.de/pages/viewpage.action?pageId=409534474 [12.5.2015].

ellen assimilieren und für die eigene Ideologie gewinnen könne.[33] Dies ist hinsichtlich Schaukal gelungen. Er argumentiert um 1907 gegen die ungeregelte, marktwirtschaftliche Partizipation seines (verleugneten) Gesellschaftsstandes an den Entwicklungen der Kunst, weil er eine bürgerlich-merkantile – in diesem Kontext auch jüdische – Vereinnahmung der kulturellen Hegemonie befürchtet. Als K.u.k.-Beamter und Dichter ist Schaukals Handlungsort der des Überbaus. Er wurde als Angestellter der herrschenden Klasse und „Funktionär der Hegemonie" instrumentalisiert[34] und hat seinen Einfluss auf die ökonomische Basis im Sinne des Machterhalts der herrschenden Klasse geltend gemacht. Schaukals ambivalente Position spiegelt die Krise einer zahlenmäßig großen und verunsicherten Gesellschaftsschicht zu Beginn des 20. Jahrhunderts wider, die vom Liberalismus enttäuscht war, über kein eigenes Klassenbewusstsein verfügte und soziale Erhebungen fürchtete. Im Sinne Siegfried Kracauers ist Schaukal ein Repräsentant des für die Donaumonarchie sprichwörtlich gewordenen, staatlichen ‚Angestelltenheeres'. Dieses fühlt sich dem demokratisch gesinnten Bürgertum nicht zugehörig und wendet gleichzeitig alle Energien auf, um sich von der Arbeiterklasse abzugrenzen, der sich die Angestellten jedoch vor allem im Zuge der Inflation nach dem Ersten Weltkrieg strukturell annäherten. Schaukals Nobilitierung kurz vor Kriegsende kann als ironischer Schlusspunkt seines gesellschaftlichen Aufstiegswillens betrachtet werden – wenige Monate ist er in die Zweite Gesellschaft integriert, mit dem Zerfall der Monarchie endet dieses aristokratische Zugehörigkeitsgefühl, das sich zum Habitus ausgewachsen hatte, umso schmerzlicher.

Renaissance und Luhmanns Begriff der Autopoiesis

Die These, Schaukal vertrete in seinen Dialogbänden die Forderung nach hierarchischer Standesgliederung und einer daraus resultierenden Kunst-Förderung, wie er sie zur Zeit der Renaissance gegeben sah, kann mit Luhmann systemtheoretisch weitergedacht werden.

Der Soziologe konstatiert, dass nicht das isolierte Werk als Kunst empfunden werde, sondern der Prozess der künstlerischen Kommunikation, die inversiv vom

---

33 Vgl. Dominique Grisoni / Robert Maggiori, Guida a Gramsci. Milano 1975. http://www.nilalienum.com/Gramsci/0_Glossario/GIntellettuali.html; [25.5.2015].
34 Ludwig Paulmichl, Bürgerliche Gesellschaft, Hegemonie, Intellektuelle. Zur konzeptuellen Ausweitung des Intellektuellen im Hinblick auf die revolutionäre Strategie und Organisation Antonio Gramscis. Dissertation. Universität Wien 1988, S. 132.

Ego (Rezipient) zum Alter (Künstler) erfolgt. Luhmann prägt den Begriff der Autopoiesis, das ist die Operation kontinuierlicher Selbstreproduktion innerhalb des Teilsystems, das hier von Interesse ist: der Kunst. In *Giorgione* besteht die Autopoiesis aus mindestens drei Elementen, die eine kommunikative Einheit aus *Information* (die erwähnten Gemälde), *Mitteilung* (Schaukals literarische Auseinandersetzung mit ihnen) und *Verstehen* (die hier vorliegende Analyse) erzeugen.[35]

Welchen Zweck erfüllt nun die Renaissance in diesem Kontext? Sieht man von der bis hierher dargelegten, von Schaukal ausgehenden politisch-ideologischen Lesart ab, so ist der Renaissancebezug auch ein intellektuelles Spiel, das sich im ästhetischen Verfügen und Kommunizieren über ein vertrautes, aber zeitlich entferntes und daher gleichzeitig fremdes Zeichenrepertoire manifestiert. Die Kunstwerke setzen sich ihren systemischen Rahmen sozusagen selbst. Das ist, mit Dirk Niefanger gesprochen, der Kern des ‚produktiven Historismus'.[36] Dieser drückt sich beispielsweise im letzten Abschnitt von *Giorgione* aus, in dem der Künstler eine Verbindungslinie von Giorgione und Tizian über Velázquez und Rembrandt bis zu Watteau herstellt, die sich als „melancholisch-frivoles Spiel mit dem Leben" im Anblick des Endes einer Kulturepoche zeige.

> Heute ist jeder Faden abgerissen zur alten Kultur. Man kann nicht mehr bauen, nicht mehr Feste feiern, nicht mehr Bilder um ihrer selbst willen betrachten, nicht mehr Musik ohne ‚Programm' hören [...]. Der kulturell verwahrloste, traditionsbare Sinn der neuen Menschen begnügte sich. Ihnen war es doch nicht ernst um die schönen zerbrechlichen Dinge aus der zerstreuten Erbschaft. Man wusste ja nicht mit ihnen umzugehen. Sie waren unbequem und im Geheimen vielleicht maliziös. Man befahl, dass ein Strich gezogen werden sollte [...]. Seitdem ist der Künstler kein Glied der Gesellschaft mehr [...]. Wer sich der bourgeoisen Gesellschaft unserer Zeit nicht fügt, wird gebrandmarkt und ausgestoßen [...], deshalb lebe ich im Vineta meiner Bilder und Bücher mein freies Leben, halte Hof wie ein König unter Schemen [...].[37]

Indem Schaukal auf die Renaissance rekurriert, setzt er also spielerisch und produktiv den Historismus für die operative Schließung des Systems Kunst ein. Diese Schließung bezieht sich auf die selbstreferentielle Operation der Autopoiesis, dem wechselseitigen Abhängigkeitsverhältnis innerhalb eines Teilsystems von Elementen, aus denen es besteht, die es produziert und aus denen es sich reproduziert. Schaukals Künstler formuliert eine ähnliche Auffassung während der Betrachtung eines Tiziangemäldes: „Es kommt darauf an, dass man mit der Kunst in ihrem ureigenen Idiom verkehre."[38]

---

35 Vgl. Luhmann, Die Wissenschaft der Gesellschaft. Frankfurt a. M. 1990, S. 31.
36 Vgl. D. Niefanger, Produktiver Historismus. Tübingen 1993, S. 107.
37 Schaukal, Giorgione. 1907, S. 240–243.
38 Schaukal, Giorgione. 1907, S. 152.

Die Vernetzung der Aussage in den Essays mit den historischen Gemälden erfolgt demnach als intermedialer Kommunikationsprozess und ist in seiner selbstreflexiven Bespiegelung, die aus dem Dialog erfolgt, eine Reaktion auf die als krisenhaft wahrgenommene Moderne und ihre Kontinuitätsbrüche. Schaukal sieht diese Zäsur unter anderem durch den Liberalismus und technische Progression bedingt. Ästhetisch begründet er die Krise mit einer zunehmend rationalistischen und vernunftbasierten Geisteshaltung, die er kritisch auf die Aufklärung zurückführt.

Schaukals ‚Expressionismus'

Für Schaukal stellt sich in seiner ab 1904 einsetzenden poetologischen und ästhetischen Findungsphase die Frage nach einer neuen, post-impressionistischen Sprache der Dichtung. Seine theoretische Reflexion überschreitet die mediale Grenze des geschriebenen Wortes und bewegt sich innerhalb eines größeren Rahmens, der hier in Anlehung an Luhmann als das Teilsystem Kunst betrachtet wurde. Vor allem Schaukals Beschäftigung mit der Malerei zeigt ein deutliches Alternieren zwischen rückwärtsgewandten und innovativen Tendenzen, die Versatzstücke des Expressionismus ebenso in den poetologischen Horizont miteinbeziehen wie die großen Epochen der Renaissance und Romantik.

Seit 1902 stand er mit dem Maler Alfred Kubin in Kontakt und im Laufe ihrer 40 Jahre anhaltenden Korrespondenz senden sich die beiden Künstler in Erwartung konstruktiver Kritik immer wieder ihre Werke zu.[39] Schaukal zeigt sich fasziniert vom „Beschwörer des Grauens"[40] und der düsteren Suggestivkraft seiner Bilder. Das Unheimliche avancierte gerade mit dem Unbewussten zum Schlagwort der Zeit, doch Schaukals Interesse rührt hauptsächlich von seiner intensiven Rezeption Hoffmanns, dessen *Magnetiseur* ihn zu einer neuromantischen Dramatisierung des schauerlichen Stoffes inspirierte (*Vorabend*). Schaukals erste Wahrnehmung expressionistischer Elemente lässt sich also auf Kubins Bilder wie Hoffmanns Prosa zurückführen, die sich etwa zur gleichen Zeit besonders stark auf ihn auszuwirken begannen.

Die vordergründige Schnittmenge zwischen Schaukal und den meist jüngeren expressionistischen Dichtern bildet neben der universell ausgerichteten Kunstbetrachtung eine bereits erwähnte antirationalistische, technikkritische Weltsicht,

---

39 Vgl. Karl Koweindl, „Unser Briefwechsel ist so sehr auf Gefühl und intime Aussprache eingestellt." – Alfred Kubin und Richard von Schaukal. In: Eros Thanatos. Jahrbuch der Richard-von-Schaukal-Gesellschaft 2 (1998), S. 27–46, hier S. 27.
40 Vgl. Koweindl 1998, S. 31.

die sich einer naturwissenschaftlichen und mimetischen Herangehensweise an die Kunst widersetzt. „Es kann einer mit derselben Berechtigung seinen Himmel grün malen, wie ihn der andre blau oder rot malt", so der Künstler in *Giorgione*.[41]

Natürlich orientiert sich Schaukal nicht an einer strikten Programmatik des Expressionismus, die sich generell einer eindeutigen Definition entzieht.[42] Viele expressionistische Dichter gebrauchen die Bezeichnung erst retrospektiv oder gar nicht. Karl Kraus verwendet ‚Expressionismus' in der *Fackel* zum ersten Mal 1920, um Albert Ehrenstein und Hugo Sonnenschein zu persiflieren.[43] Der *Fackel*-Leser Schaukal kann ebenso wenig mit dem revolutionären Erneuerungspathos der jüngeren Dichter anfangen wie Kraus. Zu divergent sind die politischen Ansichten, und die avantgardistischen Bestrebungen passen auch formal nicht in Schaukals Kunstkonzept. Doch Antirationalismus, Zivilisationskritik, die Abkehr vom Mimesis-Gedanken und vor allem das messianische Verkündigungspathos sind als gemeinsame Themenkomplexe nicht von der Hand zu weisen.[44] Schaukal vollzieht in seinen beiden Dialogwerken eine Gleichsetzung von Kunst und Religion, die nicht sprachradikal und archaisch wie in Oskar Kokoschkas *Mörder, Hoffnung der Frauen* (1910) abgehandelt, sondern in redundanter Breite erläutert wird. In erster Linie sind Schaukals Novellen *Mimi Lynx* (1904) und *Mathias Siebenlist* (1908) von Elementen getragen, die für die Aufbruchsjahre des Expressionismus konstitutiv waren – von Ichdissoziation und pessimistischer Großstadterfahrung. Die 1914 veröffentlichten *Ehernen Sonette* weisen durch ihren ekstatischen Ausdruck, die syntaktische Brechung und radikale Kriegsbegeisterung auch formal-ästhetische Gemeinsamkeiten zu manchen Gedichten des Expressionismus auf.

Mehr als dem literarischen war Schaukal jedoch dem Expressionismus der darstellenden Kunst zugeneigt, wie seine ambivalente Haltung gegenüber Oskar Kokoschka belegt.[45] 1911 besucht er die „Hagenbund-Ausstellung", in der unter anderem Werke von Anton Faistauer, Kokoschka und Anton Kolig gezeigt werden. Im selben Jahr wendet sich Schaukal mit der Bitte an Ministerialrat Georg von Förster, das Gemälde *Der nackte Knabe* von Anton Kolig, dem Begründer des expressionistischen Nötscher Kreises, zu erwerben. Kurz darauf lässt Schaukal sich und seine Familie von Kolig portraitieren.[46]

---

41 Schaukal, Giorgione. 1907, S. 55.
42 Silvio Vietta / Hans-Georg Kemper, Expressionismus. München 1997, S. 21.
43 Die Fackel 521 (1920), S. 85.
44 Vgl. Thomas Anz, Literatur des Expressionismus. Stuttgart, Weimar 2010, S. 2. Vietta / Kemper 1997, S. 14.
45 Schaukal, Oskar Kokoschka. In: Der Merker 3.21 (1. Novemberheft, 1912), S. 810–815.
46 Vgl. Nachlass Richard Schaukal, Wienbibliothek. H.I.N. 224.461.

Richard Schaukals expressionistische Schlagrichtung ist – ein Gedankenspiel – eher mit dem Auftreten neuer expressiver Darstellungsformen bei Malern der sogenannten Donauschule um 1500, als mit dem literarischen Expressionismus des 20. Jahrhunderts in Beziehung zu setzen. Künstler wie Albrecht Altendorfer und Wolf Huber arbeiten bereits zu jener Zeit mit greller Farbgebung und den Körper verzerrenden Stilelementen, bewegen sich dabei aber innerhalb des christlichen Themenkreises. Ihre Werke erzeugen eine Sogkraft, die aus dem Zusammenwirken von anthropozentrischem Weltbild, dynamischer Religiosität und bedrohlicher Natur resultiert; sie stehen in Tradition des spätgotischen Expressionismus und der italienischen Renaissance (Tizian beeinflusste auch Kokoschka). Das von den Vertretern der venezianischen Renaissance perfektionierte Wechselspiel aus Licht und Schatten findet in Schaukals *Buch Immergrün* literarische Gestaltung, etwa im Kapitel „Lichter im Dämmer".[47] *Buch Immergrün* ist inhaltlich den spätexpressionistischen utopischen Konzepten zuzuordnen, nur dass Schaukal nicht auf die Niederlage der revolutionären Erhebung, sondern auf den Verlust der identitätsstiftenden Monarchie reagiert.[48] Er überführt seine Kulturkritik in kontemplative, neubiedermeierliche Kindheitserinnerungen, die einen unpolitischen Rückzugsraum konstituieren und in ihrer einnehmenden Bildlichkeit wie Gemälde wirken.

Fazit

Die stoffliche Verarbeitung der italienischen Renaissance schlägt sich bei den Dichtern des Fin de Siècle mehrheitlich in dramatischer Form nieder, wie auch Schaukals Dialogwerke zu bestätigen scheinen.[49] Kulturkritik und eine antibürgerliche Haltung werden darin im Stil des Renaissancismus auf der Projektionsfläche einer als kunstsinniger eingeschätzten Vergangenheit ausgeführt.[50] Doch beschränkt sich Schaukal nicht alleine auf die Renaissance als geistig-moralische

---

47 Vgl. Schaukal, Das Buch Immergrün. München 1915.
Die hier angeführten Überlegungen gehen auf den Besuch der Ausstellung „Fantastische Welten. Albrecht Altdorfer und das Expressive in der Kunst um 1500" (17. März bis 14. Juni 2015) zurück, die im Kunsthistorischen Museum Wien zu sehen war.
48 Vgl. Armin A. Wallas (Hg.), Texte des Expressionismus. Der Beitrag jüdischer Autoren zur österreichischen Avantgarde. Linz, Wien 1988, S. 280.
49 Vgl. Uekermann 1985, S. 22.
50 Vgl. Perdita Ladwig, Das Renaissancebild deutscher Historiker 1898–1933. Frankfurt a. M., New York 2004, S. 15.

Lebenshaltung und Kulturbegriff.[51] Die Kunstwerke oder ästhetischen Vorstellungen unterschiedlicher Epochen, sei es Barock, Renaissance oder Expressionismus, rücken ganz plastisch in den Mittelpunkt seiner Texte, wodurch sie ihren abstrakten Charakter ablegen und in autonomieästhetischer Anschauung den Zweck allein in sich suchen: „Das, was Kunst sei, ist dem künstlerisch Empfindenden klar, wie ihm die Natur klar ist, ja noch klarer."[52]

Die Dialogform verdeutlicht, dass Schaukal der Wahrnehmungsäußerung einen höheren Stellenwert beimisst als der jeweils thematisierten Epoche. Ihre Formen und Inhalte greift der Dichter im Sinne des produktiven Historismus zwar auf, entwickelt sie aber in assoziativer Manier weiter, indem er sich ihres ikonographischen Zeichen-Materials[53] bedient (etwa Tizian und Giorgione), um die Renaissance-Kunst in eigene ästhetische Theoreme zu überführen. Dabei ergibt sich eine paradoxe Situation: Schaukal lässt seinen Künstler einerseits den Standpunkt vertreten, Kunst müsse und könne auch nicht besprochen werden; andererseits passiert gerade das unentwegt und mit dem Zweck der Autopoiesis. In Anlehnung an Luhmann wird ersichtlich, dass Schaukal mittels eines vernetzten und selbstreferentiellen Diskurses seine eigenen und die Werke Giorgiones als Reflexionsmedien innerhalb eines abgeschlossenen Systems betrachtet und ihnen dadurch das selbsterhöhende Werturteil zukommen lässt, künstlerisch zu sein. Dieses Verfahren entspringt teilweise auch seiner Auffassung von der Romantischen Ironie. Seine Dialogbände gliedern sich sozusagen selbst in ein überzeitliches Kunst-System ein, wodurch sie Poetizität für sich reklamieren.

Gerd Uekermann beschreibt die Auseinandersetzung der Wiener Dichter mit der Renaissance als Sonderweg, was sich in erster Linie am geringem Einfluss Friedrich Nietzsches zeige. Außerdem rücken Selbstüberwindung, Selbsterziehung und Kunstbegeisterung in den Fokus ihrer Renaissance-Behandlung,[54] und tatsächlich bestimmt ein vordergründig kunstdiskursives Moment auch Schaukals Renaissance-Bezüge.

Eine politische Konnotation erhalten die Werke mit Blick auf Gramscis Begriff der ‚Kulturellen Hegemonie'. Schaukal stellt sich als ‚traditioneller Intellektueller' vermittelnd in den Dienst des Adels. Die im 19. Jahrhundert abnehmende Einflussnahme und Kunst-Protektion von Kirche und Aristokratie stehen für Schaukal in Zusammenhang mit der Kapitalisierung von Kultur. Die Krise des Bürgertums im ausgehenden 19. Jahrhundert und Schaukals antibürgerliche Position, die sich aus Furcht vor dem kulturellen Niedergang als rückwärtsgewandte

---

51 Vgl. Rehm 1969, S. 41.
52 Schaukal, Giorgione. 1907, S. 137.
53 Vgl. Niefanger 1993, S. 138.
54 Vgl. Uekermann 1985, S. 174–179.

Utopie ausdrückt, werden mit Gramscis neomarxistischen Überlegungen plausibel. In „Über den affirmativen Charakter der Kultur" zeichnet Herbert Marcuse darüber hinaus das Bild eines eskapistischen Bürgertums, dem auch Schaukal zugerechnet werden kann und das sich mit der zweckfreien Kunst „[...] ein Reich scheinbarer Einheit und scheinbarer Freiheit aufgebaut [hat], worin die antagonistischen Daseinsverhältnisse eingespannt und befriedet werden sollen."[55]

1908 publiziert Richard Schaukal den von Adolf Loos beeinflussten Aufsatz „Gegen das Ornament", ein weiterer Schritt weg vom Phoenix-Nest seines Jugendstils.[56] Bereits ein Jahr zuvor hatte Schaukal die Inanspruchnahme künstlerischer Traditionen kritisiert, die sich bis heute in Wiens historistischer Architektur ornamental ausdrückt: „Sie kennen sich nicht mehr aus vor Traditionen", so der Künstler zum Gebildeten. „Und stünden Sie heute ohne ihr Erbe von Worten und Namen vor einem alten Bilde, so würden Sie's unfehlbar verraten. [...] Romanische Kirchen, gotische Rathäuser, griechische Parlamente und Renaissance-Universitäten"[57] würden von bürgerlichen Kunstmäzenen in aristokratischer Gebärde errichtet, so der Vorwurf. Einer drohenden Kritik des Stilopportunismus, der sich Schaukal ausgesetzt weiß, kommt er in seinen literarischen Werken zuvor. In *Giorgione* stichelt der Gebildete: „Sie wechseln also Ihre Ansichten wie die Kleider?", worauf der Künstler entgegnet: „Das nicht. Aber ich häute mich. Das ist ein organischer Prozess."[58]

Literatur

Primärliteratur

Bahr, Hermann: Renaissance. Berlin 1897.
Hofmannsthal, Hugo von: Gabriele d'Annunzio. In: Frankfurter Zeitung 37 (219, 9. August 1893), S. 1–3.
Schaukal, Richard von: Literatur. Drei Gespräche. Leipzig, München 1907.
Schaukal, Richard von: Giorgione, oder Gespräche über die Kunst. Leipzig, München 1907.
Schaukal, Richard von: Gegen das Ornament. In: Deutsche Kunst und Dekoration 22 (April–September 1908), S. 12–15.
Schaukal, Richard von: Oskar Kokoschka. In: Der Merker 3.21 (1. Novemberheft, 1912), S. 810–815.

---

55 Vgl. Marcuse 1968, S. 64.
56 Schaukal, Gegen das Ornament. In: Deutsche Kunst und Dekoration 22 (April 1908–September 1908), S. 12–15.
57 Schaukal, Giorgione. 1907, S. 82 und 191.
58 Schaukal, Giorgione. 1907, S. 73.

Schaukal, Richard von: Das Buch Immergrün. München 1915.
Schaukal, Richard von: Kapellmeister Kreisler. Wien 1918 (1906).
Schaukal, Richard von: Beiträge zu einer Selbstdarstellung. Wien 1934.

Sekundärliteratur

Anz, Thomas: Literatur des Expressionismus. Stuttgart, Weimar 2010.
Benjamin, Walter: Das Kunstwerk im Zeitalter seiner technischen Reproduzierbarkeit. In: Ästhetik und Gesellschaft. Grundlagentexte aus Soziologie und Kulturwissenschaften. Hg. von Andreas Reckwitz, Sophia Prinz und Hilmar Schäfer. Berlin 2015, S. 163–182.
Burri, Michael: Theodor Herzl and Richard Schaukal. Self-Styled Nobility and the Sources of Bourgeois in Prewar Vienna. In: Rethinking Vienna 1900. Hg. von Steven Beller. New York 2001, S. 105–131.
Grisoni, Dominique / Maggiori, Robert: Guida a Gramsci. Milano 1975. http://www.nilalienum.com/Gramsci/0_Glossario/GIntellettuali.html [25.5.2015].
Janik, Allan: Vienna 1900 Revisited. Paradigms and Problems. In: Rethinking Vienna 1900. Hg. von Steven Beller. New York 2001.
Kaluga, Katja / Schneider, Katharina J.: Rodaun. Ein unglaubliches kleines Haus. In: Hofmannsthal. Orte. 20 biographische Erkundungen. Hg. von Wilhelm Hemecker und Konrad Heumann in Zusammenarbeit mit Claudia Bamberg. Wien 2014, S. 199–223.
Knapp, Valerie: Über den (gramscianischen) Hegemoniebegriff. http://userwikis.fu-berlin.de/pages/viewpage.action?pageId=409534474 [12.5.2015].
Koweindl, Karl: „Unser Briefwechsel ist so sehr auf Gefühl und intime Aussprache eingestellt" – Alfred Kubin und Richard von Schaukal. In: Eros Thanatos. Jahrbuch der Richard-von-Schaukal-Gesellschaft 2 (1998), S. 27–46.
Kristeller, Paul Oskar: Humanismus und Renaissance. Bd. 2. München 1976.
Ladwig, Perdita: Das Renaissancebild deutscher Historiker 1898–1933. Frankfurt a. M., New York 2004.
Luhmann, Niklas: Die Wissenschaft der Gesellschaft. Frankfurt a. M. 1990.
Luhmann, Niklas: Kunst der Gesellschaft. Frankfurt a. M. 1997.
Marcuse, Herbert: Über den affirmativen Charakter der Kultur. In: Marcuse: Kultur und Gesellschaft I. Frankfurt a. M. 1968, S. 56–101.
Martin, Gunther: Damals in Döbling ... Gestalten und Schauplätze einer Wiener Stadtlandschaft. Wien 1993.
Niefanger, Dirk: Produktiver Historismus. Tübingen 1993.
Paulmichl, Ludwig: Bürgerliche Gesellschaft, Hegemonie, Intellektuelle. Zur konzeptuellen Ausweitung des Intellektuellen im Hinblick auf die revolutionäre Strategie und Organisation Antonio Gramscis. Dissertation. Universität Wien 1988.
Pietzcker, Dominik: Richard von Schaukal. Ein österreichischer Dichter der Jahrhundertwende. Würzburg 1997.
Rehm, Walter: Der Renaissancekult um 1900 und seine Überwindung. In: Rehm: Der Dichter und die neue Einsamkeit. Aufsätze zur Literatur um 1900. Hg. von Reinhardt Habel. Göttingen 1969, S. 34–77.
Sprengel, Peter / Streim, Gregor: Berliner und Wiener Moderne. Vermittlungen und Abgrenzungen in Literatur, Theater, Publizistik. Wien u. a. 1998.

Uekermann, Gerd: Renaissance und Fin de Siècle. Die italienische Renaissance in der deutschen Dramatik der letzten Jahrhundertwende. Berlin, New York 1985.
Vietta, Silvio / Kemper, Hans-Georg: Expressionismus. München 1997.
Wallas, Armin A. (Hg.): Texte des Expressionismus. Der Beitrag jüdischer Autoren zur österreichischen Avantgarde. Linz, Wien 1988.
Warum, Claudia: Richard von Schaukal als Übersetzer französischer Literatur. In: Die österreichische Literatur. Ihr Profil von der Jahrhundertwende bis zur Gegenwart (1880–1980). Hg. von Herbert Zeman. Bd. 1. Graz 1989, S. 297–316.
Wertheimer, Paul: Deutsches Kunstleben. IV. Wien. In: Die Gesellschaft 14.2 (Jan. 1898).
Wolff, Roland: Der Phoenix Literatur. Romantik und Expressionismus im Prozess der Selbstreproduktion des Literatursystems. Heidelberg 2014.

Norbert Bachleitner
Der Naturalismus ist ein „Zwischenakt"
Hermann Bahr und die Tradition

Es ist wohlbekannt, dass Hermann Bahr nach der Jahrhundertwende eine konservative Wende vollzog, zum Katholizismus konvertierte und sich unter anderem auf die Eigenarten der lokalen österreichischen Literatur (der sogenannten ‚Heimatliteratur') und Kunst besann. Im Verlauf dieser Kehrtwendung entdeckte er Goethe als künstlerischen Leitstern, auf österreichischer Seite entsprachen ihm die ‚Klassiker' Grillparzer und Stifter.[1] Im Mittelpunkt soll hier aber Bahrs ‚moderne' Phase der 1890er Jahre stehen, in der er bereits ein nuanciertes Modell für den Umgang mit der literarischen Tradition entwickelt hatte: Danach galt es, die in die Zukunft weisenden Strömungen und Autoren herauszugreifen und auf ihren Pionierleistungen aufzubauen. Dieses dialektische Modell der (Literatur-)Geschichte wird in der Folge am Beispiel von Bahrs Verhältnis zur französischen Literatur und deren Traditionen demonstriert. Zwar findet man radikale Schwüre der Innovation wie diesen: „Es darf keine alte Meinung in uns bleiben, kein Betrug der Schule, kein Gerücht, das nicht Gefühl ist. Es muß ausgeholzt werden, daß der Morgenwind der Freiheit durchstreichen kann, der die Saat herweht. Die Axt muss mörderisch übers Gestrüpp."[2] Wenn man Bahrs Artikel und Thesen genauer betrachtet, findet man aber auch in seinen Lobpreisungen der französischen Dekadenz und des Symbolismus auf Schritt und Tritt die Dialektik von Tradition und Innovation bestätigt.

Das Prinzip der ständigen Innovation auf der Basis des Bestehenden und des Bezugs zur Tradition kann auf Bahrs frühe Studien zur Geschichte, Politik und Nationalökonomie zurückgeführt werden. Das wichtigste Dokument für seine geschichtsphilosophischen Studien ist der Aufsatz „Die Herkunft der Weltanschauungen", in dem er den historischen Materialismus und insbesondere das Modell von Basis und Überbau vertritt. Mit Verweis auf Marx' Kritik der politischen Ökonomie bezeichnet er den ökonomischen Prozess, der „einer ständigen Umbildung unterliegt", als ausschlaggebend für die jeweils herrschenden Ideen

---

[1] Vgl. dazu Donald G. Daviau, Hermann Bahr and Tradition. In: Daviau, Understanding Hermann Bahr. St. Ingbert 2002, S. 440–468; ergänzend zu Stifter: Christiane Zehl Romero, Die „konservative Revolution". Hermann Bahr und Adalbert Stifter. In: Germanisch-romanische Monatsschrift 25 (1975), S. 439–454.
[2] H. Bahr, Die Moderne. In: Bahr, Die Überwindung des Naturalismus. Dresden, Leipzig 1891, S. 1–6, hier S. 4.

und Weltanschauungen, wobei es regelmäßig zu einem „Zwiespalt und Kampf der beiden Weltanschauungen, der überholten und der überholenden" kommt.³ Nur Ideen, die dem gleichzeitigen Zustand der Ökonomie korrelierten, seien ‚wahr', solche, die abgelaufenen Verhältnissen entsprächen, hingegen ‚falsch'. Daraus leitet Bahr sogar das ethische Gebot schlechthin ab:

> Das einzige Gebot, in dem sich alle Ethik zusammenfaßt, lautet: modern zu sein. Aber nicht blos einmal modern zu sein, sondern immer modern zu bleiben und das heißt, weil die Beschaffenheit jenes Korrelats unablässig wechselt, zu jeder Zeit revolutionär sein.⁴

Auch die ästhetische Anforderung an den Einzelnen, die im Mittelpunkt von Bahrs Programm zur Überwindung des Naturalismus stehen wird, ist in dem zuerst 1886 in der Zeitschrift *Deutsche Worte*⁵ erschienenen Aufsatz bereits vorweggenommen: „bis in die Fingerspitzen hinab nervös zu sein",⁶ um die Veränderungen in der Umwelt gebührend zu registrieren.

Sieht man von der vorgängigen Beschäftigung mit Zola in den späten 1880er Jahren ab, so beginnt Bahrs intensive Auseinandersetzung mit der französischen Literatur in den Monaten des Paris-Aufenthaltes 1888/89. Ein Autor und Theoretiker, der in seinen Lektüren und den daraus abgeleiteten kritischen Artikeln aus dieser Zeit ganz besonders in den Vordergrund tritt, ist Paul Bourget. Der Verfasser der *Essais de Psychologie contemporaine* (1883) betrachtet Literatur nicht so sehr vom ästhetischen Gesichtspunkt, sondern als Ausdruck der Geisteshaltung des Autors und als eine Form von Psychologie. Ferner geht Bourget davon aus, dass kulturelle Einflüsse immer erst mit Verzögerung wirken. Daher müsse man zu Baudelaire und den Parnassiens zurückgehen, wenn man die Generation der Lyriker der achtziger Jahre verstehen wolle, und andererseits zu Stendhal und Flaubert, um den zeitgenössischen Roman richtig einzuschätzen. Auf Sten-

---

3 Bahr, Die Herkunft der Weltanschauungen. In: Bahr, Zur Kritik der Moderne. Zürich 1890, S. 5–17, hier S. 12 und 15.
4 Bahr, Die Herkunft der Weltanschauungen. 1890, S. 16.
5 Nr. 6, S. 322–331; der Titel des Aufsatzes lautet dort „Das transzendentale Korrelat der Weltanschauungen". In einem Skizzenbuch von der Mitte der 1880er Jahre fasst Bahr den Succus des Aufsatzes zusammen und fügt, bezogen auf die von Marx und Engels entwickelte Geschichtsbetrachtung, enthusiastisch-vorwurfsvoll hinzu: „Ich habe nachgewiesen, daß lediglich die Denkfaulheit und Gewissenlosigkeit der offiziellen Wissenschaft in Deutschland die Schuld trägt, daß sie nicht längst schon von allen Kathedern ertönt und daß deshalb dem Fortschritt aller geschichtlichen, ökonomischen, politischen und philosophischen Wissenschaft einstweilen aller Weg verrammelt ist." Bahr, Tagebücher, Skizzenbücher, Notizhefte. Bd. 1: 1885–1890. Hg. von Moritz Csáky, bearbeitet von Lottelis Moser und Helene Zand. Wien, Köln, Weimar 1994, S. 54–55.
6 Bahr, Die Herkunft der Weltanschauungen. 1890, S. 17.

dhal führt Bahr prompt die „psychologische Formel" des französischen Romans zurück.[7]

Die Verbindungslinien zwischen den Romantikern und der Generation der 1880er Jahre ergeben sich für Bourget aus dem den beiden Strömungen gemeinsamen Idealismus, Pessimismus, Dilettantismus, Kosmopolitismus (der „Entwurzelung") und dem Hang zur psychologischen Analyse und zur Selbstzerstörung. Von Bourget übernahm Bahr zunächst die auffällige Auswahl der zeitlich schon in die Distanz gerückten Beispieltexte. Auf seine Spanienreise, die Bahr im Anschluss an den Parisaufenthalt antrat, nahm er nach eigenen Angaben seine in Paris gesammelten Bücher mit. Unter diesen Büchern befanden sich neben der *Imitatio* des Thomas à Kempis und den *Fleurs du Mal* Stendhals *Le Rouge et le Noir*, der Roman *Adolphe* von Benjamin Constant, der *Homme libre* von Maurice Barrès und *Mensonges*, ein Roman von Bourget. Diese Werke entsprechen genau dem von Bourget umkreisten Kanon. Zum *Adolphe* hatte er das Vorwort für eine 1889 erschienene Neuausgabe verfasst, Stendhal ist ein langer Abschnitt in den *Essais de Psychologie contemporaine* gewidmet, seinen Freund Barrès hatte Bourget bei Erscheinen von *Sous l'œil des Barbares*, dem ersten Teil der Trilogie *Le Culte du Moi*, durch eine enthusiastische Besprechung lanciert. Wie flexibel Bahr bei der Einschätzung und Verwendung seiner Vorbilder ist, zeigt der Umstand, dass er Barrès später auch als Autorität für die Wende zur Heimatliteratur zitiert.[8] Daviau behauptet sogar, dass Bahr durch Barrès „was led back to Goethe".[9] Tatsächlich schreibt Bahr in seinem Aufsatz über Barrès von 1892, in dem er den jungen Franzosen als Ausbund des „romantische[n] Trotz[es] des quartier latin gegen den bourgeois" interpretiert, dass man „für jeden Gedanken des Barrès ein Gleichniss in Göthe'schen Sätzen finden [könnte], für jedes Capitel ein Goethe'sches Motto". Unter anderem zitiert er dann das folgende Goethe-Diktum: „Ich habe immer dahin getrachtet, mich selbst immer einsichtiger und besser zu machen, den Gehalt meiner eigenen Persönlichkeit zu steigern."[10]

Für uns sind aus Bahrs Leseliste die klar als Romantiker einzuordnenden (Constant) oder der Romantik zumindest zeitlich nahe stehenden Autoren (Stendhal), die eindeutig bereits der Tradition zuzurechnen sind, von besonderem Interesse. Auf Stendhals *Le Rouge et le Noir* gehen wir nicht ein, sondern beschränken uns auf die – durchaus einseitige – Art und Weise, in der Bourget

---

7 Siehe Bahr, Vom jüngsten Frankreich. In: Bahr, Studien zur Kritik der Moderne. Frankfurt a. M. 1894, S. 96–100, hier S. 98.
8 Vgl. Bahr, Selbstbildnis. Berlin 1923, S. 239.
9 Daviau, Hermann Bahr and Tradition, S. 442.
10 Bahr, Maurice Barrès. In: Bahr, Studien zur Kritik der Moderne. 1894, S. 162–177, hier S. 166. Das Zitat stammt aus: Gespräche mit Eckermann, 20. Oktober 1830.

den Autor präsentiert. Bourget betrachtet Stendhal als Schriftsteller, der sein Innenleben und seine Nerven ständig offen legt.[11] Geprägt vom Sensualismus und Materialismus der Aufklärung (im Speziellen von Condillac und Helvétius), führe Stendhal alles Denken auf Empfindungen zurück und widme sich intensiv den états de l'âme: Wenn er eine Figur beschreibe, begnüge er sich mit ganz wenigen Worten über ihr Äußeres, um gleich zu ihrem Denken und Fühlen überzugehen. Er setze seine Figuren aus Ideen und Empfindungen zusammen, seine bevorzugte Technik sei das Selbstgespräch. Stendhals Charaktere sind aus der Sicht Bourgets Psychologen, die sich selbst beobachten, Ergomanen, die sich unablässig mit ihren Emotionen beschäftigen, ihr moralisches Leben bis hin zu den intimsten Geheimnissen unter die Lupe nehmen und über sich selbst nachdenken.[12] Bei seinen Recherchen stoße Stendhal permanent auf noch nicht da gewesene Gefühle und Seelenzustände und folge dem Beben der Nerven seiner Figuren. Die intensive Imagination von seelischen Zuständen kann für den Analytiker sogar den Wert der Realität annehmen, die Analyse die Empfindung stimulieren. Die „reploiments de la conscience sur elle-même",[13] die Selbstreflexion, verbindet Stendhal mit Baudelaire, Constant und den anderen in den *Essais* behandelten Autoren. Auf die übertriebene Selbstanalyse ist nach Bourget auch das Übel des Jahrhunderts, die *décadence*, der Verlust von Spontaneität, Tatendrang und Lebenslust, zurückzuführen. Denn die Analyse verselbständigt sich, sucht und schafft sich immer neue Gelegenheiten zu ausgefallenen Empfindungen mit der Folge des Dilettantismus, Pessimismus und Nihilismus.

Das zweite Buch in Bahrs Reisegepäck, *Adolphe. Anecdote trouvée dans les papiers d'un inconnu*, auf das wir hier eingehen, stammt von dem als Politiker und Romancier hervorgetretenen Benjamin Constant, der zum Kreis um Madame de Staël in Coppet zählte. Der Ich-Roman, der auch als Geschichte der Beziehung Constants zu Madame de Staël gelesen wurde, ist bereits 1816 erschienen und somit das früheste von Bourget präsentierte Beispiel eines psychologischen Romans. In seinem Vorwort zur Ausgabe von 1889, die Bahr benützt haben dürfte, spricht Bourget von einem Missbrauch des analytischen Geistes,[14] der sowohl Baudelaire wie auch Constant kennzeichne. Die uns schon von Stendhal her

---

11 „[E]crivain [...] qui révèle son coeur et ses nerfs à chaque minute" (P. Bourget, Essais de psychologie contemporaine. Etudes littéraires. Edition établie et préfacée par André Guyaux. Paris 1993, S. 177.).
12 „[D]es ergoteurs, qui se demandent sans cesse comment ils sont émus, qui scrutent leur existence morale dans son plus intime arcane, et réfléchissent sur eux-mêmes" (Bourget, Essais de psychologie contemporaine. 1993, S. 186).
13 Bourget, Essais de psychologie contemporaine. 1993, S. 191.
14 „[A]bus de l'esprit d'analyse" (Bourget, Essais de psychologie contemporaine. 1993, S. 19).

geläufige Selbstanalyse wirkt auf Adolphe, und im Besonderen auf seine Liebesfähigkeit, zerstörerisch:

> On peut même dire que c'est là tout le drame d'*Adolphe*: la continuelle destruction de l'amour dans ce coeur de jeune homme par la pensée, et le continuel effort de la maîtresse pour reconstruire, à force de passion et de tendresse, le sentiment qu'elle voit s'écrouler.[15]

Die Geschichte des *Adolphe* ist, da es sich um einen bekenntnishaften Roman über das Innenleben handelt, mit wenigen Sätzen erzählt. Adolphe, ein Jüngling aus gutem Hause, der gerade Studien in Göttingen betreibt, verführt aus Eitelkeit und Langeweile (*ennui*) Ellénore, die langjährige Mätresse eines befreundeten Grafen. Allen Vorurteilen zum Trotz hat sich die aus polnischem Adel stammende Ellénore durch ihr Ausharren an der Seite des Grafen Ansehen verschafft. Nun entwickelt sie jedoch eine abgöttische Liebe für Adolphe – oder glaubt dies jedenfalls – und gibt ihm zuliebe ihre gesicherte Position an der Seite des Grafen auf. Adolphe, der zunehmend unter Druck seiner Familie gerät, die Mätresse aufzugeben, wagt aus Mitleid mit ihr nicht einmal sich selbst einzugestehen, dass er sie nie geliebt hat. Aversion gegen die öffentliche Moral und die ihm zugewachsene Rolle des Beschützers Ellénores halten ihn an ihrer Seite. Bis zu Ellénores Tod einige Jahre später bringt er nicht die Energie auf, sie zu verlassen. Adolphe ist nun zwar befreit, aber innerlich gebrochen. Die komplexen Motive für das ungewöhnliche Verhalten und die Beschreibung der Gefühle und Reaktionen des verhinderten Liebenden füllen den Roman.

Bezeichnend für das Interesse Bahrs an dem Roman ist eines der Zitate, das er aus dem Buch in seinen Skizzen exzerpiert:

> Les sentiments de l'homme sont confus et mélangés; ils se composent d'une multitude d'impressions variées qui échappent à l'observation, et la parole, toujours très grossière et trop générale, peut bien servir à les désigner, mais ne sert jamais à les définir.[16]

Damit hat Bahr treffsicher ein zentrales Problem des Buches herausgefunden, das von dem unweigerlichen Einander-Nichtverstehen, von der Nichtmitteilbar-

---

15 Bourget, Essais de psychologie contemporaine. 1993, S. 21: „Man könnte sogar behaupten, dass das eigentliche Problem des *Adolphe* darin besteht, dass die Liebe im Herzen dieses jungen Mannes durch die Reflexion fortwährend zerstört wird und die Geliebte ständig bemüht ist, das Gefühl, das sie zusammenbrechen sieht, durch Leidenschaft und Zärtlichkeit wieder herzustellen." (Übers. von Norbert Bachleitner)
16 Bahr, Tagebücher. Bd. 1. 1994, S. 297: „Die menschlichen Gefühle sind verwirrt und verwickelt; sie setzen sich aus einer Vielzahl von Eindrücken zusammen, die sich der Beobachtung entziehen, und die Sprache, die sehr grob und allgemein ist, kann sie zwar benennen, aber nicht beschreiben." (Übers. von Norbert Bachleitner)

keit und von der Einsamkeit der Seele handelt. Sehr gut lässt sich darin ferner die von Bourget hervorgehobene Selbstbeobachtung, die zu einer Selbstspaltung führt, studieren. In der folgenden Passage reflektiert Adolphe seine Selbstrechtfertigungen; der Kontext ist seine anfängliche Scheu, Ellénore seine Liebe zu gestehen.

> Je cherchai enfin un raisonnement qui pût me tirer de cette lutte avec honneur à mes propres yeux. Je me dis qu'il ne fallait rien précipiter, qu'Ellénore était trop peu préparée à l'aveu que je méditais, et qu'il valait mieux attendre encore. Presque toujours, pour vivre en repos avec nous-mêmes, nous travestissons en calculs et en systèmes nos impuissances ou nos faiblesses: cela satisfait cette portion de nous, qui est, pour ainsi dire, spectatrice de l'autre.[17]

Die Liebe wird hier dekonstruiert. Immer ist ein Quantum Lüge und Selbsttäuschung, Rationalisierung und auch Bequemlichkeit im Spiel. Man schlittert in die ‚Liebe' hinein und wird von den Umständen gefangen genommen. Der Fall Adolphes und Ellénores, der zunächst als Sonderfall erscheint, konnte leicht als Normalfall und Muster einer Liebesbeziehung aufgefasst werden.

> Ellénore et moi nous dissimulions l'un avec l'autre. Elle n'osait me confier des peines, résultat d'un sacrifice qu'elle savait bien que je ne lui avais pas demandé. J'avais accepté ce sacrifice: je n'osais me plaindre d'un malheur que j'avais prévu, et que je n'avais pas eu la force de prévenir. Nous nous taisions donc sur la pensée unique qui nous occupait constamment. Nous nous prodiguions des caresses, nous parlions d'amour de peur de nous parler d'autre chose.[18]

Die aus der Analyse der Empfindungen resultierende Skepsis gegen die Liebe und die Ehe wurde schon von dem frühen Lesepublikum wahrgenommen und machte zweifellos auch die Attraktion für Kritiker der Décadence wie Bourget – und in seinem Gefolge Bahr – aus. Wie die Problematik und Infragestellung eines homogenen Ich, die in enger Verbindung mit der Nervenkunst steht, ist sie aber

---

[17] B. Constant, Adolphe. Anecdote trouvée dans les papiers d'un inconnu. Paris 1824, S. 33–34: „Ich suchte schließlich nach einer Erklärung, mit der ich mich mit Anstand aus der Affäre ziehen könnte. Ich sagte mir, dass man nichts überstürzen dürfe, dass Ellénore zu wenig auf mein Bekenntnis vorbereitet wäre und dass man lieber noch zuwartete. Um mit uns selbst in Frieden leben zu können, rechtfertigen wir fast ständig unsere Versäumnisse und Schwächen: das stellte gewissermaßen jenen Teil von uns zufrieden, der den anderen beobachtete." (Übers. von Norbert Bachleitner)

[18] Constant, Adolphe. 1824, S. 97: „Wir verbargen uns voreinander. Sie wagte nicht, mir ihre Qual zu gestehen, die aus einem Opfer resultierte, das ich nicht verlangt hatte. Aber ich hatte dieses Opfer angenommen: ich wagte mich nicht über ein Unglück zu beklagen, das ich vorhergesehen hatte, ohne die Kraft aufzubringen, es zu verhindern. Über den einzigen Gedanken, der uns beständig beschäftigte, schwiegen wir uns aus. Wir überhäuften uns mit Zärtlichkeiten und sprachen über unsere Liebe aus Angst, über etwas anderes zu sprechen." (Übers. von Norbert Bachleitner)

eindeutig keine Erfindung der Jahrhundertwende, sondern der Romantik, was Bahr auch gebührend anerkannte.

Ein weiterer prominenter, von Bourget nicht speziell hervorgehobener Décadent ist Villiers de l'Isle-Adam. Bahr hält in seinem diesem Autor gewidmeten Essay fest, dass er von der Spätromantik geprägt war, und zwar von dem „tödliche[n] Ideal der Spätromantik, das in die Wolken überspannt war zum Zerrinnen in Nebel und die Erfüllung des Unerfüllbaren suchte [...]."

> So wurde er ein Sucher, einer von den großen, schmerzlichen Suchern der neuen Kunst, die vielleicht kommen wird und vielleicht auch nur ein äffender Wahn ist, der Wahn eines entkräfteten, in tödliche Ausschweifungen nach dem Unendlichen verlorenen Geschlechts, das nur mehr Wünsche vermag, toll überreizte, ins Phantastische verhetzte Wünsche, für die keine Erfüllung sein kann.[19]

Seine gesamte, von Bourget geleitete Lektüre breitet Bahr erstmals in dem Aufsatz „Die neue Psychologie" (August 1890) aus. Er empfiehlt eine Methode der Analyse, „die durch den Naturalismus gegangen ist und sein Verfahren in sich trägt";[20] das Objektivitätsideal des Naturalismus müsse auf Seelenschilderungen übertragen werden. Und er präzisiert nun: Es genügt nicht mehr, Gefühle zu beschreiben, sie müssen ‚dekomponiert' werden. Naheliegend seien die Ich-Form und der Gestus der Beichte. Es gelte, die ursprüngliche Erscheinung der Gefühle vor dem Bewusstsein zu rekonstruieren, ihre Anfänge in den Finsternissen der Seele bloßzulegen, ähnlich wie in der neuen Malerei nicht so sehr das Sujet, sondern der Eindruck der Farben auf das Auge entscheidend sei. Die Psychologie soll also vom Verstand in die Nerven verlegt werden. ‚Décomposer' ist eine von Bourget in diesem Zusammenhang häufig verwendete Vokabel. Bahrs berühmte Forderung einer Nervenkunst ist also, was nach dem bisher Gesagten nicht mehr überraschen wird, eine direkte Übernahme von Bourget.

Und wo bleibt bei alledem Zola, Bahrs früher Säulenheiliger und Garant des Fortschritts? Er ist überholt, aber noch vonnöten als Autorität, die man nicht einfach von heute auf morgen in die Versenkung verschwinden lassen kann. Er dient zum Beispiel gemeinsam mit den l'art pour l'art-Theoretikern Théophile Gautier, Flaubert und den Brüdern Goncourt dazu, die Gattung des Feenmärchens zu rechtfertigen.[21] Der Doyen des Naturalismus hatte sich in *Le naturalisme au théâtre* prinzipiell positiv über die Féerie geäußert und das Ideal eines

---

19 Bahr, Villiers de l'Isle-Adam. In: Bahr, Zur Kritik der Moderne. 1890, S. 195–199, hier S. 196.
20 Bahr, Die neue Psychologie. In: Bahr, Die Überwindung des Naturalismus. 1891, S. 101–117, hier S. 105.
21 Vgl. Bahr, Isoline. Ein Pariser Brief. In: Bahr, Zur Kritik der Moderne. 1890, S. 170–177, hier S. 172–173.

noch zu schaffenden Gesamtkunstwerkes entworfen, an dem die besten Künstler der Zeit beteiligt sein müssten. Allerdings verschweigt Bahr den Kontext dieser Bemerkung, nämlich eine Gelegenheitskritik aus den siebziger Jahren.[22] Auch hatte Zola ausdrücklich festgehalten, dass er über eine Gattung schreibe, der jeder Anspruch auf ernsthafte Theaterliteratur fehle. Bahr zitiert also sehr eigenwillig, man könnte auch sagen: auf fragwürdige, an der Grenze zur Irreführung angesiedelte Weise.

Eine ähnlich befremdende Position wird Zola anlässlich der Besprechung von Catulle Mendès und der Gruppe der Parnassiens zugeschrieben. Nach Bahr glaubten sie nur an ihr Talent und an die schöne Form. Das Schreiben verstanden sie in neoromantischer Manier als priesterliches Amt, als Kult des wohlgeformten Verses, der nichts aussagen will. Daran anknüpfend interpretiert er: „Sie waren Virtuosen, Gourmands, Sybariten der raffinirten Form und diese Moral Emil Zola's, ‚une phrase bien faite est une bonne action', als Überschrift ihrer Kirche, hätten sie sich wohl gefallen lassen."[23] Wie kommt diese Formel Zolas hierher?

Im *Selbstbildnis* bezeichnet Bahr den Satz als Schlüsselerlebnis, das ihm mit einem Schlag das Geheimnis der Form eröffnet und zur Überwindung des Naturalismus geführt habe: „An diesem Tag begann ein neues Leben für mich. Dieser Satz hat mich erweckt". Und er fährt fort: „Kunst war mir am Ende nichts mehr als Suggestion von Sensationen."[24] Nun vermerkt Bahr tatsächlich in seinem Tagebuch bereits im Januar 1889 den zitierten Zola-Satz.[25] Aber wie schon anlässlich von Zolas angeblicher Verherrlichung des Feenmärchens fragt man sich auch hier zunächst, was dem Meister aus Médan denn da eingefallen sein mag. Die Überprüfung zeigt, dass Bahr wiederum völlig aus dem Zusammenhang gerissen zitiert. Der Satz stammt aus *Le roman expérimental*, der berühmten Sammlung romantheoretischer Abhandlungen, und zwar aus dem Kapitel „La littérature obscène".[26] Er steht dort aber keineswegs als Ermunterung zum Ästhetizismus, sondern im Kontext einer Diskussion erotisch-pikanter Literatur, bei der sich nach Zola besonders deutlich Schmierfinken von Talenten scheiden.

Die Beobachtungen zu Bahrs Verhältnis zur französischen Literatur und deren Verhältnis zur Tradition lassen sie sich in einigen Thesen zusammenfassen:

– Bahr erwähnt durchgehend, dass Symbolismus und Décadence auf romantische Traditionen zurückzuführen sind.

---

22 Emile Zola, La féerie et l'opérette. In: Zola, Le naturalisme au théâtre. Paris 1881, S. 353–371.
23 Bahr, Les Parnassiens. In: Bahr, Zur Kritik der Moderne. 1890, S. 177–185, hier S. 181.
24 Bahr, Selbstbildnis. 1923, S. 233 u. 236.
25 Bahr, Tagebücher. Bd. 1. 1994, S. 96.
26 Zola, La littérature obscène. In: Zola, Le naturalisme au théâtre. 1881, S. 364.

- Er lehnt sich eng an seine Gewährsleute an. Allerdings sind immer wieder Verzerrungen, wahrscheinlich bewusste Missverständnisse, zu konstatieren. Ein Beispiel dafür ist seine eigenwillige Art, Zola zu zitieren. Der Grund dafür, dass Bahr Zola äußerst merkwürdige Positionen zuschiebt, ist der Versuch, ihn für den Symbolismus zu ‚retten'.
- Betrachtet man Bahrs Verhältnis zur französischen Literatur quantitativ, so zeigt sich, dass er mit Abstand am häufigsten Zola und Bourget zitiert (beide erreichen bis 1891 über zwanzig unabhängige Erwähnungen). In diesem Licht erscheint die berühmte „Überwindung" des Naturalismus als Synthese von Zola und Bourget nicht als creatio ex nihilo, sondern als die Anwendung der naturalistischen Beschreibungstechnik auf das Innenleben. Auch hier propagiert Bahr also nicht das blinde Vorwärtsstürmen, sondern das dialektische Modell des Fortschritts. In „Die Krisis des Naturalismus" schreibt Bahr:

> Es gilt einen Bourgetismus, der vor den naturalistischen Geboten besteht. Es gilt einen Naturalismus, der vor den psychologischen Bedürfnissen besteht. Es gilt aus dem Bourgetismus und aus dem Naturalismus heraus eine neue Formel der neuen Psychologie, in welche beide aufgehoben, mitsammen versöhnt und darum in ihrem rechten Gehalte erst erfüllt sind.[27]

Literatur

Primärliteratur

Bahr, Hermann: Die Herkunft der Weltanschauungen. In: Zur Kritik der Moderne. Zürich 1890, S. 5–17.
Bahr, Hermann: Isoline. Ein Pariser Brief. In: Zur Kritik der Moderne. 1890, S. 170–177.
Bahr, Hermann: Les Parnassiens. In: Zur Kritik der Moderne. 1890, S. 177–185.
Bahr, Hermann: Villiers de l'Isle-Adam. In: Zur Kritik der Moderne. 1890, S. 195–199.
Bahr, Hermann: Die Moderne. In: Die Überwindung des Naturalismus. Dresden, Leipzig 1891, S. 1–6.
Bahr, Hermann: Die Krisis des Naturalismus. In: Die Überwindung des Naturalismus. 1891, S. 65–72.
Bahr, Hermann: Die neue Psychologie. In: Die Überwindung des Naturalismus. 1891, S. 101–117.
Bahr, Hermann: Vom jüngsten Frankreich. In: Studien zur Kritik der Moderne. Frankfurt a. M. 1894, S. 96–100.
Bahr, Hermann: Maurice Barrès. In: Studien zur Kritik der Moderne. 1894, S. 162–177.
Bahr, Hermann: Selbstbildnis. Berlin 1923.

---

[27] Bahr, Die Krisis des Naturalismus. In: Bahr, Die Überwindung des Naturalismus. 1891, S. 65–72, hier S. 72.

Bahr, Hermann: Tagebücher, Skizzenbücher, Notizhefte. Bd. 1: 1885–1890. Hg. von Moritz Csáky, bearbeitet von Lottelis Moser und Helene Zand. Wien, Köln, Weimar 1994.
Bourget, Paul: Essais de psychologie contemporaine. Etudes littéraires. Edition établie et préfacée par André Guyaux. Paris 1993.
Constant, Benjamin de: Adolphe. Anecdote trouvée dans les papiers d'un inconnu. Paris 1824.
Zola, Emile: La féerie et l'opérette. In: Zola: Le naturalisme au théâtre. Paris 1881, S. 353–371.
Zola, Emile: La littérature obscène. In: Le naturalisme au théâtre. 1881, S. 364.

Sekundärliteratur

Daviau, Donald G.: Hermann Bahr and Tradition. In: Daviau: Understanding Hermann Bahr. St. Ingbert 2002, S. 440–468.
Romero, Christiane Zehl: Die „konservative Revolution". Hermann Bahr und Adalbert Stifter. In: Germanisch-romanische Monatsschrift 25 (1975), S. 439–454.

Brigitte Stocker
„Grundtypen des geistigen Elends"
Die Autoren Jung-Wiens in Karl Kraus' Zeitschrift *Die Fackel*

In der ersten programmatischen Nummer der *Fackel* findet sich unter anderem folgende Ankündigung des Herausgebers der Zeitschrift: „Das wüste Treiben dieses Herrn, der noch immer Cultur nach Österreich zu bringen vorgibt und immerzu seine Dichterkrönungen vollzieht, wird, bevor er noch in der ersehnten grösseren Tagesredaction landet, in diesen Blättern öfter und schmerzhafter aufgedeckt werden."[1]

Hinter dem Schimpfwort ‚Herr' verbirgt sich eine Schlüssel- und Leitfigur der Wiener Moderne: Der vorher auch namentlich genannte Hermann Bahr ist es, der an dieser Stelle von dem 25-jährigen Karl Kraus in jugendlich ungestümer Weise attackiert wird. Bahr wird in den ersten Jahrgängen der Zeitschrift zu einer der Hauptzielscheiben des Satirikers und bleibt als Objekt der Polemik der Zeitschrift über Jahrzehnte hinweg erhalten. Erst Ende der 20er Jahre erscheint die Figur Bahr nur mehr insofern, als auf vergangene Polemiken und Gerichtsverhandlungen rekurriert wird.

Ein Text aus den ersten Jahrgängen der *Fackel* im Jahr 1901 etwa beginnt mit den Worten: „Herr Hermann Bahr ist aus Linz. Das ist wiederholt an der Hand seiner von schwülstem Fin de siècle-Parfum erfüllten Erstlinge nachgewiesen worden".[2] Auch hier verwendet der Satiriker die Anrede ‚Herr' mit einem höhnischen Unterton und verweist zudem auf Bahrs oberösterreichische Herkunft.

Im weiteren Verlauf der *Fackel* wird Hermann Bahr antonomastisch mit der Chiffre „der Herr aus Linz" belegt und ist für kundige Leser der Zeitschrift damals wie auch heute leicht dahinter erkennbar. Seitdem haftet Hermann Bahr diese Bezeichnung an; ein Beweis dafür ist die bemerkenswerte Tatsache, dass ein Hermann-Bahr-Symposion im Jahr 1984 den Titel „Der Herr aus Linz" trug.[3]

Das käme ungefähr der Vorstellung gleich, dass Kraus-Forscher ein Symposium zu dem Objekt ihres Interesses unter dem Titel der zu Kraus' Lebzeiten pejorativ verwendeten Bezeichnung „Der Fackelkraus" veranstalteten. Die Hart-

---
1 K. Kraus, Die Fackel 1–922 (1899–1936). Photomechanischer Nachdruck mit einem Personenregister von Franz Ögg. Frankfurt a. M. 1977, Heft Nummer 1, S. 28. Im Folgenden zitiert mit der Sigle F und der dazugehörigen Heftnummer und Seitenzahl.
2 F 68, S. 8.
3 Vgl. dazu Margret Dietrich (Hg.), „Der Herr aus Linz". Bericht. Hermann-Bahr-Symposion. Im Rahmen des Internationalen Bruckner-Festes Linz 1984. Linz 1987.

näckigkeit, mit der Bahr die Kraus'sche Antonomasie anhaftet, widerspricht zumindest ein Stück weit der in der *Fackel* wiederholt vorgetragenen Lamentatio über die Wirkungslosigkeit der Kunstform Satire: „Ich weiß wie keiner meiner Todfeinde, daß mir kein praktischer Erfolg beschieden sein kann";[4] oder Kraus konstatiert an anderer Stelle die „völlige Wirkungslosigkeit", die er „wahrlich mit zerknirschter Bescheidenheit"[5] erkenne.

Auch gegen andere zentrale Figuren Jung-Wiens wie Arthur Schnitzler, Hugo von Hofmannsthal und Felix Salten ist Karl Kraus polemisch vorgegangen. Der vorliegende Aufsatz will sich jedoch vor allem mit Kraus' Attacken auf Hermann Bahr beschäftigen. Anhand dieser Figur kann man grundsätzliche Prinzipien der Kraus'schen Satire in Bezug auf historische Personen nachvollziehen.[6] An Bahr lässt sich vortrefflich demonstrieren, dass es dem Satiriker nicht darum ging, das jeweilige Individuum zu attackieren, sondern Typen, die durch die jeweilige Figur repräsentiert werden, mit satirischen Mitteln anzugreifen. Edward Timms spricht in diesem Zusammenhang von einem der Figur „zugrundeliegenden literarischen Archetypus".[7] Für Bahr wählt Timms in seiner Aufstellung von Kraus' „satirischem Strafkatalog" das Paradigma des „Proteus", das dazugehörige „Vergehen" besteht in „journalistischer Doppelzüngigkeit",[8] die natürlich mit der Wandlungsfähigkeit der antiken Figur des Proteus korreliert.

Der Verweis auf das Exemplarische des polemisch attackierten Archetypus ist nicht nur für die Satire des Karl Kraus zentral, sondern allgemein ein gattungskonstituierendes Merkmal dieser Kunstform. Satiriker verweisen grundsätzlich auf die Tatsache, dass das Individuum hinter der exemplarischen Figur zurücktritt. Es geht dem Satiriker nicht um die persönliche Attacke, sondern das Konstatieren eines Missstandes oder systematischen Fehlers.

Das ist für satirische Kunstformen ebenso bezeichnend wie die bereits angesprochenen Verschlüsselungen, von denen nicht nur aus künstlerischen, sondern auch aus strafrechtlichen Gründen Gebrauch gemacht wird. Der geübte Leser der *Fackel* weiß oder wusste diese Verschlüsselungen, die sich immer auch auf vorherige Texte in der *Fackel* beziehen, zu dechiffrieren. Sie sind also, neben den zahlreichen in der *Fackel* integrierten fremden Textsegmenten wie Medienzitaten und Allusionen auf kanonisierte Literatur, als selbstreferentielle Textsegmente

---

4 F 795, S. 11.
5 F 676, S. 50f.
6 „Indem er Bahr angreift, verurteilt Kraus das von diesem verkörperte System." Edward Timms, Karl Kraus. Satiriker der Apokalypse. Leben und Werk 1874 bis 1918. Aus dem Englischen von Max Looser und Michael Strand. Frankfurt a. M. 1999, S. 86.
7 Timms 1999, S. 87.
8 Timms 1999, S. 87, mit Verweis auf Kraus, Frühe Schriften 1892–1896. Bd. 1. Hg. von Johannes J. Braakenburg. München 1979, S. 107.

zu betrachten. Durch diese Anforderung der Dechiffrierung kommt es zu einer Aufwertung der Rolle des Lesers, die eine außerordentlich aktive ist. Ohne dieses tiefere Verständnis für den Kontext der *Fackel* ist der Text niemals komplett, er vervollständigt sich erst durch die Dechiffrierleistung des Rezipienten.

Die Entschlüsselung der Antonomasien und Allusionen macht es dem heutigen Leser zunehmend schwierig, die Polemiken zu verstehen und nachzuvollziehen. Darin besteht auch ein Grundproblem satirischer Texte, die weitaus stärker als andere Literatur an zeithistorische Gegebenheiten gebunden sind. Daraus resultiert eine gewisse Flüchtigkeit, die satirischer Literatur oft den Zugang zum Kanon verwehrt.

Für das weitere Verständnis der Polemik gegen Bahr können deswegen einige Hintergrundinformationen hilfreich sein, zunächst einmal reduziert auf die Fragen: Was hatte Kraus eigentlich gegen Bahr? Warum wurde dieser zum Objekt der Kraus'schen Satire? Und weiterführend: Welche satirischen oder rhetorischen Strategien wendet Kraus gegen den „Herrn aus Linz" sowie die Schriftsteller Jung-Wiens an? Wie werden diese in Figuren der Polemik verwandelt? Welche Kategorien lassen sich für eine satirische Typologie ausmachen? Und natürlich: Wie grenzt sich Kraus davon ab, das heißt: Welche Strategien der Selbstinszenierung werden angewandt, um das Ethos der Persona im Text oder des Textsubjekts zu stärken?

Schon im Jahr 1893, Karl Kraus war zu diesem Zeitpunkt gerade einmal 19 Jahre alt, veröffentlichte er in der *Gesellschaft* einen Text mit dem Titel „Zur Überwindung des Hermann Bahr",[9] der auf Bahrs Essay „Zur Überwindung des Naturalismus" Bezug nimmt. Der Text weist bereits einige der späteren in der *Fackel* geäußerten Hauptkritikpunkte an Bahr auf. Bahr wird dargestellt als Typus des Journalisten, dessen enorme Wandlungsfähigkeit es ihm erlaubt, sich immer neuen Moden anzupassen, daher rührt ja die oben schon erwähnte Bezeichnung des „Proteus", dem von Edward Timms aufgegriffenen satirischen Typus. Der Vorwurf der ständigen Verwandlung und der dazugehörige Typus lassen sich in der Geschichte der Satire bis zu Juvenal zurückverfolgen.

Mit dem Verweis auf die mythologische Figur des Meeresgottes kennzeichnet Kraus die metamorphischen Eigenschaften der Figur Bahr. Dadurch komme die mangelnde Authentizität von Bahr zum Ausdruck, deren Kritik immer schon ein Grundmotiv in satirischen Kunstformen war. Ständige Wandlungen einer Figur heben die Frage auf, was denn nun deren eigentliche Gestalt sei. Man könnte diesen Vorwurf auch als einen Hinweis auf Diskrepanzen verstehen, das heißt, es besteht eine Diskrepanz zwischen der vorherigen Gestalt und der neu angenom-

---

9 Kraus, Zur Überwindung des Hermann Bahr. In: Die Gesellschaft 9 (1893), S. 627–636. In: Kraus, Frühe Schriften. 1979, S. 106.

menen Identität. Es ist evident, dass es zu den Hauptaufgaben satirischer Arbeit gehört, auf Diskrepanzen hinzuweisen.

Was sich vielleicht im weitesten Sinne ebenfalls als Diskrepanz interpretieren lässt, ist Kraus' zentraler Kritikpunkt an Bahr: die Verbindung der Rolle des Kritikers mit der des Dramatikers. Diese Verquickung ist für Kraus völlig unstatthaft, weil sich Bahr als Theaterkritiker natürlich für seine eigenen Stücke einen Vorteil verschaffen und unliebsame Konkurrenz beseitigen konnte. Für Kraus wird Bahr dadurch zum Inbegriff der kulturellen Krise in Österreich; die Literatur unterwerfe sich dem Journalismus und es komme zu einem Verfall der künstlerischen Maßstäbe zugunsten des Kommerzes.

Bahr wird für eine zunehmende Feuilletonisierung der Literatur verantwortlich gemacht. Kraus gibt ihm Mitschuld daran, dass die Grenzen zwischen literarischen und journalistischen Texten immer mehr verwischen. Darin besteht ja auch der Grundvorwurf von Kraus an Heinrich Heine, den der Satiriker in seinem berühmten Essay „Heine und die Folgen" zum Ausdruck bringt. Kraus schreibt in diesem Zusammenhang etwa über Bahr: „meine jahrelange Abwehr seines [also Bahrs] den letzten Ernst unserer Literatur verludernden Treibens."[10]

Als eine ebenso wandlungsfähige Figur erscheint Felix Salten in der *Fackel*. Auch er wird von Kraus aufgrund seiner feuilletonistischen Schreibweise attackiert. Der Feuilleton-Ton simplifiziert nach Kraus nicht nur die Literatur, sondern auch den historisch-politischen Diskurs. Berichte über wichtige Ereignisse werden so zunehmend trivialisiert. Aus diesem Grund sei der Feuilletonstil ein gesellschaftlicher Missstand, den die Satire bekämpfen müsse. Kraus hat sehr früh die Kontinuität erkannt, die zwischen feuilletonistischem Gesellschaftsklatsch und Kriegspropaganda besteht. Wie nah diese beieinander liegen und dass es sich um Kehrseiten der gleichen Medaille handelt, erweist sich im Jahr 1914, als viele Autoren Jung-Wiens in den Chor der Kriegsbegeisterung miteinstimmen. Kraus zeigt, wie die Verblödung durch Prominententratsch, die von der schreibenden Zunft vorangetrieben wird, nahtlos in Manipulation durch die Kriegspropaganda übergeht.

Dieses Schauspiel, der sogenannte „Verrat der Intellektuellen",[11] wiederholte sich unter anderen Vorzeichen im Jahr 1933 und wird von Kraus in der erst posthum erschienenen *Dritten Walpurgisnacht* ausführlich thematisiert. In dem ursprünglich für die *Fackel* konzipierten Heft spielt Bahr keine Rolle mehr, doch wird auf den stets Gesinnung wechselnden Felix Salten als Vorsitzenden der Wiener Gruppe des österreichischen PEN-Klubs eingegangen.

---

10 F 6, S. 26f.
11 Frz. „La trahison des clercs", ursprünglich geprägt von Julien Benda, dessen Buchtitel zum geflügelten Wort geworden ist.

Wenn man im Zusammenhang mit Bahr von Literatur und Kommerzialität spricht, muss man selbstverständlich auch den Prozess erwähnen, den Bahr gegen Kraus führte und auf den Kraus noch viele Jahre später immer wieder in der *Fackel* anspielt. Ausgangspunkt war folgende *Fackel*-Stelle:

„Andere Journalisten lassen sich durch Freiplätze vom Tadeln nicht abhalten; aber ein Kritiker, dem ein Theaterdirector gleich einen Freiplatz in Unter St. Veit schenkt, hat guten Grund – zum Bau einer Villa."[12] Was ist mit dieser Andeutung gemeint?

Kraus spielt darauf an, dass Hermann Bahr von Emmerich Bukovics, dem Direktor des Deutschen Volkstheaters, ein Bauland bei Wien erhalten hatte und weist auf diese Tatsache mit der doppelbödigen Formulierung des ‚guten Grundes – zum Bau einer Villa' hin. Edward Timms hat treffend dazu bemerkt, dass dies „eines der kostspieligsten Wortspiele"[13] der Literaturgeschichte sei. Bahr und Bukovics klagten daraufhin Kraus wegen Verleumdung und dieser, der nicht oft vor Gericht den Kürzeren zog, verlor den Prozess, weil Bahr nachweisen konnte, dass er das Grundstück durchaus bezahlt habe. Der Kaufvertrag wurde allerdings erst fünf Monate nach der Veröffentlichung dieser Anspielung in der *Fackel* abgeschlossen. Trotzdem entschieden die Geschworenen zu Kraus' Ungunsten und dieser musste insgesamt rund 3000 Kronen Strafe und Gerichtskosten zahlen, eine damals überaus stattliche Summe.

Im Zusammenhang mit mangelnder Authentizität ist auch ein anderer Topos der Kraus'schen Polemik gegen Bahr zu sehen, der auch als ein satirischer Hinweis auf Diskrepanz gedeutet werden kann. Bahr geriere sich – so Kraus' Ansicht – wie der alte Goethe. Auf satirische Weise verarbeitet Kraus Bahrs dichterfürstliche Gesten. Dazu finden sich in der *Fackel* einige Beispiele, etwa: „Herr Bahr ist von seiner ‚Zweiten Italienischen Reise' zurückgekehrt."[14] Oder folgende Stelle: „Herr Bahr hat sich kürzlich wieder einmal wie Goethe, der auf der Sonnenhöhe des Lebens steht, benommen."[15] Und zuletzt im selben Heft der *Fackel*: „Herr Bahr spricht wohl wie Goethe, aber er kennt ihn nicht. Beide Eigenschaften bewährt er in derselben Nummer der ‚Zeit'".[16]

Die Diskrepanz bestehe demnach darin, dass Bahr sich einerseits mit Goethe identifiziere, andererseits nur ein sehr begrenztes Wissen um dessen Werke zu besitzen scheine bzw. diese nicht verinnerlicht habe. Seine Auseinandersetzung mit einem sprachlichen Ideal innerhalb der Kraus'schen Welt bleibe demnach lediglich an der Oberfläche.

---

12 F 45, S. 25.
13 Timms 1999, S. 85.
14 F 4, S. 21.
15 F 11, S. 28.
16 F 11, S. 30.

Die Selbststilisierung Hermann Bahrs zum Dichter vom Rang eines Goethe ist selbstverständlich auch ein Ausdruck absoluter Hybris. Nicht nur Bahr wird die Stilisierung zum Weimarer Dichterfürsten vorgeworfen, sondern auch Hugo von Hofman

> Mancher freilich, der diesmal schwieg, konnte sein bisheriges Leben für sich sprechen lassen. Brauchen wir noch zu fragen, wie Hugo v. Hoffmannsthal über Goethe denkt? Wer weiß nicht, dass Goethe der Hoffmannsthal des 18. Jahrhunderts gewesen ist? Und kennt nicht die ganze Innere Stadt das innige Verhältnis des Herrmann Bahr zu dem großen Olympier? Seit Bahr den Naturalismus überwunden hatte und später auch von seinen unklaren, aber umso ungestümeren Forderungen einer vagen Schönheit zurückgekommen war, ist Goethe sein geistiger Führer gewesen.[17]

Im Falle von Hofmannsthal besteht die Diskrepanz natürlich auch darin, dass ein 25jähriger Autor (Hofmannsthal war gleich alt wie Kraus) sich in diesem jugendlichen Alter wie ein gealterter Weimarer Klassiker ausdrückt und inszeniert. Sein Lebensalter steht in krassem Widerspruch zu seiner Attitüde, und aus dieser Diskrepanz bezieht der Satiriker komische Effekte.

Nicht alle Argumente der Satire sind immer unbedingt objektiv oder sachlich, wenn wir etwa an die Formulierung der „Herr aus Linz" denken. Hier und an vielen anderen Stellen in der *Fackel* wird Bahr quasi aufgrund seiner Herkunft lächerlich gemacht.

Rhetoriktheoretisch handelt es sich dabei nach Cicero um ein *argumentum ad hominem*, die Formulierung „der Herr aus Linz" stellt einen Topos dar, der sich auf das *genus* (Abstammung) oder die *natio* (den Volksstamm, hier Oberösterreich) bezieht. Bahr vorzuwerfen, dass er aus Linz ist, ist natürlich kein objektives Argument, aber Satire arbeitet eben nicht nur mit sachlichen Argumenten. Kraus evoziert satirisch das Szenario, der Einfluss von Figuren wie Bahr könnte Wien um den Ruf als Metropole bringen, oder mit anderen Worten: Kraus spielt mit der Befürchtung, Wien könne verlinzt werden. Kraus weist in seiner Satire auf die Gefahren der Provinzialisierung der Hauptstadt durch Figuren hin, die – nach dem Verständnis eines Wiener Schriftstellers – vom ‚Land' stammen. Auch dabei handelt es sich um einen uralten Topos der Kunstform Satire, der sich bis zu Juvenal zurückverfolgen lässt. Der Gegensatz Stadt – Land ist ein Leitmotiv in Juvenals Satiren, doch während bei Juvenal das ländliche Leben der Stadt als erstrebenswertes Ideal entgegengestellt und das städtische Leben als verdorben gekennzeichnet wird, erscheint bei Kraus die Qualität hier umgekehrt.

Auf eine weitere aufschlussreiche Stelle der *Fackel*, die sich mit dem Gegensatz Stadt-Land bzw. Wien-Linz beschäftigt, sei hier noch hingewiesen: „Die

---

17 F 15, S. 14.

Jungwiener Belletristik, die Herrn Bahr, dem Linzer, imponiert, holt von der Leopoldstädter Sprachinsel ihre Naturlaute."[18] Hier weist Kraus satirisch auf die verschiedenen Stilbrüche hin, die er in den Werken der jüdischstämmigen Jung-Wiener Autoren wahrnimmt. Zum einen sind deren Schriften mit einem pathetischen Vokabular und antiquierten Ausdrücken – entlehnt von klassischer Literatur – durchsetzt, zum anderen finden sich oberösterreichische Dialektausdrücke und jüdischer Jargon. Aus der Nachahmung der Stilbrüche, die sich daraus ergeben, bezieht der Satiriker weitere komische Effekte.

Edward Timms hat darauf hingewiesen, dass die historische Person und die fiktive Gestalt Bahrs in der *Fackel* schwer voneinander zu trennen sind.[19] Laut Timms schwebt Bahr in der *Fackel* zwischen beiden Polen. Man könnte auch dahingehend argumentieren, dass Kraus dies bewusst offenlässt bzw. mit der Fiktionalität der Figuren spielt. Dazu betrachte man eine aufschlussreiche *Fackel*-Stelle aus den 30er Jahren: Kraus merkt an, dass „die Figuren meines satirischen Reiches wiewohl unverrückbar diesem zuständig, doch zeitweise Urlaub in die Wirklichkeit nehmen".[20] Historische Figuren werden in diesem selbstbewussten Statement des satirischen Ichs zu Gestalten der *Fackel* transformiert. Dieses Spiel mit dem doppelten Boden der Satire bzw. der Fiktionalität ihres äußeren Anlasses sprengt sicher einen herkömmlichen literaturwissenschaftlichen Figurenbegriff. Darin manifestiert sich auch die Autotelie des satirischen Kunstwerks, das eben nicht nur eine Reaktion auf das jeweilige zeithistorische Ereignis darstellt, sondern durch seine literarische Gestaltung zum polemischen Kunstwerk mit ästhetischen Gesetzmäßigkeiten wird, das weder zweckorientiert ist noch den Wahrheitsanspruch politisch-historischer Schriften erhebt.

Kraus geht es nicht um die Privatperson oder die historische Gestalt hinter dem Namen Bahr. Dem Satiriker geht es um die Konfrontation mit der verkehrten Welt, durch die der satirische Impuls erfolgt. Kraus will die strukturellen Fehler, die Bahr verkörpert, attackieren, in seinem Fall also die unselige Verbindung von Literatur und Journalismus oder Literatur und Kommerzialität. Die historische Person wird in der Satire zum Typus oder, wie Timms bemerkt hat, zum Archetypus, da sich diese repräsentativen Gestalten bis auf Grundmuster der Satire in der Antike zurückverfolgen lassen.

Die Figuren Salten, Hofmannsthal, Bahr stehen also für „Grundtypen des geistigen Elends",[21] die gegen das Sündenregister im Strafkatalog der *Fackel* verstoßen, wie Timms es so treffend ausgedrückt hat. Dieser Strafkatalog ist nicht

---

18 F 43, S. 26.
19 Timms 1999, S. 84.
20 F 838, S. 2.
21 F 289, S. 8. Vgl. Timms 1999, S. 88.

so verschieden von dem anderer Satiriker. (Er umfasst etwa Vergehen wie mangelnde Authentizität, Eitelkeit, Geschwätzigkeit, Bestechlichkeit, Habgier etc.) Der Strafkatalog ist generell abhängig von den jeweiligen gesellschaftlichen Normen, er ändert sich also höchstens mit den moralischen Maßstäben.

Dabei stellt sich natürlich immer die Frage, weshalb der Satiriker sich in die Rolle des Richters begeben darf, also mit welcher Legitimation seine Anklagen und Urteile erfolgen. Der der Satire zugrundeliegende Affekt ist zunächst einmal die Aggression. Diese geäußerte Aggression der Kunstform Satire verstößt grundsätzlich gegen das rhetoriktheoretische Prinzip des Aptum, sie ist unangemessen und ein Verstoß gegen die soziale Norm. Deswegen muss der Satiriker durch die Selbstinszenierung im Text Ethos aufbauen. In der *Fackel* ist das satirische Ich in vielen Texten außerordentlich stark präsent. Jene *Fackel*-Passagen, in denen die Persona ausgestaltet wird und in denen polemisches Pathos meistens zugunsten eines eher locker parlierenden Stils in den Hintergrund tritt, erzeugen nicht nur Komik, sondern erfüllen eine weitere zentrale Aufgabe: Sie dienen der captatio benevolentiae und dem Aufbau des rhetorischen Ethos. Darin besteht eine der Hauptfunktionen der Persona im satirischen Text. Diese wird als finanziell unabhängig gestaltet (die *Fackel* muss sich nicht über ein Annoncenwesen finanzieren), sie wird geschildert als ein Außenseiter des Literaturbetriebes, und – ein überaus wichtiger Punkt – als keiner politischen Partei zugehörig; dieser Hinweis erfolgt schon im ersten Heft.[22] Eine wichtige Strategie ist also, sich immer – wenn möglich – abzugrenzen und als Außenstehenden zu inszenieren, mit Hinweis auf die eigene Unabhängigkeit, über die Kraus ja aufgrund seiner glücklichen ökonomischen Situation verfügte. In Bezug auf die Dichter Jung-Wiens ist es für das satirische Ich ganz entscheidend, sich außerhalb der literarischen Mode zu positionieren, die sich ständig ändert, wie eben der Geschmack der Jung-Wiener Autoren. Auch dadurch kann das Ethos aufgebaut werden; der Herausgeber der *Fackel* macht deutlich, dass er nicht jeder kurzlebigen Modeerscheinung folgt.

Zum Abschluss stellt sich noch die Frage nach dem Wahrheitsgehalt der Satire. Wie schon erwähnt hat Timms bemerkt, dass nur schwer eine Grenze zwischen der historischen Figur und der fiktiven Gestalt zu ziehen ist. Das gilt übrigens auch für die Persona im Text, die zweifelsohne viele Eigenschaften der Person Karl Kraus' aufweist und trotzdem – das ist eine literaturwissenschaftliche Binsenweisheit – nicht mit dieser deckungsgleich ist. Darin liegt auch der doppelte Boden der Satire, die eben nicht politische Meinungsäußerung, sondern – wie oben schon erwähnt – ein autotelisches, ästhetisches Kunstwerk ist.

---

22 „Freudig trägt er das Odium der politischen »Gesinnungslosigkeit« auf der Stirne, die er, »unentwegt« wie nur irgendeiner von den ihren, den Clubfanatikern und Fractionsidealisten bietet." F 1, S. 1.

Wenn es sich also nicht um historische Personen handelt, sondern um Figuren mit fiktionalen Elementen, wie steht es dann um den Wahrheitsgehalt der Satire? Um das Problem zu verdeutlichen, sei in aller Kürze auf die *Dritte Walpurgisnacht*[23] eingegangen, Kraus' zu Lebzeiten nicht publizierte satirische Auseinandersetzung mit dem Nationalsozialismus; ein Text, dessen exorbitanter Gebrauch von Zitaten und Anspielungen selbst den von Kraus davor gepflegten Allusionsreichtum übersteigt, und mit dem Kraus seine satirische Montagetechnik auf die Spitze getrieben hat. In diesem großen intertextuellen Fragment sind auch Augenzeugenberichte von Folterungen montiert; hier ist die Frage nach dem Wahrheitsgehalt des Textes eine ganz zentrale und es ist schier unmöglich, in diesem Zusammenhang von Fiktionalität zu sprechen. Oder wie verhält es sich etwa mit der Figur des Joseph Goebbels, die in diesem Text eine entscheidende Rolle spielt? Ist Goebbels hier eine historische Gestalt oder eine literarische Figur? Diese drastischen Beispiele seien an dieser Stelle erwähnt, um das Problem zu verdeutlichen.

Es ist eine der vielen Leistungen der *Dritten Walpurgisnacht*, dass der Text sich nicht allein auf die Täter konzentriert, sondern auch den Opfern Raum gibt, dass die Täter nicht dämonisiert werden und somit auch kein Faszinosum von ihnen ausgehen kann. Diese Figuren scheinen austauschbar, weil es sich um Typen handelt. Kraus nimmt damit die Auseinandersetzung von Hanna Arendt mit Eichmann und der „Banalität des Bösen" schon vorweg. Goebbels wird als skrupelloser Journalist geschildert, dem es leider nicht gelungen ist, eine Stelle bei einer der angesehenen liberalen Zeitungen zu erlangen, für die er sich dutzendfach beworben hatte, bevor er zum Nationalsozialismus kam. Deswegen heißt es in der *Dritten Walpurgisnacht*: „Wäre Herr Goebbels rechtzeitig beim Berliner Tageblatt angekommen, dem er nicht nur kosmisch zugestrebt hat, so wäre ihr mehr als dessen Gleichschaltung erspart geblieben."[24] Kraus kennzeichnet durch eine bemerkenswerte Collage aus Zeitungsdeutsch der liberalen Presse und Ausschnitten aus Goebbels-Reden den Stil des Propagandaministers und wie dieser den Slang der verhassten jüdischen Journalisten für die Zwecke der nationalsozialistischen Propaganda adaptierte.

Dieses drastische Beispiel soll verdeutlichen: Die historische Gestalt ist für die Kunstform Satire nicht von Bedeutung; sie ist bei Weitem nicht so wichtig wie die gesellschaftlichen Missstände, die angegriffen werden sollen. Deswegen verschwindet die historische Person etwa eines Hermann Bahr hinter dem Typus, der polemisch behandelt wird. Durch den Verweis auf satirische Archetypen

---

[23] Kraus, Dritte Walpurgisnacht. In: Kraus, Schriften. Bd. 12. Hg. von Christian Wagenknecht. Frankfurt a. M. 1989.
[24] Kraus, Dritte Walpurgisnacht. 1989, S. 310.

kommt es zu einer Fiktionalisierung der Figur, wodurch diese in ein Referenzsystem eingefügt wird. Auch dadurch entstehen intertextuelle Verweise innerhalb des über 22.000 Seiten starken Textkorpus *Die Fackel*.

Der eingezogene doppelte Boden macht auch den Reiz des satirischen Spiels mit den realen Gestalten aus. Der ästhetische Aspekt satirischer Kunstformen sollte bei einer Analyse, die sich mit der Verarbeitung historischer Personen innerhalb der Satire auseinandersetzt, niemals außer Acht gelassen werden. Das bedeutet allerdings nicht, dass es nicht wie im Falle des Bahrschen Grundstückes zu strafrechtlichen Konsequenzen kommen kann. Auch aus diesem Grund bedient sich die Satire rhetorischer Figuren wie Antonomasie und Allusion, um ihre Aussagen zu verschlüsseln.

Literatur

Primärliteratur

Kraus, Karl: Die Fackel 1–922 (1899–1936). Photomechanischer Nachdruck mit einem Personenregister von Franz Ögg. Frankfurt a. M. 1977.
Kraus, Karl: Frühe Schriften 1892–1896. Bd. 1. Hg. von Johannes J. Braakenburg. München 1979.
Kraus, Karl: Dritte Walpurgisnacht. In: Kraus: Schriften. Bd. 12. Hg. von Christian Wagenknecht. Frankfurt a. M. 1989.

Sekundärliteratur

Dietrich, Margret (Hg.): „Der Herr aus Linz". Hermann-Bahr-Symposion im Rahmen des Internationalen Bruckner-Festes Linz 1984. Linz 1987.
Timms, Edward: Karl Kraus. Satiriker der Apokalypse. Leben und Werk 1874 bis 1918. Aus dem Englischen von Max Looser und Michael Strand. Frankfurt a. M. 1999.

IV **Das Andere der Moderne**

Marie Kolkenbrock
Grenztilgung und Wundersinn

Okkultismus und Moderne in Arthur Schnitzlers Erzählungen

Dass Okkultismus und Moderne um 1900 in einer intensiven wechselseitigen Beziehung stehen, die über ein oppositionelles Spannungsverhältnis hinausgeht, ist in der literatur- und kulturwissenschaftlichen Forschung der letzten zwei Jahrzehnte verschiedentlich herausgearbeitet worden.[1] Priska Pytlik beispielsweise hat dargestellt, dass es sich beim Okkultismus um 1900 um ein „kulturhistorisches Phänomen [handelt], das sowohl in Spannung als auch in Affinität zur Moderne stand und auf der einen Seite als regressiv, auf der anderen als modernewirksam zu beurteilen ist."[2] Bezüglich der oft als wissenschaftskritisch – und damit anti-modern – beschriebenen Haltung des Okkultismus muss betont werden, dass sich okkultistische Bewegungen, wie etwa der Spiritismus, gerade der wissenschaftlichen Sprache und Methodologie bedienten: So war es das erklärte Ziel des Spiritismus, die Existenz des Jenseits und sein Hineinwirken in die irdische Welt wissenschaftlich zu beweisen. In diesem Sinne wäre die Beschäftigung mit dem Übernatürlichen und seinen möglichen Kräften nicht einfach als ‚anti-modern' oder ‚anti-rationalistisch' zu verstehen, sondern vielmehr auch als Rationalisierungsversuch, der Glaube durch Wissen ersetzen sollte.[3]

Im Hinblick auf die wichtige Bedeutung des Okkultismus für die literarische Produktion um 1900 ist überzeugend gezeigt worden, dass sich der Einfluss des Okkultismus nicht nur auf die sogenannte phantastische Literatur beschränkt, sondern sich auch in Werken von kanonischen Autorinnen und Autoren der Moderne, die gemeinhin nicht mit okkulten Motiven und Themen in Verbindung

---

[1] Vgl. z.B. Mystique, mysticisme et modernité en Allemagne autour de 1900 / Mystik, Mystizismus und Moderne in Deutschland um 1900. Hg. von Moritz Baßler und Hildegard Châtelier. Strasbourg 1998; Georg Braungart, Spiritismus und Literatur um 1900. In: Ästhetische und religiöse Erfahrungen der Jahrhundertwenden II: um 1900. Hg. von Wolfgang Braungart, Gotthard Fuchs und Manfred Koch. Paderborn 1998, S. 85–92; Astrid Kury, „Heiligenscheine eines elektrischen Jahrhunderts sehen anders aus". Okkultismus und die Kunst der Wiener Moderne. Wien 2000; Priska Pytlik, Okkultismus und Moderne. Ein kulturhistorisches Phänomen und seine Bedeutung für die Literatur um 1900. Paderborn, München, Wien, Zürich 2005; Uwe Spörl, Gottlose Mystik in der deutschen Literatur um die Jahrhundertwende. Paderborn, München, Wien, Zürich 1997; Helen Sword, Ghostwriting Modernism. Ithaca, NY, London 2002.
[2] Pytlik 2005, S. 195.
[3] Vgl. Ulrich Linse, Geisterseher und Wunderwirker. Heilssuche im Industriezeitalter. Frankfurt a. M. 1996, S. 17.

DOI 10.1515/9783110549539-015

gebracht werden, nachweisen lässt.⁴ Arthur Schnitzler, der zwar den Glauben an die Existenz und Wirkmacht einer übersinnlichen Welt nicht bestritten hat, jedoch betonte, „mit den Flüchtlingen des Gedankens, den Mystikern und Okkultisten, von den Spiritisten gar nicht zu reden, [...] nichts zu tun haben"⁵ zu wollen, ist allerdings bisher eher selten in diesem Zusammenhang betrachtet worden.⁶ Eine der wenigen Ausnahmen bildet die jüngst erschienene Monographie von Gert K. Schneider, der ausdrücklich *Das Okkulte als Weltanschauung und seine Manifestationen im Werk Arthur Schnitzlers* untersucht, wie bereits aus dem Titel seiner Studie hervorgeht.⁷ Während Schneider im ersten Teil seines Buches Arthur Schnitzlers persönliche Haltung zum Okkultismus darlegt, zeigt er im zweiten, ausführlicheren Teil auf detaillierte Weise die okkulten oder okkult anmutenden Elemente in Schnitzlers Texten auf. Wenn er auch deren häufig ironische Darstellung keineswegs übersieht, konzentriert er sich auf die Wahrnehmbarkeit einer „kosmischen Urkraft",⁸ deren Annahme im okkultistischen Diskurs um 1900 zentral gewesen sei und die sich auch in Schnitzlers Werken nachweisen lasse. Am Schluss der Studie steht die These, dass Schnitzler durch die Einbeziehung okkulter Elemente in sein Werk „Zweifel an unserer bestimmbaren Welt"⁹ erwecke. Auf diese Weise ließen seine Texte „uns ahnen, dass es eine Macht gibt, die über uns schwebt, eine Macht oder Kraft, zu der wir unter gegebenen Umständen Zugang haben können."¹⁰

In diesem Aufsatz soll es weniger um eine solche metaphysisch-weltanschauliche Bewertung dieser okkulten „Macht" in Schnitzlers Texten gehen als vielmehr um die Frage, welche soziokulturellen und ästhetisch-poetologischen Funktionen die Verwendung okkulter Elemente erfüllt. In literarischer Form evo-

---

4 Vgl. Pytlik 2005, S. 17f., Sword 2002, S. 77ff. Vgl. auch Gero von Wilpert, Die deutsche Gespenstergeschichte. Motiv – Form – Entwicklung. Stuttgart 1994, S. 373.
5 A. Schnitzler, Briefe 1913–1931. Hg. von Peter Michael Braunwarth, Richard Miklin, Susanne Pertlink und Heinrich Schnitzler. Frankfurt a. M. 1984, S. 551.
6 Eine frühe Annäherung bietet die Studie von Michael Imboden, Die surreale Komponente im erzählenden Werk Arthur Schnitzlers. Bern 1971. Einen kurzen Abriss über okkulte Motive bei Schnitzler liefert der Aufsatz von Theodor W. Alexander, From The Scientific to The Supernatural in Schnitzler. In: The South Central Bulletin 31.4 (1971), S. 164–167.
7 G. K. Schneider, Grenzüberschreitungen: Energie, Wunder und Gesetze. Das Okkulte als Weltanschauung und seine Manifestationen im Werk Arthur Schnitzlers. Wien 2014. Auch Pytlik nennt Arthur Schnitzler als Beispiel „für das auch in Wien vorliegende Interesse an zeitgenössischen Untersuchungen zu parapsychischen Phänomenen (Telepathie, Hellsehen)", konzentriert sich in ihrer Analyse dann aber auf München und Berlin als okkultistische Zentren der Moderne (Pytlik 2005, S. 91).
8 Schneider 2014, S. 203.
9 Schneider 2014, S. 207.
10 Schneider 2014, S. 207.

zieren okkulte Elemente in der Literatur der Moderne auch ‚Geister' früherer literarischer Traditionen, namentlich die der deutschsprachigen Schauerromantik und der englischen Gothic Novel. Die Schauerromantik, so haben unlängst Barry Murnane und Andrew Cusack vorgeschlagen, kann allerdings auch als German Gothic klassifiziert werden, wodurch die Verwandtschaft der beiden Genres hervorgehoben wird und sich ihr gemeinsames ‚Nachleben' in Texten der Moderne eindeutiger fassen lässt.[11] Der ästhetische Effekt dieser postromantischen oder Gothic-ähnlichen Schreibweisen um 1900, so argumentiert Murnane, sei ähnlich, aber weniger phantastisch als in den ursprünglichen Gothic Novels und Schauernovellen um 1800: Beide hätten eine Erschütterung des Bürgerlich-Alltäglichen zur Folge.[12] Auch in Schnitzlers Texten, so soll gezeigt werden, lassen die okkulten Elemente die Traditionen des Gothic bzw. der Schauerromantik anklingen. In diesem Sinne stellt sich die Frage, inwieweit die durch die okkulten Elemente in Schnitzlers Texten hervorgerufenen „Zweifel an unserer bestimmbaren Welt" insbesondere auf eine Verunsicherung über die Konstruktionen von *sozialer* Wirklichkeit zurückzuführen sind. Damit ließen sich der okkulte Wunsch nach einer Transzendenz der irdischen Welt und die Annahme einer höheren Macht als das Bedürfnis verstehen, die Möglichkeit einer Existenz im Jenseits der bürgerlichen Kultur zu explorieren. Um dieser These nachzugehen, möchte ich mich exemplarisch drei der wenigen Schnitzler-Texte widmen, in denen das Thema des Okkultismus explizit eine Rolle spielt, und zwar den Erzählungen *Die Weissagung, Das Schicksal des Freiherrn von Leisenbohg* und *Das Tagebuch der Redegonda*.

Der homodiegetische Erzähler in der Novelle *Die Weissagung* (1905), seines Zeichens Schriftsteller, berichtet über seine Begegnung mit dem Gutsbesitzer Franz von Umprecht, der während seines Militärdienstes vor zehn Jahren von dem jüdischen Magier Marco Polo mit einem angeblichen prophetischen Bild konfrontiert wurde. In diesem Bild schien Umprecht – auf den Tag genau zehn Jahre später – tot auf einer Bahre zu liegen, umringt von einer trauernden Frau und weinenden Kindern. In einem von dem Erzähler geschriebenen Theaterstück, das exakt am zehnten Jahrestag der Prophezeiung auf dem Anwesen von Umprechts Onkel aufgeführt werden soll, findet Umprecht nun die ihm von Marco Polo gezeigte Szene wieder. Indem er dafür sorgt, dass er die Hauptrolle in dem Stück bekommt, hofft er, die tödliche Konsequenz der Prophezeiung umgehen zu können, was ihm allerdings nicht gelingt: Am Ende stirbt er nicht nur den Bühnentod, sondern auch tatsächlich. Obwohl Umprecht um jeden Preis

---
[11] Popular Revenants. The German Gothic and Its International Reception, 1800–2000. Hg. von Andrew Cusack und Barry Murnane. Rochester, NY 2012, S. 2.
[12] B. Murnane, Haunting (Literary) History. An Introduction to German Gothic. In: Popular Revenants. 2012, S. 10–43, hier S. 26.

versucht hat, der Erfüllung des Bildes zu entgehen, stellt sich am Ende heraus, dass all seine Handlungen ihn zu dem in dem Bild erschienenen Moment und damit zu seinem Tod geführt haben.

Nachdem er Marco Polos prophetisches Bild erhalten hat, schwankt Umprecht im Verlauf der Erzählung zwischen Insistieren auf Autonomie und Selbstbestimmtheit („Vor allem war es mir klar, daß ich mein Schicksal vollkommen in der Hand hatte [...]."[13]) und dem Gefühl, einer unheimlichen Macht nicht entkommen zu können: „Und mir war es immer klarer, daß ich mit irgend einer unbekannten höhnischen Macht in einem ungleichen Kampf begriffen war [...]."[14] Dieses Gefühl von Autonomieverlust ist direkt gekoppelt an den Auftritt Marco Polos, der neben seinen Weissagungen auch seine Hypnosekünste zum Besten gibt. Mit der Darbietung seiner okkulten Fähigkeiten löst er bei den Offizieren ein gewisses Grauen aus:

> Nicht ohne Grauen sahen wir alle zu, wie der [...] Kadett, in Schlaf versetzt, den Befehlen des Zauberers gehorchend, zuerst durchs offene Fenster sprang, die glatte Mauer bis zum Dach hinaufkletterte, oben knapp am Rand um das ganze Viereck herumeilte und sich dann in den Hof hinabgleiten ließ.[15]

Diese Empfindung des Grauens ist ein wiederkehrendes Motiv nicht nur in vielen Texten Schnitzlers, sondern auch in der romantischen Schauerliteratur, wie Manfred Schneider festgestellt hat: „Die Romantik erfand die Ästhetik des Grauens als beobachtetes Fading von Differenzen."[16] Nach Schneider stellt sich das literarische Grauen ein, wenn Subjekte mit zunehmend verschwimmenden Differenzen konfrontiert werden, die ihnen zuvor als sicher und nicht verhandelbar galten: Dabei gehe es vor allem um eine Inkongruenz von dem, was die Sinne dem Verstand melden, und dem, was der Verstand für möglich und plausibel hält. Das Grauen setzt in der Novelle *Die Weissagung* zwar nicht durch die Verwischung der Grenze zwischen belebt und unbelebt ein, auf die sich Schneider in seiner Analyse von Texten E. T. A. Hoffmanns konzentriert, jedoch ist der Effekt, dass der beobachtende Verstand beim Erleben des Unterscheidungsverlusts ein Versagen der Sinne registriert, durchaus auch hier zu finden: Das Grauen der Offiziere beim Anblick von Marco Polos Hypnosekünsten bezieht sich natürlich zunächst einmal auf die waghalsige Situation, in die der Kadett durch

---

13 Schnitzler, Die Weissagung. In: Schnitzler, Gesammelte Werke. Die erzählenden Schriften. Zwei Bände. Bd. 1 (im Folgenden zitiert als ES I), S. 598–619, hier S. 609.
14 ES I, S. 612.
15 ES I, S. 605.
16 M. Schneider, Das Grauen der Beobachter. Schriften und Bilder des Wahnsinns. In: Bild und Schrift in der Romantik. Hg. von Gerhard Neumann und Günter Oesterle. Würzburg 1999, S. 237–253, hier S. 248.

diese gebracht wird, aber wird wohl vor allem durch die Grenzverwischung von bewusstem und unbewusstem Zustand, von Autonomie und Heteronomie ausgelöst. Die Überschreitung der Grenze von einem bewussten, autonomen in einen unbewussten, nicht-autonomen Zustand ist außerdem, wie gleich deutlich werden wird, hier eng verschaltet mit einer Grenzverwischung zwischen der Position des Selbst im Bereich der Norm und der Position des aus diesem Bereich ausgeschlossenen und ihn damit definierenden Anderen.

Der in Umprechts Regiment generell herrschende Antisemitismus scheint noch geschürt zu werden von dem Eindruck der nicht-jüdischen Offiziere, dass die Grenzen zwischen der nicht-jüdischen Norm und dem jüdischen Anderen zunehmend aufgelöst werden.[17] So berichtet Umprecht:

> Wir waren besonders gereizt gegen dieses Volk [d. i. die Juden], weil ein Prinz, der unserem Regiment als Major zugeteilt war, den Gruß der Juden – ob nun als Scherz oder aus Vorliebe, weiß ich nicht – mit ausgesuchter Höflichkeit erwiderte und überdies mit auffallender Absichtlichkeit unseren Regimentsarzt protegierte, der von Juden abstammte.[18]

Auch Marco Polo wird von dem Prinzen respektvoll behandelt: „Er [Marco Polo] wandte sich dabei an den Prinzen, der auf ihn zutrat und ihm – natürlich ausschließlich, um uns zu ärgern – die Hand schüttelte."[19] Die Höflichkeit des Prinzen und auch Marco Polos eigenes selbstbewusstes Auftreten wird von den Offizieren als Provokation empfunden, weil hier die Grenze, die ihre eigene privilegierte Stellung innerhalb der nicht-jüdischen Norm sichert, vor ihren Augen brüchig wird. Die unheimliche Wirkung, die Marco Polos Auftritt auf Umprecht und die anderen Offiziere hat, ist daher eng mit der grundlegenden Verunsicherung über den eigenen sozialen Status und die bereits vorher angedeutete generelle Bedrohung der eigenen Autonomie verbunden.[20] Während zum Militärdienst generell wohl ein gewisses Maß an Autonomieverlust gehört, scheint dieses Maß jedoch in der von Umprecht als fast ausweglos beschriebenen Situation, in der sich das Regiment zum Zeitpunkt von Marco Polos Auftritt befand, überschritten: Die notwendige Identifizierung mit dem Dienst kann nicht mehr aufgebracht werden, wenn sich ein Gefühl der Nutz- und Zwecklosigkeit der eigenen Position oder

---

17 Zum Status der Alterität, der insbesondere den aus den osteuropäischen Regionen stammenden Juden in der Habsburger Gesellschaft zugewiesen wurde, vgl. auch Sander L. Gilman, Freud, Race, and Gender. Princeton, NJ 1995, S. 15–16.
18 ES I, S. 603f.
19 ES I, S. 604.
20 Auf diese Weise wird hier natürlich die Abhängigkeit des sich über die Ab- und Ausgrenzung vom ‚Anderen' definierenden Selbst von diesem ‚Anderen' im Sinne der Hegelianischen Dialektik deutlich.

sogar der gesamten militärischen Aktion einstellt. Es kommt zu einer auffälligen Häufung von Grenzüberschreitungen:

> Mein Regiment lag damals in einem öden polnischen Nest. An Zerstreuungen gab es außer dem Dienst, der nicht immer anstrengend genug war, nur Trunk und Spiel. Überdies hatte man die Möglichkeit vor Augen, jahrelang hier festsitzen zu müssen, und nicht alle von uns verstanden es, ein Leben in dieser Trostlosigkeit mit Fassung zu tragen. Einer meiner besten Freunde hat sich im dritten Monat des dortigen Aufenthalts erschossen. Ein anderer Kamerad, früher der liebenswürdigste Offizier, fing plötzlich an, ein arger Trinker zu werden, wurde unmanierlich, aufbrausend, nahezu unzurechnungsfähig und hatte jenen Auftritt mit einem Advokaten, der ihm die Charge kostete. Der Hauptmann meiner Kompanie war verheiratet und, ich weiß nicht, ob mit oder ohne Grund, so eifersüchtig, daß er seine Frau eines Tages zum Fenster hinunterwarf. Sie blieb rätselhafterweise heil und gesund; der Mann starb im Irrenhause. Einer unserer Kadetten, bis dahin ein sehr lieber, aber ausnehmend dummer Junge, bildete sich plötzlich ein, Philosophie zu verstehen, studierte Kant und Hegel und lernte ganze Partien aus deren Werken auswendig, wie Kinder die Fiebel. (W 603).

Wichtig erscheint hier zunächst die Erwähnung, dass der Militärdienst selbst „nicht immer anstrengend genug" sei, gepaart mit der Aussage, dass die Länge des Aufenthalts nicht abzuschätzen sei. Damit befinden sich die Offiziere augenscheinlich in einer beinahe kafkaesken Situation, in der sie einen leeren Militärdienst ausführen müssen, ohne sich also eines Zwecks und Ziels bewusst zu sein. Auf diese Weise kann natürlich keine Identifikation mit dem Dienst aufrechterhalten werden. Dadurch wird es den Offizieren unmöglich, die heteronomen dienstlichen Anordnungen zu integrieren in eine autonome Entscheidung, sich einem anderen Willen bewusst zu unterwerfen, um ein höheres Ziel – etwa die ‚Verteidigung des Vaterlandes' – zu erreichen.

Dieser gefühlte Autonomieverlust stellt wiederum eine Bedrohung für den Subjektstatus der Offiziere dar und rückt sie unweigerlich in den Bereich des Alteritären.[21] Dies bezeugen auch die verschiedentlichen Ausfälle, von denen

---

21 Dass in Zeiten sozialer Destabilisierung Träger der Norm dazu neigen, die Grenze zum ‚Anderen' zu überschreiten, hat Pierre Bourdieu beschrieben: Er spricht von einer ‚performativen Magie' institutioneller Akte und Ernennungen, die unter anderem in den hierarchischen Strukturen des Militärs zu finden sind und die verhindern sollen, dass normative Grenzen übertreten werden: „c'est aussi la fonction de toutes les frontières maqiques [...] que d'empecher ceux qui sont à l'intérieur, du bon côté de la ligne, d'en sortir, de déroger, de se declasser." („Das ist auch die Funktion aller magischen Grenzen, diejenigen innerhalb der Grenzen, auf der richtigen Seite der Linie, davon abzuhalten, diesen Bereich zu verlassen, sich sozial herabzusetzen, zu erniedrigen." – Übers. von M. K.) In Zeiten sozialer Instabilität neigen diese ‚magischen Grenzen' jedoch dazu, an Wirksamkeit zu verlieren, wodurch der Glaube der gesellschaftlichen Eliten an die eigene gesicherte Position geschwächt wird und diese dazu bringt, die magischen Grenzen zu

Umprecht berichtet: Alle diese Reaktionen werden als normative Grenzüberschreitungen erkennbar. Suizid, Alkoholismus und Geisteskrankheit lassen sich als Flucht aus den bestehenden Strukturen verstehen, die keinen Halt mehr zu geben scheinen. Während die Lektüre von Kant und Hegel zunächst nicht in diese Reihe zu passen scheint, macht jedoch die Tatsache, dass der Kadett die Texte der idealistischen Philosophen auswendig lernt und damit auf automatisierte Weise unreflektiert ‚durchexerziert', im Zusammenhang mit der Autonomiethematik hellhörig. Das sture Auswendiglernen ist kaum mit dem post-aufklärerischen Verständnis von Subjekt und selbstbestimmter Moral vereinbar. Es ist jedoch gerade ein Kennzeichen, das dem Anderen zugeschrieben wird: Gemäß des antisemitischen und sexistischen Diskurses um 1900 wurde etwa Juden und Frauen die Fähigkeit abgesprochen, autonome moralische Entscheidungen zu treffen. Damit seien sie auf die Internalisierung moralischer Normen und ein nur scheinbar autonomes Handeln angewiesen.[22]

In diesem Sinne scheint das gesamte Regiment von einem umgreifenden Autonomie- und Bewusstseinsverlust bedroht zu sein. Durch Marco Polos Auftritt werden die Grundsätze der Aufklärungsphilosophie – Einheit des Subjekts, Autonomie und Selbstbestimmung – noch weiter erschüttert. Der Antisemitismus der Offiziere wird als Versuch deutlich, der Erfahrung des Selbstverlusts mit der Betonung normativer Grenzziehungen zu begegnen: Stereotypen sind als kognitive Ordnungswerkzeuge zu verstehen, die die Grenze zwischen dem als Norm gesetzten Selbst und dem abweichenden Anderen betonen.[23] Damit sind Stereotypen also als ideologisch zu verstehen, in dem Sinne, dass sie die bestehende soziale Ordnung und ihre inhärenten Machtverhältnisse stärken und reproduzieren.[24] Stereotypen legen die mit ihnen belegten Personengruppen nicht nur auf

---

übertreten („Les elites [...] sont vouées au ‚dépérissement' lorsqu'elles perdent leur moral et leur morale, et se mettent à passer la ligne dans le mauvais sens."). Bourdieu, Ce que parler veut dire. L'économie des échanges linguistiques. Paris 1982, S. 128. Vgl. dazu auch Eric L. Santners Ausführungen in seiner Untersuchung zu Daniel Paul Schreber: Santner, My Own Private Germany. Daniel Paul Schreber's Secret History of Modernity. Princeton, NJ 1996, S. 12. Dieser Prozess scheint in Schnitzlers Erzählung durch die Reaktionsweisen der Offiziere deutlich zu werden.
22 Diese These vertritt etwa Otto Weininger in seinem einschlägigen wie problematischen Werk *Geschlecht und Charakter*. Vgl. Weininger, Geschlecht und Charakter. Eine prinzipielle Untersuchung. München 1980, S. 411. Vgl. dazu auch Santner 1996, S. 140.
23 Vgl. Richard Dyer, The Matter of Images: Essays on Representation. London, New York 2002, S. 12; vgl. auch Gilman, Difference and Pathology: Stereotypes of Sexuality, Race, and Madness. Ithaca, NY 1985, S. 17.
24 In Ermangelung eines weniger besetzten Begriffes verwende ich „ideologisch" hier im Sinne Louis Althussers: „ideology must be [...] considered as a distinctive kind of *cement* that assures the adjustment and cohesion of men in their roles, their functions and their social relations [Hervorhebung dort]." (Althusser, Theory, Theoretical Practice and Theoretical Formation: Ideology

bestimmte Eigenschaften fest, sondern sprechen ihnen auch eine individuelle Entwicklungsmöglichkeit ab.[25]

Indem Marco Polo zu Beginn pejorativ mit ‚Jud' angeredet wird, wird versucht, ihn ‚an seinen Platz zu verweisen', als Erinnerung an seinen sozialen Status als Jude und an das limitierte Potential individueller Entwicklung, das dem Stereotyp des Juden implizit ist.[26] Die Anrufung unterstreicht, dass jeder Aspekt von Marco Polos Persönlichkeit von den antisemitischen Offizieren auf dieses Stereotyp reduziert wird. Genau das spiegelt sich auch in von Umbrechts Wahrnehmung von Marco Polo wieder. Obwohl dieser keinen Bart und westliche Kleidung trägt, behauptet Umprecht, dass er „augenblicklich auffiel"[27] wegen der angeblich „lächerlichen Eleganz"[28] seiner Erscheinung. In der Perspektive des Antisemiten Umprecht erscheint Marco Polos Auftreten als ‚lächerlicher' Versuch, die typisch jüdischen Paraphernalien loszuwerden, der scheitern muss, weil auf diese Weise in seinen Augen offenbar die anderen Merkmale des Stereotyps ‚Jude' umso mehr zum Vorschein kommen. So betont Umprecht Marco Polos fehlende Virilität, die ebenfalls zu den Attributen des jüdischen Stereotyps gehört: Bereits mit der Bemerkung über die „lächerliche[] Eleganz" Marco Polos und auch indem er ihn als „ein kleine[n], magere[n], bartlose[n] Mensch"[29] beschreibt, zeigt Umprecht, dass Marco Polo in seinen Augen nicht das Ideal der maskulinen Norm erfüllt.[30]

Es ist bereits in der Forschung hervorgehoben worden, dass Marco Polo als Rächerfigur verstanden werden kann, die sich mithilfe von okkulten Fähigkeiten gegen die antisemitischen Beleidigungen der Offiziere wehrt.[31] Dieser Aspekt der Rache ist aber noch weiter zu verfolgen, da er eine strukturelle Verbindung von

---

and Ideological Struggle. In: Althusser, Philosophy and the Spontaneous Philosophy of the Scientists & Other Essays. London, New York 1990, S. 1–42, hier S. 25.)

25 Vgl. Dyer 2002, S. 15.

26 Den verletzenden Effekt solcher Sprechakte, die eine Person in den Bereich des ‚Anderen' verweisen, hat Judith Butler beschrieben: „To be injured by speech is to suffer a loss of context, that is, not to know where you are. [...] Exposed at the moment of such a shattering is precisely the volatility of one's place' within the community of speakers; one can be ‚put in one's place' by such speech, but such a place may be no place." (Butler, Excitable Speech. A Politics of the Performative. New York, London 1997, S. 4.)

27 ES I, S. 135.

28 ES I, S. 135.

29 ES I, S. 135.

30 Zur geschwächten Männlichkeit als Attribut des jüdischen Stereotyps vgl. z. B. Gilman, Freud, Race, and Gender. 1995, S. 8–10.

31 Vgl. Michael Rohrwasser, Arthur Schnitzlers Erzählung *Die Weissagung*. Ästhetizismus, Antisemitismus und Psychoanalyse. In: ZfdPh 118 (1999), Sonderheft, S. 60–79, hier S. 68; Martin Brucke, Magnetiseure. Die windige Karriere einer literarischen Figur. Freiburg i. Br. 2002, S. 126.

antisemitischen Stereotypen und dem okkulten Wundersinn offenlegt. Nachdem Marco Polo herablassend als ‚Jud' angesprochen wurde, verkündet er seine erste Weissagung, die dem Oberleutnant des Regiments gilt: Dieser werde den kommenden Herbst nicht mehr erleben. Die Reaktion der umstehenden Offiziere ist hier bedeutsam: „ uns allen war, als ob der Oberleutnant in diesem Moment gezeichnet worden wäre."[32] Diese Vorstellung, gezeichnet zu werden und damit ein unveränderliches Schicksal auferlegt zu bekommen, ist wiederum vergleichbar mit der Funktionsweise des Stereotyps des Juden im ausgehenden neunzehnten Jahrhundert: Zentral war diesbezüglich die Debatte über die „Biologie der Juden", mithin genetische Erbanlagen, die mit der Vorstellung des Judentums als ‚Rasse' assoziiert waren.[33] Zugehörigkeit zum Judentum wurde damit zu einem Merkmal der Differenz, das mit einem unveränderlichen Schicksalsspruch vergleichbar ist. Auf diese Weise lässt sich Marco Polos Weissagung interpretieren als eine direkte Heimzahlung, die den antisemitischen Diskurs der Zeit mitsamt seinen Implikationen spiegelt: Eine biologische Anlage ist unausweichlich und lässt sich nicht ablegen wie etwa eine religiöse Überzeugung oder eine Staatsangehörigkeit. Wenn also Aussagen über bestimmte Charaktereigenschaften oder Fähigkeiten an biologische Anlagen geknüpft werden, wie es im antisemitischen rassen-biologischen Diskurs geschah, dann ist das mit der Zuweisung eines unausweichlichen Schicksals vergleichbar. Was auch immer also Juden in diesem Fall tun mögen, wie weit auch immer ihr Versuch nach ‚Assimilation' oder ‚Akkulturation' geht – wenn die Annahme einer biologischen Differenz zwischen Juden und Nicht-Juden als kulturelles Wissen etabliert ist, werden Juden immer als abweichend von der nicht-jüdischen Norm wahrgenommen werden und niemals eine vollakzeptierte, gleichwertig anerkannte Position in der Gesellschaft erlangen. Dies wird anhand der antisemitischen Perspektive Umprechts, der unfähig ist, Marco Polo als Person und nicht als stereotype Erscheinung wahrzunehmen, illustriert.

Die Weissagungen Marco Polos sind also mehr als ein Spiel mit unheimlichen, okkulten Elementen; sie fungieren gewissermaßen als ironische Mimikry des antisemitisch-rassenbiologischen Diskurses. Dies wird auch dadurch unterstrichen, dass die Weissagung gegenüber dem Oberleutnant direkt auf eine wiederum beleidigend-herablassende Mimikry von letzterem folgt: Als der Oberleutnant schließlich zustimmt, sich aus der Hand lesen zu lassen, sagt er „dessen [Marco Polo's] Jargon nachahmend [...]: ‚Nu, lesen Sie.'"[34] Mit „Jargon" sind hier

---
32 ES I, S. 137.
33 Vgl. Veronika Lipphardt, Biologie der Juden. Jüdische Wissenschaftler über „Rasse" und Vererbung 1900–1935. Göttingen 2008, S. 188.
34 ES I, S. 605.

natürlich Aussprache und Intonation gemeint, aber es ließe sich auch metaphorisch verstehen als Diskurs, also die spezifische Weise, in der über ein bestimmtes Thema zu einer bestimmten Zeit gesprochen wird. Wie Shulamit Volkov untersucht hat, lässt sich der Antisemitismus um die Jahrhundertwende in Österreich und Deutschland als ein gemeinhin akzeptierter kultureller Code beschreiben.[35] Dies erklärt auch die Selbstverständlichkeit, mit der Umprecht seine antisemitische Haltung zum Ausdruck bringt, und die Tatsache, dass diese nicht den „günstigen Eindruck"[36] trübt, den der Erzähler von Umprecht erhält.[37]

Indem in der Erzählung Zauberei und Weissagung mit dem erstarkenden Antisemitismus in der Habsburger Monarchie verbunden werden, wird der Antisemitismus zugleich mit Aberglaube und Irrationalität verbunden, wodurch dessen antimoderne Tendenzen zum Ausdruck kommen.[38] Darüber hinaus wird der Okkultismus als soziokulturelles Phänomen deutlich, das eng mit der Problematik der Moderne verschaltet sind. Es wird ersichtlich, dass die okkulten Elemente in Schnitzlers Text in der Tat Zweifel an der bestimmbaren Welt aufkommen lassen, aber dass sich diese Zweifel insbesondere auf deren soziale Konstruiertheit und die sie definierenden normativen Grenzziehungen beziehen. Diese durch Grenzverwischungen herbeigeführten Zweifel sind wiederum ein Phänomen der (literarischen) Moderne: Nach Michael Titzmann ist das Motiv der „Grenztilgung"[39] ein spezifisches Merkmal, das den „als Ordnungs- und Strukturierungsverlust erfahrene[n] Übergang von der Weltordnung des Realismus zu der der Frühen Moderne" markiert.[40] Dabei hebt Titzmann hervor, „dass die bloße Grenztilgung zum Selbstverlust führt, wenn aus ihr nicht eine neue semantische Ordnung der Welt, eine akzeptable neue Grenzziehung resultiert [...]",[41] und stellt fest, dass es gerade dieses Problem ist, an dem sich die literarischen Figuren der Moderne, gerade auch die Charaktere Schnitzlers, abarbeiten. Auch die Offiziere in der Novelle *Die Weissagung* erleben eine solche Verbindung von abnehmender Differenzierungsfähigkeit und einer grundlegenden Verunsicherung über den eigenen Subjektstatus: Die trostlose Situation im Regiment erzeugt

---

35 Vgl. Sh. Volkov, Germans, Jews, and Antisemites: Trials in Emancipation. New York 2006, S. 112–114. Vgl. auch Lipphardt 2008, S. 21.
36 ES I, S. 615.
37 Vgl. Rohrwasser 1999, S. 68.
38 Vgl. Rohrwasser 1999, S. 71.
39 M. Titzmann, „Grenzziehung" vs. „Grenztilgung". Zu einer fundamentalen Differenz der Literatursysteme „Realismus" und „Frühe Moderne". In: Weltentwürfe in Literatur und Medien. Phantastische Wirklichkeiten – Realistische Imaginationen. Hg. von Hans Krah und Claus-Michael Ort. Kiel 2002, S. 181–205.
40 Titzmann 2002, S. 194.
41 Titzmann 2002, S, 197.

ein Gefühl des Autonomieverlusts, das durch den Auftritt Marco Polos in mehrfacher Hinsicht verstärkt wird. Denn dieser scheint die Konstruiertheit der sozialen Ordnung und ihrer Normen und Hierarchien aufzuzeigen und damit die Instabilität des privilegierten Status der Offiziere zu betonen. Der Versuch, Marco Polo durch antisemitische Stereotypisierungen an den Platz des Anderen zu verweisen und sich damit wieder der eigenen Position als Subjekt innerhalb der Norm zu versichern, scheitert grundlegend. Marco Polo erscheint vielmehr als dämonischer Marionettenspieler, der droht, die Kontrolle über Willen und Handeln der Offiziere zu übernehmen. Schnitzlers Erzählung spielt damit in der Tat ironisch mit den paranoiden Ängsten der sich als Norm setzenden Antisemiten, nämlich mit der Angst vor der Rache des Anderen, durch dessen Ausgrenzung das Selbst als Norm definiert wird.[42]

Auch auf diese Weise schreibt sich der Text durch die Verwendung okkulter Elemente in die Tradition des Gothic ein: Dass es sich beim Genre des Gothic prinzipiell um ein äußerst paranoides Genre handelt, hat bereits Eve Kosofsky Sedgwick festgestellt. Während sie diese sich hier insbesondere auf die „male paranoia"[43] vor einem Verlust der überlegenen Rolle des heterosexuellen Mannes und vor homosexuellen Anteilen im eigenen Ich bezieht, lässt sich ihre Beobachtung wohl generell auf eine Angst der Norm vor einem wie auch immer abweichenden Anderen, das durch seine Existenz die Norm sowohl definiert als auch bedroht, ausweiten. Dies wird umso plausibler als Umprechts Begegnung mit Marco Polo durchaus von Ambivalenz geprägt ist: Trotz seiner Überheblichkeit Marco Polo gegenüber, zeigt er sich durchaus auch fasziniert von ihm; und Marco Polo wiederum erscheint sowohl als Herausforderer als auch als Verführer, wenn er Umprecht an der Hand hinausgeleitet, um ihm das prophetische Bild zu präsentieren.[44] Obwohl diese Faszination mit und das Begehren nach dem Anderen die Behauptung nach der essentiellen Differenz unterminieren, werden diese von einer umso schärferen Betonung dieser Differenz begleitet, wie durch die anti-

---

42 Vgl. auch Rohrwasser 1999, S. 68: „In von Umprechts Bild des Marco Polo verkörpert dieser einen bedrohlichen Racheengel, der an die Demütigungen und Diskriminierungen seines Volkes erinnert – eine Projektion gespeist aus dem schlechten Gewissen des Antisemiten."
43 E. K. Sedgwick, Between Men. English Literature and Male Homosocial Desire. New York 1985, S. 97 und 162.
44 Richard H. Lawson hat die Erzählung auf ihren homoerotischen Subtext hin untersucht, wobei er allerdings bei seiner psychoanalytischen Figurendeutung zu weit gegangen ist. Das Spiel mit okkulten Elementen in der Erzählung wird auf diese Weise auf unbewusste Konflikte zurückgeführt und damit ‚wegerklärt'. Vgl. Lawson, An Interpretation of *Die Weissagung*. In: Studies in Arthur Schnitzler. Hg. von Herman Salinger. Chapel Hill 1963, S. 71–78.

semitischen Stereotypisierungen Marco Polos durch Umprecht und die anderen Offizieren deutlich wird.[45]

Die Erfahrung des durch Grenztilgung erlebten Selbstverlusts wird in Schnitzlers Novelle durch die Wiederbelebung des romantischen Motivs des Grauens ästhetisch vermittelt. Das Grauen, das sowohl Umprecht und die anderen Offiziere als auch später dann den Erzähler im Hinblick auf die mit Umprechts Tod endenden Ereignisse erfasst, ist daher wohl auch dem angstvollen Gefühl geschuldet, dass die eigene Position als Vertreter der sich selbst setzenden Norm weniger sicher ist als bisher angenommen. Damit scheint auch Schnitzlers Novelle auf ironische Weise durch die Verwendung okkulter Elemente die Verunsicherung des Bürgerlich-Alltäglichen zu markieren, die Murnane und Cusack, wie eingangs zitiert, in der Wiederbelebung des Gothic bzw. der Schauerromantik in der Literatur der Moderne erkannt haben.

Zwar erscheint Umprechts eigene Reaktion auf die trostlose Situation im Offizierslager im Vergleich zu den Ausschreitungen der anderen Offiziere zunächst noch verhältnismäßig gemäßigt, wenn er erwähnt: „Was mich anbelangt, so tat ich nichts als mich langweilen, und zwar in einer so ungeheuerlichen Weise, daß ich an manchen Nachmittagen [...] fürchtete, verrückt zu werden."[46] Doch auch bei ihm zeichnet sich damit bereits eine labile Konstitution ab,[47] die im Zusammenhang mit den anderen Zwischenfällen die instabile Position der Offiziere und die Durchlässigkeit der Grenze zwischen Norm und Anderem unterstreicht. Dabei fällt auf, dass sich von Umprecht aus dieser instabilen psychischen Situation heraus aktiv an Marco Polo und dessen okkulte Weissagekunst wendet. Diese Hinwendung zum Okkulten kann mit Manfred Schneider als „Wundersinn" beschrieben werden, der „den Kontingenzsinn [ersetzt], um den Verstand vor dem Grauen zu bewahren."[48] Dazu passend fragt der dem Regiment vorstehende Prinz in Anbetracht von Marco Polos Vorführung, die das allgemeine Grauen aus-

---

[45] Einen vergleichbaren Mechanismus beschreibt beispielsweise Robert J. C. Young im Hinblick auf den kolonialistischen Blick des Begehrens: „Paradoxically it was the very desire of the white for the non-white, [...] that ‚dislimned boundaries' [...] and undid the claim for permanent difference between the races while at the same time causing the boundary territories of the racial frontier to be policed ever more possessively." Young, Colonial Desire. Hybridity in Theory, Culture and Race. London, New York 1995, S. 180. Diese Problematik bearbeitet auch Schnitzlers Erzählung *Andreas Thameyers letzter Brief* besonders prägnant.
[46] ES I, S. 603.
[47] Vgl. Rolf Allerdissen, Arthur Schnitzler. Impressionistisches Rollenspiel und skeptischer Moralismus in seinen Erzählungen. Bonn 1985, S. 154; Lawson, An Interpretation of *Die Weissagung*. 1963, hier S. 74; Michaela L. Perlmann, Der Traum in der literarischen Moderne. Zum Werk Arthur Schnitzlers. München 1987, S. 92.
[48] Schneider 1999, S. 249.

gelöst hat: „Wo fängt das Wunder an?"[49] Tatsächlich ist genau das der Moment, in dem von Umprecht seinen Kontingenzsinn aufgibt, indem er Marco Polo bittet, ihm sein Schicksal vorauszusagen. Damit wird die Hinwendung zum Okkulten wie die zum außerhalb der Norm stehenden Anderen in Schnitzlers Novelle von Ambivalenz gezeichnet. Der Wundersinn, die Hinwendung zum Okkulten, zu einer höheren Macht, verschafft auch eine temporäre Erleichterung von dem Grauen, das durch die Erfahrung der Grenztilgung und die damit einhergehende Erschütterung des Normensystems ausgelöst wird.

Die Annahme, sich mit einer höheren Macht in einem Kampf zu befinden, erlaubt beispielsweise von Umprecht, mit dem Gedanken zu spielen, seine Frau und Kinder und damit seine bürgerliche Existenz hinter sich zu lassen: „wenn ich mich von meiner Frau und den Kindern trennte, so müßte ja all die Gefahr schwinden und ich hätte das Schicksal zum Narren gehalten."[50] Auch in dem Stück des Erzählers, in dem von Umprecht schließlich die Hauptrolle übernimmt, um der tödlichen Erfüllung von Marco Polos prophetischem Bild zu entgehen, geht es um

> das Schicksal eines Mannes, der, ergriffen von einer plötzlichen Sehnsucht nach Abenteuern und Fernen, die Seinen ohne Abschied verläßt und im Laufe eines Tages so viel Schmerzliches und Widriges erlebt, daß er wieder zurückzukehren gedenkt, ehe Frau und Kinder ihn vermisst haben; aber ein letztes Abenteuer auf dem Rückweg, nahe der Tür seines Hauses, hat seine Ermordung zur Folge, und nur mehr sterbend kann er die Verlassenen begrüßen, die seiner Flucht und seinem Tod als den unlösbarsten Rätseln gegenüberstehen.[51]

Das Motiv des Mannes, der temporär aus den bürgerlichen Strukturen seines Daseins ausbricht, hat Schnitzler vielfach variiert und wohl schließlich in seiner *Traumnovelle* (1925/1926), freilich ohne den tödlichen Ausgang, am prägnantesten auf den Punkt gebracht. Die okkulten Elemente in seinen Erzählungen sind jeweils eng mit diesen Eskapismusimaginationen verschaltet.[52] Wichtig ist dabei zum einen, dass die Hinwendung zum Wundersinn bei Schnitzler keineswegs als langfristige Lösung propagiert wird und in vielen Texten, wie auch in *Die*

---

49 ES I, S. 606.
50 ES I, S. 610.
51 ES I, S. 616.
52 In ähnlicher Weise verfällt beispielsweise auch Albert, der Protagonist in Schnitzlers Erzählung *Die Fremde* (1902), dem Wundersinn, wenn er sich in Katharina verliebt, die auf ihn wie ein geheimnisvolles Geschöpf aus einer anderen Welt wirkt und die Gerüchten zufolge hellseherische Fähigkeiten besitzt. Auch Albert gibt sich der Vorstellung eines für ihn festgelegten und von Katharina vollständig abhängigen Schicksals hin. Dies erlaubt ihm wiederum, sich zumindest temporär über die Grenzen seiner bürgerlichen Existenz hinwegzusetzen, was er jedoch am Ende ebenso wie von Umprecht mit dem Tod bezahlt.

Weissagung, mit dem Tod des dem Wundersinn verfallenen Protagonisten endet. Zum anderen ist hervorzuheben, dass diese Hinwendung zum Wundersinn eine kritische Auseinandersetzung mit dem erschütterten Normensystem verhindert und damit eine Form von Eskapismus darstellt, was wiederum Schnitzlers eigene eingangs zitierte Bezeichnung der Okkultisten als „Flüchtlinge des Gedankens" anklingen lässt.[53]

Darüber hinaus wird schnell deutlich, dass die Hinwendung zum Wundersinn ein gefährliches Spiel ist, über das leicht die Kontrolle verloren werden kann. Obwohl sich Umprecht Marco Polos prophetischem Bild freiwillig aussetzt, ist er bald darauf nicht mehr im Stande, sein Leben unabhängig von diesem zu gestalten. Er verabschiedet sich zunehmend von einer kontingenten Wirklichkeitswahrnehmung und erkennt in allen Ereignissen den Ausdruck einer über ihm waltenden „höhnischen Macht".[54] Dies entspricht wiederum einem weiteren romantischen Phänomen, nämlich dem des romantischen Wahnsinns, den Schneider allem voran als „Auslöschung von Kontingenz und restlose Motivation aller Zeichen und Ereignisse" definiert.[55] Damit begibt sich von Umprecht, ähnlich wie die anderen Mitglieder seines Regiments, in die gefährliche Nähe zum irrationalen, potentiell ,wahnsinnigen' Anderen und bereitet gleichzeitig damit seinen eigenen Untergang vor. Durch die restlose Motivation aller Zeichen verfährt er zudem mit seinem Leben wie mit einem literarischen Text, wodurch eine weitere Grenze in der Erzählung verwischt wird, nämlich die zwischen Realität und Fiktion.[56] Diese Grenztilgung wird schließlich auf die Spitze getrieben, wenn von Umprecht versucht, durch sein Rollenspiel auf der Bühne den realen Konsequenzen der Weissagung zu entgehen: Die fatalen Folgen, die der von Umprecht gespielte Protagonist in dem Theaterstück des Erzählers als Konsequenz seiner Flucht erlebt, ereilen letztlich natürlich auch von Umprecht selbst, wenn er seine eigene Flucht auch nur auf der Bühne inszeniert.[57] Diese Grenztilgung, die wiede-

---

[53] Dass sich Schnitzlers Figuren aus dem Alltag „ins Phantastische" flüchten, hat auch schon Imboden festgestellt, allerdings ohne dies mit der Destabilisierung der herrschenden Normensysteme in Verbindung zu bringen. Vgl. Imboden 1971, S. 124. In Bezug auf *Die Weissagung* hat Geneviève Roussel bereits auf den Aspekt der Realitätsflucht hingewiesen: Roussel, Le fantastique comme symptôme et poétique dans *Die Weissagung* d'Arthur Schnitzler. In: Marges du fantastique 3 (1988), S. 185–203, hier S. 194f.
[54] ES I, S. 612.
[55] Schneider 1999, S. 238.
[56] Vgl. Rohrwasser 1999, S. 64–66. Dieser Täuschung verfällt im Übrigen auch Robert, der Protagonist in Schnitzlers später Erzählung *Flucht in die Finsternis* (1931), den schließlich der wahnhafte Glaube an eine schicksalhafte Bestimmung und semantische Auflladung jeglicher kontingenter Ereignisse zum Brudermord und in den eigenen Tod treibt.
[57] Rohrwasser 1999, S. 63.

rum schließlich auch bei dem Erzähler ein „sonderbare[s] Grauen"⁵⁸ auslöst, wird durch die Hinzuziehung einer weiteren Erzählebene am Schluss noch verstärkt: Nachdem Umprechts Schilderungen durch den Bericht des Erzählers bestätigt wurden, erhält dieser wiederum Unterstützung von dem fiktiven Herausgeber, der in seinem der Erzählung hintangestellten „Nachwort" den Erzählerbericht ein weiteres Mal bestätigt. Alle drei Erzähler beteuern also den Wahrheitsgehalt des Geschilderten, jedoch hat Louis Gerrekens darauf hingewiesen, dass sich alle drei um Glaubwürdigkeit heischenden Erzählperspektiven durch zahlreiche Unstimmigkeiten und Ironiesignale selbst dekonstruieren.⁵⁹ Auf diese Weise wird nicht nur meta-textuell auf die eigene Konstruiertheit des Textes selbst verwiesen, sondern die Grenztilgungserfahrung zwischen Realität und Fiktion von der Figurenebene auch auf die Rezeptionsebene verlagert.

Dies spiegelt sich auch in dem in der Forschung viel zitierten Kommentar Sigmund Freuds wieder, der in seinem Aufsatz *Das Unheimliche* (1919) über das Spiel mit okkulten Elementen in Schnitzlers *Weissagung* sein Missfallen geäußert hat: Der Text rufe ein „Gefühl von Unbefriedigung" hervor, da er sich zunächst einen realistischen Anschein gebe, um dann doch mit dem Übernatürlichen zu „liebäugeln[]".⁶⁰ Insbesondere ältere Forschungsbeiträge scheinen sich Freud anzuschließen, wenn sie Schnitzlers „Unentschiedenheit"⁶¹ bemängeln oder von der „Unklarheit" sprechen, die sich durch die „Verwendung okkulter Motive"⁶² einstelle. Die meisten, insbesondere späteren, Forschungspositionen gehen davon aus, dass das Spiel mit dem Okkulten in Schnitzlers Text ironisch zu verstehen ist.⁶³ Dabei wird allerdings mit auffälliger Häufigkeit versucht, das okkulte Moment der Weissagung rationalistisch aufzulösen: Dies führt zu Überlegungen bezüglich der Todesursache von Umprechts, wobei u. a. ein unbewusster Todeswunsch aufgrund latenter homoerotischer Neigungen,⁶⁴ eine „Zwangsvorstel-

---

58 ES I, S. 618.
59 L. Gerrekens, Arthur Schnitzlers *Die Weissagung* oder wie aus schlecht erzähltem Theater eine spannende Novelle wird. In: Theatralisches Erzählen um 1900. Narrative Inszenierungsweisen der Jahrhundertwende. Hg. von Achim Küpper. Heidelberg 2011, S. 89–102, hier S. 101–102.
60 S. Freud, Das Unheimliche. In: Freud, Gesammelte Werke. Bd. 12: Werke aus den Jahren 1917–1920. London 1947, S. 229–268, hier S. 266.
61 Gottfried Just, Ironie und Sentimentalität in den erzählenden Dichtungen Arthur Schnitzlers. Berlin 1968, S. 126.
62 Imboden 1971, S. 96.
63 Vgl. Robert Weigel, Schnitzlers Schicksalserzählungen *Die Weissagung* und *Die dreifache Warnung*. In: Die Seele ... ist ein weites Land. Kritische Beiträge zum Werk Arthur Schnitzlers. Hg. von Joseph P. Strelka. Bern u. a. 1997, S. 149–162, hier S. 150; Allerdissen 1985, S. 156; Perlmann 1987, S. 90; Rohrwasser 1999, S. 63; Gerrekens 2011, S. 106.
64 Lawson, An Interpretation of *Die Weissagung*. 1963, S. 74.

lung", die sich „zur Realität verdichtet"⁶⁵ oder die Möglichkeit der posthypnotischen Suggestion⁶⁶ als Erklärungen herangezogen werden. Auf diese Weise kann dann der Schluss gezogen werden, dass von Umprecht „medizinisch gesprochen durch Herzversagen" stirbt.⁶⁷ Eine solche Herangehensweise an den Text fragt nach einer realistischen Auflösungsmöglichkeit der okkulten Elemente, ohne deren literarische Funktion und Wirkung zu untersuchen. Indem sich die Ereignisse in *Die Weissagung* aber nicht restlos auflösen lassen,⁶⁸ fordert der Text durch das Spiel mit okkulten Elementen seine Leserinnen und Leser heraus, auf klare Grenzziehungen zu verzichten und so gewissermaßen das Grauen der Grenztilgungserfahrung (in diesem Fall zwischen den Genres phantastischer und realistischer Literatur) auszuhalten.⁶⁹

Dieses Verfahren der metanarrativen Grenztilgung auf der einen Seite und der Zusammenhang von Eskapismus und okkultem Wundersinn auf der anderen werden in den Erzählungen *Das Schicksal des Freiherrn von Leisenbohg* (1904) und *Das Tagebuch der Redegonda* (1911) durch das Spiel mit okkulten Elementen und mit verschiedenen Erzählebenen parodistisch auf die Spitze getrieben. In beiden Texten verfallen die Protagonisten in eine Liebesobsession, die ihnen zum tödlichen Verhängnis wird. In *Das Tagebuch der Redegonda* steigert sich der Konzeptspraktikant Dr. Wehwald in einen „beglückenden Wahn"⁷⁰ hinein, in dem er sich eine stürmische Affäre mit Redegonda, der Gattin eines Rittmeisters, ausmalt. Der Freiherr von Leisenbohg wiederum hat sich bereits vor zehn Jahren in die Opernsängerin Kläre Hell verliebt. Während er nicht aufgibt, um sie zu werben und sie umsichtig bei ihrer Karriere unterstützt, muss er mitanse-

---

65 Allerdissen 1985, S. 154.
66 Brucke 2002, S. 118.
67 Weigel 1996, S. 160.
68 Konstanze Fliedl, Arthur Schnitzler. Stuttgart 2005, S. 170.
69 Womit der Text allerdings genau Tzvetan Todorovs Definition von phantastischer Literatur entspricht: Nach Todorov liegt das Genre der phantastischen Literatur eben in dieser Grauzone, die die Entscheidung, ob bei dem erzählten Geschehen die Naturgesetze außer Kraft gesetzt sind oder nicht, unmöglich macht. Die eindeutige Einordnung des Erzählten in den Bereich des Paranormalen ist damit ebenso wenig akzeptabel wie die restlose rationale Auflösung desselben. Ist eine solche rationale Auflösung möglich, wäre das Erzählte nach Todorov in den Bereich des ‚Unheimlichen' einzuordnen, während eine Klare Verortung des Erzählten im Übernatürlichen bedeutet, dass es dem Bereich des ‚Wunderbaren' angehört. Wenn ein Text konsequent eine Unentschiedenheit zwischen diesen beiden Bereichen aufweist, ist er als phantastisch einzustufen. Vgl. Todorov, The Fantastic. A Structural Approach To A Literary Genre. Ithaca, NY 1975, S. 41. Todorovs Definition wird in der Forschung zur phantastischen Literatur allerdings nicht einhellig akzeptiert. Es wird sich aber zeigen, dass auch die beiden anderen Schnitzler-Texte, die hier besprochen werden, diese Unentschiedenheit aufweisen.
70 ES I, S. 987.

hen, wie sie sich einem Liebhaber nach dem anderen hingibt, ohne jemals ihn zu erhören. Beide Herren werden jedoch durch die jeweils Angebetete in ihren bis dato nicht in die Realität umgesetzten Liebesträumen unterbrochen: Nachdem Leisenbohg schon gefürchtet hatte, seine Hoffnungen nach dem Tod von Kläres großer Liebe, dem Fürsten von Bedenbruck, ganz begraben zu müssen, weil sie in ihrer Trauer der Liebe abschwören zu wollen schien, wird er plötzlich von ihr zu einer gemeinsamen Liebesnacht eingeladen. Wehwald dagegen wird völlig überraschend eines Tages von dem Rittmeister zum Duell gefordert: Redegonda sei gestorben, als der Rittmeister sie beim Schreiben ihres Tagebuchs ertappt habe. Im Tagebuch fand sich nun die Beschreibung der Liebesaffäre zwischen Wehwald und Redegonda ganz so, wie dieser sie imaginiert hatte. Wehwald stellt sich daraufhin dem Duell und wird vom Rittmeister erschossen. Auch Leisenbohgs Liebesgeschichte nimmt nicht den zunächst angenommenen glücklichen Ausgang: Nachdem Kläre gleich im Anschluss an die gemeinsame Liebesnacht spurlos verschwindet, wird Leisenbohg schließlich Wochen später von seinem Konkurrenten, dem Sänger Sigurd Ölse über das „Grauenhafte"[71] in Kenntnis gesetzt: Kläre sei nach ihrer Abreise aus Wien seine Liebhaberin geworden, aber nun habe er von Kläres Freundin Fanny erfahren, dass der Fürst Bedenbruck bei seinem Tod einen Fluch ausgesprochen habe, der den nächsten Liebhaber Kläres zu „Wahnsinn, Elend und Tod"[72] verdamme. Während Sigurd noch klagt, nun für immer verloren zu sein, fällt Leisenbohg tot zu Boden. Auch Wehwald scheint am Ende Opfer einer *femme fatale* geworden zu sein, die ihn für einen anderen geopfert hat: So stellt sich heraus, dass Redegonda keineswegs den romantischen Liebestod gestorben, sondern am Abend des Duells mit einem jungen Leutnant verschwunden ist. Die Tatsache, dass Wehwald diese Ereignisse einschließlich seiner Erschießung dem Ich-Erzähler erzählt, *nachdem* sie sich ereignet haben, und kurz darauf plötzlich verschwunden ist, rückt die nächtliche Begegnung im Park als Geistererscheinung in den Bereich des Paranormalen.

Auch diese Texte spielen mit okkulten Elementen in einer Weise, die die Verortung des Erzählten im eindeutig phantastischen oder realistischen Bereich schwierig macht. Ähnlich wie im Fall von Umprecht scheint etwa die Suche nach einer eindeutigen Klärung der Ursache des Todes von Leisenbohg wenig produktiv. Damit ist auch hier die Leserin oder der Leser gezwungen, auf eine klare Grenzziehung zu verzichten und den Zustand der Uneindeutigkeit auszuhalten. Durch eine überspitzte Vermischung der Erzählebenen am Ende wird auch hier wiederum parodistisch auf die eigene Konstruiertheit des Textes selbst verwiesen: Indem Sigurd den Fluch des Fürsten in der direkten Rede wiedergibt, voll-

---

[71] ES I, S. 595.
[72] ES I, S. 596.

zieht er gewissermaßen eine performative Aneignung von dessen Position: „Ich spreche [...] und ich lasse Fanny sprechen, und Fanny läßt Kläre sprechen, und Kläre läßt den Fürsten sprechen",[73] erklärt er, nachdem Leisenbohg nur noch den verwirrten Ausruf „Wer spricht?"[74] zustande gebracht hat. Auf diese Weise wird ähnlich wie durch die drei Erzählebenen in *Die Weissagung* der konstruierende Akt des Erzählens betont, wodurch der Hergang der Ereignisse und deren Glaubwürdigkeit in Zweifel gezogen werden und der fiktionale Charakter des Textes in toto betont wird. In Bezug auf *Das Tagebuch der Redegonda* wurde auch hier in der Forschung darüber spekuliert, inwieweit sich die okkulten Elemente – sowohl die Geistererscheinung Wehwalds als auch die anscheinend telepathische Verbindung zwischen ihm und Redegonda – rational auflösen ließen.[75] Die Grenztilgung zwischen Realität und Imagination, der Wehwald durch seine phantasierte Liebesbeziehung unterliegt, wird also auch hier wieder durch das Spiel mit okkulten Elementen auf die Leserebene übertragen. Die Erzählung gehört zu den wenigen Texten Schnitzlers, in denen explizit auf den Okkultismus als kulturelle Praxis und Bewegung Bezug genommen wird: So erklärt der Erzähler am Ende, er sei versucht gewesen, seine nächtliche Begegnung mit Wehwald chronologisch vor dessen wirklichen Tod zu setzen, um einen wirkungsvolleren Effekt zu erzielen, habe aber schließlich davon abgesehen, um dem Vorwurf, ein Okkultist oder Schwindler zu sein, zu entgehen. Dabei ist natürlich fraglich, ob gerade die Schilderung einer Geistererscheinung die Glaubwürdigkeit des Erzählten erhöhe und vom Verdacht des Okkultismus befreie. Durch diese Bemerkung des Erzählers am Ende entlässt auch dieser Text seine Leserinnen und Leser mit einer nur scheinbaren Versicherung über den realistischen Charakter des Erzählten, die aber vielmehr das Augenmerk auf den konstruierenden Akt des Erzählens selbst richtet und dadurch auf die eigene Fiktionalität des Texts als Ganzes verweist.[76] Durch die ironische Verwendung verschiedener literarischer Konventionen wird dieser

---

[73] ES I, S. 596.
[74] ES I, S. 596.
[75] Vgl. insbesondere Lawson, Schnitzlers *Das Tagebuch der Redegonda*. In: The Germanic Review 35 (1960), S. 202–213, und James R. McWilliams, Illusion and Reality. Schnitzlers *Tagebuch der Redegonda*. In: German Life and Letters 35 (1981/1982), S. 28–36; Bettina Matthias, Masken des Lebens – Gesichter des Todes. Zum Verhältnis von Tod und Darstellung im erzählerischen Werk Arthur Schnitzlers. Würzburg 1999, S. 58. Dagegen betonen Katharina Grätz und Gero von Wilpert überzeugend, dass eine eindeutige Auflösung der logischen Widersprüche und eine klare Trennung von realistischen und phantastischen Elementen auch in dieser Erzählung weder möglich noch produktiv seien. Vgl. Grätz, Die Macht der Fiktion und die Kunst des Fingierens. Eine Analyse von Arthur Schnitzlers Erzählung *Das Tagebuch der Redegonda* auf der Grundlage erzähltheoretischer Überlegungen. In: Wirkendes Wort 52 (2002), S. 385–397, hier S. 390. Vgl. Wilpert 1994, S. 371.
[76] Vgl. Grätz 2002, S. 385.

Effekt noch verstärkt. Damit wird auch die Konventionsgebundenheit und konstruierte Qualität sozialer Wirklichkeitserfahrung, in diesem Fall insbesondere den kulturellen Code der romantischen Liebe betreffend, hervorgehoben.[77]

In beiden Erzählungen entwerfen die Protagonisten ein idealisiertes Bild der Geliebten, dem die realen Vorbilder in Wirklichkeit niemals entsprechen könnten. Wehwald ist sich dessen sogar halb bewusst, wenn er zugesteht, dass ihm in seiner Phantasie „Seligkeiten beschieden waren, wie sie mir die armselige Wirklichkeit nie so berauschend zu bieten vermocht hätte".[78] Leisenbohg ist weniger reflektiert, wenn er nach der gemeinsamen Nacht mit Kläre davon träumt, dass sie ihre Bühnenkarriere in den nächsten Jahren aufgeben könnte, um mit ihm aufs Land zu ziehen und ihm schließlich den exklusiven Platz des einzig wahren Liebhabers einräumen werde: „Gewiß, sie hatte keinen geliebt vor ihm, und ihn vielleicht immer und in jedem!"[79] Um seine zehnjährige Wartezeit in das Narrativ der Liebe als exklusive und authentische Erfahrung, bei der zwei füreinander bestimmte Partner aufeinandertreffen, integrieren zu können, muss Leisenbohg das Schicksal bemühen, um die mit dem Mythos der Liebe als Himmelsmacht nicht vereinbaren Aspekte der Kontingenz und Arbitrarität auszuschalten:

> In der späten Erfüllung seiner Sehnsucht schien ihm ein tieferer Sinn zu liegen. Was er heute Nacht erlebt hatte, war die wunderbarste Überraschung gewesen – und doch wieder nichts als Steigerung und notwendiger Abschluß seiner bisherigen Beziehungen zu Kläre. Er fühlte jetzt, dass es gar nicht anders hätte kommen können [...].[80]

Indem Leisenbohg also hier seine Beziehung zu Kläre als Bestimmung des Schicksals deutet, korrigiert er das durch Kläres Lebensführung aus den Fugen

---

77 Für Grätz deutet das Spiel mit literarischen Klischees einerseits auf eine selbstironisierende Offenlegung literarischer Verfahrensweisen hin, andererseits werde dadurch auch deren „Mehrdimensionalität und Wandlungsfähigkeit" hervorgehoben und die „Macht der Fiktion und die Kunst des Fingierens" in den Mittelpunkt gestellt (Vgl. Grätz 2002, S. 397). Claudia Öhlschläger konzentriert sich auf die Zitate konventioneller Liebescodes in der Erzählung und arbeitet intertextuelle Allusionen auf Minnelyrik, Wagners Oper *Tristan und Isolde* und auf Liebeskonzepte in der Tradition von Goethes *Werther* heraus. In diesem Sinne versteht sie Schnitzlers Erzählung als „historischen Abriss abendländischer Liebesmodelle", der die Sprachgebundenheit des Liebesbegehrens herausstelle (Öhlschläger, „Verbale Halluzinationen". Narrative Spiegelgefechte in Arthur Schnitzlers *Das Tagebuch der Redegonda*. In: Bi-Textualität. Inszenierungen des Paares. Hg. von Annegret Heimann u. a. Berlin 2001, S. 346–356, hier S. 353).
78 ES I, S. 987.
79 ES I, S. 588. Einen ähnlichen und genauso vergeblichen Versuch der weiblichen Domestizierung unternimmt Henri in Schnitzlers Einakter *Der grüne Kakadu* (1899): Henri erhofft sich, die in der Liebe viel erfahrenere Léocadie durch Heirat und Umzug aufs Land ganz besitzen zu können. Auch dies stellt sich schon einen Tag nach der Hochzeit als Täuschung heraus.
80 ES I, S. 588.

geratene patriarchale Geschlechterverhältnis: „Und er ahnte voraus, da ihm auch Kläre sagen würde: Was waren mir alle anderen? – Du bist der einzige und erste, den ich je geliebt habe..."[81] So versucht Leisenbohg, seine Position als einzig wahrer Liebhaber Kläres und damit seine überlegene und aktive männliche Rolle zu re-etablieren, indem er ihren früheren Beziehungen Authentizität und Geltung abspricht. Mit dieser Ausschaltung der Kontingenz kann also erneut von einer Hinwendung zum Wundersinn gesprochen werden, die das „Grauenhafte"[82] jedoch nur temporär in Schach halten kann.

Auch Wehwald rechtfertigt seine Realitätsflucht zunächst mit einer solchen Hinwendung zum Wundersinn, wenn er von seiner imaginierten Liebesbeziehung spricht als etwas, „was sich bald in ganzer Schicksalsschwere erfüllen sollte"[83] und hat schließlich das Gefühl, dem Duell mit dem Rittmeister als der „Erfüllung meines Schicksals"[84] entgegenzugehen. Gleichzeitig bemüht er sich, seine außer Kontrolle geratene Grenztilgung zwischen Realität und Imagination trotzdem noch in sein rational-männliches Selbstbild zu integrieren, indem er eine stereotype Grenzziehung zum irrational-weiblichen Anderen vornimmt:

> Denn ich ahnte mit einemmal, daß Redegonda mich ebenso geliebt hatte wie ich sie und daß ihr dadurch die geheimnisvolle Macht geworden war, die Erlebnisse meiner Phantasie in der ihren mitzuerleben. Und da sie als Weib den Urgründen des Lebens, dort wo Wunsch und Erfüllung eins sind, näher war als ich, war sie wahrscheinlich im tiefsten überzeugt gewesen, alles das, was nun in ihrem violetten Büchlein aufgezeichnet stand, wirklich durchlebt zu haben.[85]

Wehwalds Versuch, sich von Redegondas angeblich weiblicher Irrationalität abzusetzen, ist kaum überzeugend im Hinblick auf seinen eigenen Realitätsverlust und seine Annahme, dass Redegondas Liebe zu ihm ihr zu einer geheimnisvollen Macht verholfen habe[86] Darüber hinaus knüpft Wehwald an diese Überlegung noch die alternative Vermutung an, Redegonda habe sich möglicherweise

---

81 ES I, S. 588.
82 ES I, S. 595.
83 ES I, S. 988.
84 ES I, S. 990.
85 ES I, S. 989–990.
86 Auch hier fällt eine Parallele zu *Die Fremde* auf, wo Albert ähnlich vergeblich versucht, die eigene Irrationalität auf Katharinas Einfluss zurückzuführen und damit eine klare Grenzziehung zwischen dem männlichen Selbst und dem weiblichen ‚Anderen' aufrechtzuerhalten. Eine ausführliche Interpretation dieser Erzählung mit einem Schwerpunkt auf die Art und Weise, mit der Albert Katharina als ‚Andere' konstruiert, bietet Imke Meyer, Männlichkeit und Melodram. Arthur Schnitzlers erzählende Schriften. Würzburg 2010, hier besonders S. 47.

wegen seiner „Unentschlossenheit"⁸⁷ an ihm rächen wollen und sei gestorben, um ihn dafür zu bestrafen, niemals seine Phantasien in Realität umgesetzt zu haben. Interessant ist hier natürlich das Motiv der Rache: Die Tatsache, dass wir am Ende durch den Erzähler erfahren, dass Redegonda keineswegs den Liebestod gestorben, sondern mit einem jungen Leutnant davon gelaufen ist, lässt erneut das Moment der Angst vor der Rache des Anderen anklingen. Redegonda erscheint so als eine Art *femme fatale*, die es auf rätselhafte Weise geschafft hat, den armen Dr. Wehwald, „ein Muster von Korrektheit, Diskretion und Vornehmheit",⁸⁸ für ihre Flucht mit einem anderen zu benutzen. Die Parallele zu Leisenbohg, der ja ebenfalls gewissermaßen für einen anderen ‚geopfert' wird, ist eindeutig. Freud hat die Erzählung *Das Schicksal des Freiherrn von Leisenbohg* wiederum als Illustration seines Konzepts des Tabu der Virginität gelesen, das eine gewisse Feindschaft und Rachlust der Frau gegenüber ihrem ersten Liebhaber beschreibt.⁸⁹ Neben der nach Freud gewünschten kulturellen Folge der Virginität, die die Hörigkeit der Frau ihrem Ehemann gegenüber garantieren soll, kann sich also auch ein Gefühl des Ressentiments gerade wegen dieses Machteffekts einstellen. Auf diese Weise wird in beiden Erzählungen das Thema der Rache des komplementären Anderen ein weiteres Mal variiert.

In beiden Texten ist die Hinwendung zum Wundersinn eng verbunden mit der Grenztilgung zwischen Realität und Imagination und damit eindeutig als Eskapismus aus der den Protagonisten gegebenen sozialen Wirklichkeit erkennbar. So legt Wehwald Redegonda in seiner Phantasie Worte in den Mund, die als Projektionen zu verstehen sind und mehr über seine eigene Situation aussagen als über Redegonda:

> Und meine Phantasie spiegelte mir vor, daß Redegonda, fern davon mich abzuweisen, ihre Befriedigung über meine Kühnheit keineswegs zu verbergen suchte, es im Laufe eines lebhaften Gespräches an Klagen über die Leere ihres Daseins nicht fehlen ließ und endlich ihrer Freude Ausdruck gab, in mir eine verständnisvolle mitfühlende Seele gefunden zu haben.⁹⁰

Damit werden die Phantasien Wehwalds als Kompensation für die Leere seiner eigenen Existenz als Konzeptionspraktikant, der von Wien in eine kleine niederösterreichische Landstadt versetzt wurde, deutlich. Auch bei Leisenbohg handelt es sich interessanterweise um einen „Ministerialbeamten", der sich aber aus-

---

87 ES I, S. 990.
88 ES 1, S. 991.
89 Freud, Das Tabu der Virginität. In: Freud, Gesammelte Werke. Bd. 12. 1947, S. 161–180, hier S. 178.
90 ES I, S. 987.

gerechnet wegen seiner Leidenschaft für Kläre nicht nur erlaubt, ein abwechslungsreiches Liebesleben jenseits der bürgerlichen Institution der Ehe zu führen, vordergründig, um immer frei für Kläre zu sein, sondern es zeigt sich auch, dass er „eine vielversprechende Staatskarriere"[91] aufzugeben bereit ist, um ihr nahe zu sein. Damit wird in beiden Fällen die Liebesobsession als Fluchtmöglichkeit aus der bürgerlichen Existenz des Beamten deutlich. Ein weiterer Beamter, der sein Amt vorzeitig verlässt, ist der Freiherr von Schottenegg in *Die Weissagung*, dessen Anwesen den Raum für die Aufführung des Stückes des Erzählers und von Umprechts Darstellung bietet: Er hatte seine Liebe zur Schauspielkunst in jungen Jahren zugunsten des Staatsdienstes aufgegeben, diesen jedoch „kaum über vierzig Jahre alt, gleich nach dem Tode des Vaters" wiederum verlassen, um sich wieder seiner alten Leidenschaft zu widmen.[92] Es lässt sich annehmen, dass die Beamtenexistenz von Wehwald und Leisenbohg von vergleichbar geringen Abwechslungsreichtum ist wie das Leben der Offiziere in dem „kleinen polnischen Nest" in *Die Weissagung*. Auf diese Weise wird die eskapistische Qualität der Hinwendung zum Wundersinn unterstrichen.

Es ist zu beachten, dass die bürokratische Amtstreue, ähnlich wie die ‚Vaterlandstreue' im Militär, nicht wie in einem patrimonialen oder feudalen Verhältnis einer Person gilt, sondern einem, wie Max Weber schreibt, „sachlichen Zweck",[93] aber dass hinter diesem Zweck „als Surrogat des irdischen oder auch überirdischen persönlichen Herren, in einer Gemeinschaft realisiert gedachte ‚Kulturwerte': ‚Staat', ‚Kirche', ‚Gemeinde', ‚Partei', ‚Betrieb'"[94] stehen. Dies heißt auch, dass diese Kulturwerte wiederum in einem säkularen System als Ersatzreligion fungieren können. In diesem Sinne steht das Gefühl der Amtstreue in gegenseitiger Abhängigkeit mit dem Vertrauen in das der sozialen Ordnung zugrundeliegende Wertesystem und seine normativen Grenzziehungen. Durch die parallele trostlose Darstellung der Armee und des Beamtentums, der beiden sozialen Bereiche also, die als die „tragenden Säulen des österreichischen Vielvölkerstaats"[95]

---

91 ES I, S. 582
92 ES I, S. 598. Dieses Motiv des unausgefüllten Beamten ist ein wiederkehrender Topos in Schnitzlers Texten: Auch Albert in *Die Fremde* nutzt seine Liebesobsession zu Katharina, um über seine Verhältnisse als Beamter in einem Ministerium zu leben. Ähnliches wird angedeutet bei dem Sektionsrat Robert in „Flucht in die Finsternis", dessen psychische Krankheit zumindest teilweise mit einer Flucht aus bürgerlichen Verhältnissen in Verbindung gebracht werden kann.
93 M. Weber, Wirtschaft und Gesellschaft. Die Wirtschaft und die gesellschaftlichen Ordnungen und Mächte. Nachlaß. In: Weber, Gesamtausgabe. Hg. von Horst Baier u. a. Teilbd. 4: Herrschaft. Hg. von Edith Hanke. Tübingen 2005, S. 160.
94 Weber, Wirtschaft und Gesellschaft. 2005, S. 160.
95 Bernd Oei, Joseph Roth. Der verbrannte Himmel. Metaphysik des Zweifels. Münster 2012, S. 125.

gelten können, lassen die hier diskutierten Texte auch den Niedergang der Habsburger Monarchie anklingen, den später Joseph Roth wohl am prominentesten und eindringlichsten beschrieben hat: „Natürlich [...] wörtlich genommen, besteht sie [die Monarchie] noch. Wir haben eine Armee [...] und Beamte [...]. Aber sie zerfällt bei lebendigem Leibe."[96]

Vor diesem Hintergrund zeigt sich, dass die okkulten Elemente in den hier besprochenen Erzählungen mit einer grundlegenden Verunsicherung über die Wirklichkeitskonstruktionen der diesseitigen sozialen Welt in Verbindung stehen. Das von Titzmann beschriebene Phänomen der Grenztilgung als zentrales Merkmal der Literatur der Moderne wird hier als unheimliche Erfahrung deutlich, für die okkulte Momente als Chiffre gelten können: „[M]ediums and communicating spirits unsettle seemingly stable ontological – or, as Jacques Derrida would have it, ‚hauntological' – boundaries between self and other, absence and presence, materiality and spirituality, life and death."[97] In diesem Sinne kann die Geistererscheinung Wehwalds in *Das Tagebuch der Redegonda* symptomatisch verstanden werden für die krisenhafte Verunsicherung über den eigenen Subjektstatus, die sich auch bei den anderen Protagonisten abzeichnet. Der Geist Wehwalds erklärt beispielsweise, dass seine „Zeit gemessen" ist.[98] Dies könnte als Kommentar dazu gelesen werden, dass die geltenden Konstruktionen einer nicht-jüdischen männlichen Norm, die auf der Abgrenzung sowohl vom weiblichen wie vom jüdischen Anderen beruht und die Grundlage für das Selbstverständnis der Protagonisten in allen drei Erzählungen bildet, in einem Prozess der geisterhaften Auflösung begriffen sind.[99]

Die Reaktion auf diese Erfahrung der Grenztilgungen ist in allen hier diskutierten Erzählungen eine Hinwendung zum Wundersinn, der den Kontingenzsinn aufhebt und wiederum eine nicht mehr zu kontrollierende Grenztilgung zwischen Realität und Imagination vorantreibt. Dieses Verfallen in den Wundersinn wird in den Erzählungen als Eskapismus dargestellt, der eine kritische Auseinandersetzung mit den bestehenden Normen verhindert. So halten alle drei Protagonisten an ihren stereotypen Vorstellungen des jüdischen bzw. weiblichen Anderen fest. Ironisierend nehmen die Erzählungen schließlich die unvermeidliche Angst vor der Rache des Anderen auf, die durch die Erfahrung der Grenztilgung einen

---
96 J. Roth, Radetzkymarsch. Berlin 1932, S. 281.
97 Sword 2002, S. xi.
98 ES I, S. 985.
99 Dieses Gefühl scheint eng verbunden mit der generellen Untergangsstimmung der Habsburger Monarchie und klingt auch wiederum bei Joseph Roth in ähnlich geisterhafter Weise an: „Wir alle leben nicht mehr!", ruft der Graf Chojnicki im Hinblick auf das zerfallende System resigniert aus und gibt der Existenz des Adels, des Beamtenstandes und des Militärs so eine untote, gespenstische Färbung (Roth, Radetzkymarsch. 1932, S. 280).

unheimlich-bedrohlichen Charakter erhält. Auf diese Weise wird in den Texten auch durch Ironisierung von der paranoiden Qualität Gothic-ähnlicher Schreibweisen, die die Angst vor der Rache des Anderen perpetuieren, Abstand genommen. Damit treffen Schnitzlers Texte schon früh einen Nerv der Zeit, der sich in den folgenden Jahrzehnten nach ihrem Erscheinen immer deutlicher abzeichnen sollte: Zusammen gelesen, verweisen die Texte auf die strukturelle Ähnlichkeit und Verschränkung von Antisemitismus und Sexismus, wie sie beispielsweise in Otto Weiningers *Geschlecht und Charakter* (1903) und später unter anderem in Karl Hans Strobls dystopischer Gothic Novel *Gespenster im Sumpf: Ein phantastischer Wiener Roman* (1920) zum Ausdruck kommen sollten. Strobls antisemitischer und frauenfeindlicher Text kann dabei als besonders eindeutiges Beispiel für die paranoide Qualität des Gothic herangezogen werden.

Die Handlung von *Gespenster im Sumpf* spielt in Wien um 1950. Die Donaumetropole ist in diesem Zukunftshorrorszenario kaum noch bewohnbar: Die meisten Wiener sind von einer nicht weiter spezifizierten Krankheit mit dem Namen „morbus Viennensis"[100] dahingerafft worden. Die Stadt besteht nur mehr aus Ruinen, die den letzten Überlebenden Obdach gewähren – aber auch okkulten dunklen Kräften, Monstern und Riesenspinnen. Die Organisation „Die rote Hand"[101] arbeitet im wortwörtlichen Untergrund der Stadt daran, eine sozialistische Ordnung unter den letzten Überlebenden zu installieren. Ihr Scheitern wird aber als praktisch unausweichlich dargestellt angesichts der Schwäche der männlichen Mitglieder, die schließlich alle Entscheidungsfreiheit den Frauen überlassen, was selbstverständlich zum moralischen Verfall und gewaltvollen Untergang führt. Nicht zuletzt ist es der dämonisch erscheinende Jude Leib Moishe Seelenheil, der sich als schuldig an der Verbreitung der Krankheit herausstellt und der schließlich das apokalyptische Ende des Romans vorantreibt. Seelenheil erklärt die Motivation seiner Handlungen als Rache für die Ungerechtigkeiten, die ihm als Jude in der Wiener Gesellschaft widerfahren sind, wodurch das Moment der Rache des Anderen explizit gemacht wird.[102] Insbesondere *Die Weissagung* antwortet durch die Verwendung okkulter Elemente ironisch auf die paranoide Grundlage des Antisemitismus, die dann in Strobls Text ungebrochen zum Ausdruck kommt. Weiters ist das Spiel mit dem rationalistischen Definitions- und Aufklärungsdrang der Leserinnen und Leser durch unzuverlässig erscheinende Erzählinstanzen und Vermischung von Realität und Imagination bzw. Fiktion eine zentrale Funktion der okkulten Elemente in Schnitzlers Texten. Es ist auffällig, dass gerade die Erzählungen, in denen diese Elemente eine Rolle spielen, offensichtlich, wie Konstanze

---

100 K. H. Strobl, Gespenster im Sumpf. Ein phantastischer Wiener Roman. Wien 1920, S. 25.
101 Strobl, Gespenster im Sumpf. 1920, S. 122.
102 Strobl, Gespenster im Sumpf. 1920, S. 365.

Fliedl beobachtet hat, zu dem Versuch verleiten, „das Irrationale in der Erzählung vernünftig zu überbrücken".[103] Dadurch, dass sich dies aber für das weitere Verständnis der Texte als nicht produktiv erweist, wird von den Leserinnen und Lesern verlangt, die Grenztilgungserfahrung der Figuren mitzuerleben. Damit entlassen die Texte die Leserinnen und Leser gewissermaßen in einem luftleeren Raum, der an das von Hermann Broch konstatierte „Wert-Vakuum"[104] der Wiener Moderne erinnert: Die Grenzziehungen der geltenden Normen scheinen in Frage gestellt, aber ein Verfallen in den Wundersinn, der von dieser Verunsicherung zumindest temporär Erleichterung verschaffen könnte, wird, erweist sich durch das tragische Ende der Protagonisten als Sackgasse. Die okkulten Elemente tragen damit auch auf metanarrativer Ebene nicht nur zu einer Bewusstmachung des literarischen Schreibprozesses, sondern auch der Konstruktion von Wirklichkeitserfahrung durch normative Grenzziehungen bei.[105]

Literatur

Primärliteratur

Roth, Joseph: Radetzkymarsch. Berlin 1932.
Schnitzler, Arthur: Das Schicksal des Freiherrn von Leisenbohg. In: Schnitzler: Gesammelte Werke. Die erzählenden Schriften. Zwei Bände. Bd. 1. Frankfurt a. M. 1961, S. 580–598.
Schnitzler, Arthur: Die Weissagung. In: Schnitzler: Gesammelte Werke. Die erzählenden Schriften. Zwei Bände. Bd. 1. Frankfurt a. M. 1961, S. 598–619.
Schnitzler, Arthur: Das Tagebuch der Redegonda. In: Schnitzler: Gesammelte Werke. Die erzählenden Schriften. Zwei Bände. Bd. 1. Frankfurt a. M. 1961, S. 985–991.
Schnitzler, Arthur: Briefe 1913–1931. Hg. von Peter Michael Braunwarth, Richard Miklin, Susanne Pertlink und Heinrich Schnitzler. Frankfurt a. M. 1984.
Strobl, Karl Hans: Gespenster im Sumpf. Ein phantastischer Wiener Roman. Wien 1920.

---

103 Fliedl 2005, S. 171.
104 H. Broch, Die fröhliche Apokalypse Wiens um 1880. In: Die Wiener Moderne. Literatur, Kunst und Musik zwischen 1890 und 1910. Hg. von Gotthart Wunberg. Stuttgart 1981, S. 86–97, hier S. 86.
105 Pytlik kommt bei ihrer Analyse der okkulten Elemente in Johannes Schlafs *Sommertod* zu einem ähnlichen Schluss: „Da der *Sommertod* nicht eindeutig der so genannten ‚phantastischen Literatur' zugeordnet werden kann, der Handlungsverlauf aber trotzdem vom Einbruch der irrationalen Sphäre maßgeblich bestimmt wird, zielt die Erzählung auch darauf ab, die allgemein gültige Vorstellung von Wirklichkeit in Frage zu stellen." (Pytlik 2005, S. 107) Bei Schnitzler hat diese Infragestellung eine zusätzliche sozialkritische Komponente, die sich auf die normative Konstruiertheit sozialer Wirklichkeit bezieht.

Sekundärliteratur

Alexander, Theodor W.: From the Scientific to The Supernatural in Schnitzler. In: The South Central Bulletin 31.4 (1971), S. 164–167.
Allerdissen, Rolf: Arthur Schnitzler. Impressionistisches Rollenspiel und skeptischer Moralismus in seinen Erzählungen. Bonn 1985.
Althusser, Louis: Theory, Theoretical Practice and Theoretical Formation: Ideology and Ideological Struggle. In: Althusser: Philosophy and the Spontaneous Philosophy of the Scientists & Other Essays. London, New York 1990, S. 1–42.
Baßler, Moritz / Châtelier, Hildegard (Hg.): Mystique, mysticisme et modernité en Allemagne autour de 1900 / Mystik, Mystizismus und Moderne in Deutschland um 1900. Strasbourg 1998.
Bourdieu, Pierre: Ce que parler veut dire. L'économie des échanges linguistiques. Paris 1982.
Braungart, Georg: Spiritismus und Literatur um 1900. In: Ästhetische und religiöse Erfahrungen der Jahrhundertwenden, II: um 1900. Hg. von Wolfgang Braungart, Gotthard Fuchs und Manfred Koch. Paderborn 1998, S. 85–92.
Broch, Hermann: Die fröhliche Apokalypse Wiens um 1880. In: Die Wiener Moderne. Literatur, Kunst und Musik zwischen 1890 und 1910. Hg. von Gotthart Wunberg. Stuttgart 1981, S. 86–97.
Brucke, Martin: Magnetiseure. Die windige Karriere einer literarischen Figur. Freiburg i. Br. 2002.
Butler, Judith: Excitable Speech. A Politics of the Performative. New York, London 1997.
Cusack, Andrew / Murnane, Barry (Hg.): Popular Revenants. The German Gothic and Its International Reception, 1800–2000. Rochester, NY 2012.
Dyer, Richard: The Matter of Images: Essays on Representation. London, New York 2002.
Fliedl, Konstanze: Arthur Schnitzler. Stuttgart 2005.
Freud, Sigmund: Das Unheimliche. In: Freud: Gesammelte Werke. Bd. 12: Werke aus den Jahren 1917–1920. London 1947, S. 229–268.
Freud, Sigmund: Das Tabu der Virginität. In: Freud: Gesammelte Werke. Bd. 12. 1947, S. 161–180.
Gerrekens, Louis: Arthur Schnitzlers *Die Weissagung* oder wie aus schlecht erzähltem Theater eine spannende Novelle wird. In: Theatralisches Erzählen um 1900. Narrative Inszenierungsweisen der Jahrhundertwende. Hg. von Achim Küpper. Heidelberg 2011, S. 89–102.
Gilman, Sander L.: Difference and Pathology. Stereotypes of Sexuality, Race, and Madness. Ithaca, NY 1985.
Gilman, Sander L.: Freud, Race, and Gender. Princeton, NJ 1995.
Grätz, Katharina: Die Macht der Fiktion und die Kunst des Fingierens. Eine Analyse von Arthur Schnitzlers Erzählung *Das Tagebuch der Redegonda* auf der Grundlage erzähltheoretischer Überlegungen. In: Wirkendes Wort 52 (2002), S. 385–397.
Imboden, Michael: Die surreale Komponente im erzählenden Werk Arthur Schnitzlers. Bern 1971.
Just, Gottfried: Ironie und Sentimentalität in den erzählenden Dichtungen Arthur Schnitzlers. Berlin 1968.
Kury, Astrid: „Heiligenscheine eines elektrischen Jahrhunderts sehen anders aus". Okkultismus und die Kunst der Wiener Moderne. Wien 2000.
Lawson, Richard H.: Schnitzlers *Das Tagebuch der Redegonda*. In: The Germanic Review 35 (1960), S. 202–213.

Lawson, Richard H.: An Interpretation of *Die Weissagung*. In: Studies in Arthur Schnitzler. Hg. von Herman Salinger. Chapel Hill 1963, S. 71–78.
Linse, Ulrich: Geisterseher und Wunderwirker. Heilssuche im Industriezeitalter. Frankfurt a. M. 1996.
Lipphardt, Veronika: Biologie der Juden. Jüdische Wissenschaftler über „Rasse" und Vererbung 1900–1935. Göttingen 2008.
Matthias, Bettina: Masken des Lebens – Gesichter des Todes. Zum Verhältnis von Tod und Darstellung im erzählerischen Werk Arthur Schnitzlers. Würzburg 1999.
McWilliams, James R.: Illusion and Reality. Schnitzlers *Tagebuch der Redegonda*. In: German Life and Letters 35 (1981/1982), S. 28–36.
Meyer, Imke: Männlichkeit und Melodram. Arthur Schnitzlers erzählende Schriften. Würzburg 2010.
Murnane, Barry: Haunting (Literary) History. An Introduction to German Gothic. In: Popular Revenants. 2012, S. 10–43.
Oei, Bernd: Joseph Roth. Der verbrannte Himmel. Metaphysik des Zweifels. Münster 2012.
Öhlschläger, Claudia: „Verbale Halluzinationen". Narrative Spiegelgefechte in Arthur Schnitzlers *Das Tagebuch der Redegonda*. In: Bi-Textualität. Inszenierungen des Paares. Hg. von Annegret Heimann u. a. Berlin 2001, S. 346–356.
Perlmann, Michaela L.: Der Traum in der literarischen Moderne. Zum Werk Arthur Schnitzlers. München 1987.
Pytlik, Priska: Okkultismus und Moderne. Ein kulturhistorisches Phänomen und seine Bedeutung für die Literatur um 1900. Paderborn, München, Wien, Zürich 2005.
Rohrwasser, Michael: Arthur Schnitzlers Erzählung *Die Weissagung*. Ästhetizismus, Antisemitismus und Psychoanalyse. In: ZfdPh 118 (1999), Sonderheft, S. 60–79.
Roussel, Geneviève: Le fantastique comme symptôme et poétique dans *Die Weissagung* d'Arthur Schnitzler. In: Marges du fantastique 3 (1988), S. 185–203.
Santner, Eric L.: My Own Private Germany. Daniel Paul Schreber's Secret History of Modernity. Princeton, NJ 1996.
Schäfer, Julia: Vermessen – gezeichnet – verlacht. Judenbilder in populären Zeitschriften 1918–1935. Frankfurt a. M. 2005.
Schneider, Gert K.: Grenzüberschreitungen: Energie, Wunder und Gesetze. Das Okkulte als Weltanschauung und seine Manifestationen im Werk Arthur Schnitzlers. Wien 2014.
Schneider, Manfred: Das Grauen der Beobachter. Schriften und Bilder des Wahnsinns. In: Bild und Schrift in der Romantik. Hg. von Gerhard Neumann und Günter Oesterle. Würzburg 1999, S. 237–253.
Sedgwick, Eve Kosofsky: Between Men. English Literature and Male Homosocial Desire. New York 1985.
Spörl, Uwe: Gottlose Mystik in der deutschen Literatur um die Jahrhundertwende. Paderborn, München, Wien, Zürich 1997.
Sword, Hele: Ghostwriting Modernism. Ithaca, NY, London 2002.
Titzmann, Michael: „Grenzziehung" vs. „Grenztilgung". Zu einer fundamentalen Differenz der Literatursysteme „Realismus" und „Frühe Moderne". In: Weltentwürfe in Literatur und Medien. Phantastische Wirklichkeiten – Realistische Imaginationen. Hg. von Hans Krah und Claus-Michael Ort. Kiel 2002, S. 181–205.
Todorov, Tzvetan: The Fantastic. A Structural Approach To A Literary Genre. Ithaca, NY 1975.
Volkov, Shulamit: Germans, Jews, and Antisemites: Trials in Emancipation. New York 2006, S. 112–114.

Weber, Max: Wirtschaft und Gesellschaft. Die Wirtschaft und die gesellschaftlichen Ordnungen und Mächte. Nachlaß. In: Weber: Gesamtausgabe. Hg. von Horst Baier u. a. Teilbd. 4: Herrschaft. Hg. von Edith Hanke. Tübingen 2005.

Weigel, Robert: Schnitzlers Schicksalserzählungen *Die Weissagung* und *Die dreifache Warnung*. In: Die Seele ... ist ein weites Land. Kritische Beiträge zum Werk Arthur Schnitzlers. Hg. von Joseph P. Strelka. Bern u. a. 1997, S. 149–162.

Weininger, Otto: Geschlecht und Charakter. Eine prinzipielle Untersuchung. München 1980.

Wilpert, Gero von: Die deutsche Gespenstergeschichte. Motiv – Form – Entwicklung. Stuttgart 1994.

Young, Robert J. C.: Colonial Desire. Hybridity in Theory, Culture and Race. London, New York 1995.

Robert Rößler
Vom Dandytum zum Judentum
Biographische und werkästhetische Entwicklungen bei Richard Beer-Hofmann

Mit Blick auf eine Situierung Richard Beer-Hofmanns innerhalb des dialektischen Spannungsfeldes aus Modernität und Antimodernität ist der in der Forschungsliteratur häufig zu findende Begriff der „Rückbesinnung"[1] entscheidend. Die hiermit gemeinte Rückwendung auf die jüdische Tradition ist jedoch nicht einfach gleichzusetzen mit einer antimodernen Geste, da sich Beer-Hofmann diese Tradition biographisch zu eigen macht und literarisch produktiv werden lässt – so bereits 1897 mit dem *Schlaflied für Miriam*, 1900 mit *Der Tod Georgs* und dann ganz entschieden in seiner nachfolgenden dramatischen Dichtung. Besonders im *Tod Georgs* dient die Rückbesinnung auf das Judentum zugleich der Überwindung ästhetizistischer Tendenzen und rückwärtsgewandten Dandytums, die die frühen 1890er Jahre Beer-Hofmanns bestimmt hatten.

Das Modernitätspotential, das in einer Rückbesinnung und subsequenten Wiederentdeckung des Judentums liegt, wird auch durch das Aufkommen der zionistischen Bewegung ab Mitte der 1890er Jahren unter Koordination Theodor Herzls deutlich, dessen *Judenstaat* bezeichnenderweise den Untertitel *Versuch einer modernen Lösung der Judenfrage* trägt. Dieses Buch gab Anlass für den oft zitierten Satz aus dem Briefwechsel der beiden Wiener Juden Beer-Hofmann und Herzl, in dem der Dichter über den *Judenstaat* befindet: „Mehr noch als Alles, was *in* Ihrem Buche, war mir sympathisch, was dahinter stand."[2] Diese Äußerung ist nun allerdings weniger als Kompliment zu lesen denn als Ausdruck einer Meinungsverschiedenheit: Anders als Herzl, der den politischen Aspekt[3] in den Mittelpunkt seiner Ausführungen gestellt hatte, interessierten Beer-Hofmann die

---
[1] Exemplarisch sei hier der von Dieter Borchmeyer herausgegebene Sammelband Richard Beer-Hofmann. *Zwischen Ästhetizismus und Judentum* genannt, in dem der Begriff der „Rückbesinnung" in beinahe jedem Artikel gleich mehrfach fällt. Vgl. Borchmeyer (Hg.), Richard Beer-Hofmann. Zwischen Ästhetizismus und Judentum. Paderborn 1996.
[2] Brief von Richard Beer-Hofmann an Theodor Herzl vom 13. März 1896. In: The Unpublished Letters of Richard Beer-Hofmann to Hermann Bahr (with the unpublished letters between Beer-Hofmann and Theodor Herzl). Hg. von Jeffrey Berlin. In: Identity and Ethos. A Festschrift for Sol Liptzin on the Occasion of his 85th Birthday. Hg. von Martin Gelber. Bern, New York, Frankfurt a. M. 1986, S. 121–144, hier S. 136.
[3] „Ich halte die Judenfrage weder für eine sociale, noch für eine religiöse [...]. Sie ist eine nationale Frage, und um sie zu lösen, müssen wir sie vor Allem zu einer politischen Weltfrage

sozialen, religiösen und geschichtlichen Energien ‚dahinter'. So erklärt sich auch Beer-Hofmanns lebenslanges Insistieren, dass „seine Wendung zur jüdischen Tradition nicht von Herzl beeinflusst [sei]. Stattdessen habe ihm – irgendwann Mitte der Neunziger Jahre – der Zufall ein Buch jüdischen Inhalts in die Hände gespielt, das ihm plötzlich die Zugehörigkeit zum jüdischen Volk vor Augen geführt habe."[4] Darüber hinaus ist die Geburt der ersten Tochter Mirjam ganz entscheidend für diese Wende. Nicht ohne Grund manifestiert schließlich das *Schlaflied für Mirjam* die erste literarische Hinwendung zum Judentum. Die Rückbesinnung Beer-Hofmanns auf die jüdische Tradition ist folglich nicht durch einen rezeptionsgeschichtlichen Zusammenhang mit Herzls *Judenstaat*, sondern vielmehr durch einen biographisch-familiären zu erklären. Dies bekräftigte bereits Richard M. Sheirich, als er entgegen der damaligen Lehrmeinung den Blick in die Wiege der neugeborenen Mirjam richtete: „Therein lies Beer-Hofmann's particular brand of Jewishness, not in anything theological, Zionistic, or Hasidic."[5]

Bemerkenswert ist dabei, dass sich im Wien der Jahrhundertwende das Konzept des nur noch als Familientradition begriffenen Judentums eigentlich fest als Assimilierungsstrategie etabliert hatte. Stephen Beller verweist in diesem Zusammenhang darauf, dass mit der Reduzierung des Jüdischen auf das Familiäre eine „distance from tradition"[6] einhergeht. Bei Sigmund Freuds früh verstorbenem Studienfreund Joseph Paneth findet sich – im Gefolge des Liberalismus und wissenschaftlicher Revolutionen – diese Zurücknahme auf die Spitze getrieben, wenn er schließlich auch die aufs Private beschränkte jüdische Tradition hinter sich lassen will: „Möge es [das Judentum] aufhören zu existieren, wie die Puppe abstirbt, wenn sie ihre Lebenskraft auf den Schmetterling übertragen hat. Nichts spezifisch Jüdisches kann heute noch berufen erscheinen, eine Rolle in der Bildung eines modernen Menschen zu spielen."[7] Etwa zehn Jahre nach dieser Äußerung ist mit Blick auf Beer-Hofmann eine gegenteilige Bewegung festzustellen: Die zur „pieux souvenir de famille"[8] reduzierte jüdische Tradition wird

---

machen." Th. Herzl, Der Judenstaat. Versuch einer modernen Lösung der Judenfrage. Leipzig, Wien 1896, S. 11.

4 So Mirjam Beer-Hofmann im Interview mit Rainer Hank vom 10. Juli 1982 in New York. Hank, Mortifikation und Beschwörung. Zur Veränderung ästhetischer Wahrnehmung in der Moderne am Beispiel des Frühwerkes Richard Beer-Hofmanns. Frankfurt a. M. 1984, S. 379f.

5 R. M. Sheirich, Frevel and der erhöhte Augenblick in Richard Beer-Hofmann: Reflections on a Biographical Problem. In: Modern Austrian Literature 13.2 (1980), S. 1–16, hier S. 5.

6 S. Beller, Vienna and the Jews 1867–1938. A cultural history. Cambridge 1989, S. 84.

7 So Paneth 1884 in seinem Essay "Quid Faciendum?" In: J. Paneth, Vita Nuova. Ein Gelehrtenleben zwischen Nietzsche und Freud. Autobiographie – Essays – Briefe. Aus dem Nachlass hg. und eingeleitet von Wilhelm Hemecker. Wien 2007, S. 84.

8 Theodor Gomperz, Zionismus. In: Die Zeit 74 (29. Februar 1897), S. 139.

zum Fundament einer exemplarischen Rückbesinnung. Spätestens mit dem *Tod Georgs* nimmt der Dichter den für Theodor Gomperz „seit Jahrtausenden abgegriffenen historischen Faden"[9] wieder auf: „Denn *was* Einer auch lebte, er spann nur am nichtreißenden Faden des großen Lebens, der – von anderen kommend zu Anderen – flüchtig durch seine Hände glitt, ein Spinner und, wie sein Leben sich mit hineinverflocht, Gespinst zugleich für die nach ihm. Unlöslich war ein Jeder mit allem Früheren verflochten."[10]

In der vorliegenden Arbeit wird Beer-Hofmanns Hinwendung zur jüdischen Tradition Mitte der 1890er Jahre auf drei Ebenen sichtbar gemacht. Die Grundierung bildet dabei die biographische Ebene, die Beer-Hofmanns Wende vom Dandy der frühen 1890er Jahre zum Familienvater jüdischen Bewusstseins am Ende des Jahrzehnts nachvollzieht. Vor diesem Hintergrund wird in einem zweiten und dritten Schritt der in diesen ereignisreichen Jahren entstandene Text *Der Tod Georgs* (1893–1899) analysiert. Dabei werden sowohl inhaltliche als auch werkgenetische Merkmale einer Wende herausgearbeitet und nebeneinander gestellt. Eine Schlüsselposition nimmt die symbolische Titeländerung des Textes vom *Götterliebling* in *Der Tod Georgs* ein.

„Das müsste noch stilisiert werden" – Die Frage nach Beer-Hofmanns Dandytum

Nachdem Richard Beer-Hofmann 1890 sein Doktorat in den Rechtswissenschaften abgeschlossen und die folgenden Sommermonate planlos am Wörthersee verbracht hatte, gewann er im Herbst desselben Jahres Anschluss an den sich formierenden Literatenkreis des Jungen Wien.[11] Im Frühjahr des folgenden Jahres verstärkte sich vor allem der Kontakt zu Arthur Schnitzler, der im Februar 1891 erstmals Beer-Hofmann in einer Tagebuchnotiz erwähnt: „Beer-Hofmann, Schönheitssinn."[12] Zwei Monate später findet sich diese Feststellung entschieden erweitert: „B.-H. höchst sympathisch.– Affectiert, viel Schönheitssinn, viel Ver-

---

9 Gomperz, Zionismus. 1897, S. 139.
10 Beer-Hofmann, Der Tod Georgs. In: Beer-Hofmann, Große Richard Beer-Hofmann Ausgabe in sechs Bänden (zwei Supplementbände). Hg. von Günther Helmes, Michael M. Schardt und Andreas Thomasberger. Paderborn 1993–2002. Bd. 3: Der Tod Georgs. Hg. und mit einem Nachwort von Alo Allkemper. Paderborn 1994, S. 127. In der Folge zitiert als TG.
11 Beer-Hofmann, Daten. Mitgeteilt von Eugene Weber. In: Modern Austrian Literature 17.2 (1974), S. 13–42, hier S. 19.
12 A. Schnitzler, Tagebuch 1879–1892. In: Schnitzler, Tagebuch. 1879–1931. Unter Mitwirkung von Peter Michael Braunwarth u. a. Hg. von der Kommission für literarische Gebrauchsformen

ständnis, Liebenswürdigkeit."[13] Anhand dieser Einschätzungen Schnitzlers lässt sich erahnen, welch nachhaltigen Eindruck der Neuankömmling in dieser Zeitspanne hinterlassen haben muss. In seiner Erinnerungsskizze *Aus den Anfängen* beschreibt Felix Salten das Auftreten Beer-Hofmanns noch detaillierter:

> Beer-Hofmann stieß eines Tages zu uns. Seine Kleidung war von exzessiver Noblesse, von einer mit subtilstem Geschmack ausgesuchten Eleganz, die immer etwas leise Herausforderndes hatte. Er trug jeden Tag eine andere stimmungsmäßig und raffiniert gewählte Knopflochblume. Er war (und ist es geblieben) von einer derart hinreißenden Beredsamkeit, von einem so durch und durch dringenden lichtvollen Geist, daß ich ihm damals den Titel ‚Mäzen des Verstehens' gab. Selbst schreiben schien er im Anfang gar nicht zu wollen, ja es schien, als sei er sich dafür zu kostbar.[14]

Bezieht sich der erste Teil von Saltens Beschreibung noch ganz auf Äußeres, wird im zweiten Teil aus der geschilderten äußerlichen Schönheit eine gleichsam innerlich-geistige Attraktivität, die auch Schnitzlers zweiter Tagebucheintragung zu entnehmen ist. Obgleich Beer-Hofmann noch nicht „irgendetwas veröffentlicht hatte" erfuhr er „in jenem Kreise" um Hofmannsthal, Schnitzler und Bahr „ungeheuren Kredit",[15] der sich auch in einem beharrlichen Drängen äußerte, Beer-Hofmann möge doch endlich etwas schreiben. So auch Arthur Schnitzler, der ihn in einem Brief vom 6. Juni 1891 in freundschaftlich-bestimmendem Ton wissen lässt: „Nächstens werden Sie etwas schreiben müssen; das steht fest" und resümiert: „In Ihnen muß ja schließlich die Poesie *herangeglaubt* werden. Ich mache Sie auf dieses Wort ganz besonders aufmerksam."[16] Nicht zuletzt solche Ermutigungen werden Beer-Hofmann schließlich zum Schreiben gebracht haben, denn rückblickend auf das Jahr 1891 vermerkt er in seinen *Daten*: „Im Frühsommer habe ich zu schreiben begonnen".[17] Keineswegs ist damit jedoch der Grundstein für die Narration gelegt, ein Sinnsuchender, der „nie wusste was [er] werden sollte,"[18] habe nun in der Schriftstellerei die Ausdrucksform gefun-

---

der Österreichischen Akademie der Wissenschaften. 10 Bände. Wien 1981–2000. Bd. 1. Wien 1987, S. 316 (5. Februar 1891).
13 Schnitzler, Tagebuch 1879–1892. 1989, S. 326 (19. April 1891).
14 F. Salten, Aus den Anfängen. Erinnerungsskizzen. In: Jahrbuch deutscher Bibliophilen-Gesellschaft 18/19 (1932/1933), S. 31–46, hier S. 34.
15 Werner Vordtriede, Gespräche mit Beer-Hofmann. In: Das verlassene Haus. Tagebuch aus dem amerikanischen Exil 1938–1947. München 1975, S. 183f.
16 Brief von Arthur Schnitzler an Richard Beer-Hofmann vom 6. Juni 1891. In: Schnitzler – Beer-Hofmann, Briefwechsel 1891–1931. Hg. von Konstanze Fliedl. Wien, Zürich 1992, S. 30f. In der Folge zitiert als AS-RBH.
17 Beer-Hofmann, Daten. 1974, S. 20.
18 Vordtriede 1975, S. 183f.

den, die ihn ein lethargisches Dasein überwinden ließ und in einem produktiven Schaffen mündete. Zwar verfasste Beer-Hofmann bis zum Jahresende 1891 mit *Camelias* eine erste kurze Novelle, doch trat dabei eine Seite an Beer-Hofmann zu Tage, auf die die Erinnerungen Schnitzlers und Saltens bisher nicht haben schließen lassen. Unzufrieden darüber, wie schwer ihm oftmals die Arbeit von der Hand ging und welche Überwindung dafür nötig war, belegen mehrere Briefzeugnisse eine melancholisch-resignative Gemütslage:

> Ich faullenze und langweile mich; keine gesunde erquickende ruhige Langeweile, sondern eine pretentiöse [sic!], lärmende mit Gesprächen, und Gesellschaft; [...] Ich selbst bin hier mehr als je der launeverderbende »Miesmacher«, würde Hermann Cagliostro (Bahr) sagen.[19]

Noch deutlicher zeigt sich diese Grundstimmung Beer-Hofmanns in einem Brief an Hofmannsthal aus dem Sommer des Jahres 1893, der eines der wichtigsten Schriftstücke dieser Korrespondenz darstellt. Ausgelöst durch Hofmannsthals Beschwerde, der über sieben Jahre ältere Freund würde seine Briefe oft nur sehr spät erwidern und nicht selten sogar unbeantwortet lassen, entfaltet sich in der quasi erzwungenen Antwort ein Abziehbild von Beer-Hofmanns ‚Seelenzustand':

> Ich muß so viel Mißbehagen überwinden, wenn ich deutlich sagen, niederschreiben, die Betonung, den Blick, die Bewegung und die Beziehung auf vorher Besprochenes in Worten wiedergeben soll, daß sich die schlechte Stimmung noch steigert, wenn ich mich hinsetze um einen Brief zu schreiben; [...] ich kann nur verstimmen, die Laune nehmen, Dinge in klares Licht rücken – wo die unsichern Umrisse der Dämmerung so viel schöner waren – »*erklären*« und »*verstehen*« anstatt zu empfinden, und ich glaube ich müßte lähmend auf einen Anderen wirken, wenn er sieht wie ich mich in träge kühle stumpfe Resignation hülle, anstatt zu *wollen*, – irgendetwas zu wollen, wie Arthur oder Sie.[20]

Das positive Bild eines „Mäzens des Verstehens", das Salten aus Beer-Hofmanns „lichtvollem Geist" ableitete, kippt vor dem Hintergrund dieser Selbstbeobachtungen und erscheint in einem resignativen Licht: Das kühl-analytische Denken verhindert alle Vitalität und wirkt gleichsam „hemmend". Damit schildert Beer-Hofmann Symptome, die bereits Nietzsche in seiner Decadence-Kritik entblößt hatte, wenn er in Sokrates und in dessen dialektischem Denken den Inbegriff des „Niedergangs-Typen" sieht.[21] Dennoch wird man den in Beer-Hofmanns Briefen

---

19 Brief von Richard Beer-Hofmann an Arthur Schnitzler vom 10. März 1892. In: AS-RBH, S. 33.
20 Brief von Richard Beer-Hofmann an Hugo von Hofmannsthal vom 5. Juli 1893. In: H. v. Hofmannsthal – Beer-Hofmann, Briefwechsel. Hg. von Eugene Weber. Frankfurt a. M. 1972, S. 20f. In der Folge zitiert als HvH-RBH.
21 Vgl. hierzu Friedrich Nietzsche, Das Problem des Sokrates. In: Nietzsche, Sämtliche Werke. Kritische Studienausgabe in 15 Bänden. Hg. von Giorgio Colli und Mazzino Montinari. Bd. 6: Der

formulierten Äußerungen mit einer einfachen Decadence-Zuschreibung nicht gerecht. Genau wie Nietzsche nämlich sich selbst attestierte, sowohl Decadent als „auch dessen Gegensatz"[22] zu sein, lassen sich auch in den frühen Zeugnissen Beer-Hofmanns gegenläufige Nuancen beobachten. So zeugt der zitierte Brief an Hofmannsthal bereits von einem gewissen Grad an Reflexion des eigenen melancholisch-müden Decadence-Zustandes. Die Spur dieses Bewusstwerdungsprozesses lässt sich nicht zuletzt auf literarischer Ebene verfolgen, wo sich Beer-Hofmann in seinem Schreiben bei aller ästhetischen Stilisierung mitunter auch kritisch an Decadence-Phänomenen und dabei besonders an der Ausformungsvariante des Dandys abarbeitet.

So portraitiert Beer-Hofmann in seiner eingangs bereits erwähnten ersten Novelle *Camelias* mit dem Protagonisten Freddy einen Dandy allererster Güte, der sich seit dreizehn Jahren das einstige Vorstadtmädchen Franzi gegen Bezahlung vertraglich als Geliebte hält. Diese Konstellation ermöglicht es dem „Schönen Freddy" überhaupt erst, ein Leben als Dandy zu führen, indem er von Vorteilen der Bindungslosigkeit profitieren kann, ohne sich mit Verpflichtungen auseinandersetzen zu müssen. Auch Freddys skurrile Abendtoilette mit Cremes, Haarnetz und Handschuhen ist nur durch diese Ungebundenheit möglich, da er so die tägliche Prozedur geheim halten kann, mit der er seinen Körper zu erhalten versucht. Das Beobachten dieses Schauspiels käme einer Entlarvung gleich – etwa, wenn er sich des Mieders, das er trägt, entledigt und um „Bauch und Hüfte" ein „tief einschneidende[r] rote[r] Streifen"[23] sichtbar wird. Als Freddy in der geschilderten Nacht nun während seiner Abendtoilette am Ankleidespiegel vorbeiläuft und sich darin flüchtig betrachtet, bricht erstmals sein Selbstbild:

> Um Gotteswillen! Wie sah er denn aus? – Von Kopf bis Fuß nackt, die gelben Handschuhe – und an der linken Hand die breite Goldkette, dazu das gelbseidene Cachenez um den Kopf gewunden, und das fettglänzende Gesicht mit der glühenden Zigarette – unheimlich und lächerlich zugleich![24]

Auslöser für diese erste immer noch oberflächliche Form der Selbstbetrachtung ist die Überlegung Freddys, die verantwortungsfreie Beziehung mit Franzi gegen eine Liebesehe mit der jungen Thea einzutauschen. In dem Moment, in

---

Fall Wagner, Götzen-Dämmerung, Der Antichrist / Ecce homo, Dionysos-Dithyramben / Nietzsche contra Wagner. Berlin, New York 1967, S. 66–73.
22 Nietzsche, Sokrates. 1967, S. 66.
23 Beer-Hofmann, Camelias. In: Beer-Hofmann, Große Richard Beer-Hofmann Ausgabe. Bd. 2: Novellen: Das Kind und Camelias. Hg. und mit einem Nachwort von Günter Helmes. Paderborn 1993, S. 98.
24 Beer-Hofmann, Camelias. 1993, S. 99.

dem sich Freddy nun als zukünftigen und damit intim beobachtbaren Ehemann imaginiert, wird ihm klar, dass hinter seiner schönen äußeren Hülle ein ‚Pflegefall' steckt: „Wenn ihn jemand *so* sehen würde! – Aber das war nicht zu vermeiden, wenn er heiratete!"[25] Da für Freddy ein Rückzug aus dem Heldendasein im Salon nicht zur Debatte steht, weil Thea ja gerade „*diesen* Freddy" liebt, „den die Frauen liebten und die Männer beneideten", verwirft er am Ende den Gedanken, sich auf Thea einzulassen und vermerkt auf der Schreibtafel für den Dienstboten: „Morgen Camelias bestellen, für Mittag. Adresse wie gewöhnlich."[26]

Damit vereint *Camelias* zwei konkurrierende Tendenzen. Der Lebensentwurf des Helden wird keineswegs als radikal gescheitert dargestellt – der resignative Schluss ist eben kein Scheitern, sondern die Auflösung eines Problems, was Freddy mit seinen dandytypischen Prinzipien äußerlicher Oberflächlichkeit und genereller Leidvermeidung gelingt. Gleichzeitig wird der Lebensentwurf des schönen Freddys in der Novelle allein schon dadurch demontiert, dass der Leser als uneingeschränkter Zuschauer die Seite von Freddy zu Gesicht bekommt, die dieser um jeden Preis der Öffentlichkeit vorenthalten will. Aus Sicht des Helden ist die Problemlösung leidlich geglückt, im Auge des Lesers jedoch kippt das Bild des Helden. Als Beobachter wird ihm die Überernsthaftigkeit der Stilisierung, mit der Freddy sein Leben inszeniert, gewahr und er belächelt den Lebensentwurf des Dandys.

Für Schnitzler, der die Novelle zwar explizit lobt – „die gefährliche Probe des Wiederlesens aufs Glücklichste bestanden" – hat das partielle Bloßstellen des dandyhaften Protagonisten einen faden Beigeschmack: „Dagegen muss ich aber bemerken, dass mir die Miederstelle noch unangenehmer auffiel, als das erste Mal; sie ist absolut überflüssig und ausschließlich widerlich."[27] Schnitzler setzt sich mit seiner persönlich motivierten und ironischen Korrekturempfehlung – „kurzum, ich will mir von Ihrer Novelette die Möglichkeit nicht nehmen lassen, in sieben Jahren ein junges Mädel zu heiraten"[28] – jedoch nicht durch. Beer-Hofmann hält an der „Miederstelle" fest und beweist damit bereits in den frühen 1890er Jahren einen (selbst-)kritischen Umgang mit dem Dandytum.

Beim Versuch einer Einordung des frühen Beer-Hofmann vor dem Hintergrund seiner reflektierenden Auseinandersetzung mit Decadence-Phänomenen ist auch Karl Kraus' *Demolirte Literatur* anzuführen, die der Forschung nicht selten als Quelle pointierter Charakteristik Beer-Hofmanns dient. In diesem satirischen Requiem auf das Café Griensteidl und die darin verkehrenden Kaffee-

---

25 Beer-Hofmann, Camelias. 1993, S. 99.
26 Beer-Hofmann, Camelias. 1993, S. 108.
27 Brief von Arthur Schnitzler an Richard Beer-Hofmann vom 3. August 1893. In: AS-RBH, S. 49f.
28 AS-RBH, S. 49f.

hausliteraten wird Beer-Hofmann in einem ihm eigens gewidmeten Abschnitt als Archetyp des auf Äußerlichkeiten fixierten Dandys geschildert:

> Da ist ein Schriftsteller, der so grosse Erfolge auf dem Gebiete der Mode aufzuweisen hat, dass er sich getrost in eine Concurrenz mit der schönsten Leserin einlassen kann. Diesem Autor, der seit Jahren an der dritten Zeile einer Novelle arbeitet, weil er jedes Wort in mehreren Toiletten überlegt, liefert ein persischer Tuchfabrikant die besten Stoffe. Mit eisernem Fleisse schafft er an seiner Kleidung und feilt sie bis in das feinste und subtilste Detail; [...] In seinem Kreise hat er einen sehr heiklen Dienst zu versehen. Seine Aufgabe ist es, den Toilettezustand jedes ankommenden Literaten zu visitieren und allfällige Correcturen vorzunehmen. [...] Sein prägnanter Tadel: ‚Das wird sich nicht halten.' oder: ‚Das trägt man nicht mehr.' oder: ‚Mit Ihnen kann man nicht gehen'; sein bündiges Lob: ‚Das kann so bleiben.' Und man mag sich diese Kritik ruhig gefallen lassen, da unser Dichter selbst der Natur gegenüber mit ähnlichen Bemerkungen nicht zurückhaltend ist, indem er sich beim Anblick einer Landschaft schon wiederholt geäussert haben soll: ‚Das müsste etwas stylisiert werden!' und nur selten das Lob spendet: ‚Das kann so bleiben.'[29]

In seinem unnachahmlichen Stil bedient sich Karl Kraus hier desselben Stoffes wie Felix Salten in seiner Erinnerungsskizze. Doch während Salten wohlwollend formuliert, fungiert Beer-Hofmann in der *Demolirten Literatur* als einer von mehreren Typen der literarischen Kaffeehaus-Poseure, wie sie vorrangig im Griensteidl-Kreis um Hermann Bahr anzutreffen waren. Keineswegs stand Kraus diesem Kreis jedoch von Beginn an feindschaftlich gegenüber – das Gegenteil trifft zu, wie Reinhard Urbach zeigen konnte: So verkehrte Kraus seit Herbst 1891 selbst im Griensteidl, war zunächst um Anschluss bemüht und gehörte etwa zwei Jahre lang (1892–94) dem „Kreis um Arthur Schnitzler, Richard Beer-Hofmann, Loris an."[30] Erst im Anschluss an Kraus' *Die Überwindung des Hermann Bahr* kommt es zum Bruch mit den Jung Wienern, die sich nicht, wie von Kraus gefordert, vom Selbstinszenierer Hermann Bahr abwandten. Dadurch wird nun alle Kritik am ‚Herrn aus Linz' auf dessen ‚Jünger' und so auch auf Beer-Hofmann übertragbar, der damit gewissermaßen zur Kopie einer Kopie einer Pose wird. Doch bei aller expliziten Bezugnahme auf Beer-Hofmann bleibt es im zitierten Abschnitt der *Demolirten Literatur* bei einer Außenschau: Dass der Portraitierte im Inneren die eigene Pose zu diesem Zeitpunkt längst kritisch reflektiert und zumindest eine partielle Überwindung des eigenen Dandytums bereits erfolgt ist, lässt der Kommentar von Kraus nicht erahnen.

---

[29] K. Kraus, Die demolirte Literatur. II. In: Wiener Rundschau (1.12.1896), S. 68–72, hier S. 70f.
[30] R. Urbach, Karl Kraus und Hugo von Hofmannsthal. Eine Dokumentation. In: Hofmannsthal-Blätter 6 (1971), S. 447–458, hier S. 447.

Vom „Sinnenrausch" der frühen 1890er zum „Erblicken"

Die Überwindung dandytypischer Züge lässt sich bei Beer-Hofmann besonders eindrücklich anhand seiner sich wandelnden Liebeskonzeption nachzeichnen. So stellt er in dem bereits zitierten Brief an Hofmannsthal vom 5. Juli 1893 neben dem Symptom häufiger Verstimmung vor allem eine Eigenart an sich fest, die er eineinhalb Jahre zuvor seinem Protagonisten Freddy in der Novelle *Camelias* auf den Leib geschrieben hatte:

> Arthur! der hat noch allenfalls die ‚Liebe'; was fange ich mit der an, ich der es zeitlebens höchstens zu dem, was man mit anständigen Worten ‚Sinnenrausch' nennt, gebracht hat. Und immer kühl überlegen lächelnd vornehm zu sehen, wie der andere Teil einen liebt und immer wieder anstandshalber die Scenen mitspielen, höchstens den Ehrgeiz empfindend seinen Part gut zu spielen – glauben Sie mir das wird langweilig – sehr –.[31]

Im Unterschied zur literarischen Figur, die eher aufgrund geheimzuhaltender Körperpflege ‚liebesunfähig' ist, handelt es sich bei Beer-Hofmann selbst erklärtermaßen um ein Problem seines scharfen Verstandes, weswegen er den Wunsch äußert, „nur einmal ein paar Tage hindurch dumm" zu sein: „und wie ein junges dummes Mädel, möcht ich verliebt sein."[32] Mit Blick auf die frühen 90er Jahre sind jedoch keinerlei lebensgeschichtliche ‚Dummheiten' bekannt[33] – erst 1895 taucht ein erster Frauenname in den *Daten* und Korrespondenzen auf: Lou Andreas-Salomé.

Im Jahr 1895 war die Frau des Orientalisten Friedrich Carl Andreas, die vor allem mit den Namen Nietzsche, Rilke und später Freud in Verbindung gebracht wird, erstmals nach Wien gereist. Beer-Hofmann hält dies in seinen *Daten* fest: „Im Mai, Lou Andreas Salomé, zum erstenmal in Wien."[34] Zwar ist von diesem ersten Wien-Besuch kaum Näheres bekannt, doch bezeugt der an den Aufenthalt anknüpfende Briefwechsel zwischen Lou Salomé und Beer-Hofmann, in dem vor allem eine geplante Reise gemeinsam mit Paul Goldmann und Arthur Schnitzler nach Kopenhagen Thema war, von großer gegenseitiger Sympathie. Nach einigem

---

31 Brief von Richard Beer-Hofmann an Hugo von Hofmannsthal vom 5. Juli 1893. In: HvH-RBH, S. 20f.
32 HvH-RBH, S. 20f.
33 Anlass für Spekulationen könnten höchstens zwei äußerst vage Anspielungen in den Korrespondenzen mit Hofmannsthal und Schnitzler geben. So etwa ein Brief von Richard Beer-Hofmann an Hugo von Hofmannsthal vom 17. Juli 1892. In: HvH-RBH, S. 9, sowie ein Brief von Arthur Schnitzler an Richard Beer-Hofmann vom 3. August 1893. In: AS-RBH, S. 49f.
34 Beer-Hofmann, Daten. 1974, S. 19.

Hin und Her wurden die Kopenhagen-Pläne jedoch nach hinten verschoben und man visierte fürs erste ein kurzes „Zusammensein irgendwo im Gebirge zwischen Wien und München"[35] an. So traf man sich zunächst im August für einige Tag in Salzburg und Anfang September ein weiteres Mal in München.[36] Im Anschluss planten nun allem Anschein nach Beer-Hofmann und Lou Salomé nach Kopenhagen zu reisen, allerdings nicht mehr begleitet von Arthur Schnitzler, der aufgrund terminlicher Überschneidungen passen musste. Beide traten diese Reise jedoch nicht an, sondern verbrachten drei gemeinsame Tage im Stubaital, wie Beer-Hofmann seinen Freund Arthur Schnitzler, der ihn in Kopenhagen vermutete, mit einem Brief vom 10. September wissen ließ: „Offiziell ist sie verhindert nach Kopenhagen jetzt zu reisen und kann es erst im Oktober. Ich bitte das festzuhalten. – Auch ihr gegenüber."[37] Diese Septembertage haben in der Forschung reichlich Anlass für Spekulation gegeben, die hier nicht weiter befeuert werden sollen.[38] Was gesagt werden kann, ist, dass die Korrespondenz im Anschluss an die gemeinsame Zeit im Stubaital ruht – bis zu dem Zeitpunkt, da Lou Salomé Anfang Winter wieder nach Wien reist. In der Nacht vom 4. auf den 5. Dezember 1895 kommt es dabei offenkundig zu einer Aussprache zwischen beiden, denn Salomé schreibt am Folgetag: „Ich nehme an, daß wir uns nach unserm gestrigen Wortwechsel als gute Freunde wiedersehen werden."[39] Dieser Brief ist deswegen von besonderem Interesse, weil er auf den Tag datiert ist, der wie kein anderer für einen Wendepunkt in Beer-Hofmanns Leben steht. Umso bemerkenswerter ist es, dass am Vorabend ein „Wortwechsel" zwischen Beer-Hofmann und Lou Salomé stattfand, der schlussendlich von reinigendem Charakter war. Inwiefern diese Aussprache dazu beitrug, dass Beer-Hofmann die anschließende Nacht schlaflos aufgewühlt mit existentiellen Überlegungen verbrachte, muss offen bleiben:

> Am Morgen, nach schlafloser Nacht, Entschluß, mir den 31. Dezember als letzten Termin zu setzen, bis zu dem ich Papa gesagt haben muß, daß ich es nicht ertrage, das Leben so zu

---

35 Brief von Lou Andreas-Salomé an Richard Beer-Hofmann vom 3. August 1895. In: Richard Beer-Hofmann Correspondence (MS Ger 183). Series I. Letters to Richard Beer-Hofmann. (15) Andreas-Salome, Lou. Houghton Library, Harvard University.
36 Auf diesen Reiseverlauf weist Konstanze Fliedl im Kommentar zum Briefwechsel zwischen Arthur Schnitzler und Richard Beer-Hofmann hin. Vgl.: AS-RBH, S. 266f.
37 Brief von Richard Beer-Hofmann an Arthur Schnitzler vom 10. September 1895. In: AS-RBH, S. 79.
38 Besonders ausführlich widmet sich Rudolph Binion in seiner quellenreichen Biographie zu Lou Andreas-Salomé diesen gemeinsam verbrachten Septembertagen. In: Binion, Frau Lou. Nietzsche's Wayward Disciple. Princeton, NJ 1968, S. 194–198.
39 Brief von Lou Andreas-Salomé an Richard Beer-Hofmann vom 3. August 1895. In: Richard Beer-Hofmann Correspondence (MS Ger 183). Series I. Letters to Richard Beer-Hofmann. (15) Andreas-Salome, Lou. Houghton Library, Harvard University.

führen, wie bis jetzt – ich muß für ein bis zwei Jahre fort von zu Haus, um die Welt reisen, in ganz fremde Länder, unter ganz fremde Menschen – und wenn ich dann zurückkomme, erfüllt von dem, was ich gesehen, und wenn dann noch in mir ein starker nicht niederzuhaltender Trieb ist, es zu tun, dann erst wieder versuchen zu schreiben."[40]

Beer-Hofmann konstatiert hier nicht nur eine Sinn-, sondern auch eine Schreibkrise. Zur Umsetzung des Plans, seinen Krisen mittels einer Weltreise beizukommen, kam es jedoch nicht, denn am späten Nachmittag des gleichen Tages begegnet Beer-Hofmann im Süßwarenladen ‚Viktor Schmidt und Söhne' in der Wiener Innenstadt erstmals Paula Lissy – seiner zukünftigen Frau. Diese erste Begegnung schildert Beer-Hofmann retrospektiv als Erweckungserlebnis:

Alles erlischt, was vorher war, eine Flut bricht aus mir, und auf ihr treibt Alles, was mir Leben schien, aus mir, als müßte sie alles Bisherige wegschwemmen [...] alles, was vorher war, muß aus mir weichen. [...] Auf dieser Flut treibt alles Erinnern hinab – meine Jugend, meine Kindheit, ich fühle Bangen – aber was ist Jugend, was Kindheit – Neues hat begonnen – was vorher war, war ein Eingepupptsein – das hier ist meine wahre Geburt.[41]

Das erste ‚Erblicken' Paulas wird für Beer-Hofmann zum Wendeerlebnis – in seinen *Daten* und dem Erinnerungsbuch *Paula. Ein Fragment* hält er diese Begegnung fest und versieht sie mit dem Motto „incipit vita nuova", mit der Dante in *La Vita Nuova* das erste Erblicken Beatrices überschreibt. In den folgenden Wochen legt Beer-Hofmann alle Reisepläne ad acta und wirbt in den Winter- und Frühjahrswochen um Paula. Im Sommer 1896 verreisen beide erstmals gemeinsam als Paar und im Jahr darauf wird bereits ihre erste Tochter Mirjam geboren. Mit ihrer Geburt vollzieht sich mit Blick auf Beer-Hofmanns Liebeskonzeption nun endgültig die Wende. Hatte er sich 1893 noch über seine Unfähigkeit für echte Liebesgefühle beklagt und den Wunsch nach dummer Verliebtheit geäußert, offenbart sich ihm mit der Geburt der eigenen Tochter ein ganz neues, nachhaltiges Liebesgefühl:

Ich glaube manchmal, daß jetzt die letzten Türen ins Schloß gefallen sind, durch die Unreines und Häßliches in mein Leben hätte dringen können. [...] Denn es gibt Nichts was so einfach, klar und unverrückbar wäre wie das Verhältnis von Vater zu Kind. Denn das ist nicht irgend eine *Beziehung* des Lebens, es ist ja das Leben selbst; im ‚vom Anderen stammen und Andere zeugen' lebt ja das Leben.[42]

---
[40] Beer-Hofmann, Paula. Ein Fragment. In: Beer-Hofmann, Große Richard Beer-Hofmann Ausgabe. Bd. 6. Hg. und mit einem Nachwort von Sören Eberhart. Paderborn 1994, S. 94.
[41] Beer-Hofmann, Paula. 1994, S. 115f.
[42] Brief von Richard Beer-Hofmann an Hugo von Hofmannsthal vom 25. Sept. 1897. In: HvH-RBH, S. 70f.

Aus Beer-Hofmanns narzisstisch geprägter Liebe der frühen 90er Jahre entwickelte sich mittels eines ersten echten Liebesgefühls, das er 1895/96 für Paula entdeckte – „Richard verliebt",[43] hält Schnitzler lakonisch fest – im Anschluss an die Geburt des eigenen Kindes eine Vater- und Familienliebe. Vor dem Hintergrund dieses neu gewonnenen Familiengefühls ist nun auch das sich in dieser Zeit entwickelnde Bewusstsein Beer-Hofmanns für die Zugehörigkeit zum jüdischen Volk zu verstehen.[44] Mit dem *Schlaflied für Mirjam*, das Beer-Hofmann kurz nach der Geburt der Tochter dichtet, äußert sich diese geistige Wende in lyrisch verdichteter Form auch erstmals in seinem Schreiben. 1899 folgt dann mit der Veröffentlichung des *Tod Georgs* Beer-Hofmanns bekanntester Prosatext, dessen zentrales Motiv ebenfalls die Rückbesinnung auf das Judentum ist.

Vom *Götterliebling* zum *Tod Georgs*

Die Besonderheit der Genese des *Tod Georgs* besteht darin, dass die mehrjährige Entstehungszeit dieses Textes in die zuvor skizzierten, biographisch ereignisreichen 1890er Jahre fällt. Briefzeugnisse Beer-Hofmanns an Hugo von Hofmannsthal[45] und Arthur Schnitzler[46] erlauben eine exakte Einordnung des Entstehungsprozesses zwischen 1893 und 1899. Bemerkenswert ist dabei, dass Beer-Hofmann 1893 für den Text zunächst den Titel *Der Götterliebling* wählt und diesen erst im September 1898 in *Der Tod Georgs* ändert. Zwar steht Beer-Hofmann dem Titel *Götterliebling* von Beginn an kritisch gegenüber – „der ironische Titel widert mich an"[47] – gleichwohl existierte noch 1895 der Plan, eine bis dahin entstandene Fassung unter eben diesem Titel an einen Verleger zu schicken.[48] Auch in

---

[43] Schnitzler, Tagebuch 1893–1902. Hg. von Peter Michael Braunwarth. Wien 1989, S. 164 (16. Dezember 1895).
[44] Bereits Richard M. Sheirich verweist mit Blick auf Beer-Hofmanns Wende zum Judentum auf Mirjams Geburt: „Therein lies Beer-Hofmann's particular brand of Jewishness, not in anything theological, Zionistic, or Hasidic [...]." In: Sheirich 1980, S. 5.
[45] Brief von Richard Beer-Hofmanns an Hugo Hofmannsthal vom 5. Juli.1893 in: HvH-RBH, S. 21.
[46] Brief von Richard Beer-Hofmann an Arthur Schnitzler vom 31. Juli 1899. In: AS-RBH, S. 133.
[47] Brief von Richard Beer-Hofmann an Hugo Hofmannsthal vom 5. Juli 1893. In: HvH-RBH, S. 21.
[48] Vgl. Brief von Richard Beer-Hofmann an Hugo von Hofmannsthal vom 16. Juli 1895. In: HvH-RBH, S. 56. Mit Blick auf seine im Gespräch mit Werner Vordtriede erwähnte Schreibkrise zu jener Zeit stellt sich allerdings die Frage, ob Beer-Hofmann tatsächlich im Herbst 1895 eine erste Fassung der Novelle fertiggestellt hatte: „Aber dann, als ich meine erste Arbeit schrieb, blieb ich plötzlich in der Mitte stecken. Ähnlich wie der Lord Chandos [...] Hätt ich damals nicht meine Frau kennengelernt, hätt ich wahrscheinlich nie weitergeschrieben sondern wäre auf Reisen gegangen." Vordtriede 1975, S. 10.

späteren Briefzeugnissen ist noch vom *Götterliebling* zu lesen. Erst während eines gemeinsamen Aufenthalts mit Hugo von Hofmannsthal am Luganersee kommt es im September 1898 zur Umbenennung.[49]

Sowohl Rainer Hank als auch Stefan Scherer gehen in ihren Monographien zu Beer-Hofmann auf diese Titeländerung jeweils knapp ein, finden jedoch unterschiedliche Gründe dafür: Während Rainer Hank generell vermutet, dass der Titel *Götterliebling* „die Erzählung nicht exakt genug zu charakterisieren vermag",[50] verweist Stefan Scherer auf das von Beer-Hofmann mit dem Titel *Götterliebling* in Verbindung gebrachte Schlagwort der Ironie. Für Scherer kommt diese dadurch zum Tragen, dass das „Ideal vom frühen Tod", welches das Bild des Götterlieblings verkörpert, „am Ende des Jahrhunderts schon zum Klischee erstarrt" war.[51] Beide vernachlässigen jedoch in ihren Begründungen die Chronologie der Genese: Weite Teile des zweiten Kapitels waren erst 1896 entstanden, das dritte bis zum Frühsommer 1898, woraufhin Beer-Hofmann erst mit der Arbeit am vierten Kapitel begann.[52]

Vor dem Hintergrund dieser mehrjährigen Genese liefert Scherer zwar ein sicherlich korrektes Argument, das Beer-Hofmanns anfängliches Unbehagen gegenüber dem Titel nachvollziehbar macht, allerdings den Zeitpunkt der Titeländerung nicht erklären kann. Hanks Argument wiederum wird erst schlagend, wenn man die endgültige Fassung als Bewertungsgrundlage nimmt, worauf Beer-Hofmanns frühe Selbstkritik am ironischen Titel allerdings noch nicht abzielen kann.

Nähert man sich der Frage nach dem Verhältnis von Titel(n) und Inhalt unter Berücksichtigung der rekonstruierten Genese, so ist zunächst festzustellen, dass der Titel *Götterliebling* bis zum Ende des III. Kapitels außerordentlich gut mit dem bis dato Erzählten korreliert. Erst im IV. Kapitel, das Beer-Hofmann 1898 unmittelbar vor dem gemeinsamen Italien-Aufenthalt mit Hofmannsthal begonnen hat, wird das Götterliebling-Ideal im Text als „billige Weisheit" entlarvt. Die damit entstandene Divergenz zwischen Titel und Inhalt wird so zu einem entscheidenden Kriterium für die Änderung des Titels im Spätsommer 1898. Beer-Hofmanns latenter Widerstand gegen die Ironie des Götterliebling-Konzepts erklärt dabei seine frühe Selbstkritik am Titel *Götterliebling* und trägt darüber hinaus in inhaltlich vermittelter Form dazu bei, das Götterliebling-Ideal im IV. Kapitel zu entlarven.

---

49 Vgl. Brief von Richard Beer-Hofmann an Arthur Schnitzler vom 5. September 1898. In: AS-RBH, S. 124.
50 Hank 1984, S. 346.
51 St. Scherer, Richard Beer-Hofmann und die Wiener Moderne. Tübingen 1993, S. 39, Anm. 47.
52 Vgl. Schnitzler, Tagebuch 1893–1902. 1989, S. 232 (1. Januar 1897) und S. 255 (17. Juli 1898).

In der Novelle ist es Georg, ein Freund des Protagonisten Paul, der das Bild des Götterlieblings verkörpert. Er wird als beneidenswert glücklich und genialisch, an anderer Stelle auch als bemerkenswert schön eingeführt. Als vom Schicksal begnadeter Mensch erfüllt er somit die Voraussetzung, dass die Götter ihm die höchste Ehre zu Teil werden lassen, ihn schon früh als Götterliebling zu sich zu holen. Und so stirbt Georg nachts während eines Sommerfrische-Aufenthalts in Pauls Nachbarzimmer: jung und vital – ganz im Stile des von Plutarch im 34. Kapitel der *Trostrede an Apollinius* überlieferten Satzes „Wen die Götter lieben, der stirbt jung", welcher auf den griechischen Dichter Menander zurückgeht.[53] Während er Tage später den Toten im Zug nach Wien überführt, reflektiert Paul seine eigene Vergänglichkeit und die Bedrohung durch Alter und Tod. Aus seiner ästhetizistischen Weltanschauung heraus und durch den Sterbefall bestärkt, begreift Paul die Menschen als leidende Subjekte, die vom Tod her gedacht werden müssen. Dies führt ihn zum resignativen Schluss: „Hilflos und niemandem helfend, einsam neben einander, lebte sich ein Jedes, unverstanden, stumm, zu Tode."[54] Das Alter ist hierbei Wegbereiter – „Wie Schicksale sich auch nannten – alle hießen sie einmal: ‚Alter'–"[55] und kommt einem Martyrium gleich, das „häßliche Male glühend in den Leib"[56] brennt. So kommt Paul am Ende seiner Bahnfahrt zu dem Schluss, dass Georg letztendlich der langsamen Folter des Alters entgangen war:

> Und *so* war Georg gestorben; von Krankheit und Alter nicht qualvoll und schmählich entstellt. Wie eine Mutter, vorsichtig von den Armen der Wärterin ihr schlafendes Kind empfängt – so hatte ihn, der schlummernd aus den Armen des Lebens glitt, leise, unmerklich, der Tod empfangen.[57]

An diese Überlegung schließt unmittelbar der Vergleich mit dem antiken Bild der Götterlieblinge Kleobis und Biton an. Auch Georg dürfe man glücklich nennen, „wie man die beiden Jünglinge glücklich, und Lieblinge der Götter nannte", welche das „beste Lebensende [erlangten] und es zeigten die Götter dadurch an, daß dem Menschen besser sei zu sterben als zu leben."[58]

Im vierten Kapitel allerdings wird das bis dahin im Text entwickelte Ideal des Götterlieblings dekonstruiert und Paul entlarvt es als „billige Weisheit von aller

---

[53] Duden – Zitate und Aussprüche. Hg. von der Duden-Reaktion unter Bearbeitung von Werner Scholze-Stubenrecht u. a. Mannheim 2008, S. 576.
[54] TG, S. 80.
[55] TG, S. 97.
[56] TG, S. 101.
[57] TG, S. 103.
[58] TG, S. 103f.

Welt."⁵⁹ Entscheidend für diese Wende ist dabei Pauls zuvor gewonnene Einsicht in den Wirklichkeitscharakter von Träumen, was berechtigte Zweifel am götterlieblingshaften Tod des Freundes im Schlaf aufkommen lässt. Die Möglichkeit, dass selbst unmittelbar vor dem Tod – im Traum – eine Umwertung des Lebensglücks stattfinden kann, nimmt dem Götterliebling-Ideal sämtliche Gewissheit. Für Paul tritt an diese Stelle nun das Prinzip „gerechte[r] Lose,"⁶⁰ das zum zentralen Motiv des vierten Kapitels avanciert. Die Gerechtigkeit, verkörpert durch den gerechten Gott, von dem ausgehend eine jüdische Ästhetik und Philosophie in nuce entwickelt wird, liefert nun Antworten auf die existenziellen Fragen Pauls, wozu das ästhetizistisch verhaftete Konzept des Götterlieblings nicht mehr taugt. Mit dieser inhaltlichen Wende im IV. Kapitel wird die Titeländerung 1898 zweifellos nachvollziehbar, gleichwohl kritisiert Arthur Schnitzler in einem Brief an Beer-Hofmann den plötzlichen Sinneswandel: „Im vierten Kapitel steckt übrigens irgendwo ein frecher Schwindel – das dürfte Ihnen nicht unbekannt sein. Sie setzen sich sozusagen plötzlich an eine andre Orgel, die auch herrlich klingt – aber das beweist nichts."⁶¹ Schon vor der Fertigstellung des *Tod Georgs* hatte Schnitzler über das vierte Kapitel der Novelle bemerkt: „Er raubt uns alles und zum Schluß gibt er uns alles zurück, aber in einen Sack genäht (Gerechtigkeit), und wir dürfen nicht hineinschauen."⁶²

Mit Blick auf Schnitzlers Kritik, Beer-Hofmann würde sich gleichsam als Deus ex Machina an eine „andere Orgel" setzen, fällt eine bemerkenswerte Parallele zwischen dem *Tod Georgs* und dem *Schlaflied für Mirjam* ins Auge: Beer-Hofmann hatte bereits während der Arbeit am *Schlaflied* „nach drei wie mit grauen Schleiern verhängten Strophen" befunden, dass „ein Aufleuchten" fehle, ein „Ausweg aus der Schwermut – ein Fahnenschwingen",⁶³ das ihm schließlich mit der später angefertigten vierten Strophe gelingen sollte. Ebenso im *Tod Georgs*: Bestimmt das Leitmotiv des *Götterlieblings* noch die ersten drei Kapitel, in dem letztendlich kein „Ausweg" aus Pauls ästhetizistischer Krise sichtbar wird, folgt im vierten Kapitel genau ein solches „Fahnenschwingen". In eben diesem Moment – nämlich im Spätsommer 1898 – wird aus dem *Götterliebling* der *Tod Georgs*. Lediglich die Kritik hinsichtlich der künstlich herbeigeführten Wende bleibt damit noch aufzuarbeiten.

---

59 TG, S. 109.
60 TG, S. 118.
61 Brief von Arthur Schnitzler an Richard Beer-Hofmann vom 2. März 1900. In: AS-RBH, S. 144.
62 Schnitzler, Tagebuch 1893–1902. 1989, S. 290 (11. August 1899).
63 Alfred Werner, Richard Beer-Hofmann 75 Jahre. Ein Besuch bei dem Dichter. In: Aufbau, 11. Juli 1941, S. 11.

Die Rekonstruktion von Pauls Abwendung vom indifferenten Ästhetizismus hin zum Ideal der ‚Gerechtigkeit' wird in Untersuchungen stets von der Bedeutung „erinnerter Gestalten"[64] abgeleitet. Indem der Tod der eigenen Frau in einem längst vergangenen Traum in Pauls Bewusstsein zurückkehrt, muss sich Paul eingestehen, „daß er nicht wisse, wie Georg gestorben sei."[65] Erst dadurch öffnet sich der Raum für einen spezifisch jüdischen Zugang unter der Vorstellung der ‚Gerechtigkeit'. Mit Blick auf diese Wende spricht die Sekundärliteratur ähnlich wie Schnitzler oftmals von einem Sprung.

Es ist unzweifelhaft, dass sich im IV. Kapitel ein Paradigmenwechsel vollzieht, allerdings handelt es sich dabei weit weniger um einen konstruierten Sprung, wie es Schnitzler meinte. Vorbereitet wird die geistige Wende des Protagonisten nämlich nicht nur durch die später ins Bewusstsein zurückgekehrte Traumerinnerung – etwas versteckt findet sich schon im zweiten Kapitel der Hinweis auf die jüdische Abstammung des Helden, wenn von der eigenen Kindheit die Rede ist:

> Abseits von andern Kindern war er aufgewachsen, zwischen hohen und vornehmen Büchern, die er liebte bevor er in ihnen zu lesen verstand. Oft war er heimlich in der Dämmerung zu ihnen geschlichen; die goldenen Pressungen schimmerten, und leise spielend zog er an den breiten verschossenen Seidenbändern, bis ein altmodisch gefalteter Brief aus den Büchern glitt, oder eine trockene Blüte die ganz weiß und durchsichtig war, mit dünnen feinverästelten Adern, wie die gütige streichelnde Hand seiner Großmutter.[66]

Diese Passage liefert mehr als nur ein weiteres Beispiel für Pauls Ästhetentum. Vergleicht man die Bewegung im hier entwickelten Bild mit derjenigen, mit der das Gerechtigkeitsmotiv im IV. Kapitel eingeführt wird – „Ein Wort nur hatte sich herabgesenkt, und aller Glanz ging von dem einen aus: ‚Gerechtigkeit'."[67] –, so lässt sich alleine schon in der fallenden, vertikalen Bewegung eine Parallele erkennen. Genau wie das Wort ‚Gerechtigkeit' über ihn kommt und auf ihn herabsinkt, so gleitet auch die Blüte aus dem Buch auf Paul herab. Dabei löst die gepresste Blüte unmittelbar die Assoziation mit seiner Großmutter aus und steht damit für das Prinzip der „Ahnenerbschaft",[68] wie es bereits im *Schlaflied für Mirjam* formuliert ist. Gestärkt wird diese Lesart durch einen Fund im Nachlass des Autors. Genau an der entsprechenden Textstelle im II. Kapitel, in dem

---

64 So unter anderem in: Alo Allkemper, Nachwort. In: TG, S. 137–151, hier S. 149.
65 Scherer 1993, S. 302.
66 TG, S. 24.
67 TG, S. 126.
68 Diesen Begriff verwendet treffend Allkemper, „Tod und Leben". Zum Todesmotiv bei Richard Beer-Hofmann. In: Richard Beer-Hofmann (1866–1945). Studien zu seinem Werk. Hg. von Norbert Otto Eke und Günter Helmes. Würzburg 1993, vgl. etwa auf S. 35.

das Herabsinken der Blüte aus dem Buch beschrieben wird, finden sich im Manuskript drei Skizzen Beer-Hofmanns, die in einem Dreischritt den Übergang von einer Blume zum Davidstern darstellen:

Abb. 1: Drei skizzenhafte Zeichnungen Beer-Hofmanns im Manuskript zum *Tod Georgs* [69] Unbeschriftetes Konvolut [Incipit: „Die hohen Linden aus dem fremden Garten"] (Houghton Library, Harvard University).

Nicht also erst im vierten Kapitel mit dem neu eingeführten Konzept der ‚Gerechtigkeit', sondern schon in der Kindheit kommt das Judentum ‚über' Paul und zwar in Form einer herabgleitenden Blüte. Dass diese mit der Hand der Großmutter assoziiert wird, macht deutlich, dass die Idee des ‚Sich-Einreihens' in eine jüdische Tradition schon in der Kindheit Pauls angelegt ist. Schnitzlers Kritik, Beer-Hofmann würde sich im IV. Kapitel „plötzlich an eine andere Orgel" setzen, wird mit dieser Beobachtung entschärft, da gezeigt werden kann, dass Beer-Hofmann bereits im II. Kapitel vorbereitet hat, was im IV. Kapitel zum Prinzip wird. Dabei erweist sich gerade das Motiv der „Ahnenerbschaft", das im II. Kapitel anklingt, im IV. Kapitel als Leitbild einer sich fortschreibenden jüdischen Tradition, an der sich Paul fortan orientieren kann:

> Denn was Einer auch lebte, er spann nur am nichtreißenden Faden des großen Lebens, der – von Andern kommend, zu Andern – flüchtig durch seine Hände glitt, ein Spinner und, wie sein Leben sich mit hineinverflocht, Gespinst zugleich für die nach ihm. Unauslöslich war ein Jeder mit allem Früheren verflochten.[70]

---

[69] Unbeschriftetes Konvolut [Incipit: „Die hohen Linden aus dem fremden Garten"] In: Beer-Hofmann, Richard: Compositions. (MS Ger 131). Houghton Library, Harvard University. (59) Der Tod Georgs. I, II. A.MS.; [n.p.] 1896 – 1898. 514s. (514p.), dort S. 66.
[70] TG, S. 127.

Unverkennbar ist hier eine Parallele zu den bereits im *Schlaflied für Mirjam* entwickelten Gedanken, wo das Prinzip der „Ahnenerbschaft" auf die prägnante Formel „In uns sind Alle" gebracht wurde. Im *Schlaflied* wird dabei die Zusammengehörigkeit von Vergangenem und Kommendem symbolhaft über das Blut beschworen: „Blut von Gewesenen – zu Kommenden rollts, / Blut unsrer Väter, voll Unruh und Stolz." Ebenso im *Tod Georgs*:

> Denn über dem Leben derer, deren Blut in ihm floß, war Gerechtigkeit wie eine Sonne gestanden, deren Strahlen sie nicht wärmten, deren Licht ihnen nie geleuchtet, und vor deren blendendem Glanz sie dennoch mit zitternden Händen, ehrfürchtig ihre leidenerfüllte Stirne beschatteten. Vorfahren, die irrend, den Staub aller Heerstraßen in Haar und Bart, zerfetzt, bespieen mit aller Schmach, wanderten; Alle gegen sie, von den Niedrigsten noch verworfen – aber nie sich selbst verwerfend; nicht in bettelhaftem Sinn, ihren Gott ehrend nach dem Maß seiner Gaben; in Leiden nicht zum barmherzigen Gott – zu Gott dem Gerechten rufend.[71]

In diesem „Bekenntnis zur Tradition des unterdrückten jüdischen Volkes, das trotz aller Verfolgung seine Identität nicht aufgab,"[72] findet Paul die im Ästhetentum verlorene Sicherheit wieder. Beer-Hofmann lässt hier ausdrücklich die biblische Auffassung, dass Recht und Gerechtigkeit in Gott gründen, dass sie „Das Fundament seines Thrones" bilden (Ps 89,14) und letztlich von ihm herrühren, anklingen. Dabei ist der Begriff der Gerechtigkeit, „sädäq" im Hebräischen, keineswegs neuzeitlich abstrakt zu verstehen, sondern als liebend gütige Gemeinschaftstreue, die in der Bundestreue Gottes zu Israel wurzelt.[73] Diese Idee der Gemeinschaftstreue findet sich nicht nur in der zitierten Passage, sondern schreibt sich in den weiteren literarischen Text ein und wird leitmotivisch weiterentwickelt. Unterstützt durch eine sich immer weiter ins Pathetische steigernde Rhetorik folgt ein weiterer Absatz, in dem alle Gedanken und Gefühle Pauls nochmal aufgegriffen und mit biblischen Anspielungen unterstrichen werden,[74] ehe sie schlussendlich in einem einzigen einfachen Gedanken kulminieren:

> Und hinter ihnen Allen ein Volk, um Gnade nicht bettelnd, im Kampf den Segen seines Gottes sich erringend; durch Meere wandernd, von Wüsten nicht aufgehalten, und immer vom Fühlen des gerechten Gottes so durchströmt, wie vom Blut in ihren Adern. [...] Und von ihrem Blute war er auch.[75]

---

71 TG, S. 133.
72 Hank 1984, S. 162.
73 Otfried Höffe, Gerechtigkeit. Eine philosophische Einführung. München 2007, S. 16.
74 Hank 1984, S. 161.
75 TG, S. 133f.

Im Nachlass findet sich eine Fassung des *Tod Georgs*, die an dieser Stelle den Text beschließt.[76] Den publizierten Text hat Beer-Hofmann schließlich nochmal um drei Seiten erweitert, um mit dem Pulsieren des „eigenen Bluts"[77] zu enden. Mit der Erkenntnis, dass in ihm jüdisches Blut fließt, wodurch er sich den Ahnen verbunden weiß, ist die ‚Konversion' Pauls vom passiv-dekadenten Ästheten zum lebensbejahenden, traditionsbewussten Juden abgeschlossen. Dabei begleitet das Bild der Blüte, die sich zum Davidstern wandelt, nicht nur die geistige Wende des Protagonisten – der skizzierte Dreischritt vollzieht darüber hinaus die inhaltliche und genetische Entwicklung vom *Götterliebling* zum *Tod Georgs*. In aller Behutsamkeit lässt sich dieses Narrativ abschließend auch Beer-Hofmanns Biographie der 1890er Jahre unterlegen, sodass sich – ganz im Sinne Sartres progressiv-regressiver Methode – durch ein sensibles „Hin-und-Her" zwischen diesen beiden dynamischen Kategorien ein „wechselseitiger Einschluss von selbst ergibt."[78]

Literatur

Primärliteratur

Beer-Hofmann, Richard: Compositions. (MS Ger 131). Houghton Library, Harvard University.
    (59) Der Tod Georgs. I, II. A.MS.; [n.p.] 1896–1898. 514s. (514p.)
    (61) Der Tod Georgs. IV. A.MS.; [n.p., n.d.] 345s. (345p.)
Beer-Hofmann, Richard: Correspondence (MS Ger 183). Houghton Library, Harvard University.
    (15) Andreas-Salome, Lou, 1861–1937. 33 letters; 1895–1920.
Beer-Hofmann, Richard: Daten. Mitgeteilt von Eugene Weber. In: Modern Austrian Literature 17.2 (1974), S. 13–42.
Beer-Hofmann, Richard: The Unpublished Letters of Richard Beer-Hofmann to Hermann Bahr (with the unpublished letters between Beer-Hofmann and Theodor Herzl). Hg. von Jeffrey Berlin. In: Identity and Ethos. A Festschrift für Sol Liptzin on the Occasion of his 85 Birthday. Hg. von Martin Gelber. Bern, New York, Frankfurt a. M. 1986, S. 121–144.
Beer-Hofmann, Richard: Briefwechsel mit Arthur Schnitzler. Briefwechsel 1891–1931. Hg. von Konstanze Fliedl. Wien, Zürich 1992.

---

76 33-seitiges unbeschriftetes Fragment [Incipit: „Paul sah ihnen nach"] In: Beer-Hofmann, Richard: Compositions. (MS Ger 131). Houghton Library, Harvard University. (61) Der Tod Georgs. IV. A.MS.; [n.p., n.d.] 345s. (345p.), dort S. 55.
77 TG, S. 135.
78 Jean-Paul Sartre, Die progressiv-regressive Methode [1957]. In: Theorie der Biographie. Grundlagentexte und Kommentar. Hg. von Bernhard Fetz und Wilhelm Hemecker. Berlin, New York 2011, S. 233–245, hier S. 235.

Beer-Hofmann, Richard: Novellen: Das Kind und Camelias. Große Richard Beer-Hofmann Ausgabe in sechs Bänden (zwei Supplementbände). Hg. von Günther Helmes, Michael M. Schardt und Andreas Thomasberger. Paderborn 1993–2002. Bd. 2. Hg. und mit einem Nachwort von Günter Helmes. Paderborn 1993.

Beer-Hofmann, Richard: Bd. 3: Der Tod Georgs. Hg. und mit einem Nachwort von Alo Allkemper. Paderborn 1994.

Beer-Hofmann, Richard: Bd. 6: Paula. Ein Fragment. Hg. und mit einem Nachwort von Sören Eberhart. Paderborn 1994.

Gomperz, Theodor: Zionismus. In: Die Zeit 74 (29. Februar 1897), S. 139.

Herzl, Theodor: Der Judenstaat. Versuch einer modernen Lösung der Judenfrage. Leipzig, Wien 1896.

Hofmannsthal, Hugo von / Beer-Hofmann, Richard: Briefwechsel. Hg. von Eugene Weber. Frankfurt a. M. 1972.

Kraus, Karl: Die demolirte Literatur. II. In: Wiener Rundschau (1.12.1896), S. 68–72.

Nietzsche, Friedrich: Das Problem des Sokrates. In: Nietzsche: Sämtliche Werke. Kritische Studienausgabe in 15 Bänden. Hg. von Giorgio Colli und Mazzino Montinari. Bd. 6: Der Fall Wagner, Götzen-Dämmerung, Der Antichrist / Ecce homo, Dionysos-Dithyramben / Nietzsche contra Wagner. Berlin, New York 1967, S. 66–73.

Paneth, Joseph: Vita Nuova. Ein Gelehrtenleben zwischen Nietzsche und Freud. Autobiographie – Essays – Briefe. Aus dem Nachlass hg. und eingeleitet von Wilhelm Hemecker. Wien 2007.

Salten, Felix: Aus den Anfängen. Erinnerungsskizzen. In: Jahrbuch deutscher Bibliophilen-Gesellschaft 18/19 (1932/1933), S. 31–46.

Schnitzler, Arthur: Tagebuch. 1879–1931. Unter Mitwirkung von Peter Michael Braunwarth u. a. hg. von der Kommission für literarische Gebrauchsformen der Österreichischen Akademie der Wissenschaften. 10 Bände. Wien 1981–2000. Bd. 1: 1879–1892. Wien 1987.

Sekundärliteratur

Allkemper, Alo: „Tod und Leben". Zum Todesmotiv bei Richard Beer-Hofmann. In: Richard Beer-Hofmann (1866–1945). Studien zu seinem Werk. Hg. von Norbert Otto Eke und Günter Helmes. Würzburg 1993.

Beller, Steven: Vienna and the Jews 1867–1938. A cultural history. Cambridge 1989.

Binion, Rudolph: Frau Lou. Nietzsche's Wayward Disciple. Princeton, NJ 1968.

Borchmeyer, Dieter (Hg.): Richard Beer-Hofmann. Zwischen Ästhetizismus und Judentum. Paderborn 1996.

Hank, Rainer: Mortifikation und Beschwörung. Zur Veränderung ästhetischer Wahrnehmung in der Moderne am Beispiel des Frühwerkes Richard Beer-Hofmanns. Frankfurt a. M. 1984.

Höffe, Otfried: Gerechtigkeit. Eine philosophische Einführung. München 2007.

Sartre, Jean-Paul: Die progressiv-regressive Methode [1957]. In: Theorie der Biographie. Grundlagentexte und Kommentar. Hg. von Bernhard Fetz und Wilhelm Hemecker. Berlin, New York 2011, S. 233–245.

Scherer, Stefan: Richard Beer-Hofmann und die Wiener Moderne. Tübingen 1993.

Sheirich, Richard M.: Frevel and der erhöhte Augenblick in Richard Beer-Hofmann: Reflections on a Biographical Problem. In: Modern Austrian Literature 13.2 (1980), S. 1–16.

Urbach, Reinhard: Karl Kraus und Hugo von Hofmannsthal. Eine Dokumentation. In: Hofmannsthal-Blätter 6 (1971), S. 447–458.
Vordtriede, Werner: Gespräche mit Beer-Hofmann. In: Das verlassene Haus. Tagebuch aus dem amerikanischen Exil 1938–1947. München 1975.
Werner, Alfred: Richard Beer-Hofmann 75 Jahre. Ein Besuch bei dem Dichter. In: Aufbau, 11. Juli 1941.

www.ingramcontent.com/pod-product-compliance
Lightning Source LLC
Chambersburg PA
CBHW051536230426
43669CB00015B/2619